농협 · 수협 · 산림

조합장 선거론

위탁선거법 · 조합법 해설

신우용

박영사

책을 내면서

이 책은 농업협동조합법·수산업협동조합법 및 산림조합법에 따른 조합장선거와 그 중앙회장선거에 관한 안내서이다. 해당 선거에 적용되는 위탁선거법이 2024년 1월 30일 대폭 개정됨에 따라 향후 조합장선거와 중앙회장선거의 양상에 큰 변화가 예상된다. 위탁선거법의 주요 개정내용은 다음과 같다.

첫째, 선거운동의 자유를 대폭 확대하였다. 조합장선거에 예비후보자 제도를 도입하여 선거기간개시일 전 30일부터 전화·SNS·인터넷을 활용한 선거운동을 허용하는 한편, 예비후보자와 후보자에게 조합의 공개행사에서 소견발표를 허용하고 조합원 또는 가족 중 지정한 1명과 함께 선거운동을 할 수 있도록 하였다.

둘째, 선거의 공정을 한층 강화하였다. 휴대전화 가상번호 발급제도를 도입하여 후보자 간 전화를 이용한 선거운동에 공정한 기회를 보장하도록 하였고, 조합원으로 가입시켜 특정 후보자에게 투표하게 할 목적으로 비조합원에게 이익을 제공하는 행위를 처벌하는 조합원 가입 매수죄를 신설하였으며, 선거범에 관한 재판을 신속히 진행하도록 하였다.

셋째, 선거인의 알권리가 확대되었다. 후보자는 선거공보에 의무적으로 자신의 범죄경력을 적어야 한다. 선거공보를 제출하지 않더라도 범죄경력에 관한 서류를 따로 작성하여 선거관리위원회에 제출해야 한다. 해당 서류는 모든 선거인에게 배부된다.

　　이 책은 농협·수협 및 산림조합과 그 중앙회장의 선거에 참여하거나 해당 선거를 관리하는 사람들의 길라잡이를 목적으로 발간되었다. 선거에 관한 지식과 경험은 국가사회는 물론 지역공동체와 그 구성원이 함께 공유해야 할 자산이기 때문이다.

　　땅과 산 그리고 바다 또한 우리가 함께 가꾸어야 할 생명의 터전이다. 산과 들과 바다에 법적인 주인이 있더라도 이는 일신전속적인 개인의 소유물과는 다른 성격의 것이다. 그곳에는 과거의 역사와 더불어 미래를 함께 열어가는 공동체의 고귀한 생명과 가능성을 보듬고 있기에 비록 개인에게 그 소유권이 인정되더라도 이를 특정인의 전유물로 여기는 것은 바람직하지 않다.

　　땅과 흙에서 먹거리와 생명을 키우는 일을 직업으로 하는 사람들의 공동체인 농업협동조합은 1961년 종합농협의 출범 이래 농업인이 중심이 되는 자주적 협동조직으로 지속적인 조직활동과 사업확대를 통해 우리나라의 농업과 농촌발전에 기여하여 왔다.

　　2020년 이후 농업협동조합은 전국적으로 1,111개 조합과 210여만 명의 조합원을 둔 조직으로 성장하여 존경받는 농업인, 희망의 농촌, 대우받는 농업을 비전으로 정하고 농산물 유통혁신과 디지털 혁신을 적극적으로 추진하고 있다.

　　수산업협동조합은 1962년 4월 어업인들의 삶의 질 향상과 국가 경제의 균형발전이라는 과제를 안고 첫발을 내디딘 이래 지난 60년간 어업인과 함께 국가 경제의 한 축을 담당하며 91개의 조합 15만 2,500여 명의 조합원으로 성장하여 왔다.

　　과거와 현재를 이어 수산업협동조합은 무한한 가능성이 잠재되어 있는 바다를 향해 중단 없는 도전을 이어가며 수산업의 푸른 미래를 위해 노력하고 있다. 이제 청정바다를 보호하고, 수산물의 안전을 지키며, 수산업의 혁신과 어촌에 활력을 불어넣어야 할 과제는 우리 모두가 함께 인수해야 할 공동의 의무가 되었다.

한편, 산림조합은 1962년 5월 창립된 이래 아버지의 어깨처럼 헐벗고 상처투성이였던 우리의 산림을 생명의 숲, 치유의 숲으로 풍성하게 가꾸고 보호하면서 그 숲이 내어주는 먹거리의 생산과 유통은 물론, 서민경제의 그루터기와 같은 상호금융업을 통하여 지역사회와 국가경제의 발전에 이바지하고 있다

이제 산림조합은 전국적으로 142개의 조합에 38만 3,200여 명의 조합원으로 성장하면서 임업인의 풍요로운 삶을 보장하고, 지속가능한 산림경영을 선도하며, 국가 · 사회 발전에 공헌하겠다는 비전을 묵묵히 실천해 나가고 있다.

2004년 12월 31일 국회는 조합장선거의 공정을 확보하고 조합 운영의 투명성을 강화하고자 조합원의 투표로 선출하는 조합장선거는 관할 선거관리위원회에 의무적으로 그 관리를 위탁하도록 입법정책적 결단을 내린 바 있다. 그러나 조합장선거의 위탁관리만으로는 매수 등 퇴행적 선거문화의 한계를 완전히 극복하지 못하였다. 제도적인 미비도 문제점으로 함께 지적되었다.

이에 입법권자는 2014년 6월 11일 위탁선거법을 제정하여 각 조합법에서 각각 다르게 규정하고 있는 선거절차를 통일적으로 규율하고, 공직선거법에 준하는 선거부정 방지제도를 대폭 도입함으로써 선거의 공정성을 확보하도록 하였다. 조합장선거를 통하여 위탁선거법은 공직선거법의 유전자를 상속받은 것이다.

위탁선거법은 아직 선거운동의 자유의 측면에서는 다소 아쉬운 점이 있으나, 그동안 점진적으로 선거운동의 자유를 확대하여 왔고, 선거부정의 방지와 선거의 공정을 추구하는 부분에 관해서

는 공직선거법 못지않게 높은 기준을 제시하고 있다.

이에 따라 그동안 3차례의 동시조합장선거를 실시하였음에도 해당 선거의 총체적인 모습을 조망하려면 많은 어려움이 따른다. 농협법·수협법 및 산림조합법 등 개별 법령은 물론, 정관 등 자치규범에 관한 이해를 기초로 수시로 개정되는 위탁선거법규에 대한 정확한 이해까지 확보되어야 하기 때문이다.

조합장선거에는 이와 같이 다양한 층위의 복잡한 규범들이 중층적으로 적용되므로, 이를 알기 쉽게 설명하기 위하여 이 책은 각 규범의 조문체계를 완전히 분해하여 분야별·주제별로 재구성하되, 그 해설에는 저잣거리의 일상언어를 활용하였다. 부디 이 책이 농부들의 시가 되고 어부들의 노래가 되기를 기원한다.

마지막으로 이 책의 출간을 위하여 깊은 지혜와 통찰력을 넉넉히 내어주신 법무법인 대륙아주의 박해진 고문님께 특별한 감사를 드린다. 고문께서는 농협중앙회 부회장 등을 역임하시면서 대한민국이 IMF 환란을 이겨내는데 지대한 공헌을 하신 분이다. 이 책에서 독자들을 진실로 이끄는 빛이 보인다면, 그것은 아마도 그분의 가르침일 것이다. 아울러 변치 않는 사랑과 애정 어린 비판으로 격려하는 사랑하는 아내와 필자를 농부의 아들로 세상에 보내주신 부모님께 감사드린다. 그 큰 사랑을 갚을 길이 없다.

이 책의 출간을 통하여 필자는 위탁선거의 프로메테우스가 되려는 꿈을 이루었다. 박영사의 임재무 전무님과 윤혜경 대리님 그리고 박부하 과장님을 벗이자 은인으로 여기는 이유이다.

2024. 9.

생명의 땅과 평화의 바다를 그리며

차 례

제1장 조합장선거의 출마자격: 피선거권

제2장 선거절차와 후보자의 참여방법

제3장 선거운동의 정의와 허용된 방법

제1절 피선거권의 규정형식과 관련 규범 131

제2절 선거운동으로 보지 않는 행위 138

제4장 제한 · 금지된 선거운동

제1절 임직원의 지위를 이용한 선거운동 등 금지 179

제2절 호별방문 금지 190

제3절 기타 금지된 선거운동 방법 193

제5장 기부행위 제한과 50배 과태료

제6장 조합장선거의 선거범죄

제7장 선거관리 위탁과 위반행위 조사

제8장 특별 형사제도와 과태료 특례

제10장 중앙회장선거의 절차와 방법

제3절 중앙회장선거의 선거절차 493

제4절 중앙회장선거의 선거운동 506

부 록

일러두기

■ **줄임말 표기**

    ㅇ 공공단체등 위탁선거에 관한 법률은 '위탁선거법'으로 줄였다.

    ㅇ 공공단체등 위탁선거에 관한 규칙은 '위탁선거규칙'으로 줄였다.

    ㅇ 선거관리위원회법에 따른 관할 구·시·군선거관리위원회는 '관할 선거관리위원회'로 줄였다.

    ㅇ 농업협동조합은 '농협'으로, 축산업협동조합은 '축협'으로, 수산업협동조합은 '수협'으로 각각 줄였다.

    ㅇ 수산업협동조합정관부속서 임원선거규정(예)는 '수협 임원선거규정'으로 산림조합의 조합정관(예)부속서임원선거규약은 '산림조합 임원선거규약'으로 줄였다.

■ **규범의 적용과 표기 방법**

    ㅇ 2024. 8. 1. 현재 시행 중인 법규의 내용을 기준으로 하였다.

    ㅇ 같은 문장에서 법률의 명칭이 언급된 경우에는 후미의 괄호 안에 해당 법률의 명칭기재를 생략하고 조항만을 표시하였다.

    ㅇ 조합장선거에 준용되거나 원용할 수 있는 공직선거의 법리는 해당 분야에서 관련 판례와 함께 소개하였다.

    ㅇ 부록에는 위탁선거법 및 그 시행규칙의 대부분과 농협 법령 및 지역농협정관례 중 선거 관련 조항을 발췌하여 실었다.

제1장

조합장선거의 출마자격
: 피선거권

　　선거에 출마하여 당선될 수 있는 권리를 피선거권이라 한다. 피선거권은 해당 기관 또는 단체가 추구하는 가치의 실현과 설립목적 달성을 위하여 구성원의 선거권보다 가중요건을 두는 것이 일반적이다.

　　이에 따라 기관·단체 대표자의 피선거권으로서 청렴성, 도덕성, 준법성에 관하여 높은 수준의 윤리적 기준을 제시하거나, 해당 기관·단체의 발전에 기여한 실적이나 특별한 성과를 요구하기도 한다.

　　이 장에서는 조합법령과 자치법규에서 조합장선거의 후보자에게 요구하는 피선거권의 적극적 요건과 그 결격사유에 관하여 살펴본다.

피선거권의 규정형식과 관련 규범

1. 피선거권 규정형식

선거에 출마하려면 선출될 수 있는 자격, 소위 피선거권이 있어야 한다. 일반적으로 피선거권이란 일정한 공동체의 선거에 입후보하여 당선될 수 있는 권리를 말한다.

입법기술적으로 이를 규정하는 방식은 피선거권의 적극적 요건을 두어 일정한 자격을 갖춘 사람에게만 출마자격을 부여하는 한편, 소극적 요건으로서 결격사유를 규정하여 이에 해당하는 사람에게는 출마자격을 배제하는 것이 일반적이다.

선거규범의 전범典範으로 평가되는 공직선거법의 경우 피선거권의 적극적 요건을 규정한 후 따로 별개의 조문에서 피선거권의 결격사유를 열거함으로써 피선거권의 적극적 요건과 소극적 요건을 명확하게 구분하여 정하고 있으나,1) 농협법 등 조합법에서는 이를 구분하지 않고 하나의 조문에 뒤섞어 규정하고 있다.

---

1) 공직선거법 제16조 및 제18조 참조.

예컨대, 선거공고일 현재 해당 조합의 정관으로 정하는 출자좌수出資座數 이상의 납입 출자분을 2년 이상 계속 보유하고 있지 않은 사람과 해당 조합의 정관으로 정하는 일정 규모 이상의 사업이용실적이 없는 사람의 경우에는 농협법 등 조합법에서 공통적으로 임원의 결격사유로 규정하고 있다.[2]

이는 형식적 측면에서 피선거권의 소극적 요건을 규정한 것처럼 보이나, 그 실질적 내용은 해당 조합에 대한 일정한 출자금과 사업이용실적을 요구하는 것이므로, 이를 피선거권의 적극적 요건으로 해석하는 것이 적절해 보인다.

2. 조합장선거의 피선거권에 관한 규범

조합장선거 등 공공단체의 임원선거에 적용되는 위탁선거법은 후보자의 피선거권에 관해서는 사적자치私的自治를 존중하여 해당 법령이나 정관 등 자치규범에서 정한 바에 따르도록 규정하고 있다(위탁선거법 §12).

이에 따라 농협법 등 조합법에서는 공통적으로 조합장선거의 피선거권에 관한 적극적 요건으로서 대한민국의 국적과 해당 조합의 조합원 자격을[3] 요구한다. 그 밖에 정관 등 자치규범이 추가적으로 요구하는 피선거권의 적극적 요건으로 해당 조합에 대한 출자좌수와 사업이용실적을 두고 있다.

---

2) 농협법 제49조제1항 제10호·제12호, 수협법 제51조제1항 제11호·제13호, 산림조합법 제39조제1항 제11호·제13호 참조.

3) 농협법 제45조제5항, 수협법 제46조제3항, 산림조합법 제35조제4항 참조.

한편, 농협법 등 조합법은 임원선거에서 피선거권의 소극적 요건으로 10여 가지의 결격사유를 직접 열거하고 있고,[4] 각 조합의 정관에서도 이와 동일한 내용을 확인하고 있다.

아울러 농협법 등 조합법에서 조합의 임원은 해당 조합의 감사 또는 다른 조합의 임원이나 직원을 겸할 수 없도록 겸직을 금지하는 한편, 조합과 실질적으로 경쟁관계에 있는 사업을 경영하거나 이에 종사하는 사람은 해당 조합의 임직원이 될 수 없도록 피선거권의 소극적 요건을 규정하고 있다.[5] 여기에서 해당 조합과 실질적으로 경쟁관계에 있는 사업의 범위는 각 개별 조합법에서 대통령령에 위임하고 있으므로, 대통령령의 관련 규정도 조합장선거의 피선거권에 관한 법원法源이 된다.

한편, 농협의 정관예는 농협법의 임원 결격사유를 다시 확인하면서 조합장 임기만료일 90일 전까지 겸직에 해당하는 직을 사직하지 않은 사람과 후보자등록일 전일까지 경업관계를 해소하지 않은 사람은 해당 조합장선거에 출마할 수 없도록 규정하여 농협법과 그 시행령이 정한 피선거권의 요건을 구체화하고 있다.[6]

그 밖에 각 조합의 정관예에서는 농협법에서 열거한 조합장선거의 피선거권 결격사유 외에 개별 조합이 추가적인 결격사유를 정할 수 없도록 가이드라인을 제시하고 있다.[7]

---

4) 농협법 제49조제1항, 수협법 제51조제1항, 산림조합법 제39조제1항 참조.

5) 농협법 제52조, 수협법 제55조, 산림조합법 제41조 참조.

6) 지역농협 정관례 제69조제1항 참조, 수협의 경우 지구별수협 정관례 제58조에서 임원의 결격사유를 확인하고 있고, 산림조합의 경우 정관례에서 경업관계에 따른 임원의 결격사유에 대한 별도의 규정을 두지 않고 있다.

7) 지역농협 정관례 제56조제1항, 지역축협 정관례 제56조제1항, 품목조합 정관례 제56조제1항 참조.

갖추어야 할 자격 : 적극적 요건

1. 해당 조합의 조합원

가. 지역농협

(1) 조합원 자격요건

지역농협의 조합장은 조합원 중에서 정관으로 정하는 바에 따라 조합원이 총회 또는 총회 외에서 투표로 직접 선출하거나, 대의원회가 선출하거나, 이사회가 이사 중에서 선출한다(농협법 §45⑤). 이러한 방법은 지역축협과 품목조합의 조합장 선출에[8] 관하여 준용하고 있고(농협법 §107① · §112①), 유사법제인 수협법과 산림조합법에서도 이와 유사한 규정을 두고 있다.[9]

---

8) 2024년 6월 30일 현재 전국적으로 총 1,111개의 농협이 등록되어 있다. 이 중 지역농협은 916개, 지역축협은 116개, 품목농협 45개, 품목축협 23개, 인삼협 11개 등이다. 농협중앙회 홈페이지 참조.

9) 수협법 제46조제3항도 농협법과 동일한 내용을 규정하고 있다. 다만, 산림조합법은 농협법 · 수협법과 달리 이사회에서 조합장을 선출하는 방식을 인정하지 않는다. 산림조합법 제35조제4항 참조.

　　지역농협의 조합원은 해당 농협의 구역에 주소, 거소居所나 사업장이[10] 있는 농업인이어야 하며, 둘 이상의 지역농협에 가입할 수 없다(농협법 §19①). 한편, 농협법에서 농업인의 범위를 대통령령으로 정하도록 위임함에 따라(§19④), 농협법 시행령에서는 농업인의 범위를 다음과 같이 규정하고 있다(§4①).

① 1,000㎡ 이상의 농지를 경영하거나 경작하는 사람

② 1년 중 90일 이상 농업에 종사하는 사람

③ 누에씨 0.5상자(2만립粒 기준)분 이상의 누에를 사육하는 사람

④ 시행령 별표 1에 따른 기준[11] 이상의 가축을 사육하는 사람과 그 밖에 농림축산식품부장관이 정하여 고시하는 기준[12] 이상의 가축을 사육하는 사람

⑤ 농지에서 330㎡ 이상의 시설을 설치하고 원예작물을 재배하는 사람

⑥ 660㎡ 이상의 농지에서 채소·과수 또는 화훼를 재배하는 사람

---

10) 다만, 지역농협이 정관으로 구역을 변경하는 경우 기존의 조합원은 변경된 구역에 주소, 거소나 사업장, 또는 주된 사무소가 없더라도 조합원의 자격을 계속하여 유지한다. 이는 지역축협과 품목조합에서도 준용한다. 농협법 제19조제5항 및 제107조제1항·제112조제1항 참조.

11) 농협법 시행령 제4조제1항제4호에 따른 별표 1에서는 소, 말, 당나귀 등 대형가축은 2마리, 돼지(젖먹이 아기돼지 제외), 염소, 사슴, 양 등 중형가축은 5마리, 토끼 50마리, 닭·오리 등 가금류는 100마리, 꿀벌 10봉 이상을 사육하는 사람을 농업인의 기준으로 정하고 있다.

12) 농림축산식품부장관이 지역농협 조합원의 자격요건으로 고시한 가축의 사육기준은 오소리 또는 타조는 3마리, 메추리 300마리, 꿩 30마리, 그 밖에 곤충류로서 흰점박이꽃무지 1,000마리, 장수풍뎅이 또는 사슴벌레 500마리, 갈색거저리 60,000마리 이상이다.

여기에서 ① 중 '농지를 경영'하는 사람이란 자신의 계획과 책임으로 농지를 보존, 관리 또는 운영하는 사람을 의미하므로, 농지를 경작하거나 농작물 또는 화훼를 재배하는 사람과 구분되는 개념이다. 따라서 현재 농작물을 재배하지 않더라도 농지의 생산성을 증가시키기 위하여 휴경 또는 객토를 하거나, 저장창고 등 시설을 설치하는 행위도 '농지를 경영'하는 행위에 포함된다.

판례는 대부분의 농지를 부직포로 덮어두거나 아무런 농작물도 재배하지 않는 상태로 관리하고 있었더라도 언제든지 농작물을 경작할 수 있을 정도로 농지를 보존·관리하고 있다면 농지를 경영하는 사람에 해당한다고 판시한 바 있다.[13]

또한 ⑥ 중 '채소·과수 또는 화훼를 재배하는 사람'이란 농지법 또는 농업·농촌 및 식품산업 기본법에서 규정한 농업인과[14] 달리 소득이나 이윤을 얻을 목적으로 계속적·반복적으로 채소·과수 등을 재배할 것을 요구하지 않는다. 지역농협 조합원의 자격으로서 농업인은 오로지 농업협동조합법 시행령에서 규정하는 요건을 구비하였는지를 기준으로 판단하기 때문이다.[15]

한편, 토지·건물 등의 수용이나 매매, 누에나 가축의 매매 또는 가축전염병 예방법에 따른 살처분, 그 밖에 천재지변 등 불가피한 사정에 따라 일시적으로 농업인의 요건을 충족하지 못하게 된 경우 지역농협의 이사회는 그 사유가 발생한 날부터 1년을 초과하지 않는 범위에서 한시적으로 조합원의 자격요건을 갖춘

---

13) 대구고등법원 2021. 5. 21. 선고 2020나22439 판결
14) 농지법 제2조제2호와 농업·농촌 및 식품산업 기본법 제3조제1항에서 농업인에 관한 정의규정을 두면서 농산물의 연간 판매액이 120만원 이상에 해당하는 사람 등 농업인의 범위를 협소하게 규정하고 있다.
15) 대법원 2023. 8. 31. 선고 2023도2715 판결

농업인으로 인정할 수 있다(농협법 시행령 §4②).

지역농협의 조합원이 농업인에 해당하는지를 확인하는데 필요한 방법과 기준 등에 관하여 필요한 사항은 농림축산식품부장관이 정하여 고시한다(농협법 시행령 §4③).[16]

한편, 농어업경영체 육성 및 지원에 관한 법률에 따른 영농조합법인과[17] 농업회사법인으로서[18] 그 주된 사무소를 지역농협의 구역에 두고 농업을 경영하는 법인은 지역농협의 조합원이 될 수 있다(농협법 §19②). 아울러 특별시 또는 광역시의 자치구를 구역의 전부 또는 일부로 하는 품목조합은 해당 자치구를 구역으로 하는 지역농협의 조합원이 될 수 있다(농협법 §19③).

참고적으로 지역농협의 조합원으로 가입되었더라도 곧바로 해당 조합장선거에 출마할 수 있는 자격이 부여되는 것은 아니다. 지역농협의 임원이 되려면 선거공고일 현재 해당 지역농협의 정관으로 정하는 출자좌수出資座數 이상의 납입 출자분을 2년 이상 계속 보유하고 있어야 하기 때문이다(농협법 §49① 10.).

---

16) 이에 따라 농림축산식품부가 고시한 농업인의 확인 방법 및 기준에서는 서류를 통하여 농업인의 자격을 확인하되, 확인이 어렵거나 농업인의 범위에 해당하지 않는 것으로 의심되는 경우에는 해당 지역조합에 현지 실태조사를 의무화하고 있다. 농림축산식품부 고시 제2조 · 제3조 참조.

17) 영농조합법인은 협업적 농업경영을 통하여 생산성을 높이고 농산물의 출하 · 유통 · 가공 · 수출 및 농어촌 관광휴양사업 등을 공동으로 하려는 농업인 또는 농업 관련 생산자단체가 5인 이상을 조합원으로 하여 설립한 법인을 말한다. 농어업 경영체 육성 및 지원에 관한 법률 제16조제1항 참조.

18) 농업회사법인은 농업의 경영이나 농산물의 유통 · 가공 · 판매를 기업적으로 하려는 사람 또는 농업인의 농작업을 대행하거나 농어촌 관광휴양사업을 하려는 사람이 설립한 법인을 말한다. 농업회사법인을 설립할 수 있는 사람은 농업인과 농업생산자단체에 한정한다. 농어업경영체 육성 및 지원에 관한 법률 제19조제1항 · 제2항 참조

(2) 가입절차

조합원의 자격요건을 갖추고 있는 사람으로서 지역농협에 가입하려는 사람은 성명·주민등록번호·주소, 가구원수, 인수하려는 출자좌수,[19] 경작면적과 주 작물명 등 조합원 자격에 해당하는 사항과 조합운영 참여 및 사업이용에 동의하는 사항을 적은 가입신청서를 해당 농협에 제출해야 한다(지역농협정관례 §10①).

조합원의 자격요건을 갖추고 있는 법인이 지역농협에 가입하려는 때에는 법인의 명칭·법인등록번호·주된 사무소의 소재지, 대표자의 성명·생년월일 및 주소, 구성원수, 인수하려는 출자좌수, 주된 사업의 종류, 조합운영 참여 및 사업이용에 동의하는 사항을 적은 가입신청서에 법인의 정관과 가입을 의결한 총회의사록, 사업계획서, 재무상태표 및 손익계산서를 붙여 해당 농협에 제출해야 한다(지역농협정관례 §10②).

지역농협이 가입신청서를 접수한 때에는 이사회에 부의하여 조합원으로서의 자격유무를 심사하고 가입신청자에게 서면으로 승낙여부를 통지한다. 이 경우 조합은 정당한 사유 없이 조합원 자격을 갖추고 있는 사람의 가입을 거절하거나 다른 조합원보다 불리한 가입조건을 달아서는 안 된다. 다만, 제명된 후 2년이 지나지 않은 사람에 대하여는 가입을 거절할 수 있다(지역농협정관례 §10③·④).

지역농협의 구역에 주소, 거소居所 또는 사업장이 있는 농업

---

19) 지역농협에서 출좌 1좌의 금액은 5,000원이다. 개인은 20좌 이상 200좌 이내, 법인은 100좌 이상 1,000좌 이내의 범위에서 해당 농협이 자율적으로 결정할 수 있다. 지역농협 정관례 제18조제1항 및 제2항 참조.

인으로서 조합원의 자격을 취득한 사람은 조합에 가입한 지 1년 6개월 이내에는 같은 구역에 설립된 다른 지역농협에 가입할 수 없다(지역농협정관례 §10⑤).

판례는 지역농협에서 근무하는 직원이 농지를 매수하고 조합원 가입신청을 하자 조합측에서 가입신청자의 실제 경작여부를 문제 삼으면서도 이를 적극적으로 확인하지 아니한 채 계속하여 그 가입심사를 보류한 행위에 대하여 이를 정당한 사유 없이 조합원 자격을 갖추고 있는 사람의 가입을 거절하거나 다른 조합원보다 불리한 가입조건을 요구하는 것이라고 보았다.[20]

나. 지역축협

(1) 조합원 자격요건

지역축협의 조합원은 해당 축협의 구역에 주소, 거소 또는 사업장이 있는 사람으로서 축산업을 경영하는 농업인이어야 하고, 조합원은 둘 이상의 지역축협에 가입할 수 없다(농협법 §105①). 이 경우 축산업을 경영하는 농업인의 범위는 대통령령으로 정한다(농협법 §105②).

이에 따라 농협법 시행령에서는 일정 기준 이상의 가축을 사육하는 사람과[21] 농림축산식품부장관이 정하여 고시하는 기준[22]

---

20) 전주지법 2010. 4. 21. 선고 2009가합7273 판결
21) 해당 시행령 제10조제1항과 별표 3에 따른 가축 사육기준은 젖을 짜는 소 1마리, 소 또는 말 2마리, 사슴 5마리, 돼지 10마리(젖먹이 새끼돼지 제외), 염소·양·개 20마리, 토끼 100마리, 오리 200마리, 산란계 500마리, 육계 또는 메추리 1,000마리로 정하고 있다.
22) 해당 고시에서 가축의 사육기준은 노새 또는 당나귀 2마리, 오소리 또는 타조

이상의 가축을 사육하는 사람을 축산업을 경영하는 농업인으로 보아 지역축협에 가입할 수 있는 자격을 인정하고 있다(§10①).

지역축협의 조합원이 조합원의 자격요건인 축산업을 경영하는 농업인의 범위에 해당하는지를 확인하는데 필요한 방법과 기준 등에 관하여 필요한 사항은 농림축산식품부장관이 정하여 고시한다(농협법 시행령 §10③).

한편, 축산업 경영에 사용되는 토지·건물 등이 수용되거나 일시적으로 매매되는 경우, 사육 중인 가축이 매매되거나 가축전염병 예방법에 따라 살처분된 경우, 그 밖에 천재지변 등 불가피한 사정으로 축산업을 경영하는 농업인의 요건을 일시적으로 충족하지 못하게 된 경우 지역축협의 이사회는 그 사유가 발생한 날부터 1년을 초과하지 않는 범위에서 한시적으로 조합원의 자격을 인정할 수 있다(농협법 시행령 §10②).

그 밖에 영농조합법인과 농업회사법인으로서 그 주된 사무소를 지역축협의 구역에 두고 농업을 경영하는 법인이 지역축협의 조합원이 될 수 있는 부분과, 특별시 또는 광역시의 자치구를 구역의 전부 또는 일부로 하는 품목조합이 해당 자치구를 구역으로 하는 지역축협의 조합원이 될 수 있는 점은 지역농협의 예와 같다(농협법 §107①).

(2) 가입절차

지역축협 조합원의 자격요건을 갖추고 있는 사람이나 법인이

20마리, 거위 또는 칠면조 200마리, 꿩 1,000마리로 지역농협의 기준보다 강화된다. 반면, 곤충류 사육에 관해서는 흰점박이꽃무지 1,000마리, 장수풍뎅이 또는 사슴벌레 500마리 등으로 지역농협의 기준과 같다.

지역축협에 가입하려는 경우 그 절차와 방법, 인수하려는 출자좌
수23) 등은 지역농협과 같다. 다만, 가입신청서에는 '경작면적과
주 작물명' 대신 '사육하는 축종 및 가축수'를 적는다(지역축협정
관례 §10① · ②). 그 밖에 가입신청에 대한 지역축협의 심사와 가
입 승낙여부 통지 절차, 제명된 사람에 대한 가입제한에 관한 사
항도 지역농협과 동일하다(지역축협정관례 §10③ · ④).

다. 품목조합

(1) 조합원 자격요건

품목조합의 조합원은 그 구역에 주소, 거소 또는 사업장이
있는 농업인으로서 정관으로 정하는 자격을 갖춘 사람으로 한다
(농협법 §110①). 이에 따라 품목조합정관례는 다음에 해당하는
기준 이상을 경영하거나 사육하는 농업인에게 조합 가입자격을
인정하고 있다(§9①). 품목조합은 지역농협이나 지역축협에 비하
여 경작이나 사육의 측면에서 상대적으로 대규모성을 주요 특징
으로 한다.

① 해당 품목의 시설채소 2,000㎡ 또는 채소 5,000㎡ 이상
② 해당 품목의 시설과수 2,000㎡ 이상, 과수 또는 유실수
5,000㎡ 이상
③ 시설화훼 1,000㎡ 또는 화훼 3,000㎡ 이상
④ 완초 · 버섯24) 기타의 특용 · 약용작물과 밀 · 콩 · 감자 또는

---

23) 지역축협 정관례 제18조제1항 및 제2항 참조.

24) 품목조합의 자격요건으로서 임산물로 분류되는 유실수와 버섯은 제외하되, 농지
에서 재배되는 유실수와 버섯은 농산물로 본다. 임산물로 분류되는 버섯과 유실

　　　양잠은 해당 품목조합에서 정하는 경영기준 이상

⑤ 인삼을 경작하는 농업인

⑥ 한육우 10마리, 젖을 짜는 소 5마리 또는 말 2마리 이상

⑦ 돼지(젖먹이 아기돼지 제외) 200마리 이상

⑧ 염소 50마리, 토끼 200마리 또는 개 50마리 이상

⑨ 육계 1만마리, 산란계 5천마리 또는 오리 1천마리 이상

⑩ 사슴 10마리 이상, 여우 100마리 또는 밍크 300마리 이상

⑪ 꿀벌 20군 이상

　조합원은 같은 품목이나 업종을 대상으로 하는 둘 이상의 품목조합에 가입할 수 없다. 이 경우 연작連作에 따른 피해로 인하여 사업장을 품목조합의 구역 외로 이전하는 경우에는 예외로 한다(농협법 §110②, 품목조합정관예 §9②).

　그 밖에 영농조합법인과 농업회사법인으로서 그 주된 사무소를 품목조합의 구역에 두고 농업을 경영하는 법인이 품목조합의 조합원이 될 수 있는 부분은 지역농협의 예와 같다(농협법 §112①).

(2) 가입절차

　품목조합 조합원의 자격요건을 갖추고 있는 사람이나 법인이 품목조합에 가입하는 절차와 방법, 인수하려는 출자자수[25] 등은 지역농협의 그것과 동일하다. 다만, 축산계 품목조합의 경우에는 가입신청서에 '경작면적과 주 작물명' 대신 '사육하는 축종 및 가축수'를 적는다(품목조합정관례 §10① · ②).

수는 당연히 산림조합의 조직대상이다.

25) 품목조합 정관례 제18조제1항 및 제2항 참조.

그 밖에 가입신청에 대한 품목조합의 심사와 가입 승낙여부
통지 절차, 제명된 사람에 대한 가입제한에 관한 사항도 지역농
협과 같다(품목조합정관례 §10③ · ④).

라. 수협별 조합원 자격요건과 가입절차

(1) 지구별수협

지구별수협의 조합원 자격은 해당 지구별수협의 구역에 주
소, 거소居所 또는 사업장이 있는 어업인이어야 한다. 다만, 사업
장 외의 지역에 주소 또는 거소만이 있는 어업인이 그 외의 사업
장 소재지를 구역으로 하는 지구별수협의 조합원으로 가입한 경
우에는 주소 또는 거소를 구역으로 하는 지구별수협의 조합원이
될 수 없다(수협법 §20①). 여기에서 지구별수협 어업인의 범위는
1년 중 60일 이상 조합의 정관에서 정하는 어업을 경영하거나 이
에 종사하는 사람을 말한다(수협법 시행령 §14).

한편, 농어업경영체 육성 및 지원에 관한 법률에 따른 영어
조합법인과[26] 어업회사법인으로서[27] 그 주된 사무소를 지구별수
협의 구역에 두고 어업을 경영하는 법인은 지구별수협의 조합원
이 될 수 있다(수협법 §20②).

---

[26] 영어조합법인營漁組合法人은 협업적 수산업경영을 통하여 생산성을 높이고 수산
물의 출하 · 유통 · 가공 · 수출 및 농어촌 관광휴양사업 등을 공동으로 하려는 어
업인 또는 어업생산자단체 5인 이상이 설립한 법인을 말한다. 농어업경영체 육
성 및 지원에 관한 법률 제16조제2항 참조

[27] 어업회사법인은 수산업의 경영이나 수산물의 유통 · 가공 · 판매를 기업적으로 하
려는 사람이나 농어촌 관광휴양사업을 하려는 사람이 설립한 법인을 말한다. 어
업회사법인은 어업인과 어업생산자단체만이 설립할 수 있다. 농어업경영체 육성
및 지원에 관한 법률 제19조제3항 · 제4항 참조

지구별수협의 조합원으로 가입하려는 사람은 가입신청서에 어업허가증 사본, 어업신고증명서 사본, 어업종사자증명서 및 등기 또는 등록사항을 증명하는 서류를 첨부해야 하고, 법인의 경우에는 등기부등본, 정관, 조합 가입의사 결정이 있었음을 증명하는 서류를 첨부해야 한다(지구별수협 정관례 §14①).

이 경우 어업종사자증명서는 가입신청자의 주소를 구역으로 하는 어촌계장이 발급한 것을 말한다. 다만, 주소를 구역으로 하는 어촌계가[28] 없는 때에는 해당 수협에서 직접 조사하여 조합장이 어업종사자증명서를 발급할 수 있다(지구별수협 정관례 §14④).

해당 수협이 조합원 가입신청서를 접수한 때에는 이사회에 부의하여 조합원의 자격유무를 심사하고, 가입을 승낙한 때에는 이를 서면으로 가입신청자에게 통지한다. 가입신청자는 출자금을[29] 납입함으로써 조합원이 된다(지구별수협 정관례 §14② · ③).

(2) 업종별수협

업종별수협의 조합원은 그 구역에 주소 · 거소 또는 사업장이 있는 사람으로서 대통령령으로 정하는 종류의 어업을[30] 경영하

---

28) 어촌계는 군청이나 읍 · 면사무소의 부서명칭이 아니다. 어촌계는 행정구역 · 경제권 등을 중심으로 어업 생산성을 높이고 공동사업의 수행과 경제적 · 사회적 · 문화적 지위 향상을 도모하기 위하여 해당 구역에 거주하는 지구별수협의 조합원들이 설립준비위원회를 구성하고, 정관을 작성하여 창립총회의 의결을 거친 후 특별자치도지사 · 시장 · 군수 · 구청장의 인가를 받아 설립된 조직이다. 수협법 제15조 및 시행령 제4조 참조.

29) 지구별수협 출자 1계좌의 금액은 1만원으로 한다. 조합원은 20계좌 이상 출자를 원칙으로 하되, 해당 수협의 사정에 따라 계좌 수를 늘리거나 줄여 자율적으로 정할 수 있다. 농협과 달리 수협은 출자 계좌수의 상한을 정하지 않은 점에 특징이 있다. 지구별수협 정관례 제19조 참조.

30) 수협법 시행령 제22조는 업종별수협의 조합원 자격을 규정하면서 그물과 통발 잠수기 등 각종 어구를 활용한 어업과 가두리 등 양식장을 활용하여 어패류와

는 어업인이어야 한다(수협법 §106①). 이 경우 업종별수협의 조합원 자격을 가진 사람 중 단일 어업을 경영하는 사람은 해당 업종별수협에만 가입할 수 있다(수협법 §106②).

업종별수협의 조합원으로 가입하려는 사람은 가입신청서에 어업면허증, 어업허가증, 어업신고증명서 사본 등 어업 경영자임을 증명하는 서류를 첨부하여 제출하여야 하고, 법인인 경우에는 등기부등본, 정관 및 조합 가입의 의사결정이 있었음을 증명하는 서류를 함께 제출해야 한다(업종별수협 정관례 §13①).

해당 수협이 조합원가입신청서를 접수한 때에는 이사회에 부의하여 조합원의 자격유무를 심사하고, 가입을 승낙할 때에는 서면으로 이를 가입신청자에게 통지한다. 가입신청자는 출자금을[31] 납입함으로써 조합원이 된다(업종별수협 정관례 §13② · ③).

(3) 가공수협

수산물가공수협(이하 '가공수협'이라 줄인다)의 조합원은 그 구역에 주소 · 거소 또는 사업장이 있는 사람으로서 대통령령으로 정하는 종류의 수산물가공업을 경영하는 사람이어야 한다(수협법 §111).

이에 따라 수협법 시행령에서는 수산물 냉동 · 냉장업을 경영하거나 수산물 통조림 가공업을 경영하는 사람,[32] 면적 330㎡ 이

해조류를 양식하는 어업, 그 밖에 내수면에서 뱀장어 등 수산동식물을 포획 · 채취하거나 양식 · 종자를 생산하는 어업을 열거하고 있다.

31) 업종별수협 출자 1계좌의 금액은 1만원으로 한다. 조합원은 100계좌 이상 출자를 원칙으로 하되, 해당 수협의 사정에 따라 계좌 수를 늘리거나 줄여 자율적으로 정할 수 있다. 수협의 출자 계좌수는 농협에 비하여 높은 점이 특징이다. 업종별수협 정관례 제18조 참조.

32) 이 경우 해당 사업장에서 수산물과 농산물 · 축산물 또는 임산물을 함께 냉동 · 냉

상 수산물 건제품 가공업을 경영하는 사람, 면적 200㎡ 이상 해조류 가공업을 경영하는 사람을 가공수협의 조합원 자격을 갖춘 사람으로 규정하고 있다(§23).

가공수협의 조합원으로 가입하려는 사람은 가입신청서에 수산물가공업등록증 사본을 첨부하여 제출해야 한다. 가입신청자가 법인인 경우에는 등기부등본, 정관 및 해당 가공수협에 대한 가입의 의사결정이 있었음을 증명하는 서류를 함께 제출한다(가공수협 정관례 §13①).

해당 수협이 조합원 가입신청서를 접수한 때에는 이사회에 부의하여 조합원의 자격유무를 심사하고, 가입을 승낙할 때에는 서면으로 이를 가입신청자에게 통지한다. 가입신청자는 출자금을[33] 납입함으로써 조합원이 된다(가공수협 정관례 §13② · ③).

마. 산림조합

(1) 조합원 자격요건

산림조합의 조직형식은 지역산림조합과 전문산림조합이 있다. 지역산림조합은 해당 구역에 주소 또는 산림이 있는 산림소유자와[34] 해당 구역에 주소 또는 사업장이 있는 임업인을 조합원으로 한다(산림조합법 §18① 본문). 조합원은 둘 이상 지역산림조

장하거나 통조림 가공을 하는 경우를 포함한다.

[33] 가공수협 출자 1계좌의 금액은 1만원으로 한다. 조합원은 200계좌 이상 출자를 원칙으로 하되, 해당 수협의 사정에 따라 계좌 수를 늘리거나 줄여 자율적으로 정할 수 있다. 가공수협 정관례 제18조 참조.

[34] 조합원이 될 수 있는 최소 산림면적은 300㎡부터 1,000㎡까지의 범위에서 해당 조합의 정관으로 정한다. 산림조합법 제18조제3항 참조.

합의 조합원이 될 수 없다(산림조합법 §18① 단서). 산림조합의 정관례는 해당 구역에 주소 또는 사업장이 있는 아래의 임업인을 지역산림조합의 조합원 자격으로 인정하고 있다(§13①).

① 3ha 이상의 산림에서 임업을 경영하는 사람

② 1년 중 90일 이상 임업에 종사하는 사람

③ 임업경영을 통한 임산물의 연간 판매액이 120만원 이상인 사람

④ 산림자원의 조성 및 관리에 관한 법률에 따라 등록된 산림용 종묘생산업자

⑤ 300㎡ 이상의 포지를 확보하고 조경수 또는 분재소재를 생산하거나 산채 등 산림부산물을 재배하는 사람

⑥ 대추·호두나무 1,000㎡, 밤나무 5,000㎡, 잣나무 10,000㎡ 이상을 재배하는 사람

⑦ 연간 표고자목 20㎥ 이상을 재배하는 사람

한편, 전문산림조합은 그 구역에 주소 또는 사업장이 있는 임업인으로서 해당 조합의 정관으로 정하는 자격을 갖춘 사람을 조합원으로 한다(산림조합법 §18②). 다만, 조합원은 같은 품목 또는 업종을 대상으로 하는 둘 이상의 전문산림조합에 가입할 수 없다(산림조합법 §18② 단서).

산림조합법의 위임에 따라 산림조합의 정관례는 해당 구역에 주소 또는 사업장이 있는 임업인으로서 다음의 기준 이상을 갖춘 사람에게 전문산림조합의 조합원 자격을 인정하고 있다(§13①).

① 산림자원의 조성 및 관리에 관한 법률에 따라 등록된 산림용 종묘생산업자

② 1,000㎡ 이상의 포지를 확보하고 조경수 또는 분재소재를

1년 이상 재배한 경력이 있거나, 분재 점포 100㎡ 이상을 확보하고 1년 이상 분재를 생산 및 판매한 경력이 있는 조경목 생산업자

③ 밤 식재면적 1만㎡ 이상, 대추·감·호두 식재면적 3,000㎡ 이상, 잣 식재면적 30,000㎡ 이상 생산업자

④ 연간 표고자목 50㎥ 이상을 재배하는 표고생산업자

(2) 가입절차

산림조합에 조합원으로 가입하려는 사람은 주소·성명·주민등록번호, 산림소유명세 또는 조합원 자격에 관한 사항, 인수하려는 출자계좌 수, 사업성실이용 준수 서약을[35] 적은 가입신청서를 해당 조합에 제출해야 한다(산림조합 정관례 §15①).

조합원 가입신청서를 접수한 산림조합은 이사회에 부의하여 조합원자격 유무를 심사하고, 가입을 승낙한 때에는 가입신청자에게 서면으로 통지하여 출자납입을 하며, 가입신청자는 출자를[36] 납입함으로써 조합원이 된다(산림조합 정관례 §15②·③).

산림조합은 정당한 이유없이 조합원이 될 자격을 가진 사람의 가입신청을 거절하거나 다른 조합원보다 불리한 가입조건을 붙일 수 없고 조합원 수를 제한할 수 없다(산림조합 정관례 §15④·⑤).

---

35) 산림조합법 제20조제7항은 조합원에게 조합의 운영과정에 성실히 참여하고, 생산한 임산물을 조합을 통하여 출하하는 등 조합의 사업을 성실히 이용하도록 의무를 부과하고 있다.

36) 산림조합 출좌 1좌의 금액은 5,000원이다. 개인 조합원은 20계좌 이상의 출자를 하여야 하고, 법인 조합원은 100계좌 이상을 출자하여야 한다. 산림조합 정관례 제23조제1항 및 제2항 참조.

2. 일정 규모의 출자금

가. 농협: 지역농협 · 지역축협 · 품목조합

지역농협의 조합장선거에 출마하려면 농협법에 따라 선거공고일 현재 해당 농협의 정관으로 정하는 출자좌수出資座數 이상의 납입 출자분을 2년 이상 계속 보유하고 있어야 한다. 다만, 설립이나 합병 후 2년이 지나지 않은 농협의 경우에는 해당 요건을 적용하지 않는다(농협법 §49① 10.). 이러한 요건은 지역축협과 품목조합의 조합장선거에서도 준용하고 있다(농협법 §107① · §112①).

이에 따라 정관례에서 출자좌수를 지역농협과 지역축협은 50좌 이상 1,000좌 이내, 품목조합은 50좌 이상 2,000좌 이내의 범위에서 해당 조합이 자율적으로 정하도록 규정하고 있다.[37] 이 경우 농협 출좌 1좌의 금액이 5,000원이므로, 조합장선거에 출마하기 위한 출자금액은 최소 25만원에서 1,000만원 사이가 된다.

나. 수협: 지구별수협 · 업종별수협 · 가공수협

지구별수협의 조합장선거에 출마하려면 수협법에 따라 선거공고일 현재 해당 수협의 조합원 신분을 2년 이상 계속 유지하면서 정관으로 정하는 출자좌수 이상의 납입출자금을 2년 이상 계속 보유하고 있어야 한다(§51① 11.). 다만, 설립 또는 합병 후 2

---

[37] 지역농협 정관례 제56조제1항제10호, 지역축협 정관례 제56조제1항제10호, 품목조합 정관례 제56조제1항제10호 참조.

년이 지나지 않은 지구별수협의 경우에는 선거공고일 현재 조합원 신분을 유지하고 정관으로 정하는 출자좌수 이상의 납입출자금을 보유하고 있어야 한다(수협법 §51① 11.).

이러한 요건은 업종별수협과 가공수협에도 준용한다(수협법 §108·§113). 이에 따라 각 수협의 정관예에서 납입출자금에 관하여 지구별수협은 100계좌 이상, 업종별수협은 500계좌 이상, 가공수협은 1,000계좌 이상을 기준으로 해당 수협의 사정에[38] 따라 자율적으로 결정하도록 규정하고 있다.[39] 이 경우 수협에서 출좌 1좌의 금액이 10,000원이므로, 수협의 조합장선거에 출마하기 위한 출자금액은 최소 100만원에서 1,000만원 사이가 된다.

다. 산림조합

지역조합과 전문조합[40]을 불문하고 산림조합장선거에 출마하려면 산림조합법에 따라 선거공고일 현재 해당 조합의 정관으로 정하는 출자좌수 이상의 납입출자를 2년 이상 계속 보유하고 있어야 한다. 다만, 설립 또는 합병 후 2년이 지나지 않은 조합의 경우에는 해당 요건을 적용하지 않는다(산림조합법 §39① 11.).

산림조합 정관예는 선거공고일 현재 200계좌 이상의 납입출자를 2년 이상 계속 보유하고 있는 사람에 한정하여 해당 조합장

---

38) 수협의 정관예에서는 공통적으로 출자금 계좌수를 상향 조정할 경우 조합원의 피선거권이 과도하게 제한되지 않도록 여러가지 사정을 감안하여 결정하도록 권고하고 있다. 지구별수협 정관례 제55조제1항제13호 등 참조.
39) 지구별수협 정관례 제55조제1항제13호, 업종별수협 정관예 제54조제1항제13호, 가공수협 정관예 제54조제1항제13호 참조.
40) 지역조합이란 지역산림조합을 말하고, 전문조합이란 품목별·업종별 산림조합을 말한다. 산림조합법 제2조 참조.

선거의 출마자격을 인정하고 있다. 이 경우 산림조합 정관예에서 출자 1계좌의 금액을 5천원으로 정하고 있으므로 해당 조합장선 거에 출마하기 위한 최소 출자금액은 100만원이 된다.

3. 사업이용실적

가. 농협: 지역농협 · 지역축협 · 품목조합

지역농협의 조합장선거에 출마하려면 선거공고일 현재 지역 농협의 설립목적 달성을 위하여 수행하는 사업[41] 중 대통령령으 로 정하는 사업에 대하여 해당 농협의 정관으로 정하는 일정 규 모 이상의 사업이용실적이 있어야 한다(농협법 §49① 12.). 이러한 법적 요건은 지역축협과 품목조합에서도 준용하고 있다(농협법 §107① · §112①).

이에 따라 농협법 시행령에서는 조합원이 생산하는 농산물의 제조 · 가공 · 판매 · 수출 등의 사업과[42] 그 밖에 조합의 정관으로 정하는 사업을 열거하고 있다(§5의3①). 이 경우 지역농협 중 조 합원이 생산하는 농산물의 제조 · 가공 · 판매 · 수출 등의 사업을 이용하는 조합원이 전체 조합원의 100분의 50 이상인 조합의 경

---

[41] 농협법 제57조제1항은 지역농협의 설립목적 달성을 위한 사업으로서 교육 · 지원 사업, 경제사업, 신용사업, 복지후생사업, 다른 경제단체 · 사회단체 및 문화단체 와의 교류 · 협력사업 등을 열거하고 있다.

[42] 이 경우 해당 조합이 출자한 조합공동사업법인의 사업 중 회원을 위한 물자의 공동구매 및 상품의 공동판매와 이에 수반되는 운반 · 보관 및 가공사업에 따른 상품의 공동판매 사업을 포함할 수 있다. 농협법 시행령 제5조의3제1항제1호 후단 참조.

24

우에는 해당 사업을 반드시 포함해야 한다(§5의3②).

지역농협·지역축협 및 품목조합의 정관례에서는 공통적으로 직전 회계연도를 기준으로 전체 조합원 중 조합원이 생산하는 농산물의 제조·가공·판매·수출 등의 사업을 이용하는 조합원의 비율에 따라 100분의 50 이상인 조합과 그 미만인 조합을 구분하여 조합장선거의 후보자에게 요구하는 사업이용실적을 차등하여 적용한다. 이 경우 사업이용실적을 산정하는 기간은 선거공고일 현재의 1년 전부터 선거공고일 전일까지를 기준으로 하되, 해당 조합의 자유의사에 따라 그 기간을 2년으로 연장할 수 있다.

지역농협·지역축협 및 품목조합 등 농협의 조합장선거에서 후보자가 되려는 사람은 선거공고일 현재 다음에 해당하는 사업에 대한 일정 금액 이상의 사업이용실적이 있어야 한다.[43]

① 조합원이 생산하는 물자의 제조·가공·판매·수출 등의 사업을 이용한 금액 : ( )만원 이상. 이 경우 공동사업법인의 사업 중 상품의 공동판매 사업을 포함한다.
② 조합원의 사업과 생활에 필요한 물자의 구입·제조·가공·공급 등의 사업을 이용한 금액 : ( )만원 이상
③ 조합원으로부터의 예금과 적금의 수납 등 신용사업 이용에 따른 예금·적금의 평균잔액 : ( )만원 이상
④ 신용사업 이용에 따른 대출금의 평균잔액 : ( )만원 이상
⑤ 금융기관 보험대리점사업 이용에 따른 수입수수료 : ( )만원 이상

전체 조합원 중 조합원이 생산하는 농산물의 제조·가공·판

43) 지역농협 정관례 제56조제1항제12호, 지역축협 정관례 제56조제1항제12호, 품목조합 정관례 제56조제1항제12호 참조.

매·수출 등의 사업을 이용하는 조합원의 비율이 100분의 50 이상인 조합에는 ①과 ②를 각각 필수항목으로 정하되, 나머지 항목의 선택 여부는 해당 조합의 자율에 맡긴다.

이 경우 항목별 금액의 산정기준에 관해서 판매사업 평균 이용금액은 100분의 10 이상 100분의 50 이내, 구매사업 평균 이용금액은 100분의 40 이상 평균 이용금액 이내, 예금·적금·대출금의 평균잔액 및 평균보험수입수수료는 100분의 20 이상 평균잔액 및 평균보험수입수수료 이내에서 각각 조합의 실정에 따라 정한다. 다만, 특별시 또는 광역시의 자치구를 구역의 전부 또는 일부로 하는 조합의 경우에는 특례를 두어 구매사업 평균 이용금액의 하한은 100분의 20 이상으로, 예금·적금·대출금의 평균잔액 및 평균보험수입수수료의 하한은 100분의 30 이상으로 한다.

반면에 조합원이 생산하는 농산물의 제조·가공·판매·수출 등의 사업을 이용하는 조합원의 비율이 전체 조합원의 100분의 50 미만인 조합에는 ①과 ②를 통합하여 하나의 필수항목으로 산정하고, 나머지 항목은 조합의 실정에 따라 일부 또는 전부를 선택하거나 선택하지 않을 수 있도록 자율성을 부여하고 있다.

이 경우 항목별 금액의 산정기준에 관해서는 경제사업 평균 이용금액의 경우 100분의 40 이상 평균 이용금액 이내에서, 예금·적금·대출금의 평균잔액 및 평균보험수입수수료는 100분의 20 이상으로 각각 조합의 실정에 따라 정한다. 다만, 특별시 또는 광역시의 자치구를 구역의 전부 또는 일부로 하는 조합은 경제사업 평균 이용금액의 하한을 100분의 20으로, 예금·적금·대출금의 평균잔액 및 평균보험수입수수료의 하한은 100분의 30으로 한다.

조합의 성격과 특성, 조합원의 참여수준에 따라 조합별로 사업이용실적에 상당한 차이를 둘 수 있겠지만, 정관례에서 실적의 하한을 정하고 있으므로 조합장선거에서 후보자가 되려는 사람의 피선거권을 과도하게 침해할 우려는 없는 것으로 보인다.

나. 수협: 지구별수협·업종별수협·가공수협

지구별수협의 조합장선거에 출마하려면 수협법에 따라 선거공고일 현재 해당 지구별수협의 정관으로 정하는 일정 규모 이상의 사업이용실적이 있어야 한다(수협법 §51① 13.). 해당 규정은 업종별수협과 가공수협에서도 준용하고 있다(수협법 §108·§113).

이에 따라 각 수협의 정관예는 조합장선거에 출마하려면 선거공고일 1년 전부터 선거공고일 전일까지를 기준으로 아래에서 해당 조합의 정관으로 정한 3가지 이상 항목 중 어느 하나 이상에 해당하는 사업이용실적을 갖추도록 규정하고 있다.[44]

① 구매사업 및 보관·판매·검사사업을 이용한 금액 : ( )만원 이상. 다만, 위판실적은 제외한다.

② 경제사업 이용에 따른 위판금액 : ( )만원 이상

③ 신용사업 이용에 따른 예·적금의 평균잔액 : ( )만원 이상

④ 신용사업 이용에 따른 대출금의 평균잔액 : ( )만원 이상

⑤ 공제사업 이용에 따른 공제료 : ( )만원 이상. 다만, 정책보험의 경우 국고보조금은 공제료에서 제외한다.

여기에서 각 사업이용실적의 금액기준도 과도하지 않도록 해당 조합이 제반사정을 고려하여 합리적으로 정해야 한다.

---

44) 지구별수협 정관예 제55조제1항제18호, 업종별수협 정관예 제54조제1항제18호, 가공수협 정관예 제54조제1항제18호 참조.

다. 산림조합

산림조합의 조합장선거에 출마하려면 산림조합법에 따라 선거공고일 현재 해당 조합의 정관으로 정하는 일정 규모 이상의 사업이용실적이 있어야 한다(산림조합법 §39① 13.).

이에 따라 산림조합 정관예는 선거공고일 1년 전부터 선거공고일 전일까지 다음 중 어느 하나 이상에 해당하는 사업이용실적을 갖추도록 규정하고 있다(산림조합 정관예 §64① 13.).

① 조합원의 사업과 생활에 필요한 물자의 구입·제조·가공·공급 등의 사업 및 조합원이 생산하는 임산물의 제조·가공·판매·알선·수출 등의 사업을 이용한 금액 : (   )만원 이상

② 예금·적금의 평균잔액 : (   )만원 이상

③ 대출금의 평균잔액 : (   )만원 이상

여기에서 사업이용실적의 금액기준은 최근 회계연도의 전체 조합원의 경제사업 평균 이용금액의[45] 100분의 40 이상 평균 이용금액 이하의 범위에서 해당 조합이 자체실정에 따라 자율적으로 정한다(산림조합 정관예 §64① 13.).

---

45) 신용사업 이용에 따른 예금·적금 및 대출금은 평균잔액을 말한다.

피선거권 결격사유 : 소극적 요건

1. 피선거권 결격사유 개요

　　농협법에서는 기본적으로 지역농협의 임원 결격사유를 규정하면서(§49①), 지역축협과 품목조합에서도 해당 규정을 준용하고 있다.[46] 한편, 수협법은 지구별수협의 임원 결격사유로서 농협법과 유사한 내용을 규정하면서(수협법 §51①) 업종별수협과 가공수협에 이를 준용하고 있다.[47] 산림조합법 또한 산림조합의 임원 결격사유로 수협법과 유사한 내용을 규정하고 있다(§39①).

　　다만, 수협법과 산림조합법은 농협법에 따른 임원 결격사유 외에 추가적으로 성폭력범죄를 범하여 300만원 이상의 벌금형을 선고받고 2년이 지나지 않은 사람의 피선거권을 제한하는 특별규정을 두고 있는 점에 그 차이가 있다.

　　이와 같이 농협법·수협법 및 산림조합법에서 각각 규정하

---

46) 농협법 제107조제1항 및 제112조제1항 참조.
47) 수협법 제108조 및 제113조 참조.

고 있는 임원의 결격사유가 바로 해당 조합장선거에서 피선거권의 소극적 요건이므로, 그중 어느 하나라도 해당되면 피선거권의 적극적 요건을 모두 갖추고 있더라도 조합장선거에 출마할수 없다.

조합법의 피선거권 규정형식의 특징은 신용협동조합법이나 새마을금고법과 달리 피선거권 결격사유를 정관으로 위임하지 않은 점에 있다.[48] 실제 정관에서 별도로 정한 사례도 없다.

농협법·수협법 및 산림조합법에 규정된 조합 임원의 결격사유, 즉 조합장선거에서 피선거권 결격사유의 주요 내용을 유형별로 범주화하면 다음과 같다.

첫째, 유죄판결을 받고 그 집행이 끝나거나 면제된 후 일정 기간이 지나지 않은 사람이다. 이 경우 범죄전과로 인한 자격제한은 일반범죄와 선거범죄로 구분하고 형의 경중에 따라 그 제한기간을 각각 달리 정하고 있다.

둘째, 관계 법령이나 법령에 따른 행정처분 또는 정관을 위반하여 농림축산식품부장관, 금융위원회, 산림청장 등 감독기관의 요구에 따라 개선改選 또는 징계면직의[49] 처분을 받고 5년이 지나지 않은 사람도 조합장선거의 피선거권이 없다.

셋째, 정관으로 정하는 금액과 기간을 초과하여 금융기관에 채무상환을 연체하고 있는 사람도 조합장선거에 출마할 수 없다.

넷째, 다른 조합의 임직원을 맡고 있거나, 해당 조합과 경쟁

---

48) 신용협동조합법 제28조제1항제12호 및 새마을금고법 제21조제1항제18호 참조.
49) 참고적으로 신용협동조합법과 새마을금고법에서는 개선 또는 징계면직 등 배제징계 외에도 정직이나 직무정지의 제재조치를 받은 사람도 일정기간 피선거권을 제한한다. 신용협동조합법 제28조제1항제9호 및 새마을금고법 제21조제1항제12호의2 참조.

관계에 있는 사업을 경영하거나 이에 종사하는 사람은 조합장선거에 출마할 수 없다.

다섯째, 법원의 판결이나 다른 법률에 따라 자격을 잃거나 자격이 정지된 사람은 조합장선거의 피선거권이 없다. 금고 또는 징역형에 자격정지가 병과倂科된 경우 피선거권의 회복시점에 관해서는 판단에 큰 어려움이 없지만, 다른 법률에 따라 자격을 잃거나 정지된 경우의 피선거권 제한에는 아주 무서운 함의를 내포하고 있다. 그 내용은 잠시 후에 살펴보기로 한다.

여섯째, 조합장선거에 당선되었으나 당선인이 개별 조합법의 선거 관련 범죄 또는 위탁선거법에 규정된 죄를 범하여 당선이 무효로 된 사람으로서 그 무효가 확정된 날부터 4년 또는 5년이[50] 지나지 않은 사람도 조합장선거의 피선거권이 없다.

여기에서 범죄 전과에 관한 피선거권 제한의 판단기준일은 조합별로 각각 다르다. 예컨대, 지역농협·지역축협 및 품목조합의 경우 임기개시일 현재로 피선거권 보유여부를 판단하고,[51] 산림조합은 선거공고일 현재로 판단하는 반면,[52] 수협은 법령이나 자치규범에서 피선거권 판단시점에 관한 명시적 근거가 없어 실무적으로 선거일 현재를 기준으로 운용하고[53] 있다.

피선거권 결격사유 중 어느 하나라도 해당되면 조합장선거뿐만 아니라 조합의 다른 임원선거에도 출마할 수 없고, 후보자로 등록한 후에 그 사실이 발견되면 등록이 무효로 되며, 선거일 후

---

50) 농협법과 산림조합법의 경우 피선거권 제한기간을 5년으로 규정한 반면, 수협법은 그 기간을 4년으로 규정하고 있다.

51) 지역농협·지역축협·품목조합 정관례 제69조제1항제1호 단서 참조,

52) 산림조합 임원선거규약 제8조제1항제1호 참조.

53) 중앙선거관리위원회 2022. 12. 『위탁선거 절차사무 편람』 102쪽 참조.

임기개시 전에 그 사실이 확인되면 당선이 무효로 되고, 임기개시 후에 그 사실이 발견되면 퇴직사유가 된다.[54]

이제 조합장선거에 공통적으로 적용되는 피선거권 결격사유와 그 결격사유의 구체적인 내용에 관하여 살펴본 후 수협과 산림조합의 조합장선거에 적용되는 특별 결격사유를 알아보기로 한다.

2. 공통의 피선거권 결격사유

가. 유죄확정 후 일정기간이 지나지 않은 사람

(1) 일반범죄

선거범죄가[55] 아닌 일반범죄로 금고 이상의 실형을 선고받고 그 집행이 끝나거나(집행이 끝난 것으로 보는 경우를[56] 포함한다) 집행이 면제된 날부터 3년이 지나지 않은 사람은 조합장선거의 피선거권이 없다.[57]

수협법과 산림조합법에서는 일반범죄로 금고 이상의 형의 집행유예 선고를 받은 사람에게도 그 유예기간 중 조합장선거에 출마할 수 없도록 규정하고 있다.[58] 다만, 농협법에서는 금고 이상

---

54) 농협법 제49조제2항, 수협법 제51조제2항, 산림조합법 제39조제2항 참조.
55) 농협법·수협법 및 산림조합법에 규정된 임원선거와 관련된 범죄와 위탁선거법의 벌칙에 규정된 전체범죄를 말한다.
56) 가석방 처분을 받은 후 그 처분이 실효 또는 취소되지 않고 가석방기간을 경과한 때에는 형의 집행을 종료한 것으로 본다. 형법 제76조제1항 참조.
57) 농협법 제49조제1항제5호, 수협법 제51조제1항제5호, 산림조합법 제39조제1항 제5호 참조.

32

의 형 외에 벌금형의 집행유예를 선고받은 사람에게도 피선거권을 제한하고 있는데(§49① 7.), 이는 농협법이 최근 형법의 개정사항을 미처 반영하지 못한 입법부작위의 문제로 보인다.

과거 징역형보다 가벼운 형벌인 벌금형에는 집행유예가 인정되지 않아 불합리하다는 비판이 제기되어 왔고, 벌금을 납부할 여력이 없는 피고인이 벌금 미납시 노역장에 유치될 것을 우려하여 법원에 벌금형 대신 징역형의 집행유예 판결을 구하는 사례가 자주 나타나는 등 형벌의 부조화 현상도 노출되었다.

이에 따라 2016년 1월 6일 형법을 개정하여 벌금형을 선고하는 경우에도 집행유예를 선고할 수 있도록 제도를 보완하되, 고액 벌금형의 집행유예에 대한 국민들의 비판적인 법감정을 고려하여 그 대상을 500만원 이하의 벌금형으로 한정한 바 있다.[59]

그러나 농협법의 관련 조항이 아직 개정되지 않아 일반범죄로 500만원을 초과하는 벌금형이 선고되는 사람은 집행유예의 대상이 아니어서 피선거권이 유지되는 반면, 500만원 이하 소액의 벌금형이 선고되는 사람에게 법원이 정상참작 등 은전을 베풀어 벌금형의 집행유예를 선고하게 되면 오히려 피선거권이 제한되는 모순된 결과를 초래할 수 있다.

따라서 농협법의 현행 '형의 집행유예선고를 받고 그 유예기간 중에 있는 사람'을 '금고 이상의 형의 집행유예선고를 받고 그 유예기간 중에 있는 사람'으로 개정하여 형법의 제도개선 사항을 반영하고 조합별 입후보 결격사유에 형평을 기할 필요가 있다.

한편, 산림조합장선거에서도 집행유예로 인한 피선거권 회복

---

58) 수협법 제51조제1항제7호, 산림조합법 제39조제1항제7호 참조.
59) 형법(법률 제13719호, 2016. 1. 6.) 제62조제1항 개정규정 참조.

시점에 유의할 부분이 한가지 있다. 2019년 1월 8일 이후의 행위로 집행유예를 선고받은 사람은 집행유예 기간의 종료와 더불어 피선거권이 회복되지만,[60] 그 전의 행위로 집행유예를 선고받은 사람에게는 종전의 규정이 적용되어 집행유예 기간이 종료되더라도 2년이 더 지나야만 산림조합장선거에 출마할 수 있다.[61]

(2) 선거범죄

농협법·수협법 및 산림조합법에 규정된 선거 관련 범죄 또는 위탁선거법에 규정된 범죄로 100만원 이상의 형을 선고받고 4년이 지나지 않은 사람은 조합장선거의 피선거권이 없다.[62]

예컨대, 농협법·수협법 및 산림조합법에서는 모두 해당 조합의 임원선거에 관하여 선거운동의 주체·시기·방법 및 내용에 대한 제한과 기부행위 제한규정 등을 두고 있는데, 이를 위반하여 유죄판결이 확정된 경우에는 해당 법률의 다른 범죄와 달리 일정 금액 이상의 벌금형만으로도 피선거권이 제한되는 것이다. 일반적으로 공직선거와 공공단체의 선거규범에서 100만원 이상의 벌금형 선고는 피선거권 제한과 당선무효의 기준이[63] 된다.

---

60) 구 산림조합법(법률 제16199호 2019. 1. 8.) 부칙 제3조는 임원의 결격사유에 관한 적용례를 두어 집행유예에 관한 피선거권 개정규정은 해당 법률 시행 후의 범죄행위로 형을 선고받은 사람부터 적용하도록 하였다.

61) 예컨대, 2018년에 행하여진 범죄에 대한 수사와 재판이 지연되어 2022년에 징역형의 집행유예 5년이 확정된 경우 2027년에 그 집행유예 기간이 종료되지만, 피선거권은 이보다 2년이 더 지난 2029년에야 회복된다. 적용사례가 흔하지는 않겠지만, 해당 규정은 2027년 3월 실시되는 제4회 동시조합장선거까지는 유념해야 할 부분으로 보인다.

62) 농협법 제49조제1항제8호·제107조제1항·제112조제1항, 수협법 제51조제1항제9호·제108조·제113조, 산림조합법 제39조제1항제9호 참조.

63) 공직선거법 제19조·제264조, 위탁선거법 제70조제1호, 농협법 제173조제1항제1호, 수협법 제179조제1항제1호, 산림조합법 제133조제1항제1호 참조.

여기에서 유의할 사항은 농협법·수협법 및 산림조합법에 규정된 선거범죄에 해당 조합장선거와 직접 관련이 없는 공직선거에 관여하여 처벌받은 범죄 전과가 포함된다는 점이다.

농협법·수협법 및 산림조합법은 공통적으로 조합, 조합공동사업법인, 품목조합연합회 및 중앙회로 하여금 공직선거에서 특정 정당을 지지하거나 특정인에 대한 선거운동을 금지하고,[64] 누구든지 조합과 중앙회 등을 이용하여 공직선거에 관여할 수 없도록 규정하여 해당 규정 위반시 각 조합법에 따라 처벌한다.[65]

나. 징계처분을 받은 사람

농협·수협 및 산림조합을 감독하는 주무부처의 장이나 금융위원회의 요구에 따라 개선改選 조치된 임원이나 징계면직된 직원은 그 처분을 받은 날부터 5년 동안 조합장선거의 피선거권이 없다.[66]

농협의 경우 농림축산식품부장관은 조합의 업무와 회계가 법령, 법령에 따른 행정처분 또는 정관에 위반되면 해당 조합에 기간을 정하여 그 시정을 명하고 관련 임원에게 개선改選, 직무의 정지 또는 변상조치를, 직원에게는 징계면직, 정직, 감봉 또는 변상조치를 하게 할 수 있다.[67] 이에 따라 개선改選 조치된 임원과

---

64) 농협법·수협법·산림조합법 각 제7조 참조.
65) 농협법 제172조제1항제1호, 수협법 제178조제1항제1호, 산림조합법 제132조제1항제1호 참조.
66) 농협법 제49조제1항제6호·제107조제1항·제112조제1항, 수협법 제51조제1항제6호·제108조·제113조, 산림조합법 제39조제1항제6호 참조.
67) 농협법 제164조제1항 참조.

징계면직된 직원은 5년간 조합장선거에 출마할 수 없다.

　한편, 농협·수협 및 산림조합이 조합원으로부터 예탁금·적금을 수납하거나 조합원에게 대출하는 등 신용사업을 하는 경우에는 신용협동조합법에 따른 신용협동조합으로 간주한다.[68] 이에 따라 감독 주무부처인 금융위원회는 조합의 임직원이 신용협동조합법 또는 해당 법률에 따른 명령·정관·규정에서 정한 절차·의무를 이행하지 않은 경우 해당 조합으로 하여금 관련 임원에게 개선改選, 직무의 정지 또는 견책을, 직원에게는 징계면직, 정직, 감봉 또는 견책의 조치를 하게 할 수 있다.

　이와 같은 금융위원회의 요구에 따라 개선改選 조치된 임원과 징계면직된 직원은 5년간 조합장선거에 출마할 수 없다. 이러한 제한은 농협은 물론 수협·산림조합 등 금융업무를 취급하는 모든 조합에 공통적으로 적용된다.

　한편, 수협의 경우 수협중앙회는 회원수협의 재산 및 업무집행에 대한 감사에 따라, 해양수산부장관은 수협의 업무 또는 회계가 법령, 법령에 따른 처분 또는 정관에 위반된 때에 각각 해당 수협의 임원에 대하여 개선改選 또는 직무정지 등의 조치를, 직원에 대하여는 징계면직 또는 정직 등의 조치를 하게 할 수 있다.[69]

　이에 따라 개선 조치된 임원은 5년간 조합장선거에 출마할 수 없다. 수협의 경우 직원은 수협중앙회 또는 주무장관의 요구로 징계면직이 되더라도 피선거권이 제한되지 않는다는 점이 특징이다.

[68] 신용협동조합법 제95조제1항 참조.
[69] 수협법 제146조제3항제1호 및 제170조제2항제1호 참조.

산림조합의 경우 산림청장 또는 시·도지사는 조합의 업무와 회계가 법령, 법령에 따른 행정처분 또는 정관을 위반한 경우 해당 조합에게 기간을 정하여 시정을 명하고 관련 임원에 대하여 개선 또는 직무의 정지를, 직원에 대하여는 징계면직·정직 또는 감봉의 조치를 할 것을 요구할 수 있다.

이에 따라 개선改選 조치된 임원과 징계면직된 직원은 5년간 조합장선거에 출마할 수 없다.

다. 채무상환을 연체한 사람

선거공고일[70] 현재 다음 중 어느 하나에 해당하는 금융기관에 대하여 정관으로 정하는 금액과 기간을 초과하여 채무상환을 연체하고 있는 사람은 농협·수협 및 산림조합의 조합장선거에 피선거권이 없다.[71]

① 은행법에 따라 설립된 은행

② 한국산업은행법에 따른 한국산업은행

③ 중소기업은행법에 따른 중소기업은행

④ 그 밖에 대통령령으로 정하는 금융기관

이에 따라 농업법·수협법 및 산림조합법의 각 시행령에서는 연체 여부 확인대상 금융기관의 범위로 시중은행, 농협, 수협, 산림조합, 신용협동조합, 중소기업협동조합, 새마을금고, 상호저축

---

70) 동시조합장선거에서는 선거인명부작성개시일 전일에 선거일을 공고한 것으로 본다. 조합장선거에서 선거인명부작성개시일은 선거일전 19일이다. 위탁선거법 제14조제6항 및 제15조제1항 단서 참조.

71) 농협법 제49조제1항제11호·제107조제1항·제112조제1항, 수협법 제51조제1항제12호·제108조·제113조, 산림조합법 제39조제1항제12호 참조.

은행, 기술보증기금, 신용보증기금, 보험회사, 여신전문금융회사 등 대부분의 금융기관을 총망라하여 열거하고 있다.[72]

　　지역농협 · 지역축협 및 품목조합의 정관례에서는 공통적으로 5백만원 이상의 채무를 6월을 초과하여 연체한 사람을 임원의 결격사유로 정하고 있고,[73] 지구별수협 · 업종별수협 및 가공수협의 정관예와[74] 산림조합의 정관예에서도[75] 동일한 내용을 임원의 결격사유로 규정하고 있다. 여기에서 보증채무는 결격사유의 요건으로 삼는 채무의 범위에서 제외하되, 변상처분을 받고 이행하지 않은 금액은 해당 채무에 포함된다. 다만, 산림조합의 경우 다른 조합과 달리 이러한 예외를 인정하지 않는다.

　　결론적으로 모든 조합의 정관례 또는 정관예에서[76] 500만원 이상의 채무를 6개월 이상 연체한 사람을 해당 조합의 임원 결격사유로 규정함에 따라, 이에 해당하는 사람은 조합장선거에 출마할 수 없는 것이다.

라. 겸직자, 사직기한 미준수자

(1) 농협: 지역농협 · 지역축협 · 품목조합

농협법에서 지역농협의 조합장과 이사는 해당 농협의 감사를

---

72) 농협법 시행령 제5조의2, 수협법 시행령 제15조의3, 산림조합법 시행령 제8조의2 참조.
73) 지역농협 · 지역축협 · 품목조합 각 정관례 제56조제1항제11호 참조.
74) 지구별수협 · 업종별수협 · 가공수협 각 정관예 제54조제1항제14호 참조.
75) 산림조합 정관예 제64조제1항제12호 참조.
76) 농협의 정관례와 수협의 정관예는 주무장관의 고시로 정한 반면, 산림조합의 정관예는 주무관청인 산림청장의 인가를 통하여 형성된 규범이다.

겸직할 수 없고, 임원은 해당 농협의 직원을 겸직할 수 없으며, 해당 농협의 임원은 다른 조합의 임원이나 직원을 겸직할 수 없도록 금지하면서, 지역축협과 품목조합에도 이를 준용하고 있다.[77]

지역농협 정관례는 이를 더욱 구체화하여 조합원이 조합장을 직접 선출하거나 대의원회에서 조합장을 선출하는 경우[78] 다음 중 어느 하나에 해당하는 신분은 조합장의 임기만료일전[79] 90일까지 사직해야만[80] 해당 조합장선거에 출마할 수 있도록 규정하고 있다(§69① 2.). 다만, 해당 조합의 비상임이사 · 비상임감사 또는 자회사의 비상근임원은 후보자등록일 전일까지의 그 직을 사직해도 무방하다(§69① 3.).

① 해당 조합, 다른 조합, 품목조합연합회, 중앙회, 중앙회 지주회사와 계열사의[81] 직원, 상임이사, 상임감사(중앙회의 경우 상임감사위원장을 말한다)

② 해당 조합의 자회사와 공동사업법인의 상근임직원

③ 다른 조합의 조합장, 연합회의 회장, 중앙회의 회장

④ 공무원. 다만, 선거에 따라 취임하는 공무원은 제외한다.

지역농협 정관례의 이러한 겸직금지 조항은 지역축협 정관례

---

77) 농협법 제52조 제1항부터 제3항까지, 제107조제1항, 제112조제1항 참조.
78) 이사회에서 조합장을 선출하는 경우에는 겸직자의 사직기한 규정이 적용되지 않는다. 지역농협 정관례 제99조 참조.
79) 보궐선거 등 임기만료에 따른 선거가 아닌 선거에서는 후보자등록일 전일까지 사직해야 한다.
80) 사직시점 판단에 관해서는 조합 또는 소속기관의 장에게 사직원이 접수된 때에 사직한 것으로 본다. 지역농협 정관례 제69조제2항 참조.
81) 농협경제지주회사, 농협금융지주회사, 농협은행, 농협생명보험, 농협손해보험을 말한다.

와 품목조합 정관례에서도 사실상 동일하게 규정하고 있다.[82] 다만, 품목조합 정관례에서는 지역농협 또는 지역축협 정관례와 달리 연합회 회장의 범위에 비상근을 제외한 점에 차이가 있다.

(2) 수협: 지구별수협·업종별수협·가공수협

수협법은 지구별수협에 관하여 조합장을 포함한 이사는 해당 수협의 감사를 겸직할 수 없고, 임원은 해당 수협의 직원을 겸직할 수 없으며, 지구별수협의 임원은 다른 조합의 임원이나 직원을 겸직할 수 없도록 금지하면서 업종별수협과 가공수협에서 이를 준용하도록 규정하고 있다.[83]

지구별수협의 정관예는 이를 구체화하여 조합장, 이사 및 감사는 상호 겸직할 수 없고, 지구별수협의 임원은 해당 수협의 대의원, 직원 또는 관할 어촌계의 임직원 및 대의원을 겸직할 수 없으며, 지구별수협의 임직원은 다른 조합과[84] 중앙회의 임직원을 겸직할 수 없도록 규정하고 있다. 다만, 조합장은 중앙회의 일반 감사위원 또는 비상임이사를 겸직할 수 있다.[85]

업종별수협·가공수협의 정관예도 지구별수협의 정관예와 사실상 동일한 내용을 담고 있다. 차이가 있는 부분은 지구별수협에서만 의미를 가지는 어촌계 관련 부분을 제외한 것뿐이다.[86]

82) 지역축협 정관례 제69조제1항제2호·제3호 및 제96조, 품목조합 정관례 제69조 제1항제2호·제3호 및 제94조 참조.
83) 수협법 제55조 제1항부터 제3항까지, 제108조, 제113조 참조.
84) 다른 법률에 따른 협동조합을 포함하되, 협동조합기본법 제2조제3호에 따라 설립된 사회적 협동조합의 비상임 임원은 제외한다. 지구별수협 정관례 제58조제2항 참조.
85) 지구별수협 정관례 제58조제1항 및 제2항 참조.
86) 업종별수협·가공수협 정관례 제57조제1항 및 제2항 참조.

수협의 임원으로 당선된 사람이 겸직이 금지된 직을 갖고 있을 경우에는 취임하는 때에 기존의 직을 상실한다. 이 경우 지구별수협 관할 어촌계의 임직원 또는 대의원의 직을 가진 경우에도 취임하기 전에 기존의 직을 사퇴해야 한다.[87]

(3) 산림조합

산림조합법에서 산림조합의 조합장과 이사는 해당 조합의 감사를 겸직할 수 없고, 산림조합의 임원은 해당 조합의 직원을 겸직할 수 없으며, 산림조합의 임원은 다른 조합의 임원 또는 직원을 겸직할 수 없도록 규정하고 있다(§41①~③).

산림조합 정관례는 임원의 겸직금지에 관한 내용을 정하지 않고 있으나, 그 부속서인 임원선거규약에서 농협의 정관례와 유사한 겸직자 사직규정을 두고 있다.[88] 예컨대, 임기만료에 따른 산림조합장선거에서 아래에 해당하는 사람은 임기만료일전 90일까지 사직해야만 해당 조합장선거에 출마할 수 있다.

① 해당 조합의 상임이사·직원과 자회사의 상근임직원

② 다른 산림조합의 조합장·상임임원·직원

③ 중앙회의 상임임원·직원

④ 공무원. 다만, 선거에 따라 취임하는 공무원은 제외한다.

한편, 해당 산림조합의 비상임이사, 비상임감사, 대의원, 자회사의 비상임임원은 조합장선거의 후보자등록신청전일까지 사직하면 후보자로 등록할 수 있다.[89]

---

87) 지구별수협 정관례 제58조제5항, 업종별수협·가공수협 각 정관례 제57조제5항 참조.
88) 산림조합 임원선거규약 제8조제1항제2호 참조.
89) 산림조합 임원선거규약 제8조제1항제3호 참조.

마. 경쟁업종 종사자

(1) 농협: 지역농협 · 지역축협 · 품목조합

농협법은 지역농협의 사업과 실질적으로 경쟁관계에 있는 사업을 경영하거나 이에 종사하는 사람은 지역농협의 임직원 또는 대의원이 될 수 없도록 규정하면서 지역축협과 품목조합에서도 해당 규정을 준용하고 있다.[90] 조합장의 직무전념성을 보장하고 이해충돌을 방지하기 위한 취지로 보인다.

한편, 농협법은 지역농협의 사업과 실질적인 경쟁관계에 있는 사업의 범위를 대통령령에 위임하였고, 그 위임을 받은 농협법 시행령은[91] 농협의 사업과 관련성이 그리 높지 않은 사업도 과도하다 싶을 정도로 실질적인 경쟁관계에 있는 사업으로 규정하고 있다.

예컨대, 수협, 산림조합, 새마을금고 등 유사한 상호금융업은 물론이고, 석유판매업, 보험업, 대부업 심지어 장례식장영업까지 농협과 실질적 경쟁관계에 있는 사업으로 열거한 것이다. 이에 해당하는 사람은 후보자등록일 전일까지 경업관계를 해소해야만 조합장선거의 후보자로 등록할 수 있다.[92]

(2) 수협: 지구별수협 · 업종별수협 · 가공수협

수협법은 지구별수협의 사업과 실질적인 경쟁관계에 있는 사업을 경영하거나 이에 종사하는 사람은 지구별수협의 임직원 또

---

90) 농협법 제52조제4항, 제107조제1항, 제112조제1항 참조.
91) 농협법 시행령 제5조의4제1항 및 별표 2 참조.
92) 지역농협 · 지역축협 · 품목조합 각 정관례 제69조제1항제4호 참조.

는 대의원이 될 수 없도록 규정하면서 업종별수협과 가공수협에서도 해당 규정을 준용하고 있다.[93]

아울러 수협법은 수협의 사업과 실질적인 경쟁관계에 있는 사업의 범위를 대통령령으로 정하도록 하고, 그 위임을 받은 수협법 시행령에서는 농협, 산림조합, 새마을금고는 물론 대부업, 보험업, 석유판매업, 장례식장영업자가 수행하는 사업 등을 수협의 사업과 실질적인 경쟁관계에 있는 사업으로 정하고 있다.[94]

(3) 산림조합

산림조합법은 산림조합의 사업과 실질적인 경쟁관계에 있는 사업을 경영하거나 이에 종사하는 사람은 해당 조합의 임직원 및 대의원이 될 수 없도록 하고, 이에 해당하는 사업의 범위는 대통령령으로 정하도록 위임하고 있다(§41④ · ⑤). 이에 산림조합법 시행령에서는 농협, 수협, 산림조합, 새마을금고, 보험업, 대부업, 산림사업, 조경공사업, 임업용 기자재 사업, 장례식장영업 등을 산림조합과 실질적인 경쟁관계에 있는 사업으로 규정하고 있다.[95]

참고적으로 수협과 산림조합의 조합장선거에서 경업관계 해소시점에 관하여 명시적 규정은 없으나, 후보자등록신청시 비경업 사실 확인서를 제출해야 하는 만큼, 후보자등록신청 전일까지는 경업관계를 해소하는 것이 타당해 보인다.

---

93) 수협법 제55조제4항 및 제108조 · 제113조 참조.
94) 수협법 시행령 제16조의2제1항 및 별표 참조.
95) 산림조합법 시행령 제8조의4제1항 및 별표2 참조.

바. 타법률에 따라 피선거권이 없는 사람

(1) 특정경제범죄 가중처벌법의 제재

농협법은 다른 법률에 따라 자격이 상실되거나 정지된 사람은 지역농협·지역축협 및 품목조합의 조합장이 될 수 없도록 제한하고 있다.[96] 농협법의 해당 내용은 수협법과 산림조합법에서도 동일하게 규정하고 있다.[97] 다른 법률에 따라 조합장선거의 피선거권이 상실되거나 정지되는 사례로는 특정경제범죄 가중처벌 등에 관한 법률과 공직선거법에 따른 범죄 전과가 있다.

특정경제범죄 가중처벌 등에 관한 법률은 건전한 국민경제윤리에 반하는 특정 경제범죄에 대한 가중처벌과 그 범죄행위자에 대한 취업제한을 규정함으로써 경제질서를 확립하고 국민경제발전에 이바지함을 목적으로 제정된 법률이다.[98]

특정경제범죄 가중 처벌 등에 관한 법률에 따라 아래의 죄를 범한 사람은 징역형의 집행이 종료되거나 집행을 받지 않기로 확정된 날부터 5년간, 징역형의 집행유예기간이 종료된 날부터 2년간 농협·수협·산림조합과 그 중앙회, 시중은행, 신용협동조합, 새마을금고 등 금융기관에 취업할 수 없다(§14).

① 가액이 5억원을 넘는 사기·횡령·배임 등의 죄를 범한 사람

② 가액 5억 이상의 재산을 해외로 도피하여 재산국외도피의 죄를 범한 사람과 그 미수범

③ 금융회사등의[99] 임직원으로서 그 직무에 관하여 3,000만

---

96) 농협법 제49조제1항제4호, 제107조제1항, 제112조제1항 참조.
97) 수협법 제51조제1항제4호, 제108조, 제113조, 산림조합법 제39조제1항제4호 참조.
98) 특정경제범죄 가중 처벌 등에 관한 법률 제1조 참조.

원 이상의 금품을 요구·약속·수수하여 수재 등의 죄를 범한 사람

④ 금융회사등의 임직원으로 사금융 알선 등의 죄를 지은 사람

이처럼 농협법·수협법 및 산림조합법에서 특정경제범죄 가중 처벌 등에 관한 법률에 따른 범죄경력을 임원의 결격사유로 규정함에 따라 해당 범죄의 전과자에게는 일반범죄와 달리 조합장선거의 피선거권에 관하여 특별한 제한 효과가 발생한다.

예컨대, 일반범죄로 금고형을 선고 받은 사람은 그 집행이 종료된 후 3년간, 집행유예를 선고받은 사람은 그 유예기간 중에만 조합장선거의 피선거권이 제한되지만, 특정 경제범죄를 저지른 사람이 징역형 또는 징역형의 집행유예가 확정된 경우 일반범죄에 비하여 피선거권 제한기간이 각각 2년씩 더 연장되는 것이다.

농협·수협 및 산림조합은 국가경제와 국민생활에 중대한 영향을 미치는 업무를 담당하고 있고, 시장경제질서의 원활한 운용을 위해서라도 투명하고 공정하게 그 기능을 수행해야 한다. 따라서 조합 임직원의 직무와 관련한 수재 등의 행위를 공무원의 수뢰죄와 같은 수준으로 가중처벌하고 형벌 외의 제재로서 일정기간 관련 기관에 취업을 제한하는 입법정책은 나름 합리적 이유가 있다.100)

---

99) 여기에서 "금융회사등" 이란 한국은행을 비롯한 시중은행, 신협, 농·수협, 상호저축은행, 새마을금고 등 대부분의 금융기관을 총 망라한 포괄적 개념이다. 특정경제범죄 가중 처벌 등에 관한 법률 제2조 참조.
100) 헌법재판소 2017. 12. 28. 선고 2017헌바193 결정

(2) 공직선거법에 따른 제재

공직선거법을 위반하여 100만원 이상의 벌금형이 확정된 경우 5년 동안 농업협동조합법·수산업협동조합법·산림조합법 및 엽연초생산협동조합법에 따라 설립된 조합의 조합장과 상근 임직원에 취임하거나 임용될 수 없다.[101] 공직선거에서 선거의 자유와 공정을 침해한 범죄로 형사처벌을 받은 사람에게 형벌 외의 불이익을 가하는 공무담임 제한규정은 선거의 공정성을 확보함과 동시에 공공단체 임직원의 윤리성과 사회적 책임성을 제고하기 위한 조치이다.

이미 농협법·수협법 및 산림조합법에서는 조합, 조합공동사업법인, 품목조합연합회 및 중앙회가 공직선거에서 특정 정당을 지지하거나 특정인의 선거운동을 할 수 없도록 공직선거 관여 금지조항을 두고 있고,[102] 해당 규정을 위반하여 벌금 100만원 이상의 형을 선고받은 사람에게는 조합법에 따라 향후 4년간 조합장선거의 피선거권이 제한되므로, 공직선거법에서 선거범죄로 인한 공무담임 제한규정을 따로 두고 있더라도 이를 탓할 바가 못된다.

다만, 공직선거법의 선거범죄는 선거운동이 금지된 사람의 선거운동뿐만 아니라 기부행위 위반, 선거관리 침해, 투표 간섭 등의 행위로도 성립되므로, 특정 정당이나 후보자를 위하여 선거운동을 하는 행위만을 처벌하는 조합법의 선거범죄와는 차별성이 있다.

---

101) 공직선거법 제266조제1항제1호 참조.
102) 농협법 제7조제1항, 수협법 제7조제1항 및 산림조합법 제7조제1항 참조.

46

참고적으로 신용협동조합은 명칭에 있어서만 조합과 유사성이 있을 뿐, 공직선거법의 선거범죄로 아무리 고액의 벌금형을 선고받더라도 신협의 이사장이나 임직원의 취임 또는 임용에 제한을 받지 않는다. 신용협동조합은 농협·수협 및 산림조합과 달리 특정 직업군의 지위 향상이나 산업의 경쟁력 강화보다 지역주민에게 금융서비스를 제공하는 신용사업이 주된 업무영역이기 때문인 것으로 보인다.

사. 자격정지 판결을 받은 사람

농협법은 법원의 판결로 자격이 정지된 사람에게 지역농협·지역축협 및 품목조합의 조합장이 될 수 없도록 금지하고 있다.[103) 해당 내용은 수협법과 산림조합법도 동일하게 규정하고 있다.[104)

형법의 일반원칙상 유기징역 또는 유기금고에 자격정지가 병과倂科된 때에는 징역형 또는 금고형의 집행을 종료하거나 그 집행이 면제된 날부터 자격정지형의 기간을 기산한다(형법 §44②). 따라서 법원의 판결로 징역형이나 금고형에 자격정지형을 병과倂科 받은 사람은 징역형이나 금고형의 집행을 종료하더라도 따로 복권조치가 없으면 해당 자격정지 기간에는 조합장선거에 출마할 수 없다.

---

103) 농협법 제49조제1항제4호, 제107조제1항, 제112조제1항 참조.
104) 수협법 제51조제1항제4호, 제108조, 제113조, 산림조합법 제39조제1항제4호 참조.

아. 당선이 무효로 된 사람

농협법은 조합장선거에서 당선되었으나 당선인 본인이 해당 선거에서 농협법에 규정된 선거범죄 또는 위탁선거법에 따른 범죄로 100만원 이상의 벌금형을 선고받아 당선이 무효로 된 사람으로서 그 무효가 확정된 날부터 5년이 지나지 않은 사람은 조합의 임원이 될 수 없도록 제한하고 있다.[105] 해당 조항은 수협법과 산림조합법에서도 동일하게 규정하고 있다.[106] 다만, 수협법은 그 제한기간을 4년으로 단축하고 있을 뿐이다.[107]

참고적으로 농협법·수협법 및 산림조합법과 위탁선거법에서는 당선인의 직계 존속 또는 비속이나 배우자가 해당 선거에서 일정한 선거범죄를 범하여 징역형 또는 300만원 이상의 벌금형을 선고받은 때에는 당선을 무효로 하지만, 이 경우에는 당선무효에 따라 실시되는 해당 재선거에 출마를 금지할 뿐,[108] 당선인 본인의 선거범죄로 당선이 무효로 된 사람처럼 5년간 조합장선거의 피선거권을 제한하는 것은 아니다.

---

105) 농협법 제49조제1항제9호, 제107조제1항, 제112조제1항 참조.
106) 수협법 제51조제1항제10호, 제108조, 제113조, 산림조합법 제39조제1항제4호 참조.
107) 수협법의 경우 당선무효에 따른 피선거권 제한기간을 따로 정할 실익이 없어 보인다. 당선무효에 따른 피선거권 제한기간과 선거범죄로 유죄판결에 따른 피선거권 제한기간이 4년으로 동일하기 때문이다.
108) 농협법 제173조제2항제1호, 수협법 제179조제2항제1호, 산림조합법 제133조제2항제1호 참조

자. 기타 피선거권이 없는 사람

대한민국 국민이 아닌 사람, 미성년자·피성년후견인 또는 피한정후견인, 파산선고를 받고 복권되지 않은 사람도 농협·수협 및 산림조합 조합장선거의 피선거권이 없다. 이는 지극히 상식적인 내용이므로 따로 살펴보지 않는다.

3. 수협법·산림조합법의 특별 결격사유

형법 각칙에 따른 업무상 위력 등에 의한 간음죄(§303),[109] 또는 성폭력범죄의 처벌 등에 관한 특례법에 따른 업무상 위력 등에 의한 추행죄(§10)[110]를 저지른 사람으로서 300만원 이상의 벌금형을 선고받고 그 형이 확정된 후 2년이 지나지 않은 사람은 수협법에 따른 지구별수협의 조합장선거에 출마할 수 없다.

해당 규정은 업종별수협과 가공수협에도 준용하고 있고,[111] 산림조합법에서도 이와 동일한 내용을 규정하고 있다.[112]

---

109) **형법 제303조(업무상위력등에 의한 간음)** ① 업무, 고용 기타 관계로 인하여 자기의 보호 또는 감독을 받는 사람에 대하여 위계 또는 위력으로써 간음한 자는 7년 이하의 징역 또는 3천만원 이하의 벌금에 처한다.
② 법률에 의하여 구금된 사람을 감호하는 자가 그 사람을 간음한 때에는 10년 이하의 징역에 처한다.

110) **성폭력범죄의 처벌 등에 관한 특례법 제10조(업무상 위력 등에 의한 추행)** ① 업무, 고용이나 그 밖의 관계로 인하여 자기의 보호, 감독을 받는 사람에 대하여 위계 또는 위력으로 추행한 사람은 3년 이하의 징역 또는 1천 500만원 이하의 벌금에 처한다.
② 법률에 따라 구금된 사람을 감호하는 사람이 그 사람을 추행한 때에는 5년 이하의 징역 또는 2천만원 이하의 벌금에 처한다.

111) 수협법 제51조제1항제8의2호, 제108조 및 제113조 참조.

최근 공공단체 임직원의 결격사유로 직장 내 갑질과 성폭행 관련 범죄의 전과를 추가하는 입법추세가 점차 확대되고 있다. 수협법이 2018년 12월 11일 최초로 성폭력 범죄 전과자에 대한 형벌 외의 제재로서 조합장선거의 피선거권 제한규정을 신설하자, 2019년 1월 8일 산림조합법이 주저함이 없이 그 뒤를 따랐다.

그러나 2023년 4월 11일 공포된 새마을금고법은 여기에서 한발 더 나아가 성폭력 범죄와 더불어 직장 내 갑질 범죄자에 대한 제재를 한꺼번에 도입한 바 있다.113) 이제는 농협의 시간도 그리 많이 남아 있지 않은 것으로 보인다.114)

---

112) 산림조합법 제39조제1항제5의2호 참조.

113) 새마을금고법 제21조제1항 제11호의2 및 제11호의3 참조.

114) 참고적으로 국민체육진흥법에 따른 대한체육회장선거에서는 성폭력범죄 또는 아동·청소년 대상 성범죄로 금고 이상의 실형 또는 치료감호를 선고받고 그 집행이 끝나거나 금고 이상의 형의 집행유예를 선고받은 날부터 20년이 지나지 않거나 벌금형이 확정된 날부터 10년이 지나지 않은 사람의 피선거권을 제한하고 있다. 대한체육회 정관 제30조 참조.

제2장

선거절차와 후보자의 참여방법

　조합장선거는 임기만료, 사퇴·퇴직·사망, 선거 또는 당선을 무효로 하거나 취소하는 결정·판결에 따라 그 실시사유가 결정되고, 선거인명부를 작성하여 선거인을 확정하며, 후보자등록으로 후보자를 특정한다.

　예비후보자와 후보자는 선거운동을 통하여 조합원들에게 자신의 정책과 공약, 능력과 자질을 홍보한다. 선거일에는 선거인을 대상으로 투표를 실시하고 그 결과는 개표로 확인하여 당선인을 결정한다.

　이 장에서는 위탁선거법에 따른 조합장선거의 주요절차와 쟁점을 살펴보고, 그 절차와 과정별로 후보자의 참여방법을 알아본다.

조합장선거의 동시 실시

1. 동시조합장선거의 선거일

가. 선거일 법정주의 적용

선거일을 정하는 방법은 공고주의와 법정주의가 있다. 공고주의는 법령에서 선거를 실시할 수 있는 기간만 정해놓고 구체적인 선거일은 공고권자에게 위임하는 방식이고, 법정주의는 공고주의의 폐단과 부작용[1])을 시정하기 위하여 선거일을 법령 자체에서 특정하는 방식으로 우리나라의 공직선거에 적용하고 있다.[2])

동시조합장선거도 선거일 법정주의를 채택하여 그 임기가 만료되는 해당 연도 3월 중 첫 번째 수요일을 선거일로 한다(위탁선거법 §14①). 이 경우 선거일을 따로 공고하지 않는다(위탁선거법 §14

---

1) 1994년 이전 통합선거법 제정 전에는 선거일 공고주의를 채택함에 따라 선거일을 예측하기 곤란하여 출마 준비가 어렵고 여당 후보자에게 유리하다는 비판이 제기되어 왔다. 선거일 결정 자체가 여권의 프리미엄으로 인식되던 시기였다.

2) 선거일을 정하는 방식은 국가별로 다양하다. 미국, 스웨덴, 스위스는 법정주의를 채택한 반면, 프랑스, 독일, 일본의 경우 공고주의를 적용하고 있다.

⑥ 후단). 이에 따라 다수의 기관이 공지된 사실의 공고 등 요식 행위에서 발생하는 사무처리의 비효율을 제거하고 있다.

2004년 12월 31일 농업협동조합법의 개정에 따라 지역농협·지역축협 및 품목조합의 조합장을 직선제 방식으로 선출하는 경우 그 선거의 관리를 관할 선거관리위원회에 의무적으로 위탁하도록 한 바 있다. 그러나 선거일 공고주의가 적용되는 불특정 다수의 조합이 수시로 선거를 실시함에 따라 관할 선거관리위원회의 과도한 업무부담과 선거관리의 불합리가 지적되었다.

이에 2011년 3월 31일 개정된 농협법 부칙에[3] 조합장 임기와 선출 등에 관한 특례를 두고 2009년 3월 22일부터 2013년 3월 21일까지 조합장의 임기가 개시되었거나 개시되는 경우에는 해당 조합장의 임기를 2015년 3월 20일까지로 하고, 그 선거는 2015년 3월의 두 번째 수요일에 동시 실시하도록 하였다.

수협법의 경우 2012년 2월 17일 개정법률의 부칙에[4] 특례를 두어 조합장의 임기가 개시된 시기에 따라 그 임기를 2015년 3월 20일 또는 2019년 3월 20일까지로 하여 각각 3월의 두 번째 수요일에 실시하는 동시선거에 참여하도록 하였다.

산림조합법의 경우 2012년 2월 1일 개정법률의 부칙에[5] 수협법과 유사한 내용의 특례를 두고 2015년 3월의 두 번째 수요일에 동시선거를 실시하도록 하였다. 농협법·수협법 및 산림조합법의 이러한 개정취지는 2014년 6월 11일 제정된 위탁선거법에 그대로 반영되어 조합장선거의 동시실시 제도가 안착되었다.

---

3) 법률 제10522호 부칙 제11조 참조.
4) 법률 제11320호 부칙 제6조 참조.
5) 법률 제11246호 부칙 제4조 참조.

참고적으로 입법권자는 2021년 10월 19일 새마을금고법을, 2023년 8월 8일에는 위탁선거법을 각각 개정함에 따라 2025년 3월부터 1,290여개 전체 새마을금고의 이사장선거를 동시에 실시하고 선거관리위원회의 의무적 위탁관리가 제도화되었다.

나. 선거일 변경 필요성 검토

농협법·수협법 및 산림조합법은 공통적으로 조합, 조합공동사업법인, 품목조합연합회 및 중앙회에 대하여 공직선거에서 특정 정당을 지지하거나 특정 후보의 선거운동을 금지하고, 누구든지 조합과 중앙회 등을 이용하여 공직선거에 관여할 수 없도록 규정하고 있다.[6] 해당 규정 위반시 당연히 조합법에 따라 처벌된다.[7]

한편, 공직선거법은 농협법·수협법 및 산림조합법에 따라 설립된 조합의 상근 임직원과 이들 조합의 중앙회장에게 선거운동을 금지하면서(§60① 5.), 조합과 중앙회, 조합과 중앙회의 대표자와 임직원 또는 구성원은 해당 조합 또는 중앙회의 명의 또는 그 대표의 명의로 선거운동을 할 수 없도록 규정하고 있다(공직선거법 §87① 2.). 이 경우에도 해당 규정 위반시 형벌이 적용된다.[8]

2024년 1월 30일 위탁선거법의 개정으로 동시선거일이 변경됨에 따라 2027년 3월 3일에 실시가 예정된 제4회 동시조합장선

---

6) 농협법·수협법·산림조합법 각 제7조 참조.
7) 농협법 제172조제1항제1호, 수협법 제178조제1항제1호, 산림조합법 제132조제1항제1호 참조.
8) 공직선거법 제255조제1항 제2호 및 제11호 참조. 법정형은 모두 3년 이하의 징역 또는 600만원 이하의 벌금에 처하도록 규정하고 있다.

거를 우려가 가득한 시선으로 바라볼 수밖에 없는 이유이다. 2027년 3월 3일에는 제21대 대통령선거를 실시하기 때문이다.

대통령선거와 조합장선거를 동시에 실시하면 두 개 태풍의 후지와라 효과처럼[9] 선거 상호간에 미치는 파급효과와 그 결과를 속단하기 어렵다. 그러나 대통령선거에서 지역적 차원의 선거운동이 조합장선거의 탈법적인 선거운동으로 악용되고, 조합장선거의 선거운동은 대통령선거에 대한 불법적인 선거개입으로 변질될 가능성은 그리 어렵지 않게 예측할 수 있다. 정치관여가 금지된 교육감선거에서 이미 우리가 목도하는 현실이기 때문이다.

그러나 대통령선거의 선거일은 헌법사항이므로(헌법 §68), 헌법이 개정되거나 대통령의 궐위선거가 실시되지 않는 한, 공직선거법의 개정만으로는 다음 대통령선거를 2027년 3월에 실시해야하는 운명을 바꿀 수 없다. 게다가 이제는 새마을금고의 이사장선거까지 위탁선거법의 동시선거에 포섭되어 동시조합장선거의 선거일 조정이 고차방정식의 해법만큼이나 복잡해졌다.[10]

대통령선거와 조합장선거의 동시실시에 따른 부작용을 해소하고 선거관리 부담을 줄이기 위하여 동시조합장선거의 선거일을 6월 또는 11월로 변경하는 방안도 검토할 필요가 있다. 이 경우에도 재임 중인 조합장의 임기조정이 쟁점으로 남는다.

---

9) 후지와라 효과는 두 개의 태풍이 인접한 경우 서로 진로와 세력에 영향을 미치는 현상으로 이를 처음 발견한 기상학자의 이름을 따서 지어진 것이다. 이 효과로 두 개의 태풍은 서로 반시계방향으로 회전하거나 동행하는 등 여러 가지 운동 형태를 나타내게 된다. 네이버 두산백과 참조.

10) 당초 동시조합장선거의 선거일은 3월 두 번째 수요일이었으나, 2024. 1. 30. 위탁선거법의 개정으로 첫 번째 수요일로 변경되었다. 4월에 실시하는 공직선거의 재·보궐선거 관리에 부담을 줄이기 위한 취지로 알려졌다. 2023. 11. 14. 행정안전위원회 법안심사제2소위원회 회의록 21쪽 참조.

2. 동시조합장선거에서 이탈 요건

2011년 3월 31일 개정된 농협법의 부칙은 지역농협·지역축협 및 품목조합의 합병의결이 있거나, 다음 중 어느 하나에 해당하여 농림축산식품부장관 또는 중앙회장이 선거를 실시하지 않도록 권고한 경우 해당 조합은 이사회의 의결에 따라 동시조합장선거에서 이탈할 수 있도록 허용하고 있다(부칙 §11⑥).[11]

① 농협법 또는 농업협동조합의 구조개선에 관한 법률에 따라 합병권고·요구 또는 명령을 받은 경우

② 거액의 금융사고, 천재지변 등으로 선거를 실시하기 곤란한 경우

당초 이러한 요건에 해당하여 동시선거에 참여하지 못했으나 그 장애요인이 해소된 때에는 지체 없이 이사회의 의결로 선거일을 정하여 30일 이내에 선거를 실시해야 한다. 이 경우 조합장의 임기는 당초 선출하지 못한 조합장 임기의 남은 기간으로 하여 차기 동시조합장선거에 합류하도록 하고, 남은 임기가 1년 미만인 때에는 해당 선거를 실시하지 않는다(부칙 §11⑦).

다만, 수협법과 산림조합법은 해당 법령에서 이러한 근거를 따로 두지 않고 있으므로, 해당 조합이 동시선거에서 이탈하기 위해서는 위탁선거법규의 일반규정에 따라야 할 것으로 보인다.

위탁선거규칙은 위탁단체의 합병·해산 등 법령이나 정관 또

---

11) 해당 규정은 2014. 12. 31. 공포된 농협법개정법률을 통하여 2011. 3. 31. 공포된 농협법의 부칙을 개정하여 신설되었다. 2015년 동시조합장선거를 앞두고 조합의 소멸이 예상되거나, 금융사고 등으로 조합장선거가 곤란한 경우에는 동시선거에 참여하지 않을 수 있도록 배려하기 위함이다.

58

는 규약이 정하는 바에 따라 선거를 실시하지 않을 사유가 발생한 경우 해당 단체는 지체없이 합병과 관련된 등기서 사본, 합병·해산과 관련된 총회 의결록 또는 인가서의 사본, 그 밖에 합병 또는 해산 사유를 증명할 수 있는 서류를 첨부하여 그 사유를 관할 선거관리위원회에 통보하도록 규정하고 있다(§3③).[12]

위탁선거규칙도 특정 조합에 예외적 상황이 발생하여 선거를 실시할 수 없는 불가피한 사정이 있는 경우 동시조합장선거에서 이탈할 수 있는 절차와 방법을 미리 마련해 놓은 것이다.

3. 선거일 등의 공고

지역농협 정관례는 조합장을 조합원의 직선제로 선출하는 경우 관할 선거관리위원회가 선거일전 20일에 다음 사항을 공고하도록 규정하고 있다(§71). 해당 내용은 지역축협과 품목조합의 정관례에서도 동일하게 규정되어 있다(지역축협 정관례 §71, 품목조합 정관례 §70).

① 선거하여야 할 임원
② 선거인
③ 선거일
④ 피선거권자
⑤ 후보자등록접수장소

---

12) 실제 2023년 3월 8일 실시한 제3회 동시조합장선거에서 합병이 추진 중인 9개 조합과 폐업 등으로 사실상 기능을 상실한 28개 조합이 동시조합장선거에 참여하지 않았다.

⑥ 후보자등록기간

⑦ 투표개시시각 및 종료시각

⑧ 투표소 및 개표소의 위치

⑨ 선거인명부 열람장소와 기간

⑩ 기타 필요한 사항

다만, 대의원회에서 조합장을 선출하는 경우 위의 공고사항 중 ③의 '선거일'은 '선거일시 및 장소'로 수정하여 공고하고, ⑦~⑨는 성질에 반하여 공고하지 않는다(지역농협 정관례 §71).

한편, 지구별수협·업종별수협·가공수협 등 수협의 조합장선거에 공통적으로 적용되는 수협 임원선거규정에서도 사실상 지역농협 정관례와 동일한 내용을 규정하고 있다(§15②).

아울러 산림조합장선거에 적용되는 임원선거규약도 지역농협 정관례와 유사한 내용을 정하고 있다(§10). 산림조합의 경우 다른 조합과 달리 선거운동방법까지 공고하는 점이 이채롭다.

동시조합장선거를 실시하는 경우에는 전국적으로 실시되는 선거의 특성상 그 사실이 이해당사자와 공중에게 충분히 알려질 것이므로, 선거일을 따로 공고하지 않고 선거인명부작성개시일 전일에 이를 공고한 것으로 간주한다(위탁선거법 §14⑥).

그러나 선거일 공고를 제외하더라도 선거공보와 선거벽보의 작성·제출 수량과 제출장소는 어차피 관할 선거관리위원회가 공고해야 하므로(위탁선거규칙 §12④·§13⑤), 해당 조합의 정관례·선거규정·선거규약 등의 취지를 존중하여 자치법규에서 공고하도록 규정한 사항을 함께 공고하는 것이 적절해 보인다.

선거인명부 작성 · 검증과 사본 교부

1. 조합원명부 정비와 선거인명부 작성

가. 조합원 가입심사

조합장선거의 선거권은 조합장의 임기만료일 전 180일까지 조합원으로 가입한 사람에게만 부여되므로,[13] 임기만료일 6개월 전에 특별한 사정이 없이 조합원 가입신청이 급증한다면 일단 그 진정성을 의심하면서 가입심사에 신중을 기해야 한다.

짧은 선거인명부 작성기간 중 부정한 방법으로 조합에 가입한 사람을 가려내는 것은 사실상 불가능할 것이므로, 평상시 조합원 가입심사가 부실하게 진행된다면 조합장선거에서 부정을 획책하는 사람들에게 빗장을 열어주는 결과를 초래하게 될 것이기 때문이다. 이러한 점에서 조합원 가입신청에 대한 엄정한 심사가 부정선거 차단을 위한 문지기Gate keeping로서의 기능과 역

---

13) 농협법 제26조, 수협법 제27조, 산림조합법 제24조 등 참조.

할을 수행할 수 있을 것으로 보인다.

다만, 어떠한 경우가 조합 가입을 위한 진정한 의사에 따른 것인지, 아니면 해당 조합의 조합장선거에서 오로지 선거권 행사를 위한 목적으로 조합에 가입하려는 것인지는 구체적 사안에 따라 개별적으로 판단할 수밖에 없을 것이다.

한편, 2024년 1월 30일 공포된 위탁선거법은 조합원으로 가입시켜 특정 후보자에게 투표하게 할 목적으로 해당 조합의 조합원이 아닌 사람에게 재산상의 이익 등을 제공한 사람은 3년 이하의 징역 또는 3천만원 이하의 벌금에 처하도록 조합원 가입 매수죄를 신설한 바 있다(§58 3.).

참고적으로 모든 선거의 표준이 되는 공직선거에서는 오로지 특정한 선거구에서 투표할 목적으로 주민등록을 이전한 경우, 즉 위장전입에 해당하는 경우 이는 위법이고 그의 선거권은 부인되어야 하며 그가 한 투표는 무효로 한다는 것이 원칙이다.[14]

나. 조합원 자격확인과 조합원명부 정비

선거에서 누구를 선거인으로 할 것인지는 선거의 공정뿐만 아니라 해당 조합의 정체성과도 밀접하게 관련된 부분이므로, 그 중요성은 아무리 강조해도 지나치지 않다.

농협법에 따른 지역농협의 조합원은 출자액의 많고 적음에 관계없이 평등한 의결권 및 선거권을 가진다. 이 경우 선거권은 조합장의 임기만료일 전 180일까지 해당 조합의 조합원으로 가입한 사람만 행사할 수 있다(농협법 §26).

---

14) 대법원 1989. 5. 11. 선고 88수61 판결

해당 규정은 지역축협과 품목조합의 조합원에게도 준용되고 (농협법 §107① · §112①), 수협법에 따른 지구별수협 · 업종별수협 · 가공수협 및 산림조합법에 따른 산림조합의 조합원에 관해서도 이와 동일한 내용을 규정하고 있다.[15]

한편, 2024년 1월 30일 개정된 위탁선거법은 위탁단체가 선거인명부작성개시일 전 30일까지 해당 조합원의 자격을 확인하고 결격사유를 점검하여 조합원명부를 정비하도록 위탁단체에 공정하고 정확한 선거관리 의무를 신설한 바 있다(§15④).

다. 선거인명부 작성시 유의사항

동시조합장선거에서 조합은 선거일 전 19일부터 5일 이내에 선거인명부를 작성하고, 그 선거인명부는 선거일 전 10일에 확정된다(위탁선거법 §15① 단서).[16] 이 경우 조합은 주민등록법 제30조에 따른 주민등록전산정보자료를 이용할 수 있다(위탁선거법 §15⑤).[17] 조합이 선거인명부를 작성하는 때에는 조합원명부에 따라 엄정하게 조사 · 작성해야 한다(위탁선거규칙 제7①).

만일 선거인명부 작성을 담당하는 임직원이 조합원명부를 부실하게 관리하여 자격이 없는 사람을 선거인명부에 오르도록 방치하였다면 위탁선거법에 따른 부실기재죄가 적용되어 3년 이하

---

15) 수협법 제27조 · 제108조 · 제113조, 산림조합법 제24조 참조.
16) 동시이사장선거에서는 구 · 시 · 군단위로 선거인명부를 작성 · 확정한다. 통합선거인명부를 구축 · 활용하기 위함이다. 위탁선거규칙 제7조제5항 참조.
17) 2024년 1월 30일 위탁선거법의 개정에 따라 동시조합장선거에서 선거인명부 작성시 주민등록 전산정보자료를 이용할 수 있는 근거가 마련되었다. 이에 따라 선거인명부 작성에 보다 정확성을 기할 수 있을 것으로 보인다.

의 징역 또는 3천만원 이하의 벌금형에 처해질 수 있다(§63②).
관련 판례는 조합인명부 관리자의 게으름이나 무관심만으로도 선
거범죄로 처벌될 수 있음을 확인하고 있다.[18]

선거인명부가 작성된 때와 확정된 때에는 해당 조합이 각각
그 등본 1통을 관할 선거관리위원회에 보낸다(위탁선거법 §15③).
다만, 동시조합장선거에서는 통합선거인명부를 활용하므로 이를
생략할 수 있다(위탁선거법 §15④).

2. 선거인명부 검증방법

가. 선거인명부 열람과 이의신청

공직선거에서 위장전입 등 거짓의 방법으로 선거인명부에 등
재되는 행위는 이제 역사적으로만 의미를 가질 뿐이지만, 아직도
위탁선거에서는 정당한 자격을 가진 사람을 선거인명부에 올리지
않거나, 자격이 없는 사람을 선거인명부에 등재함에 따라 선거
후에도 선거와 당선의 효력을 둘러싼 분쟁이 지속되고 있다.[19]

이러한 측면에서 선거인명부 작성내용에 대한 철저한 검증
필요성이 인정된다. 위탁선거법은 선거인명부 작성방법에 관하여
는 해당 위탁단체의 자율성을 존중하지만, 일단 작성된 선거인명
부의 검증방법에 관해서는 엄격한 절차규정을 두고 있다.

우선 조합이 선거인명부를 작성한 때에는 선거인명부 작성기

---

18) 대법원 2017. 4. 26. 선고 2016도14861 판결
19) 광주고법 2009. 10. 23. 선고 2009나2773 판결

간만료일의 다음 날부터 선거인명부확정일 전일까지의 사이에 따로 기간을 정하여 선거권자가 선거인명부를 열람할 수 있도록 기회를 보장해야 한다(위탁선거법 §16①). 선거권자는 누구든지 선거인명부에 누락 또는 오기誤記가 있거나 자격이 없는 사람이 선거인으로 등재되어 있다고 판단되면 열람기간 중 구술 또는 서면으로 해당 조합에 이의를 신청할 수 있다(위탁선거법 §16②).

이러한 절차는 조합장선거에서 선거인명부 작성의 정확성을 담보하고 선거부정의 여지를 차단하기 위하여 일종의 민중심사의 방법으로 선거인명부를 검증하기 위한 것이다. 조합은 선거권자의 이의신청이 있는 때에는 신청을 받은 날의 다음 날까지 이를 심사·결정하되, 그 신청이 이유가 있다고 결정한 때에는 즉시 선거인명부를 정정하고, 관할 선거관리위원회와 신청인 및 관계인에게 통지하며, 이유 없다고 결정한 때에는 신청인에게 그 사유를 통지해야 한다(위탁선거법 §16③).

여기서 '관계인'이란 자격이 없음에도 선거인명부에 올라 있는 사람 또는 정당한 자격이 있음에도 선거인명부에 누락된 사람으로서 이의제기의 대상이 된 사람을 말한다.

나. 선거인명부 확정 후 오류 처리방법

조합은 선거인명부 확정 후 오기 또는 선거권이 없는 사람이나 사망자가 있는 것을 발견한 때에는 선거일 전일까지 관할 선거관리위원회에 그 사실을 통보해야 한다(위탁선거규칙 §8①).

선거일에 통합선거인명부를 활용하여 투표하는 조합장선거의 경우 해당 조합이 관할 선거관리위원회에 오기, 선거권이 없는 사람, 사망자 등을 통보하면 관할 선거관리위원회는 임포트 Import된 통합선거인명부에 그 사실을 입력하고, 중앙선거관리위원회는 선거권이 없는 자로 입력된 사람에게는 투표소에서 투표용지가 출력되지 않도록 기술적 조치를 한다.[20]

총회 또는 대의원회의 방법으로 조합장을 선출하는 경우에는 해당 조합이 관할 선거관리위원회에 사망자 등을 통보하면, 관할 선거관리위원회는 선거인명부의 비고란에 그 사실을 적어야 한다(위탁선거규칙 §8①). 선거인명부를 투표관리관에게 인계한 후에도 조합으로부터 사망자 등을 통보 받으면, 관할 선거관리위원회는 지체 없이 이를 투표관리관에게 통지하고, 투표관리관은 선거인명부의 비고란에 그 사실을 적어 선거일에 투표부정을 방지하고 투표관리에 적정을 기할 수 있도록 한다(위탁선거규칙 §8②).

3. 선거인명부 사본 교부

위탁선거법에서 조합장선거의 후보자는 조합법령이나 해당 조합의 정관 또는 규약·규정이 정하는 바에 따라 작성된 선거인명부의 사본 교부를 신청할 수 있도록 규정하고 있다(위탁선거법 §17). 위탁선거법의 해당 규정은 개별 법령이나 조합의 자치법규에서 선거인명부 사본을 교부하는 절차와 방법에 관한 규범을 형성하도록 의무를 부여한 취지로 보인다.

그러나 농협의 정관례에서는 선거인명부 사본 교부에 관한 명시적 규정을 찾아보기 어렵다. 자치규범에 관한 일종의 입법불

---

20) 중앙선거관리위원회 2022. 12. 『위탁선거 절차사무편람』 82쪽 참조.

비로 보인다. 반면, 수협의 임원선거규정에서는 공직선거법에 준하여 사본교부의 절차와 방법, 그리고 교부된 사본의 목적 외 사용금지 규정을[21] 두고 있다(§18).

　산림조합의 임원선거규약에서도 수협의 임원선거규정과 유사한 규정을 두고 있다(§12). 수협과 산림조합의 선거인명부 사본교부제도는 공직선거법과 달리[22] 그 교부비용을 해당 조합이 부담한다는 점이 특징이다.

---

21) 수협 임원선거규정 제18조제3항은 교부받은 선거인명부 사본 또는 전산자료 복사본을 다른 사람에게 양도·대여하거나 선거 이외의 목적에 사용할 수 없도록 금지하고 있다. 산림조합의 임원선거규약 제12조제5항에서도 이와 동일한 내용을 규정하고 있다.
22) 공직선거법에서는 선거인명부의 사본이나 전산자료 복사본의 교부신청을 하는 사람이 그 비용을 납부해야 한다. 공직선거법 제46조제3항 참조.

후보자등록신청과 자격 검증

1. 후보자등록신청서 작성 · 제출

가. 작성시 유의사항

조합장선거에 출마하려는 사람이 준비해야 할 가장 기본적인 서류가 바로 후보자등록신청서이다. 해당 서식은 위탁선거규칙 별지 제6호로 정해져 있다. 후보자등록신청서의 기재항목은 성명, 주민등록번호, 등록기준지, 주소, 전화번호, 직업, 학력, 경력 뿐이다.

성명과 등록기준지는 가족관계증명서에 따라 그대로 적어야 하고, 경력은 중요한 사항을 선택하여 2개 정도만을 적는다.

후보자등록신청서 등 후보자가 선거관리위원회에 제출하는 대부분의 서류는 선거인에게 공개를 예정하고 있다. 따라서 제출 서류의 내용이 사실과 다를 경우 허위사실공표죄가 성립될 수 있으니 정확하게 작성해야 한다.

나. 비정규학력 게재 가능 여부

농협법·수협법·산림조합법 등 조합법이나 위탁선거법은 조합장선거에서 비정규학력을 게재할 경우 공직선거법과는 달리 이를 허위사실 공표죄로 처벌하는 벌칙은 두고 있지 않다.[23] 단지 각 조합법의 시행규칙에서 선거공보 등 후보자의 홍보물에 비정규학력의 게재를 금지하고 있을 뿐이다.[24]

비정규학력의 게재에 관한 이러한 태도는 공공단체의 선거를 규율하고 있는 각 개별 법률의 시행규칙에서 공통적으로 발견된다.[25] 이에 따라 중앙선거관리위원회는 농협·수협·산림조합 등 조합장선거에서 후보자 홍보물에 정규학력으로[26] 오인되지 않는 방법으로 비정규학력의 게재를 조심스럽게 허용하여 왔다.[27]

그러나 조합장선거에서 위탁선거법이 특별법적 지위로 우선 적용되더라도 이와 상충되지 않는 범위에서 농협법·수협법·산림조합법 등 개별 법률의 선거에 관한 일반조항의 적용이 배제되는 것으로 보기 어렵다. 이러한 법리적 쟁점은 후보자 선거공보의 게재내용 제한에 관한 부분에서 더욱 명징하게 드러난다.

예컨대, 위탁선거법규는 동시선거 실시에 따른 조합별·후보

---

23) 공직선거법에서는 고등교육법 등이 인정하는 정규학력 외에 '최고 경영자 과정', '최고 정책과정' 등 유사학력을 게재하면 허위사실 공표죄로 처벌된다. 공직선거법 제64조제1항 및 제250조제1항 참조.

24) 농업협동조합법 시행규칙 제8조의2제1항 및 별표, 수산업협동조합법 시행규칙 제8조의3 및 별표 1의2, 산림조합법 시행규칙 제1조의2 별표 1 참조.

25) 새마을금고법 시행규칙 제5조의2제1항 및 별표 1, 신용협동조합법 시행규칙 제4조 및 별표 등 참조.

26) 정규학력이란 초·중등교육법 및 고등교육법에서 인정하는 정규학력과 이에 준하는 외국의 교육기관에서 이수한 학력을 말한다. 공직선거법 제49조제4항제6호 참조.

27) 중앙선거관리위원회 2022. 10. 『위탁선거법 사례예시집』 55쪽 참조.

자별 인쇄물 관리에 효율을 기하기 위하여 선거공보 앞면에 선거명, 후보자의 기호와 성명을 기재하도록 규정하고 있을 뿐, 그 밖에 선거공보의 게재내용에 관해서는 후보자의 자율에 맡기는 개방적인 태도를 유지하고 있다(위탁선거법 §25⑦, 위탁선거규칙 §12①).

그러나 조합장선거의 일반법령인 조합법 시행규칙에서는 선거공보에 비정규학력의 게재를 금지하고, 기타 게재내용도 후보자의 홍보에 필요한 사항으로서 자신의 기호·사진·성명·주소·생년월일·학력·주요경력 및 선거공약만 게재할 수 있도록 제한하고 있다. 선거공보를 통한 상대 후보자에 대한 비방이나 허위사실 공표를 원천적으로 방지하기 위한 취지로 보인다.

문제는 조합법규의 이러한 게재내용 제한이 위탁선거법이 우선 적용되는 조합장선거 후보자의 선거공보에도 적용되는지 여부이다. 법령의 체계정합성의 원리라는 관점에서 판단한다면, 위탁선거법규가 조합법규와의 관계에서 특별법적 지위에 있더라도 특별법이 규정하지 않은 부분에는 일반법의 관련 조항이 적용되는 것으로 보는 것이 규범조화적인 해석이 될 것이다.

이와 같이 해석하지 않는다면, 조합의 이사선거 또는 감사선거의 후보자들에게는 비정규학력의 게재가 금지되는 반면, 보다 높은 수준의 도덕성·전문성에 대한 자질검증과 민주적 정당성이 요구되는 조합장선거에서는 비정규학력의 게재가 허용되는 모순된 결과를 초래하게 된다. 이것은 법이 의도하는 바가 아니다.

헌법재판소는 공직선거에서 비정규학력 게재를 허용할 경우 유권자들이 후보자의 학력을 과대평가하여 공정한 판단을 흐릴 수 있다고 판시한 바 있다.[28] 비록 조합장선거에서 유사학력을 게재하는 행위를 형벌로 단죄하지는 않더라도 당선무효 또는 선거무효의 위험을 확실하게 회피하려면 후보자등록신청서와 이력서 그리고 선거벽보·선거공보 등 후보자의 홍보물에 비정규학력의 게재를 자제함이 마땅해 보인다.

조합장선거에서 후보자 홍보물에 비정규학력을 게재할 수 있는지, 또는 비정규학력을 게재한 경우 해당 선거의 효력에 관해서는 아직 법원의 판례가 형성되지 않았다. 그러나 조합장선거에서 비정규학력을 게재하고 근소한 표차로 당선된 경우 이를 이유로 선거무효소송이 제기된다면 그 선거의 효력을 속단하기 어렵다.29) 이러한 측면에서 비정규학력의 게재를 금지하는 명시적 규정이 없었던 지방체육회장선거에서 비정규학력을 게재한 이유로 선거무효를 결정한 하급심의 판례는30) 우리에게 많은 시사점을 던져주고 있다.

공직선거에서 비정규학력을 게재하여 허위사실공표죄로 단죄된 후보자는 무수히 많다. 처벌을 모면하려고 재판부에 해당 규정에 대한 위헌법률심판제청을 신청하거나, 그 신청이 기각되어 헌법소원을 청구하였지만 비정규학력 게재에 대한 법원과 헌법재판소의 단호한 입장만을 확인하였을 뿐이다.

---

28) 헌법재판소 2000. 11. 30. 선고 99헌바95 결정
29) 이러한 이유로 조합장선거에서 사전에 선거공보 원고를 검토받기 위하여 내방한 후보자들과 관할 선거관리위원회의 직원 간 갈등이 발생하고 있다. 이러한 문제를 근원적으로 해결하기 위해서는 중앙선거관리위원회가 선례변경을 통하여 유사학력의 게재를 전면적으로 금지할 필요가 있다고 본다.
30) 울산지법 2020. 9. 9. 선고 2020가합10349 판결

다. 후보자등록신청서 제출

후보자가 되려는 사람은 선거기간개시일전 2일부터 2일 동안 관할 선거관리위원회 사무실을 방문하여 후보자등록신청을 해야 한다. 이 경우 후보자등록신청서의 접수는 공휴일에도 불구하고 매일 오전 9시부터 오후 6시까지 한다(위탁선거법 §18①).

후보자등록신청서에는 피선거권에 관한 증명서류를 모두 첨부해야 하고, 해당 조합의 정관에서 정한 액수의 기탁금을 납부해야 한다. 기탁금 납부는 관할 선거관리위원회가 기탁금의 예치를 위하여 개설한 금융기관의 예금계좌에 후보자의 명의로 입금하고 후보자 등록신청시 입금표를 제출하면 된다. 다만, 부득이한 사유가 있으면 현금이나 수표로 납부할 수 있다(위탁선거규칙 §9③).

2. 후보자등록신청서 첨부서류

가. 피선거권 증명서류

앞서 우리는 조합장선거에 출마하려면 적극적 요건으로서 일정한 자격을 갖추고, 소극적 요건으로서 결격사유가 없어야 한다는 점을 확인한 바 있다. 이에 따라 조합장선거의 후보자로 등록하려는 사람은 그 등록을 신청하는 때에 피선거권의 적극적 요건을 구비하고 소극적 요건인 결격사유에 해당하지 않음을 입증할 수 있는 서류, 즉 피선거권에 관한 증명서류를 제출해야 한다.

위탁선거법에서는 후보자등록을 신청하는 사람에게 후보자 등록신청서, 해당 법령이나 자치법규에 따른 피선거권에 관한 증명서류, 기탁금, 그 밖에 해당 법령이나 자치법규에 따른 후보자 등록신청에 필요한 서류의 제출을 의무화하고 있다(§18②).

이에 따라 조합장선거의 관리를 위탁받은 선거관리위원회가 후보자등록업무를 적정하게 처리할 수 있도록 조합은 후보자등록 신청개시일 전 30일까지 후보자등록 신청시 제출해야 하는 서류 의 목록을 관할 선거관리위원회에 제출한다(위탁선거규칙 §9②).

특히 유의할 사항은 2024년 1월 30일 위탁선거법의 개정에 따라 범죄경력에 관한 증명서류의 제출이 추가된 점이다(§18④ 후단). 후보자가 되려는 사람은 선거기간개시일 전 60일부터 국가 경찰관서의 장에게 본인의 범죄경력을 조회할 수 있고, 그 요청 을 받은 국가경찰관서의 장은 지체 없이 그 범죄경력을 회보回報 해야 하며, 회보된 범죄경력은 후보자등록신청시 제출해야 한다.

여기서 말하는 범죄경력이란 일체의 범죄 전과를 말하는 것 이 아니라 해당 법령이나 정관 등 자치법규에서 정하는 피선거권 결격사유에 해당하는 범죄경력에 한정되는 것으로 보아야 할 것 이다.[31)]

예컨대, 금고 이상의 실형을 선고받은 경우 그 집행이 끝나 거나 면제된 날부터 일정 기간 조합장선거의 피선거권이 없으므 로 죄명을 불문하고 모두 범죄경력에 포함되어야 하지만, 벌금형 은 농협법·수협법·산림조합법에 규정된 선거범죄와 위탁선거법 및 공직선거법에 규정된 범죄에 한정하여 100만원 이상의 벌금형

---

31) 2023. 11. 14. 행정안전위원회 법안심사제2소위원회 회의록 20~23쪽 참조.

을 선고받은 경우에만 일정 기간 피선거권이 제한되므로 해당 벌금형 전과는 공개대상인 범죄경력에 포함되어야 할 것이다.[32]

수협법에 따른 조합장선거와 산림조합법에 따른 산림조합장선거에서는 농협법에 따른 조합장선거와 달리 형법 각칙에 따른 업무상위력 등에 의한 간음죄(§303) 또는 성폭력범죄의 처벌 등에 관한 특례법에 따른 업무상 위력 등에 의한 추행죄로(§10) 300만원 이상의 벌금형을 선고받은 사람도 피선거권이 제한되므로, 해당 벌금형 전과도 공개대상인 범죄경력에 포함된다.

다음은 조합장선거에서 후보자등록을 신청하는 사람이 자신의 피선거권을 증명하기 위하여 조합의 정관이나 임원선거규정 또는 임원선거규약에 따라[33] 반드시 첨부해야 하는 서류이다.

① 가족관계증명서[34]
② 최종학력증명서[35]
③ 조합가입 및 출자금 확인서 또는 출자금 원장 사본
④ 사업이용실적 충족유무 확인서
⑤ 비경업관계사실 확인서
⑥ 연체채무유무 확인서

---

32) 공직선거법에서는 범죄의 종류와 죄명을 불문하고 벌금 100만원 이상의 형의 범죄경력이 공개대상이다. 공직선거법 제49조제4항제5호 참조.
33) 지역농협 정관례 제75조제1항 및 별표, 지역축협 정관례 제74조 및 별표, 품목조합 정관례 제72조 및 별표, 수협 임원선거규정 제21조의3 및 별표 1의2, 산림조합 임원선거규약 제14조제1항 및 별표 2 참조.
34) 가족관계등록부는 출생부터, 결혼, 사망에 이르기까지 가족관계의 발생 및 변동 사항에 대한 신고를 의무화하여 국가가 국민을 계통적으로 관리하는 공부이다. 다만, 산림조합 임원선거규약에서는 필수적 제출대상으로 명시하지 않고 있다.
35) 조합법 시행규칙에서는 선거벽보·선거공보·명함에 학력을 게재하는 경우 공직선거법 제64조제1항을 준용하도록 규정하고 있다. 즉 정규학력에 한정하여 학력증명서를 제출한 학력만 게재할 수 있다는 의미다.

⑦ 퇴직증명서[36]

위의 서류 중 ③·④·⑤는 해당 조합으로부터 발급받고, ⑥의 연체채무유무 확인서도 개인(신용)정보 제공·활용 동의서를 첨부하여 해당 조합으로부터 발급받는다.

피선거권에 관한 증명서류 중 어느 하나라도 제출하지 않으면 후보자등록신청이 수리되지 않고, 착오로 후보자등록신청을 수리하였더라도 나중에 해당 서류가 제출되지 않았음이 발견된 경우에는 그 등록을 무효로 한다(위탁선거법 §19①). 당사자가 실제 피선거권을 보유하고 있더라도 후보자등록기간중에 해당 서류가 제출되지 않았다면 등록무효의 결론은 달라지지 않는다.

다만, 예비후보자로 등록한 사람이 후보자등록을 신청하는 경우 예비후보자등록을 신청한 때에 이미 제출한 피선거권에 관한 증명서류는 제출을 생략할 수 있다(위탁선거규칙 §9⑥). 따라서 조합장선거에 출마하려는 사람은 후보자등록신청서와 피선거권에 관한 증명서류 등 후보자등록에 필요한 서류를 후보자등록신청기간이 도래하기 전에 미리 관할 선거관리위원회를 방문하여 사전검토를 받는 것이 바람직하다.

후보자등록신청을 접수한 후 관할 선거관리위원회는 해당 후보자의 피선거권에 관한 증명서류가 모두 제출된 것과 기탁금 납부가 확인되면 즉시 이를 수리한다.

---

36) 농협법·수협법·산림조합법 등 조합법에서 임원은 해당 조합의 직원을 겸직할 수 없고, 해당 농협의 임원은 다른 조합의 임직원을 겸직할 수 없으며, 농협법에 따른 조합과 산림조합법에 따른 산림조합의 경우 일정한 직에 있는 사람은 조합장의 임기만료일전 90일까지 사직해야 해당 조합장선거에 출마할 수 있다. 이 경우에 퇴직증명서가 필요하다.

나. 기타 선거관리에 필요한 서류

후보자의 피선거권 보유증명을 위한 필수적 서류는 아니지만, 조합의 정관례나 임원선거규정 또는 임원선거규약 등 자치규범에서 제출을 의무화하고 있거나 선거관리에 필요한 것으로서 아래의 서류는 후보자등록신청시 함께 제출해야 한다.

① 공명선거실천 서약서

② 이력서

③ 후보자 사진(5cm × 7cm) 2매

④ 인영신고서

⑤ 위임장 및 인감증명서

공명선거실천 서약서는 대부분 조합의 정관이나 임원선거규정에서 후보자등록신청시 제출하도록 요구하고 있고,[37] 후보자의 사진은 언론보도용으로 제공하기 위한 것이다.

인영신고서는 후보자 등록 후 관할 선거관리위원회에 선거공보·선거벽보 제출, 참관인 신고 등 각종 신고·신청·제출을 하는 때에 해당 의사표시가 정당한 권한을 가진 후보자의 것인지를 확인하기 위해 제출받는다. 한편, 후보자등록은 본인이 직접 관할 선거관리위원회를 방문하여 신청하는 것이 원칙이지만,[38] 이를 대리인에게 맡기려면 위임장과 인감증명서를 첨부해야 한다.

---

37) 조합장선거 중 산림조합장선거에서만 공명선거실천 서약서를 요구하는 규정이 없다. 산림조합 임원선거규약 제14조제1항 및 별표 2 참조.

38) 지역농협 정관례 제74조, 지역축협 정관례 제74조, 품목조합 정관례 제72조 참조.

3. 기탁금 납부

가. 기탁금 제도의 취지

기탁금 제도는 후보자 난립을 방지하여 선거의 과열·혼탁을 예방하고, 불법선거운동의 감시와 투·개표 등 선거관리를 용이하게 하는 한편, 당선자가 다수표를 획득할 수 있도록 하여 선출된 대표자에게 민주적 정당성을 부여하기 위하여 도입된 것이다.

그러나 과도한 기탁금은 경제력이 약한 후보자의 평등권과 피선거권이 침해될 우려가 있고, 유권자의 입장에서는 후보자 선택의 자유가 제한될 가능성도 있다. 따라서 기탁금은 포말후보의 난립을 방지하기 위해 필요한 정도에 그쳐야지 진지하게 입후보하려는 사람의 피선거권을 실질적으로 제한하는 정도에 이르러서는 안 될 것이다.[39] 다만, 조합장선거에서 적절한 기탁금액에 관한 논리필연적인 결론은 없는 것으로 보인다.

위탁선거법은 조합장선거 등 위탁선거에서 기탁금을 납부할 것인지는 물론이고 기탁금액과 그 반환요건에 관하여 전혀 규정하지 않고 있으므로(§18② 3.), 공공단체 선거에서 기탁금제도는 개별 법률과 위탁단체의 내부규범이 정한 바에 따른다.

나. 조합장선거의 기탁금액

농협법에 따른 지역농협·지역축협 및 품목조합의 조합장선

---

39) 헌법재판소 2001. 7. 19. 선고 2000헌마91·112·134(병합) 결정

거에서 기탁금은 모두 각 정관례에서 500만원 이상 1,000만원 이내의 범위에서 해당 조합의 실정에 따라 정하도록 규정하고 있다.[40]

수협법에 따른 지구별수협·업종별수협·가공수협의 조합장선거에서 후보자 기탁금과 산림조합법에 따른 산림조합의 조합장선거의 후보자 기탁금도 농협법에 따른 조합장선거의 기탁금액과 동일하다.[41]

참고적으로 공직선거에서 후보자 기탁금은 여러 개의 읍·면·동을 묶어 하나의 지역구로 획정하는 지방의원선거에서는 기초의원선거 200만원, 시·도의원선거는 300만원에 불과하다. 시장·군수·구청장선거는 1,000만원이고, 국민의 대표자를 선출하는 지역구 국회의원선거의 후보자 기탁금은 1,500만원이다.[42]

다. 기탁금 반환요건

농협법·수협법 및 산림조합법에 따른 조합장선거의 기탁금 반환요건은 모두 같다. 당선되거나, 사망하거나, 낙선되었더라도 유효투표총수의 15% 이상을 득표한 후보자에게는 기탁금 전액을, 유효투표총수의 10% 이상 15% 미만을 득표한 후보자에게는 기탁금의 절반을 반환한다.[43] 공직선거의 반환요건과 동일하다.

---

40) 지역농협 정관례 제76조의2제1항, 지역축협 정관례 제76조의2제1항, 품목조합 정관례 제74조의2제1항 참조.

41) 수협 임원선거규정 제21조의2제1항, 산림조합 임원선거규약 제14조의2제1항 참조

42) 고액의 기탁금으로 두드러진 나라는 우리나라와 일본뿐이다. 미국·프랑스·독일·캐나다·스웨덴·스위스·오스트리아·핀란드의 경우 기탁금이 아예 없고, 기탁금을 요구하는 국가도 통상 200만원 이하의 소액이다. 중앙선거관리위원회『2022년도 각국의 선거제도 비교연구』325쪽 참조.

일정 득표를 하지 못한 후보자의 기탁금을 귀속시키는 것은 기탁금 제도의 본질적 요소로 볼 수 있다. 그러나 지나치게 엄격한 기탁금 반환요건은 논란의 소지가 있다.[44] 경제력에 여유가 있는 후보자에게 기탁금의 액수나 엄격한 반환요건은 아무런 장애가 될 수 없기 때문이다. 고액의 기탁금과 엄격한 반환요건이 결합된 기탁금제도에 내재된 불편한 진실이 바로 여기에 있다.

다행히 농협법·수협법 및 산림조합법에 따른 조합장선거의 후보자 기탁금과 그 반환요건은 다른 위탁선거에 비하여 상대적으로 과도하지는 않은 것으로 보인다.[45]

참고적으로 공직선거의 기탁금 제도에 관하여 헌법재판소는 고액의 기탁금과 엄격한 반환요건은 헌법에 위반될 수 있다며 여러 차례에 걸쳐 그리고 단호하게 판시한 바 있다.[46]

4. 후보자 등록신청 수리와 기호 결정

조합장선거에서 후보자의 기호는 후보자등록마감 후 후보자 간 추첨으로 결정한다. 여기서 결정된 기호가 바로 투표용지의 게재순위이고 선거운동에서 후보자를 특정하는 숫자가 된다.

---

43) 지역농협 정관례 제76조의2제1항, 지역축협 정관례 제76조의2제1항, 품목조합 정관례 제74조의2제1항, 수협 임원선거규정 제21조의2제1항, 산림조합 임원선거규약 제14조의2제1항 참조.

44) 헌법재판소 2011. 6. 30. 선고 2010헌마542 결정

45) 새마을금고와 신용협동조합의 이사장선거에서 기탁금은 1,000만원 이내로 조합장선거와 비슷한 금액이나, 30% 이상 득표해야 전액을 반환한다.

46) 헌법재판소 2004. 3. 25. 선고 2002헌마383 결정, 헌법재판소 2003. 8. 21. 선고 2001헌마687 결정 등

만일 후보자가 기호추첨에 불참한 경우에는 관할 선거관리위원회 위원장이나 그가 지정하는 사람이 불참한 후보자를 대리하여 추첨한다. 후보자의 기호는 1, 2, 3 … 으로 한다.

일반적으로 후보자의 기호를 결정하는 가장 공정한 방법은 추첨으로 알려져 있다. 외국의 입법례도 추첨이 일반적이다. 우리나라의 공직선거에서는 극도의 정당국가를 지향하던 제3공화국에서도 추첨으로 후보자의 기호를 결정한 바 있다.

그러나 1970년대부터 정당의 다수의석 순으로 기호를 부여하도록 그 기준을 변경하였고, 그리 격렬하지 않는 저항을 이겨내어 현재에 이르고 있다. 정의롭지 않은 방법으로 보이나 세월의 흐름에 따라 지금은 당연한 것으로 받아들여지는 듯하다.

5. 후보자의 피선거권 확인을 위한 조회

관할 선거관리위원회는 후보자등록마감 후 후보자의 피선거권 보유 여부에 관한 조사를 해야 하며, 그 조사를 의뢰받은 기관 또는 단체는 지체 없이 그 사실을 확인하여 해당 선거관리위원회에 회보回報해야 한다(위탁선거법 §18④).

우선 관할 선거관리위원회는 후보자등록신청시 제출된 후보자의 범죄경력에 관하여 그 확인이 필요하다고 인정되는 경우에는 후보자등록마감 후 해당 위탁단체의 주된 사무소 소재지를 관할하는 검찰청의 장에게 해당 후보자의 범죄경력을 조회할 수 있고, 해당 검찰청의 장은 그 범죄경력의 진위 여부를 지체 없이 관할 선거관리위원회에 회보해야 한다(위탁선거법 §18⑥).

또한 관할 선거관리위원회는 해당 조합에 후보자별로 신용협동조합법 제84조에 따른 개선 또는 징계면직 유무, 채무상환의 연체 여부, 경업관계 해소 여부를 조회하여 조합장선거 후보자의 피선거권에 결격사유가 있는지 여부를 다시 확인한다.

그 밖에 피성년후견인, 피한정후견인, 파산선고를 받고 복권되지 않은 사람도 피선거권이 없으므로, 관할 선거관리위원회는 이를 확인하기 위하여 후보자의 등록기준지를 관할하는 구·시·읍·면의 장에게 후견등기사실 등의 여부를 조회한다.

동시조합장선거의 투표 관리

1. 설치와 운영

가. 투표소 설치기준

투표소는 장소와 시설에 관한 문제이므로 안전의 확보와 선거인 수용능력이 핵심이다. 따라서 투표소 설치시 우선적으로 고려할 사항은 선거인수와 투표시간이다. 예상 투표율도 고려한다.[47] 동시조합장선거에서는 읍·면·동마다 1개소씩 투표소를 설치하되, 감염병이 발생하여[48] 감염병관리시설 또는 감염병의심자 격리시설이 있는 경우, 또는 천재지변 등 부득이한 사정이 있는 경우에는 추가로 투표소를 설치할 수 있다(위탁선거법 §41① 본문, 위탁선거규칙 §18④).[49]

---

[47] 동시조합장선거의 평균 투표율은 농협 82%, 수협 80%, 산림조합 68% 정도를 보이고 있다. 중앙선거관리위원회『전국동시조합장선거총람』참조.

[48] 2023년 3월 8일 실시한 제3회 전국동시조합장선거에서 코로나19 격리자 투표를 위하여 전국적으로 210개의 특별투표소를 설치한 바 있다. 중앙선거관리위원회 2023. 8.『제3회 전국동시조합장선거총람』71쪽 참조.

반면에 조합의 본점이나 지점이 없거나, 후보자가 1명이 되어 투표를 실시하지 않는 조합의 본점만 있거나, 선거인이 없거나, 천재지변 등 부득이한 사유가 있는 읍·면·동에는 관할 선거관리위원회가 해당 조합과 협의하여 투표소를 설치하지 않을 수 있다(위탁선거법 §41① 단서, 위탁선거규칙 §18⑥).[50]

나. 투표소 설치장소

동시조합장선거에서 투표소는 통합선거인명부를 활용하여 투표하므로 기본적 요건으로서 통신망의 설치가 가능한 시설이어야 한다. 위탁선거법은 국가기관·지방자치단체·위탁단체 등에 위탁선거의 관리에 관하여 관할 선거관리위원회로부터 인력·시설·장비 등의 협조 요구를 받은 때에는 이에 따르도록 협조의무를 부과하고 있다(위탁선거법 §6·§40③).

관할 선거관리위원회가 투표소를 확정한 때에는 선거일 전 10일까지 그 명칭과 소재지를 공고해야 한다. 천재지변 등 부득이한 사유로 투표소를 변경한 경우에도 즉시 공고하여 그 사실을 알린다(위탁선거규칙 §18①).

2023년 3월 8일 실시한 제3회 동시조합장선거에서 투표하기 위하여 대기하던 선거인들에게 차량이 돌진하여 다수의 사상자가 발생함에 따라 투표소 설치·운영에 안전의 확보가 중요해졌다.

---

49) 해당 규정은 2024년 1월 30일 개정을 통하여 코로나19 격리자 투표를 위한 특별투표소 설치근거를 입법적으로 명확히 한 점에 의의가 있다.

50) 전국적으로 읍·면·동투표소는 제1회 동시조합장선거에서 1,785개, 제2회 동시조합장선거에서 1,807개, 제3회 전국동시조합장선거에서 1,792개가 설치되었다. 대략 전체 읍·면·동수의 50% 정도이다.

다. 투표시간과 투표소 운영

동시조합장선거에서 투표시간은 오전 7시부터 오후 5시까지로 법정되었다(위탁선거법 §44①). 다만, 투표를 마감할 때에 투표소에서 투표하기 위하여 대기하고 있는 선거인에게는 번호표를 부여하여 투표하게 한 후에 투표소를 닫는다(위탁선거법 §44②).

관할 선거관리위원회는 공정하고 중립적인 사람 중에서 선거일 전 30일부터 선거일 후 10일까지 투표소마다 투표에 관한 사무를 관리할 투표관리관 1명과 투표사무를 보조할 투표사무원 약간명을 위촉한다(위탁선거법 §40②).

관할 선거관리위원회로부터 투표관리관 또는 투표사무원의 추천을 요청받은 공공기관과 위탁단체의 장은 우선적으로 이에 따라야 한다(위탁관리규칙 §17⑤).

2. 조합장선거의 투표 방식

가. 1인 1표제 기표방식 적용

선거에서 투표의 의미는 선거인이 선호하는 후보자를 선택하는 의사표시를 말한다. 투표방식은 선거인이 후보자의 성명을 투표용지에 직접 적어 넣는 자서투표제(自書投票制)와[51] 투표용지에 모든 후보자의 기호와 성명을 인쇄한 후 기표용구를 활용해 선호

---

51) 자서투표제는 현재 일본의 공직선거 외에 적용하는 사례를 찾아보기 어렵다. 선거인이 써넣은 내용에 오탈자가 많아 무효표가 속출하기 때문이다. 우리나라도 1970년대 대통령선거에서 자서식 투표를 적용한 바 있다.

하는 후보자에게 표를 하는 기표투표제로 구분할 수 있다.

선택의 수를 기준으로 하면, 하나의 투표용지에서 한 명의 후보자만을 선택하는 단기투표제單記投票制와[52] 복수의 후보자를 선택할 수 있는 연기투표제連記投票制로 구분할 수도 있다.

조합장선거의 투표는 평등선거의 원칙을 적용하여 선거인마다 1인 1표로 하고, 단기투표제를 적용하여 1명의 후보자를 선택하며, 투표용지에 기표記票하는 방법으로 한다. 다만, 해당 법령이나 정관 또는 규약으로 정하는 사람이 법인을 대표하여 행사하는 경우에는 1인 1표를 적용하지 않는다(위탁선거법 §39①~③).

그러나 이러한 예외규정은 해당 단체의 자율성을 존중한다는 긍정적 측면이 있음에도 불구하고 간접선거와 기득권이 조합장선거를 지배하던 시대의 낡은 유산으로 평가할 수 있어 직접선거가 일반화된 현대 민주주의 선거제도에서는 평등선거의 이상과 조화되기 어렵다고 본다. 다만, 단위 조합에 선거권을 부여하여 실시하는 농협중앙회장선거에서는 그 의미가 상당하다.[53]

나. 직선제 선출시 통합선거인명부 활용

동시조합장선거에서 선거인은 자신이 올라 있는 선거인명부의 작성구역 단위, 즉 해당 구·시·군에 설치된 어느 투표소에서

---

52) 단기투표제는 1명의 후보자에게만 기표해야 하므로, 복수의 후보자에게 기표하면 무효가 된다. 우리나라의 기초의원선거에서 중선거구제를 적용하여 선거구별로 2~4명을 선출하지만 단기투표제가 적용되므로 기표는 1명의 후보자에게만 해야 한다. 기초의원선거에서 무효표가 많은 이유이다.

53) 농협법에 따른 중앙회장선거에서는 단위 조합의 조합원수에 따라 차등하여 선거권을 부여한다. 예컨대, 조합원 3,000명 미만의 조합은 1표, 3,000명 이상은 2표의 선거권을 행사한다. 농협법 제130조제1항 참조.

나 투표할 수 있다(위탁선거법 §15③ · §41②). 투표할 수 있는 지역
이 해당 구·시·군으로 제한된다는 점을 제외하고는 공직선거의
사전투표와 동일한 방식이다. 이 경우 여러 조합의 조합원으로서
복수의 선거인명부에 등재되어 있는 선거인은 어느 한 곳의 투표
소에 가더라도 가입된 모든 조합의 투표용지를 한꺼번에 교부받
아 투표를 마칠 수 있다(위탁선거법 §41④).

  이러한 투표방식이 가능한 기술적 이유는 동시조합장선거에
서는 조합마다 구·시·군단위로 선거인명부를 작성·확정하고,
중앙선거관리위원회는 확정된 선거인명부의 전산자료 복사본을
해당 조합으로부터 제출받아 하나의 통합선거인명부를 구축한 후
모든 투표소와 전용통신망으로 연결하여 정당한 선거인 여부와
이중투표 여부를 확인할 수 있기 때문이다(위탁선거법 §15③).

  통합선거인명부를 활용한 투표방식은 투표하려는 선거인에
게 본인임을 확인할 수 있는 신분증명서를 제시하게 하여 이를
확인한 다음 전자적 방식으로 지장을 찍거나 서명하게 하고, 투
표용지 발급기를 이용하여 투표용지를 출력한 후 선거인에게 교
부한다. 이러한 투표방식은 투표기록이 서버에 저장되므로 이중
투표, 대리투표 등 투표부정을 원천적으로 방지하면서도 유권자
의 투표편의를 극대화할 수 있다. IT 강국의 유권자만이 누릴 수
있는 특권이다.

  투표를 마치면 모든 투표소의 투표함을 관할 선거관리위원회
가 설치한 개표소로 옮겨 개표한다. 투표소별로 개표할 것인지
아니면 조합별로 개표할 것인지는 관할 선거관리위원회의 재량사
항이다. 실무적으로는 대부분 조합별로 개표하고 있다. 개표참관
이 용이하여 개표의 투명성을 확보할 수 있고, 1장의 개표상황표

86

로 1개 조합의 개표를 한꺼번에 처리할 수 있기 때문이다.

한편, 동시조합장선거에서는 섬 또는 산간오지에 거주하는 등 부득이한 사유로 투표소에 가기 어려운 선거인에게는 거소투표, 순회투표,[54] 인터넷투표 등의 방법으로 투표하게 할 수 있다. 이 경우 해당 조합과 협의해야 한다(위탁선거법 §41①).

다. 대의원회·총회 선출시 종이명부 사용

동시선거에서 대의원회 또는 총회의 방식으로 조합장을 선출하는 경우에는 공직선거의 선거일 투표처럼 조합별로 설치된 투표소에서 종이명부를 사용하여 투표를 실시하므로, 반드시 정해진 투표소에서만 투표할 수 있다. 따라서 2 이상 조합의 선거인명부에 올라 있는 사람이 있다면, 선거일에 각각 따로 설치된 투표소를 순차적으로 방문하여 투표해야 한다.

통합선거인명부를 활용하지 않는 조합장선거의 경우 선거인명부는 투표소 설치 단위별로 작성하고, 그 구역의 선거인 성명의 가, 나, 다 순으로 선거인명부에 올린다.[55] 따라서 선거인명부의 동일한 지면에 성명이 비슷한 사람들이 근접하여 등재될 것이므로, 투표용지를 수령한 선거인이 착오로 선거인명부에서 자신과 인접하고 성명이 유사한 다른 선거인의 투표용지 수령란에 서명할 가능성이 높아 투표소에서 혼란이 발생할 가능성이 있다.

---

54) 전국적으로 순회투표소는 2019년 제2회 동시조합장선거에서 36개, 2023년 제3회 동시조합장선거에서는 42개가 설치된 바 있다. 다만, 인터넷투표의 적용은 사회적 합의 형성이 어려워 아직은 시기상조로 보인다.

55) 위탁선거규칙 제7조 제2항에 따라 설계된 별지 제2호 서식의 하단에 깨알같이 적힌 내용이다.

이 경우 나중에 온 해당 선거인에게 투표용지를 교부하여 투표하도록 조치한다. 다만, 이러한 에피소드는 모두 투표록에 기재되어야 한다. 그 투표록은 개표소로 전달되어 투표의 효력 판단에 활용되고, 선거결과에 다툼이 발생한 경우에는 선거의 효력과 당선인 결정의 적법성 판단의 증거로 활용된다.

공직선거의 선거일투표에서도 같은 투표구에 동명이인이 있는 경우 다른 동명이인에게 투표용지를 교부하여 나중에 투표하러 온 해당 선거인으로부터 항의를 받는 사례가 가끔 있다.

라. 투표관리에 공직선거법 준용

조합장선거의 투표와 개표의 관리에 관하여 위탁선거법에 규정된 것을 제외하고는 그 성질에 반하지 않는 범위에서 공직선거법에 규정된 투표와 개표방식을 준용한다(위탁선거법 §51①).

따라서 투표와 개표에 관하여 위탁선거법이 명시적으로 정하지 않은 부분에 관하여 조합의 정관이나 규약 등 자치법규에서 투표와 개표에 관한 규범을 형성하더라도 공직선거법의 일반적인 투표와 개표절차와 상충된다면 그 효력이 인정될 수 없다.

3. 투표참관 방법

가. 투표참관인 선정·신고

동시조합장선거에서 투표참관인은 투표소마다 12명으로 한

88

다. 후보자수가 12명을 넘는 경우에는 후보자별로 1명씩 우선 선정한 후 추첨에 따라 12명을 지정하고, 후보자수가 12명에 미달하지만 후보자가 선정·신고한 참관인의 수가 12명을 넘는 때에는 후보자별로 1명씩 선정한 사람을 우선 참관인으로 지정한 후 나머지 인원은 추첨에 의하여 지정한다(위탁선거법 §45⑤).

개별적으로 실시하는 조합장선거에서는 후보자가 선거인 중에서 투표소마다 2명 이내의 참관인을 선정하여 선거일 전 2일까지 관할 선거관리위원회에 신고하여야 한다. 이 경우 개표참관인은 투표참관인이 겸임하게 할 수 있다(위탁선거법 §45①).

참관인을 신고하지 않은 때에는 포기한 것으로 본다. 후보자 전원이 참관인을 신고하지 않거나, 한 후보자가 선정한 참관인밖에 없는 경우 관할 선거관리위원회가 공정하고 중립적인 사람 중에서 4명을 선정하여 참관하게 한다(위탁선거규칙 §24②).

참관인에게는 관할 선거관리위원회가 수당과 식비를 지급한다.56) 투표감시권은 기본권의 측면에서 참정권의 중요한 부분이고, 객관적으로는 공정하고 투명한 선거를 함께 완성하여 선거의 신뢰를 확보하는 수단이기도 하므로 포기해서는 안 될 것이다.

다만, 후보자와 그의 배우자, 그리고 조합의 임직원은 투표참관인이나 개표참관인이 될 수 없다(위탁선거법 §45④). 따라서 후보자나 그 배우자는 본인이 투표하는 경우를 제외하고는 어떠한 경우에도 투표소에 들어갈 수 없다.

후보자에게 투표참관을 허용할 경우 후보자의 투표소 상주에

---

56) 참관인 수당으로 10만원을 지급한다. 교대하여 참관하는 경우에는 6시간 이상 참관한 사람에게만 수당을 지급한다. 개표참관인도 마찬가지다. 식비는 정부예산의 급식비 단가를 지급한다. 위탁선거규칙 제24조제3항 참조.

따른 선거인의 심리적 부담을 제거하고 투표소에 평온한 분위기를 보호하기 위한 조치로 보인다.

나. 투표참관 요령

투표를 참관하기 위해서는 우선 옷차림부터 살펴야 한다. 조합장선거에서 투표와 개표에 관하여 위탁선거법에 따로 정한 바가 없다면 공직선거법의 투표와 개표에 관한 사항을 준용하고 있고(위탁선거법 §51①), 공직선거법에서 투표참관인은 선거관리위원회가 제공하는 참관인 표지 외에 선거에 영향을 미치는 어떠한 표지도 달거나 붙일 수 없도록 규정하고 있기 때문이다(§166③). 투표참관을 핑계로 투표소에서 후보자의 선전물이나 홍보물을 착용한 탈법적인 선거운동을 방지하기 위한 취지이다.

투표관리의 가장 핵심이 되는 부분은 투표하러 온 사람이 정당한 선거인에 해당하는지를 확인하는 것이다. 정당한 선거인 여부는 오직 확정된 선거인명부의 등재여부만으로 판단한다. 동시조합장선거에서는 통합선거인명부를 활용하므로 선거인의 신분증을 스캔하여 선거인명부 등재여부를 확인한다.

통합선거인명부를 활용하는 경우 투표관리관은 선거인에게 전자적 방식으로 무인 또는 서명하게 하고, 투표용지 발급기를 이용하여 선거권이 있는 해당 조합장선거의 투표용지를 출력하여 자신의 도장을 찍은 후 선거인에게 교부한다(위탁선거법 §41③).

선거인명부에 등재된 사람과 투표하러 온 사람의 일치 여부는 사진이 부착된 신분증명서로 판단한다. 신분증명서는 본인확인을 위한 용도이므로 그 유효성 여부를 따지지 않는다. 예컨대,

대학교를 졸업한 사람이 학생증으로 본인임을 확인받을 수 있고, 면허가 취소된 사람이라도 그 운전면허증으로 투표할 수 있다.

투표를 참관하는 때에는 투표하러 온 선거인이 제시한 신분증명서의 사진과 실제 외모를 꼼꼼히 대조하는지 지속적으로 확인할 필요가 있다. 만일 투표사무원의 집중력이 떨어진 경우 투표관리관에게 요청하여 적절히 주의를 환기시키도록 한다.

다. 투표참관시 유의사항

투표참관인은 투표에 간섭하거나 투표를 권유하거나 기타 어떠한 방법으로든지 선거에 영향을 미치는 행위를 해서는 안 된다. 다만, 투표소에서 사고가 발생한 경우에 한정하여 투표상황을 촬영할 수 있다(공직선거법 §161⑩ · ⑫).

투표참관인은 다른 사람이 투표에 간섭하거나 부정투표 등 선거에 관한 규정에 위반되는 사실을 발견한 때에는 투표관리관에게 그 시정을 요구할 수 있다.

이 경우에도 투표의 평온한 진행에 지장을 초래하지 않는 방법으로 해야 한다. 만일 부정투표의 의혹이 있다며 폭언이나 완력을 행사하여 투표소의 질서를 혼란하게 할 경우 투표소교란죄가 적용되어 1년 이상 7년 이하의 징역 또는 1천만원 이상 7천만원 이하의 벌금으로 무겁게 처벌될 수 있다(위탁선거법 §65 2.).

어떤 경우에도 참관인이 투표하러 온 선거인이나 투표사무관계자에게 직접 질문하거나 시정을 요구할 수는 없다(공직선거관리규칙 §89①). 반드시 투표관리관에게 요청하여 바로잡을 일이다.

투표관리관에게는 일종의 가택권이 있다. 투표소 안에서 또는 투표소로부터 100미터 안에서 소란한 언동을 하거나 소란하지 않더라도 특정 후보자를 지지 또는 반대하는 사람이 있으면 투표관리관이 이를 제지할 수 있다. 투표관리관의 제지명령에 불응하는 때에는 투표소 또는 제한거리 밖으로 퇴거하게 할 수 있다(공직선거법 §166①). 이 경우 투표관리관은 경찰공무원 또는 경찰관서의 장에게 원조를 요구할 수 있다.

4. 전자투표의 도입 가능성

가. 전자투표에 관한 법규정

위탁선거법은 관할 선거관리위원회가 전산조직을 이용하여 투표와 후보자별 득표수의 집계 등을 처리할 수 있는 방법, 즉 전자투표 및 개표의 도입 가능성을 열어두고 있다(§69①). 물론 전자투표 및 개표를 도입할 경우에는 관할 선거관리위원회가 미리 해당 위탁단체와 협의를 거쳐야 한다.

전자투표를 실시하는 경우 위탁선거법에서 투표 및 개표의 절차와 방법, 그 밖에 필요한 사항을 중앙선거관리위원회규칙으로 정도록 위임하고 있으나(§69③), 관련 규칙에서는 전자투표에 관하여 백지로 비워두고 있다. 전자투표 도입에 가장 신중해야 할 공직선거에서도 법률의 위임에 따라(공직선거법 §278), 공직선거관리규칙에서 전자 투·개표의 구체적 절차와 방법을 정하고 있는 입법례와(공직선거관리규칙 §148~§159) 명확하게 대비된다.

이러한 입법부작위는 중앙선거관리위원회의 직무유기라기보

다는 위탁선거에서 전자투표를 도입할 가능성이 거의 백지 수준
에 가깝다는 점을 상징하는 것처럼 보인다. 다행이 이로 인하여
침해되는 국민의 기본권은 없는 것으로 보인다.

나. 전자투표 의의와 도입 추세

위탁선거법규에서 전자투표를 언급하고 있으나 그 개념을 정
확하게 정의하기는 쉽지 않다. 전자투표는 주소지의 투표소에 가
서 투표기계만 사용하는 낮은 수준부터 모바일과 인터넷 투표를
활용하는 높은 수준까지 다양한 층위가 존재한다.

그러나 가장 낮은 수준의 전자투표도 연기투표, 누적투표, 선
호투표 등 다양한 투표방식을 적용할 수 있고, 비례대표선거에서
정당이 추천한 후보자의 순위를 선거인이 변경할 수 있어 정당제
민주주의 국가에서 실질적인 국민주권을 실현할 수 있다.

높은 수준의 전자투표는 유비쿼터스 선거가 실현되어 투표
참여에 시간과 공간의 제약을 극복할 수 있고, 그리스 도시국가
에서나 가능하였던 직접 민주주의를 현대국가에서도 실현할 수
있는 기회가 열린다. 전자투표의 이러한 가능성에 주목한 여러
나라들은 1990년대부터 다양한 방식의 전자투표를 추진하였다.

일본의 경우 자서식自署式 투표가 가진 고유한 문제점으로
무효표가 속출하자 이를 방지하기 위해 전자투표 도입을 추진하
였다. 반면, 우리나라와 유럽의 경우 투표 편의성 확대에 따른 유
권자의 투표참여 제고를 주요 정책목표로 삼았다. 한편, 인도·브
라질 등 제3세계의 국가들은 투표부정 방지와 개표의 합리화를
위하여 전자투표를 도입한 것으로 알려졌다.

그러나 일본은 2002년 지방선거에서 시범적으로 전자투표를 도입한 이래 전자투표 시스템의 빈번한 고장과 작동오류로 2016년 이후 전자투표 실시를 중단한 것으로 알려졌다.[57] 독일의 경우 2005년 실시한 연방의원선거에서 일부 지역에 전자투표를 실시하였으나 2009년 3월 3일 연방헌법재판소가 전자투표 실시의 근거가 된 전자투표기규칙을 위헌[58]으로 판결한 후 보완입법이 이루어지지 않아 전자투표가 중단된 상황이다.

독일 연방헌법재판소는 위헌결정의 이유로 전자투표 방식이 전문지식이 없는 일반 유권자에게는 투표결과에 대한 사후검증이 어려워 선거의 공공성 원칙에 위배된다는 점을 지적하였지만, 전자투표기 사용 자체를 위헌으로 판단한 것은 아니라는 점에서 이후 독일에서 전자투표가 중단된 것은 많은 아쉬움을 남긴다.[59]

우리나라는 중앙선거관리위원회가 2004년 전자선거 로드맵을 발표한 후 2006년 터치스크린 방식의 전자투표기를 개발하고 정당의 당내경선과 각종 단체의 선거지원에 활용하여 왔다. 중앙선거관리위원회가 개발한 터치스크린 전자투표기는 프린터와 전자투표기를 일체형으로 통합한 시스템으로 투표결과가 실시간으로 인쇄되고 그 내용을 선거인이 직접 육안으로 확인할 수 있도록 제작하였다는 점에 기능적 특장점이 있다.

그러나 공직선거에서 전자투표 추진에 대한 정치적 합의에 실패하여 전자투표 사업 추진에 필요한 예산이 삭감되었고, 터치스크린 전자투표기도 내용연수를 경과함에 따라 2018년에 전량

---

57) 중앙선거관리위원회 2022. 12. 『각국의 선거제도 비교연구』 658쪽 참조.
58) 독일 연방헌법재판소 2009. 3. 3. 선고 2 BvC 3/07, 2BvC 4/07 결정
59) 중앙선거관리위원회 2022. 12. 앞의 책 656쪽 참조.

폐기하였다. 전자투표 시스템 제작 기술과 운용 경험마저 폐기되지 않기를 기대한다.

다만, 전자투표 추진사업의 성과물인 통합선거인명부와 그 조회시스템을 공직선거의 사전투표와 동시조합장선거의 선거일 투표에 활용하고 있는 점은 그나마 위안으로 삼을 수 있다.

다. 전자투표 도입의 전망

중앙선거관리위원회는 개표사무의 합리화를 위하여 2002년부터 투표지분류기를 제작하여 개표관리에 활용하여 왔다. 사실 투표지분류기는 전자투표와 전혀 관련이 없는 장비다. 그저 투표지를 판독하여 특정 후보자에게 명확하게 기표된 투표지만 해당 후보자에게 지정된 칸으로 보내고, 기표내용이 불명확한 투표지는 스스로 판단하지 않고 재확인 대상 투표지로 분류하여 사람에게 판단을 맡기는 개표관리의 보조장치에 불과하다. 내부이든 외부로든 통신망과 연결되지 않고 연결할 필요도 없다.

그러나 일부 시민단체는 선거때마다 투표지분류기 활용이 법적 근거가 없다거나 해킹의 우려가 있다는 등의 이유로 지속적으로 투표지분류기 사용중지 소송을 제기하여 왔고, 선거 후에는 낙선한 후보자와 함께 선거무효소송을 제기하면서 투표지분류기 활용을 선거불복의 핵심 근거로 삼아 왔다.

일부 시민단체는 해당 사안을 헌법재판소까지 끌고 갔으나 결과는 항시 기각결정이었다. 반면 중앙선거관리위원회는 공직선거에서 전자투표를 추진할 경우 그 사회적 합의과정이 얼마나 험난할 것인지에 관하여 반면교사의 교훈을 얻었을 뿐이다.

최근에는 법원도 합리적 근거없이 반복적으로 투표지분류기 사용중지 소송을 제기하거나 선거무효의 사유로 주장하는 것은 소권남용에 해당한다며 각하판결을 하고 있다.[60]

그렇다고 전자투표 도입을 반대하는 사람들이 모두 가짜뉴스에 포획되거나 정치적 진영논리에 갇히거나 역사의 수레바퀴를 거꾸로 돌리려는 디지털 러다이트Digital Luddite들은 아니다. 전자투표의 도입에 관해서는 높은 수준의 정치적·사회적 합의를 전제로 선거절차의 투명성 그리고 선거결과에 대한 검증가능성을 요구하는 것으로 이해하는 것이 바람직해 보인다.

최근 유행하는 블록체인 기술을 활용한 전자투표도 저장된 투표기록의 무결성만을 보장할 뿐 그 기록을 인간의 오감으로 확인할 수 있는 방법, 즉 검증가능성까지 보장하는 것은 아니다.

한때 전자투표를 의욕적으로 추진하였던 중앙선거관리위원회도 2022년 대통령선거에서 소쿠리투표로 상징되는 사전투표 관리의 정책실패에 따라 자존심에 큰 상처를 입으면서 이제 전자투표 추진의 동력을 잃은 것으로 보인다.

---

60) 대법원 2016. 11. 24. 선고 2016수64 판결, 대법원 2016. 12. 30. 선고 2016수101 판결

조합장선거의 개표 관리

1. 개표소 설치와 개표사무원 위촉

위탁선거법에서 개표소는 위탁단체의 시설 등에 설치하도록 규정되어 있지만(§46①), 현실적으로 동시조합장선거에서 대부분의 개표소는 체육관 등 공공시설에 설치하고 있다. 동시선거의 개표에 따라 상당한 규모의 시설을 필요로 하기 때문이다.

다만, 섬 또는 산간오지에 투표소를 설치한 경우에는 관할 선거관리위원회의 의결로 해당 투표소에서 직접 개표할 수도 있다(위탁선거법 §46① 단서). 실제 조합장선거에서 인천 옹진군의 백령도·연평도·덕적도, 전남의 흑산도·하의도, 제주도의 추자도·우도 등 12개의 섬에 투표소를 설치하고 해당 투표소에서 직접 개표한 사례가 있다.[61]

관할 선거관리위원회는 개표사무를 보조하기 위하여 공정하고 중립적인 사람을 개표사무원으로 위촉한다. 투표사무원을 개

---

[61] 중앙선거관리위원회 2023. 8.『제3회 전국동시조합장선거총람』83쪽·84쪽 참조.

표사무원으로 겸임하게 할 수 있는데, 총회 또는 대의원회의 방법으로 대표자를 선출하는 경우를 가정하여 겸임할 수 있는 법적 근거를 둔 것이다(위탁선거법 §45① 후단).

2. 개표 진행절차

가. 투표함 개함과 투표지분류기 운영

개표는 조합별로 구분하여 투표수를 계산한다(위탁선거법 §47 ①). 1개 조합의 조합장선거를 위하여 2 이상의 투표소가 설치된 경우에는 2개 이상의 투표함을 혼합하여 개표할 수도 있고, 각각의 투표함을 따로 개표할 수도 있다.

위탁선거법은 선거관리위원회가 개표사무를 보조하기 위하여 투표지를 유효별·무효별 또는 후보자별로 구분하거나 계산하는 데 필요한 기계장치 또는 전산조직을 이용할 수 있도록 규정하고 있다(§47②). 공직선거법도 이와 유사한 규정을 두고 있는데(§178②), 이를 근거로 개표소에서 투표지분류기와 계수기를 활용하고 있다.

투표함을 개함한 후 투표지분류기를 활용하여 후보자별 투표지를 분류한다. 투표지분류기는 이미지센서가 투표지를 스캔하여 1명의 후보자에게 명확하게 기표된 투표지는 해당 후보자의 득표로 판단하여 그 후보자에게 배정된 분류함으로 보낸다. 2 이상의 후보자란에 기표되어 있거나, 기표 모양이 선명하지 않거나, 인주로 오염된 투표지 등은 스스로 판단하지 않고 재확인 대상 투

98

표지로 분류하여 개표사무원이 판단하도록 한다.

모든 투표지에 대한 분류가 끝나면 투표지분류기에서 개표상황표를 출력한다. 2002년 실시한 제3회 전국동시지방선거에서 최초로 투표지분류기가 도입된 이래 수많은 선거쟁송이 제기되어 개표결과를 검증한 결과 투표지분류기가 분류한 표에서는 오차가 거의 발생하지 않았다.

다만, 재확인 대상 투표지를 개표사무원 등이 유효 또는 무효로 판정한 투표에서 일부 의미 없는 오차가 확인되었을 뿐이다. 당연히 소송은 기각되었고 당선인의 지위는 맷돌의 아래짝만큼이나 흔들림이 없었다.

최근 일부 단체에서 투표지분류기의 해킹이나 조작가능성을 제기함에 따라 투표지분류기를 제어하는 범용 노트북에 기본적으로 내장되는 랜카드조차 인위적으로 제거하였다. 물론 그 비용부담은 당연히 국민의 몫이다. 가짜뉴스가 돈이 되는 음모론의 경제학이 지배하는 세상에서 확증편향과 진실의 곡선은 서로 접하지 않는다.

나. 심사집계부의 심사

투표지분류기 운영부를 거친 투표지는 심사집계부로 넘겨지고 개표사무원이 재확인 대상 투표지를 유효표와 무효표로 구분한 후, 유효표는 해당 후보자의 득표에 가산한다. 투표지분류기가 후보자별 유효표로 분류한 투표지도 다시 한번 확인한다.

심사집계부에서 후보자별 득표수를 확인하기 위하여 투표지를 세는 용도로 계수기를 활용한다. 계수기는 금융기관 창구에서 활용하는 돈 세는 기계와 기술구조Architecture와 작동원리가 동일하다. 다만, 많은 후보자가 등록한 경우 지폐보다 투표지의 길이가 더 길어지므로 계수기의 폭을 넓혀서 긴 투표지를 셀 수 있도록 개량하였다.

다. 위원 검열과 위원장 공표

심사집계부를 거친 투표지는 위원석으로 옮겨 출석한 관할 선거관리위원회 위원 전원이 개표결과를 검열한다. 그 결과 후보자별 득표수를 최종적으로 확정한 개표상황표의 내용을 선거관리위원회 위원장이 공표한다. 이 개표상황표가 바로 당선인을 결정하고 선거결과를 확정짓는 데 법적인 근거가 되는 핵심 문서다.

참고적으로 대통령선거에서 개표사무를 수행하는 구·시·군선거관리위원회는 모든 개표상황표를 관할 시·도선거관리위원회에 FAX로 보고한 후 개표록을 작성하고, 각 시·도선거관리위원회는 구·시·군선거관리위원회가 보고한 개표상황표를 검증한 후 이를 기초로 집계록을 작성하여 중앙선거관리위원회에 FAX로 보고한다. 구·시·군선거관리위원회가 작성한 개표록과 시·도선거관리위원회가 작성한 집계록은 개표마감 즉시 각각 인편으로 상급위원회에 보고된다.

공직선거의 개표과정에서 전국민적 관심사안에 대한 알권리를 보장하기 위하여 각 구·시·군선거관리위원회 개표소와 중앙선거관리위원회 서버간 전용통신망을 설치한 후 후보자별 득표상황을 실시간으로 인터넷에 공개하고 있다.

일부 시민단체에서 해당 통신망과 중앙선거관리위원회 서버에 대한 해킹 우려를 제기한 사례도 있는데 무의미한 우려로 보인다. 인터넷에 공개되는 내용이 법적 효력을 가지는 것도 아니거니와 이미 해당 서버는 침입탐지시스템, 침입차단시스템, 방화벽 등으로 겹겹이 보호되고 있다.

인적보안과 물적보안이 완벽할 수는 없겠지만, 개표가 진행되는 짧은 시간에 이루어지는 불법 침입시도는 감당할 수 있다고 본다. 중앙선관위는 2011년 디도스DDos 공격에서 이미 많은 교훈을 얻은 바 있다. 만일 해킹에 성공하더라도 사회적 분란만 야기할 뿐, 아날로그 방식으로 보고되는 개표상황표의 내용이나 선거기록은 글자 한 획도 바꾸지 못한다.

그렇다고 선거관리위원회 직원들이 통신보안이나 서버보안이 완벽하다고 주장할 만큼 보안에 무지한 사람들도 아니다. 그러나 이성이 잠들면 괴물이 깨어난다. 확증편향에 따른 정보의 취사선택은 이성을 잠들게 하는 기괴한 효과가 있는 것으로 보인다.

3. 유효투표와 무효투표의 판단

가. 투표의 효력판단의 원칙

개표과정에서 투표의 효력에 이의가 있는 때에는 관할 선거관리위원회가 재적위원 과반수 출석과 출석위원 과반수의 의결로 결정한다. 투표의 효력 판단에 관하여 가장 중요한 원칙은 선거인의 의사가 존중되어야 한다는 점이다(공직선거법 §180).

선거인에게 교부하기 전의 투표용지는 종이와 잉크에 불과할 수 있다. 그러나 투표용지가 정당한 선거인에게 교부되고 기표가 이루어진 순간 그 투표용지는 투표지로 전환되어 주권자의 준엄한 명령이 기록된 진술서가 된다.

　다만, 선거인이 투표용지에 기록한 의사표시가 유효한 것으로 인정받으려면, 우선 정규의 투표용지[62]를 사용해야 하고, 선거관리위원회가 제공하는 기표용구를 활용하여 투표해야 하며, 투표지에는 기표 외에 어떠한 내용도 추가되어서는 안 된다.

나. 유효로 하는 투표

다음에 해당하는 투표는 지극히 정상적인 기표로 보기에는 다소 흠이 있어 보이지만 무효로 하지 않는다(공직선거법 §179④).

① ⓛ 표가 일부분 표시되거나 ⓛ 표 안이 메워진 것으로서 선거관리위원회의 기표용구를 사용하여 기표를 한 것이 명확한 것

② 한 후보자란에만 2 이상 기표된 것

③ 후보자란 외에 추가 기표되었으나 추가 기표된 것이 어느 후보자에게도 기표한 것으로 볼 수 없는 것

④ 기표한 것이 전사된 것으로서 어느 후보자에게 기표한 것인지가 명확한 것

⑤ 인육으로 오손되거나 훼손되었으나 정규의 투표용지임이 명백하고 어느 후보자에게 기표한 것인지가 명확한 것

---

62) 정규의 투표용지란 관할 선거관리위원회가 작성하고 청인을 찍은 후 투표소에 송부하여 투표관리관이 자신의 도장을 찍어 정당한 선거인에게 교부한 투표용지를 말한다. 공직선거관리규칙 제100조제1항제1호 참조.

102

다. 유효투표의 사례 예시

위 투표지는 현출된 문양의 크기가 기표용구의 바깥 지름과 동일하고 둥그런 형태를 띠고 있는 것으로 보아 ⓛ표 안이 메워진 것으로서 선거관리위원회가 기표소에 비치한 기표용구를 사용하여 기표한 것으로 추정된다. 해당 투표함의 개표를 진행하는 과정에서 이와 유사한 기표문양의 투표지가 다수 발견된 경우에는 경험칙상 다수의 선거인이 같은 기표소에 비치된 동일한 기표용구를 사용하여 기표하였을 개연성이 높으므로 유효로 판정한다.

반면에 이러한 기표문양의 투표지가 한두 장이 발견되더라도 해당 투표소의 투표록에 투표관리관이 기표소를 수시로 점검한 결과 기표용구의 ⓛ표 안이 메워진 기표용구를 발견하고 이를 교체하였다는 기록이 있다면, 이러한 투표지는 기표용구의 'ⓛ표 안이 메워진 것으로서 선거관리위원회의 기표용구를 사용하여 기표를 한 것이 명확한 것'으로 보아 유효표로 판정한다.

위 투표지는 개표소에서 논란이 제기되는 가장 대표적인 유형의 기표이다. 2 이상의 란에 기표한 것으로 볼 여지가 있기 때문이다. 실제 2018년 실시한 청양군의회의원선거에서 1표 차이로 당락이 엇갈렸을 때, 위와 같은 사례의 표를 유효로 볼 것인지가 가장 큰 쟁점이 되었다.

결론적으로 위의 투표지에 대한 대법원의 효력판단 기준을 적용하면 이것은 6번 후보에게 유효한 투표이다.[63] 비록 5번 후보의 기표란에 원형에 가까운 자국이 있지만, 6번 후보자란에 선명하게 기표한 것과 대비하여 볼 때 5번 후보자에게도 기표한 의사로 볼 수는 없기 때문이다.

여기에 적용되는 법리가 '인육으로 오손되거나 훼손되었으나 정규의 투표용지임이 명백하고 어느 후보자에게 기표한 것인지가 명확한 것'이다(공직선거법 §179④ 6.).

만일 6번 후보자란의 기표 문양이 흐리거나, 일부만 현출되는 등 선거인이 주저하거나 망설인 흔적이 보였다면 쉽사리 유효로 판단하기 어려웠을 것이다.

---

63) 대법원 2019. 4. 5. 선고 2019우5010 판결

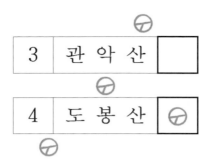

위 투표지를 얼핏 보면 어지럽게 기표가 되어 있어 일응 무효로 보인다. 그러나 4번 후보자에게 정확하게 기표된 외의 다른 기표는 어느 후보자의 란에도 접하지 않았으므로 이 표는 4번 후보자에게 유효한 투표이다.

이 경우에 적용되는 법리는 '후보자란 외에 추가 기표되었으나 추가 기표된 것이 어느 후보자에게도 기표한 것으로 볼 수 없는 것'이다(공직선거법 §179④ 3.).

과거에는 특정 후보자에게 정상적으로 기표한 후 투표지의 뒷면이나 앞면의 여백에 추가적으로 기표가 되어 있으면 무효로 보았다. 그러나 2005년 8월 4일 선거법 개정에 따라 특정 후보자에게 기표한 후 추가된 기표가 다른 후보자의 기호, 성명 또는 기표란에 접하지 않으면 해당 후보자에게 유효한 투표로 본다.

이는 투표지가 인육으로 오염되어 투표의 효력 판단이 어려워지는 점을 방지하기 위해 기표소에서 기표용 인주를 치우고 인주내장형 기표용구를 도입하면서 선거인들이 기표가 제대로 되는지 확인하기 위해 투표용지의 여백에 시험삼아 기표하는 사례가 많은 점을 고려하여 그러한 표를 유효로 판단하기 위한 것이다.

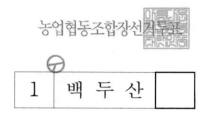

위 투표지도 다른 후보자란에 기표가 없다면 1번 후보자에게 유효한 투표이다. 기표 문양이 특정 후보자란에 접선만 되어도 해당 후보자의 유효표가 되기 때문이다.

판례는 투표지의 기표가 어느 후보자의 기표란 밖에 표시된 것이라 하더라도 그 기표의 외곽선이 오로지 특정 후보자의 기호란이나 성명란에만 접선되어 있는 것이라면 이는 그 접선된 후보자에게 기표한 것이 명확하다고 보았다.

다만, 이렇게 해석할 경우 첫 번째 기호의 후보자와 마지막 기호의 후보자가 유효로 판정받을 수 있는 기표의 범위가 넓어지는 결과를 초래하지만, 법원은 투표행위의 성질상 이로 인하여 각 후보자의 득표율이 영향을 받는다고 단정할 수 없다고 판시하였다.[64]

---

64) 대법원 1996. 9. 6. 선고 96우54 판결

위 투표지는 7번 후보자에게 명확하게 기표가 되어 있으나, 투표관리관의 도장이 누락된 경우 과연 그 투표지가 정규의 투표용지에 해당하는지 그리고 그 투표가 유효인지 여부의 문제이다.

투표관리관의 도장이 누락되어 있더라도 투표록에 그 사유가 기록되어 있거나, 투표록에 적혀 있지 않더라도 투표록의 투표용지 교부매수와 투표수를 비교하고 잔여투표용지와 절취된 일련번호지의 매수를 확인하여 투표관리관이 선거인에게 교부한 투표용지로 확인되는 경우 정규의 투표용지로 보아 유효한 투표로 판단한다(공직선거관리규칙 §100②).

투표소가 혼잡한 시간대에 종종 투표관리관이 도장 날인을 누락하는 사례가 있다. 투표관리관의 부주의로 인한 문제를 선량한 주권자에게 책임을 물어 그 표를 무효로 할 수는 없을 것이다.

위 투표지는 3번 후보의 기표가 2번 후보자란에 전사轉寫된 것으로서 어느 후보자에게 기표한 것인지가 명확한 것이므로 3번 후보자에게 유효한 투표이다. 기표한 직후 잉크가 채 증발되기 전에 강한 압력으로 투표지를 접는 경우 전사가 생긴다.

위 사례는 원래 기표와 전사된 부분의 농도가 달라 3번의 유효표라는 점이 명확하지만, 간혹 인주내장형 기표용구가 말썽을 부려 전사된 모양까지도 아주 진하게 표시되는 경우도 있다. 이

때 2 이상의 란에 기표를 한 것인지 아니면 전사된 것인지를 판단하기 위하여 기표용구의 원안에 나뭇가지 모양을 만들어 놓았다. 선거관리위원회 위원이나 직원들은 이러한 투표가 전사인지 아니면 2 이상의 란에 기표한 것인지 보면 알 수 있다.

라. 무효로 하는 투표

다음 중 어느 하나에 해당하는 투표는 무효로 한다(공직선거법 §179①).
① 정규의 투표용지를 사용하지 아니한 것
② 어느 란에도 표를 하지 아니한 것
③ 2란에 걸쳐서 표를 하거나 2 이상의 란에 표를 한 것
④ 어느 란에 표를 한 것인지 식별할 수 없는 것
⑤ ⑴ 표를 하지 아니하고 문자 또는 물형을 기입한 것
⑥ ⑴ 표 외에 다른 사항을 기입한 것
⑦ 선거관리위원회의 기표용구가 아닌 용구로 표를 한 것

마. 무효투표의 사례 예시

위 투표지는 둥근 모양이 드러나기는 하였지만, 선거관리위원회의 기표용구가 아닌 것으로 기표하였음이 명확하여 무효이다.

위 투표지는 2란에 걸쳐서 표를 한 거에 해당하여 무효이다. 등록된 후보자 수가 10명 이상인 경우 투표용지의 길이가 길어지므로 상하의 여백을 줄일 수밖에 없어 발생하는 무효표의 대표적 사례이다.

위 투표지는 서로 다른 후보자란에 2 이상의 기표를 한 것으로 무효이다. 기표는 기표란이나 성명란에 하여도 해당 후보자에게 기표를 한 것으로 본다.

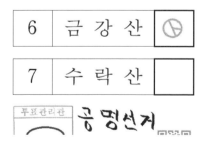

위 투표지는 정상적인 기표를 한 후 '공명선거'라는 말을 써 넣어서 무효가 된 경우이다. 투표지에는 아무리 신성한 언어를 기록하더라도 무효표의 운명으로부터 구원받지 못한다. 투표의 비밀이 침해되고 매수의 위험성이 있기 때문이다.

결국 선거에서 특정 선거인이 어떤 후보자에게 투표를 하였는지 적법하고 유효하게 증명할 수 있는 방법은 없다. 투표소에서 기표한 투표지를 공개하면 공개된 투표지로 처리되어 무효가 되고 투표간섭죄 또는 투표소 교란죄의 처벌이 기다린다. 매수의 대가로 특정 후보자에게 기표하고 그 사실을 은밀하게 알리기 위해 자신의 투표지에 글씨나 물형을 적어 넣은 경우 위의 사례처럼 무효가 된다.

위 투표지는 기표를 하지 않고 무인, 즉 손도장을 찍어 무효표가 된 사례이다. 만일, 2번 후보자란에 정상적인 기표용구에 의한 기표가 있었다면, 손도장 자국은 인육에 의해 오염된 것으로 보아 2번에 유효한 투표로 판단할 여지도 있다. 다만, 본 투표지는 다른 후보자란에 기표가 없는 것을 전제로 한다.

통합선거인명부를 활용하여 투표를 실시하는 경우 전자적 방식으로 서명 또는 날인하므로 투표지가 오염될 가능성이 낮다. 종이명부를 활용하여 투표하는 때에도 투표지가 도장밥으로 오염되지 않도록 투표용지 수령인란에 도장이나 지장을 찍는 대신 선거인에게 서명하도록 한다.

4. 개표참관과 관람방법

가. 개표참관인 선정·신고

후보자는 선거인 중에서 개표소마다 2명 이내의 개표참관인을 선정하여 선거일 전날까지 관할 선거관리위원회에 서면으로 신고해야 한다. 이 경우 투표참관인을 개표참관인으로 겸임하게 신고할 수 있다.

후보자 또는 후보자의 배우자와 해당 조합의 임직원은 개표참관인이 될 수 없으며, 후보자가 개표참관인 신고를 하지 않은 때에는 참관을 포기한 것으로 본다.

나. 후보자의 개표관람

후보자나 배우자가 개표참관인은 될 수 없더라도 관할 선거관리위원회가 발행한 관람증을 달고 개표소에 입장하여 개표상황을 관람할 수 있다. 개표소의 공간 사정에 따라 지정되는 위치가 달라지기는 하겠지만 별도 구획된 장소에서 개표상황을 지켜보면서 참관인과 소통할 수 있다.

조합장선거의 개표 소요시간은 선거인수와 투표율에 크게 의존하지만 다른 조건이 일정하다면 3~4시간 정도면 충분하다. 동시조합장선거에서 오후 5시에 투표를 마감하므로 통상 대부분의 개표는 저녁 10시 전에 종료된다.

다. 개표참관 요령

앞서 설명한 바와 같이 투표지분류기의 정확성은 이미 수많은 개표관리와 법원의 검증을 통하여 넉넉히 입증된 바와 같다. 투표지분류기는 결코 주사위 놀이를 하지 않는다. 한 번도 공정선거를 배반한 적이 없다. 다만, 투표지분류기가 재확인 대상 투표지로 분류한 것을 개표종사자가 효력을 판정한 투표지에서는 일부 오류가 발생한 사례가 있다.

투표의 효력에 관한 판단의 오류는 주로 투표 자체의 효력이 유효인지 무효인지에 관한 것이 대부분이다. 실제 선거쟁송이 제기되어 투표지에 대한 검증을 진행할 때 재확인 대상 투표지 중 당초 무효로 판단하였으나 검증에서는 유효로 판단하는 경우가 가끔 있고, 당초 유효로 판단하였으나 검증에서는 무효로 판정되는 예도 있다.

따라서 개표를 참관할 때에도 정확성을 의심할 필요가 없는 투표지분류기의 작동을 구경하는 것은 사실상 개표감시권을 포기하는 것과 다를 바 없다. 투표지분류기가 재확인 대상 투표지로 분류하여 사람에게 판단을 맡긴 투표지를 심사집계부에서 정확하게 처리하는지 눈여겨볼 일이다.

투표의 효력에 관한 심사집계부의 판정을 수긍하기 어려우면 관할 선거관리위원회 직원에게 이의를 신청하면 되고, 해당 투표지는 관할 선거관리위원회의 전체 회의에 부쳐 유효 또는 무효로 최종 운명이 결정된다. 투표지의 효력판단이 애매하다는 이유로 관할 선거관리위원회가 판정을 거부하거나 보류하는 사례는 없다.

개표참관인은 투표참관인과 달리 개표소 안을 자유롭게 순회하며 개표상황을 감시하고 촬영할 수 있다. 이제 투표가 완전 종료되었으므로 선거에 영향을 미칠 우려도 없으니 드레스코드에 제한도 없다.

그러나 개표의 진행에 지장을 주는 행위를 해서는 안 되며, 이의제기를 할 때에도 반드시 관할 선거관리위원회를 통해서 해야 한다(공직선거법 §181, 공직선거관리규칙 §102). 개표참관인에게 수당과 실비가 지급되는 점은 투표참관인과 동일하다.

5. 당선인 결정방법

위탁선거법에서 당선인 결정은 해당 법령이나 정관 등이 정하는 바에 따른다(§56). 농협법·수협법 및 산림조합법에 따른 조합장 선거에서 유효투표의 최다득표자를 당선인으로 결정하는 단순다수제를 적용하고 있다. 이 경우 최다득표자가 2명 이상이면 연장자를 당선인으로 결정한다.[65]

후보자등록마감시각에 등록된 후보자가 1명이거나 후보자등록마감 후 선거일의 투표마감시각까지 후보자가 사퇴 또는 사망하거나 등록이 무효로 되어 후보자수가 1명이 된 때에는 투표를 실시하지 않고 선거일에 그 후보자를 당선인으로 결정한다.[66]

---

[65] 농협법 제41조·제107조·제112조, 수협 임원선거규정 제93조제1항, 산림조합 임원선거규약 제42조제1항 참조.
[66] 지역농협 정관례 제86조제2항, 지역축협 정관례 제86조제2항, 품목조합 정관례 제84조제2항, 수협 임원선거규정 제93조제3항, 산림조합 임원선거규약 제42조제2항 참조.

6. 투표지 보관과 증거보전 신청

　개표가 끝난 때에는 투표소별 또는 조합별 개표한 투표지를 유효·무효로 구분하고, 유효투표지는 다시 후보자별로 구분하여 각각 포장한 후 관할 선거관리위원회 위원장이 봉인한다. 실무적으로는 투표지 관리상자와 봉인용 테이프를 활용하여 개표가 끝난 투표지를 효율적으로 관리한다.

　봉인된 투표지는 선거쟁송이 제기되어 권한 있는 기관이 검증하는 경우를 제외하고는 누구도 열어보지 못한다. 관할 선거관리위원회 위원이나 직원도 법령에 의하지 않고는 열지 못한다. 선거결과에 이의가 있어 당선무효나 선거무효 쟁송을 제기할 경우 법원에 증거보전 신청을 하려는 때에 가장 중요한 목적물이 바로 이 투표지다. 증거보전이 집행되면 투표지는 이제 선거쟁송이 종결될 때까지 법원의 관리하에 놓이게 된다.

　투표지 등 선거에 관한 서류는 당선인의 임기중 보관하되, 선거에 관한 쟁송이 제기되지 않거나 종결된 때에는 관할 선거관리위원회의 결정으로 폐기할 수 있다(위탁선거법 §50, 위탁선거규칙 §30).

총회 · 대의원회 조합장 선출의 특례

1. 총회 · 대의원회의 조합장 선출방법 개요

지역농협 · 지역축협 및 품목조합의 조합장은 자산규모와 무관하게[67] 조합원 중에서 정관으로 정하는 바에 따라 다음 중 어느 하나의 방법으로 선출한다(농협법 §45⑤ · §107① · §112①).

① 조합원이 총회 또는 총회 외에서 투표로 직접 선출

② 대의원회가 선출

③ 이사회가 이사 중에서 선출

이는 수협법에 따른 지구별수협 · 업종별수협 및 가공수협의 조합장선거에도 동일하게 적용된다.[68] 다만, 산림조합법에 따른 조합장선거에서는 ①과 ②의 방법만을 적용하고 ③의 이사회가 선출하는 방식은 적용하지 않는다.[69] 이사회에서 조합장을 선출

---

[67] 조합장선거처럼 위탁선거법이 전면 적용되는 새마을금고 이사장선거의 경우에는 자산규모 2,000억원 이상의 금고에만 직선제가 의무화되었다. 반면, 신용협동조합 이사장선거의 경우 그 기준이 1,000억원으로 완화된다.

[68] 수협법 제46조제3항 · 제108조 · 제113조 참조.

하는 경우 관할 선거관리위원회의 위탁관리 대상도 아니다.

동시조합장선거에서 총회나 대의원회의 방법으로 조합장을 선출하는 경우 선거일정만 같을 뿐, 조합별로 작성된 종이명부에 따라 해당 조합의 선거인만 참여하여 투표를 실시하고, 투표를 종료한 후에는 집회현장에서 개표를 진행한다.

이 경우 집회를 활용한 선출방식에 어울리도록 선거운동 방법도 조정된다. 예컨대, 조합원 총회의 방법으로 조합장을 선출하는 경우에는 다양한 방법의 선거운동이 허용되지만, 대의원회의 방법으로 조합장을 선출하는 경우에는 선거운동 방법이 엄격히 제한된다.

참고적으로 2023년 3월 8일 실시한 제3회 동시조합장선거에서 당초 총회 또는 대의원회의 방법으로 조합장을 선출하도록 예정된 조합은 전체 1,347개 조합 중 2.3%에 해당하는 31개 조합이었으나, 이 중 13개 조합에서 무투표가 확정됨에 따라 나머지 18개 조합이 대의원회의 방식으로 조합장을 선출한 바 있다.[70]

2. 투표와 개표방법의 특례

가. 선거인명부 또는 대의원명부 작성

총회의 방법으로 조합장을 선출하는 때에는 조합별로 선거인명부를 작성한다. 통합선거인명부를 활용하지 않기 때문이다.[71]

---

69) 산림조합법 제35조제4항 참조.

70) 중앙선거관리위원회 2023. 8. 앞의 책 72쪽 참조.

71) 위탁선거법 제53조제1항제1호 참조. 2024년 1월 30일 해당 조항의 개정에 따라

대의원회에서 조합장을 선출하는 경우에도 조합별로 대의원명부를 작성하고 그 명부는 선거인명부와 동일하게 조합원들의 열람과 이의신청 절차를 거쳐 확정된다(위탁선거법 §15~§17).

나. 전용투표소 설치·운영

동시조합장선거를 실시하는 때에는 읍·면·동마다 1개소씩 투표소를 설치·운영해야 하지만, 총회 또는 대의원회에서 조합장을 선출하는 경우에는 이와 별도로 해당 조합의 선거인이 투표하기 편리한 곳에 1개의 투표소를 설치해야 한다(위탁선거법 §53① 2.). 집회장소의 일부 공간에 투표소를 설치하면 무난할 것이다.

동시조합장선거의 투표시간은 오전 7시부터 오후 5시까지이지만, 총회 또는 대의원회에서 조합장을 선출하는 경우에는 관할 선거관리위원회와 해당 조합이 협의하여 투표시간을 정할 수 있다. 후보자 소견발표회를 종료하고 투표를 개시하기 위함이다.

다만, 투표마감시각은 오후 5시까지로 법정되어 있으므로 협의 대상도 아니고 변경할 수도 없다(위탁선거법 §53① 4.). 오후 5시까지 투표를 모두 마치지 못한 경우 대기하는 선거인에게는 번호표를 부여하여 투표하게 한 후에 닫는다(위탁선거법 §44②).

다. 집회장소 투표와 현장 개표

총회 또는 대의원회에서 조합장을 선출하는 경우 투표소에 통합선거인명부 조회시스템을 구축하지 않으므로 해당 조합의 선

종전의 입법오류가 깔끔하게 해소되었다.

거인들은 집회 장소에 설치된 투표소에서만 투표할 수 있다(위탁
선거법 §53① 3.). 따라서 집회 장소에 설치된 투표소는 해당 조합
의 전용투표소가 되어 다른 조합의 선거인은 투표할 수 없는 반
면, 다른 조합에 중복 가입된 해당 조합의 선거인은 통합선거인
명부가 설치된 일반투표소에 가서 따로 투표해야 하는 불편을 감
수해야 한다.

투표를 종료한 후 해당 투표소의 투표함은 현장에서 개표한
다. 개표관리를 지정받은 대행위원회 또는 책임사무원은 개표상
황표를 작성하여 관할 선거관리위원회에 FAX로 송부하고, 해당
선거관리위원회는 후보자별 득표수를 공표한다(위탁선거법 §47
④). 물론 당선인 결정도 관할 선거관리위원회의 몫이다.

개표가 종료된 후 책임사무원은 개표상황표 원본과 투표지·
투표함·투표록, 그 밖의 투표와 개표에 관한 모든 서류를 관할
선거관리위원회에 송부해야 한다(위탁선거규칙 §28).

3. 선거운동 방법의 특례

총회의 방법으로 조합장을 선출하는 경우 그 후보자와 예비
후보자에게는 위탁선거법에 규정된 모든 방법의 선거운동이 허용
된다(위탁선거법 §24③ 2.). 선거인이 전체 조합원으로 다수이기
때문이다. 선거운동기간 중 명함을 배부하며 지지를 호소하거나,
어깨띠와 소품을 활용하여 선거운동을 할 수도 있다. 선거 당일
에는 관할 선거관리위원회의 주관으로 후보자 소견발표회가 개최
되고, 미리 첩부장소로 지정한 경우에는 총회 장소에 후보자의

선거벽보를 첨부할 수도 있을 것이다.

반면에 대의원회의 방식으로 조합장을 선출하는 경우 그 후보자와 예비후보자에게는 위탁선거법에서 규정된 선거운동 방법 중 일부의 선거운동만이 허용된다(위탁선거법 §24③ 3.).

예컨대, 대의원들에게 선거공보를 우송하고, 선거일에 후보자 소견발표회를 개최하며, 전화와 SNS 등 정보통신망을 활용한 선거운동과 조합의 공개행사에서 정책발표는 제한되지 않는다. 그러나 어깨띠 등 소품을 활용한 선거운동은 물론, 공개된 장소에서 명함을 배부하면서 지지를 호소하거나, 선거벽보를 첨부하는 방법의 선거운동은 금지된다.

4. 후보자 소견발표회 개최

가. 소견발표회 개최요건

후보자 소견발표회는 선거일에 총회 또는 대의원회 등 집회의 방법으로 조합장을 선출하는 경우를 전제로 인정되는 선거운동 방법이다(위탁선거법 §30의2① 전단). 관할 선거관리위원회는 소견발표회의 개시시각·장소 및 발표시간을 정한 후 투표소의 명칭과 소재지를 공고할 때 이를 함께 공고해야 한다. 소견발표회의 일시 또는 장소를 변경한 때에는 지체 없이 그 사실을 공고하고 후보자와 해당 조합에 통지한다(위탁선거규칙 §15의2①).

참고적으로 조합의 일반 임원선거에서는 합동연설회 또는 공개토론회도 허용된다. 합동연설회는 후보자마다 30분의 범위에서 연설시간을 균등하게 배정하여 실시하고, 공개토론회는 후보자가 사회자의 주관하에 조합운영에 관한 소견을 발표하거나 사회자를 통하여 참석자의 질문에 답변하는 방식으로 진행한다.[72]

나. 소견발표회 진행방법

투표관리관 또는 투표관리관이 지정하는 사람은 투표를 개시하기 전 집회장소에서 선거인에게 기호순에 따라 각 후보자를 소개하고 후보자로 하여금 조합 운영에 관한 자신의 소견을 발표하게 한다. 이 경우 발표시간은 후보자마다 10분의 범위에서 동일하게 배정해야 하며(위탁선거법 §30의2①), 후보자가 자신의 순서까지 소견발표회장에 도착하지 않은 때에는 소견발표를 포기한 것으로 본다(위탁선거법 §30의2②).

투표관리관이 후보자를 소개하는 때에는 해당 후보자의 소견발표 순서에 따라 그 기호·성명 및 경력을 소개하는 방법으로 한다. 이 경우 경력의 소개는 후보자등록신청서에 기재된 내용에 따른다(위탁선거규칙 §15의2④). 투표관리관이 후보자를 소개할 사람을 지정하는 경우에는 조합의 임직원이 아닌 사람 중에서 공정한 사람을 선정해야 한다(위탁선거규칙 §15의2③).

투표관리관 등은 후보자가 허위사실을 공표하거나 다른 후보자 등을 비방하는 발언을 하는 때에는 중지를 명해야 하고 후보자가 이에 따르지 않는 경우에는 소견발표를 중지시키는 등 필요한 조치를 취해야 한다(위탁선거법 §30의2③).

---

72) 농협법 제50조제4항제3호, 수협법 제53조제8항제4호, 산림조합법 제40조제8항제4호, 농협법 시행규칙 제8조의2제1항 및 별표 등 참조.

다. 소견발표회장 질서유지

후보자가 소견발표를 하는 장소에는 특정 후보자를 지지·추천하거나 반대하는 내용의 시설물·인쇄물 그 밖의 선전물을 설치·게시 또는 첩부할 수 없다(위탁선거규칙 §15의2⑤).

여기에서 특히 유의할 사항은 선거 당일에는 후보자 소견발표를 제외한 일체의 선거운동이 금지되므로, 소견발표회장에서 명함을 배부하거나 지지를 호소하는 행위는 모두 위탁선거법에 위반된다는 점이다(위탁선거법 §24② · §66 1.). 직접 통화는 물론 문자메시지나 SNS의 방법에 의한 선거운동도 당연히 금지된다. 투표관리관 등은 소견발표회 장소에서 후보자가 소견을 발표하는 것을 방해하거나 질서를 문란하게 하는 사람이 있으면 이를 제지하고, 그 명령에 불응하는 때에는 소견발표회장 밖으로 퇴장시킬 수 있다(위탁선거법 §30의2④).

5. 결선투표의 요건과 실시 방법

위탁선거법은 결선투표의 실시 여부에 관하여 해당 법령이나 정관 또는 규약이 정하는 바에 따르도록 규정하고 있다(§52①).

농협법에 따른 지역농협·지역축협·품목조합의 조합장을 대의원회에서 선출하는 경우 과반수 득표자가 없는 때에는 최다득표자와 차순위득표자에 대하여, 최다득표자가 2인 이상이면 그 최다득표자들에 대하여 결선투표를 실시하고 다수득표자를 당선인으로 결정한다. 이 경우 다수득표자가 2인 이상인 때에는 연장

자를 당선인으로 결정한다.[73]

수협법에 따른 지구별수협·업종별수협 및 가공수협의 조합장을 대의원회 또는 총회에서 투표로 직접 선출하는 경우에도 결선투표를 실시하되, 그 요건과 당선인 결정방법은 농협법에 따른 조합장선거의 결선투표와 사실상 동일하다.[74]

산림조합법에 따른 조합장을 총회 또는 대의원회에서 선출하는 경우 과반수 득표자가 없는 때에 결선투표를 실시하는 점은 다른 조합장선거의 예와 같다. 다만, 결선투표에서도 다수득표자가 2인 이상인 경우 연장자를 당선인으로 결정하지 않고 계속 투표를 실시하여 다수득표자를 당선인으로 결정한다.[75]

따라서 다수의 선거인이 참여하는 총회의 방법으로 산림조합장을 선출하는 경우 결선투표 후 다시 투표를 실시할 개연성은 높지 않지만, 소수의 선거인이 참여하는 대의원회의 방법으로 산림조합의 조합장을 선출하는 경우 결선투표에서 재투표를 실시할 가능성은 배제하기 어렵다.

한편, 위탁선거법은 동시조합장선거를 실시하는 경우 총회 또는 대의원회의 방법으로 조합장을 선출하는 때에는 해당 선거일에 결선투표를 실시하도록 강행규정을 두고 있다(§53① 5.).[76] 결선투표에는 특별한 사정이 없는 한 당초 투표에 사용된 선거인명부를 사용해야 한다(위탁선거법 §52③).

---

73) 지역농협 정관례 제95조제2항, 지역축협 정관례 제95조제2항, 품목조합 정관례 제93조제2항 참조.
74) 수협 임원선거규정 제93조제2항 참조.
75) 산림조합 임원선거규약 제52조 및 제80조 참조.
76) 동시조합장선거가 아닌 경우 결선투표일은 관할 선거관리위원회가 해당 조합과 협의하여 따로 정할 수 있다. 위탁선거법 제52조제2항 참조.

　결선투표를 실시하는 경우 실무상 최고의 어려움은 투표용지의 제작에 관한 것이다. 총회 또는 대의원회에서 투표를 실시한 후 개표가 끝날 때까지 선거인들이 대기하였다가 과반수 득표자가 없으면 곧이어 결선투표를 실시해야 하기 때문이다.

　투표용지는 부정작성을 방지하기 위하여 일련번호를 인쇄하고 관할 선거관리위원회의 청인을 날인해야 하므로, 결선투표의 투표용지는 현장에서 투표용지 발급기로 출력하는 방법이 유일한 해결책으로 보인다.

재선거 · 보궐선거 · 합병선거 · 설립선거

1. 재선거의 사유와 선거 절차

가. 조합장선거의 재선거 사유

농협법에 따른 지역농협·지역축협 및 품목조합의 정관례에
서는 다음 중 어느 하나에 해당하는 경우 재선거를 실시하도록
규정하고 있다.[77]

① 선거결과 당선인이 없는 때

② 법 제33조에[78] 따라 당선이 취소 또는 무효로 된 때

③ 법 제173조 또는 위탁선거법에 따라 당선이 무효로 된 때

④ 선거의 전부무효판결이 있는 때

---

77) 지역농협 정관례 제87조제1항, 지역축협 정관례 제87조제1항, 품목조합 정관례
제85조제1항 참조.

78) 농협법 제33조제1항에서는 임원선거가 법령, 법령에 따른 행정처분 또는 정관을
위반한 것을 사유로 하여 조합원은 그 의결이나 선거에 따른 당선의 취소 또는
무효 확인을 농림축산식품부장관에게 청구하거나 법원에 소(訴)를 제기할 수 있도
록 규정하고 있다.

⑤ 당선인이 임기개시 전에 사퇴 또는 사망하거나 피선거권
이 없게 된 때

수협의 임원선거규정과 산림조합의 임원선거규약도 대체적
으로 농협법과 동일하거나 유사한 내용을 담고 있다.[79]

한편, 조합의 정관 등에서는 선거의 일부무효 판결이 확정된
때에는 해당 투표소의 재투표를 실시한 후 당선인을 결정하도록
규정하고 있다.[80] 그러나 동시선거에서는 선거인이 구·시·군안
에 설치된 어느 투표소에서나 자유롭게 투표하였으므로, 투표소
별로 재투표 대상 선거인을 특정할 수 없어 선거의 일부무효 청
구는 권리보호의 이익이 인정되기 어려울 것으로 보인다.

나. 재선거의 절차

위탁선거법은 조합장선거의 재선거 절차에 관하여 특별하게
규정한 바가 없다. 단지, 재선거의 실시사유가 발생한 날부터 5일
까지 위탁관리를 신청하도록 규정하고 있을 뿐이다(§8).

농협법에 따른 지역농협·지역축협 및 품목조합의 정관례에
서 재선거와 보궐선거는 그 사유가 발생한 날부터 30일 이내 실
시한다고 규정하고 있으나,[81] 재선거의 관리절차나 방법에 관하
여 특별히 정한 바가 없으므로 조합장선거의 재선거는 위탁선거
법에서 개별적으로 실시하는 선거의 일반적인 절차와 해당 조합
의 정관이 정한 바에 따라야 할 것이다.

---

79) 수협 임원선거규정 제96조, 산림조합 임원선거규약 제43조제2항 참조.
80) 지역농협 정관례 제88조, 지역축협 정관례 제88조, 품목조합 정관례 제86조, 수
협 임원선거규정 99조, 산림조합 임원선거규약 제44조 참조.
81) 지역농협·지역축협·품목조합의 각 정관례 제65조제2항 참조.

2. 보궐선거 · 합병선거 · 설립선거의 요건과 절차

농협법에 따른 지역농협 · 지역축협 및 품목조합의 조합장이 임기 중 사퇴, 사망 등으로 궐위되면 보궐선거를 실시해야 한다. 다만, 보궐선거의 실시사유가 발생한 날부터 임기만료일까지의 기간이 1년 미만인 경우에는 해당 보궐선거를 실시하지 않는다.[82] 보궐선거로 선출된 조합장의 임기도 재선거로 선출된 조합장의 예와 같이 전임자의 남은 기간으로 한다.

수협법에 따른 조합장선거도 이와 동일한 내용을 규정하고 있다.[83] 한편, 보궐선거, 조합의 합병 또는 신규설립에 따른 선거의 절차와 방법은 재선거의 그것과 동일하다.

3. 재선거 · 보궐선거 · 합병선거 · 설립선거의 특례

가. 재선거 · 보궐선거의 피선거권 제한

지역농협 · 지역축협 및 품목조합의 조합장선거에서 당선인의 배우자나 직계존비속이 해당 선거에서 위탁선거법에 따른 매수죄나 기부행위 위반죄를 범하여 징역형 또는 300만원 이상의 벌금형을 선고받아 당선이 무효로 된 사람은 그로 인하여 실시하는 재선거의 후보자가 될 수 없다(농협법 §173② 1.).

---

82) 농협법 부칙(법률 제10522호, 2011. 3. 31.) 제11조제3항 참조.
83) 수협법 부칙(법률 제19135호, 2022. 12. 27.) 제6조제4항, 산림조합법 부칙(법률 제19489호, 2023. 6. 20.) 제4조제3항 참조.

당선인의 배우자나 직계존비속이 해당 범죄로 기소된 후 확정판결 전에 당선인이 사직함에 따라 실시되는 보궐선거에서도 해당 당선인은 후보자가 될 수 없다. 피선거권 제한을 회피하기 위한 꼼수 사직을 방지하기 위한 것이다(농협법 §173② 1.).

아울러 농협법에 따른 조합장선거에서 낙선자의 배우자나 직계존비속이 해당 선거에서 위탁선거법에 따른 매수죄나 기부행위 위반죄를 범하여 징역형 또는 300만원 이상의 벌금형을 선고받은 경우 해당 낙선자도 당선무효를 원인으로 실시되는 재선거 또는 보궐선거에서 후보자가 될 수 없다(농협법 §173② 2.).

동일한 법익침해 행위에 대하여 당선이 무효로 된 사람과 낙선자간 피선거권 제한에 형평을 기하기 위함이다. 이와 같이 후보자 가족의 중대한 선거범죄에 따른 피선거권 제한은 수협법과 산림조합법에서도 동일하게 규정하고 있다.[84]

나. 동시선거 이탈 조합장선거의 당선인 임기

농협법에 따른 지역농협·지역축협 및 품목조합이 합병을 추진하거나 거대 금융사고 등의 사유로 동시조합장선거에 참여하지 못한 조합의 경우 그 장애요인이 해소된 후에 개별적으로 실시하는 선거, 즉 연기된 조합장선거에서 당선된 사람의 임기는 당초 동시조합장선거에서 선출하지 못한 조합장 임기의 남은 기간으로 한다.[85] 차기 동시조합장선거에 합류하기 위함이다.

이 경우에도 당초 선출하지 못한 조합장 임기의 남은 기간이

---

84) 수협법 제179조제2항, 산림조합법 제133조제2항 참조.
85) 농협법 부칙(법률 제10522호, 2011. 3. 31.) 제11조제7항 참조.

1년 미만인 때에는 재선거 또는 보궐선거의 예와 같이 해당 조합
장선거를 실시하지 않는다.

다. 신설·합병 조합장선거의 당선인 임기

농협법·수협법 및 산림조합법에 따른 조합으로서 다음 중
어느 하나에 해당하는 조합에서 임기만료 선거, 재선거 또는 보
궐선거로 선출된 조합장의 임기는 그 임기개시일부터 동시선거
임기만료일까지의 기간이 2년 이상인 때에는 해당 동시선거의 임
기만료일까지로 하고, 그 기간이 2년 미만인 경우에는 차기 동시
선거의 임기만료일까지로 한다.[86]

① 새로 설립하는 조합

② 합병으로 설립되어 조합장의 임기가 단축된[87] 조합

③ 그 밖에 조합장의 임기만료일이 동시선거 임기만료일과
일치하지 않는 조합

---

86) 농협법 부칙(법률 제10522호, 2011. 3. 31.) 제11조제8항. 수협법 부칙(법률 제
11320호, 2012. 2. 17.) 제6조제7항, 산림조합법 부칙(법률 제13139호, 2015. 2. 3.)
제2조제1항 참조.

87) 조합의 합병 당시 조합장의 임기는 합병에 따른 설립등기일부터 2년으로 한다.
농협법 제75조의2제1항, 수협법 제50조제3항, 산림조합법 제61조의2제1항 참조.

제3장

선거운동의 정의와
허용된 방법

　선거운동은 표현의 자유의 일환이므로 원칙적으로 자유롭게 허용함이 마땅하다. 선거운동의 자유는 주관적 권리의 측면도 있지만 후보자 선택에 필요한 정보의 제공이라는 객관적 질서로서의 의미도 크다.

　농협법·수협법 및 산림조합법에서도 조합의 임원선거에서 선거운동의 주체·시기·방법 등에 관한 사항을 각각 규율하고 있으나, 조합장선거에는 위탁선거법의 선거운동에 관한 규정이 우선하여 적용된다.

　이 장에서는 선거운동의 주요 개념을 알아본 후 조합장선거에서 허용된 선거운동의 구체적인 방법과 한계에 관하여 살펴보기로 한다.

피선거권의 규정형식과 관련 규범

1. 선거운동 정의규정의 의의

선거운동에 관한 정의는1) 위탁선거법은 물론 선거 관계법 전체를 관철하는 핵심 개념으로서, 선거운동이 성립됨을 전제로 적용되는 주체·방법·시기 등 각종 제한·금지 규정은 물론이고 벌칙 중 형벌의 구성요건에서도 가장 핵심적 부분을 점유한다.

따라서 위탁선거법 등 선거 관계법에서 죄형법정주의에서 파생되는 명확성의 원칙에 따라 어떠한 행위가 선거운동에 해당하는지를 수범자受範者가 쉽게 이해할 수 있도록 선거운동의 의미를 명확히 정의할 필요가 있다.

선거의 과열을 방지하고 후보자간 기회균등을 확보하기 위해서는 선거운동에 대한 규제가 필연적이고, 각 선거 관계법에서는

---

1) 입법기술적으로 정의규정을 두는 이유는 법령문에 쓰는 중요한 용어이거나, 해당 법률에서 언어의 통상적인 의미와 다소 다르게 쓰이거나, 의미를 확실히 하여 법령의 적용과 해석상의 의문을 제거하기 위한 것이 주된 목적이다.

이를 위반한 행위에 대하여 벌칙을 둔다. 그 선결문제가 되는 부분이 바로 어떠한 행위가 선거운동에 해당하고 또 어떤 행위는 선거운동에 해당하지 않는지에 관한 판단이다.

선거운동에 대한 규제의 핵심 내용은 주체와 신분에 대한 규제, 방법에 대한 규제, 시기에 대한 규제, 비용과 장소에 관한 규제 및 내용에 관한 규제로 정리할 수 있을 것이다.

만일 일정한 의사표현이 선거운동에 해당한다면, 임직원 등 선거 중립의무가 부과된 사람의 행위는 주체의 위반이 성립할 것이고, 광고를 이용한 행위라면 방법의 위반이 성립되며, 선거운동기간 전의 행위라면 시기의 위반, 즉 사전선거운동이 성립될 것이다.

아울러 투표소에서 이루어진 행위라면 장소의 위반이 성립될 것이고, 선거비용제한액을 두고 있는 경우라면 선거운동에 소요되는 비용은 선거비용에 산입되므로 선거비용제한액을 통제하는 총량규제가 적용될 것이다.

반대로 특정한 의사표현이 선거운동에 해당하지 않는다면, 공중의 안전 또는 도시의 미관풍취美觀風趣를 해치거나 다른 사람의 권리를 침해하지 않는 한 원칙적으로 누구든지 언제든지 가능한 행위가 되어 국민의 기본권인 표현의 자유로 보장된다.

그러므로 선거운동의 개념을 포괄적으로 정의할수록 가벌성의 범위가 확장되어 표현의 자유는 위축되고, 선거운동의 개념을 엄격하고 협소하게 정의할수록 가벌성의 범위는 축소되어 표현의 자유가 보장될 수 있을 것이다. 이러한 측면에서 선거운동에 관한 적절하고 명확한 법률적 정의의 필요성이 인정된다.

그러나 미국 연방대법원이 공인公人이나 음란淫亂에 대한 정의에서 그렇게 고민하였듯, 선거운동에 대한 정의도 해파리를 콘 크리트 벽에 못 박아 걸어두는 것만큼이나 어렵다. 선거운동의 개념을 아무리 정교하고 치밀하게 정의하더라도 항시 예외가 발 생하기 때문이다. 그럼에도 불구하고 선거운동의 개념을 더욱 엄 격히 파악하여 가벌성의 범위를 축소하고 표현의 자유를 보장하 려는 시대정신의 큰 흐름에는 상당한 일관성이 있다.

2. 조합법과 위탁선거법의 선거운동 정의

가. 선거운동에 관한 법률의 정의규정

위탁선거법은 선거운동의 개념을 '당선되거나 되게 하거나 되지 못하게 하기 위한 행위'로 정의하면서, 선거에 관한 단순한 의견개진 및 의사표시, 입후보와 선거운동을 위한 준비행위는 선 거운동으로 보지 않도록 규정하고 있다(§23). 이는 공직선거법의 선거운동에 관한 정의와 크게 다르지 않다(§58①).

농협법·수협법·산림조합 등 조합법령에서는 선거운동에 대 한 정의규정을 두지 아니한 채 임원선거에서 선거운동을 할 수 있는 사람, 선거운동 방법, 선거운동을 할 수 있는 기간을 정하여 두고 이를 위반한 사람에 대하여 형벌을 규정하고 있다.[2]

아마도 입법권자는 농협법·수협법 및 산림조합법에서 선거 운동에 대한 정의규정을 따로 두지 않더라도 위탁선거법이나 공 직선거법의 선거운동에 관한 정의를 원용한다면 조합장선거의 관

---

2) 농협법 제50조·제107조제1항·제112조제1항 및 제172조, 수협법 제53조·제108 조·제113조 및 제178조, 산림조합법 제40조 및 제132조 참조.

리집행에 어려움이 없을 것으로 판단한 듯하다.

한편, 농협법에 따른 지역농협·지역축협·품목조합의 정관례에서는 선거운동의 개념을 '누구든지 자기 또는 특정인을 조합의 임원으로 당선되게 하거나 또는 되지 못하게 하기 위한 행위'로 정의하면서 선거에 관한 단순한 의견개진과 의사표시, 입후보와 선거운동을 위한 준비행위는 선거운동으로 보지 않도록 규정하고 있다.3) 수협의 임원선거규정과 산림조합의 임원선거규약도4) 이와 유사한 내용을 담고 있다.

결국 공직선거법에 따른 선거운동의 정의, 위탁선거법에 따른 선거운동의 정의, 그리고 농협법·수협법·산림조합법에 따른 각 조합 정관례의 선거운동에 관한 정의에 실질적인 의미의 차이는 보이지 않는다. 판례도 공직선거법과 위탁선거법의 선거운동 개념에 차이가 없음을 확인하고 있으므로,5) 조합장선거에서 선거운동 개념의 불명확성으로 인한 혼란이나 어려움은 없다.

나. 선거운동으로 보지 않는 규정의 취지

위탁선거법은 선거에 관한 단순한 의견개진과 의사표시, 입후보와 선거운동을 위한 준비행위는 선거운동으로 보지 않는다. 공직선거법의 선거운동 정의규정과6) 그 형식 및 내용이 유사하다.

단순한 의견개진 및 의사표시, 입후보와 선거운동을 위한 준비행위는 문리해석상 선거운동의 정의에 포함될 소지가 있으나,

---

3) 지역농협·지역축협 정관례 각 제77조, 품목조합 정관례 제75조 참조.
4) 수협 임원선거규정 제33조, 산림조합 임원선거규약 16조 참조.
5) 대법원 2017. 3. 22. 선고 2016도16314 판결
6) 공직선거법 제58조제1항 참조.

그 행위의 성격상 선거운동으로 포섭하여 규제하는 것이 타당하지 않은 행위를 명시적으로 열거하여 입법정책적으로 선거운동의 규제대상에서 배제한 취지로 보인다.

한편, 의례적·사교적 행위와 직무상·업무상 행위는 해석상 당연히 선거운동이 아니므로, 위탁선거법이든 공직선거법이든 굳이 법률에 선거운동이 아닌 행위로 열거할 필요가 없다.[7] 이러한 행위에 해당하는지는 행위자와 상대방의 관계, 행위의 동기, 방법, 내용과 태양 등 제반 사정을 종합하여 사회통념에 비추어 판단한다.

3. 선거운동의 정의에 관한 법률과 판례의 차이

대법원은 위탁선거법의 선거운동을 "선거에서의 당선 또는 낙선을 위하여 필요하고도 유리한 모든 행위로서 당선 또는 낙선을 도모한다는 목적의사가 객관적으로 인정될 수 있는 능동적·계획적인 행위"로 판시한 바 있다.[8]

구체적으로 어떠한 행위가 실제 선거운동에 해당하는지는 단순히 그 행위의 명목뿐만 아니라 행위의 태양, 즉 그 행위가 행하여지는 시기·장소·방법 등을 종합적으로 관찰하여 그것이 특정 후보자의 당선 또는 낙선을 도모하는 목적의지를 수반하는 행위인지를 선거인의 관점에서 객관적으로 판단해야 한다.

---

7) 대법원 2001. 6. 29. 선고 2001도2268 판결, 대법원 2005. 8. 19. 선고 2005도2245 판결
8) 대법원 2017. 3. 22. 선고 2016도16314 판결

대법원의 해당 판례는 공직선거법상 선거운동의 법리가 위탁선거법에도 동일하게 적용된다는 것을 명확하게 밝혔다는 점에 큰 의의가 있다. 다만, 공직선거의 선거인은 불특정 다수임에 비하여 위탁선거법이 적용되는 공공단체의 선거인은 상대적으로 소수인 점을 고려하여 선거인의 관점을 파악할 필요가 있다고 본다.

공직선거법의 선거운동 정의규정에 대한 대법원의 판단과 마찬가지로 위탁선거법의 선거운동 정의규정에 대한 대법원의 판단도 국민들의 표현의 자유 보장에 커다란 의미를 가진다.

법률상 선거운동은 '당선되거나 되게 하거나 되지 못하게 하기 위한 행위'이므로, 이렇듯 광범위하고 포괄적이며 모호한 정의에 따를 경우 국민의 일상적 활동이나 의례적 행위 심지어 생명유지 활동조차 선거운동의 개념에 포섭되어 규제대상이 될 수 있는 문제점이 있기 때문이다.

대법원의 판결은 이러한 위험성을 제거하기 위하여 선거운동에 대한 법률상 정의를 구체화하여 '당선 또는 낙선의 목적의사가 객관적으로 인정될 수 있는 능동적·계획적 행위'라는 요소를 부가함으로써 각종 규제와 형벌이 적용되는 가벌성의 요건으로서 선거운동의 개념을 명확하게 확정하고 그 자의적 확장을 경계한다.

아울러 당선 또는 낙선의 목적의사가 있었는지는 행위 주체의 내부의사가 아니라 선거인의 관점에서 특정 선거에서 당락을 도모하는 행위임을 명백히 인식할 만한 객관적인 사정에 근거하여 판단하도록 함으로써[9] 선거운동에 대한 판단기준을 엄격하게 제시한 점에도 큰 의의가 있다.

이는 당선 또는 낙선의 목적의사를 판단하기 위한 보다 합리적 기준으로 선거인의 객관적 관점을 요구함으로써 표현의 자유에서 강조하는 소위 "숨 쉴 공간"을 열어준 것으로 평가할 수 있다.

성문법규의 명시적 정의규정과 다소 그 결을 달리하는 판단이지만, 선거운동의 개념에 대한 이러한 해석은 대법원과 헌법재판소의 일치된 견해이고, 선거법을 집행하는 중앙선거관리위원회도 이를 원용하고 있다.

입법권자는 그동안 지속적으로 선거운동의 자유를 확대하는 방향으로 입법개선을 이루어 왔지만, 현실적으로 정치활동과 선거참여의 영역에서 표현의 자유의 확장은 선거운동의 정의에 관한 법원의 엄격한 해석에도 힘입은 바가 크다. 선거운동의 개념과 정의에 관한 법원의 판례는 일관되게 국민들의 표현의 자유를 확대하는 방향으로 형성·변화되어 왔기 때문이다.

---

9) 대법원 2016. 8. 26. 선고 2015도11812 전원합의체 판결

선거운동으로 보지 않는 행위

1. 선거에 관한 단순한 의사표시

가. 단순한 의사표시의 의미와 판단기준

선거에 관한 단순한 의견개진이나 의사표시는 그 행위에 선거운동의 핵심적 징표인 능동적·계획적 요소가 없어 선거운동이 아니다. 어떠한 행위가 선거에 관한 단순한 의견개진 또는 의사표시인지 아니면 선거운동에 해당하는지는 그 행위의 시기·장소·방법·대상 등을 종합적으로 평가하여 판단한다. 선거법 운용에 높은 수준의 법리적 무장과 더불어 지혜와 통찰력이 필요한 이유다.

예컨대, SNS 사용자가 관심 있는 게시물을 공유하거나 그 게시물에 본인의 짧은 글을 덧붙인 정도의 행위는 선거에 관한 단순한 의견개진 또는 의사표시로서 선거운동이 아니다.

또한 특정 세력이 선거에 승리하면 반대진영을 탄압할 것이라는 내용의 글을 SNS에 게재하였더라도 그 횟수가 단 1회에 불과하다면, 그러한 행위는 선거에 관한 단순한 의견개진 또는 의사표시에 해당하여 선거운동으로 볼 수 없다.[10]

다만, 비슷한 내용의 게시물이라도 게시자가 단기간에 페이스북 계정을 만들고 페이스북 친구를 과다하게 추가하여 이례적일 정도로 연달아 게시하였다면, 이러한 행위에는 능동적이고 계획적인 요소가 가미되었으므로 선거운동에 해당될 수 있을 것이다.

나. 단순한 의사표시 예시

중앙선거관리위원회는 1963년 기관설립 초기부터 후보자가 되려는 사람이 친척과 친지의 집을 방문하여 입후보 의사를 표시하는 행위를 선거에 관한 단순한 의사표시로 보았다.[11]

판례는 사교적인 모임에서 상대방의 격려말에 대한 답례로 자신의 출마사실을 공표한 행위와[12] 지역신문의 인터뷰 요청에 소극적으로 응하여 현안에 대한 자신의 의견과 완곡한 출마의사를 밝힌 기사가 신문에 실린 경우에도 단순한 의사표시에 해당하여 선거운동으로 볼 수 없다고 판시한 바 있다.[13]

---

10) 서울고법 2019. 1. 25. 선고 2017노182 판결
11) 중앙선거관리위원회 1963. 9. 24. 회답
12) 인천지법 1999. 10. 20. 선고 98고합181 판결
13) 대전지법 서산지원 1991. 10. 25. 선고 91고합58 판결

2. 선거운동을 위한 준비행위

가. 선거운동 준비행위의 의미와 판단기준

선거운동을 위한 준비행위는 비록 선거에 출마하여 당선되기 위한 목적의사가 명확한 행위이지만, 행위 시점에서는 직접 선거인을 대상으로 특정 후보자의 당선을 목적으로 투표를 얻기 위한 행위가 아니라 단순히 장래의 선거운동을 위한 내부적·절차적 준비행위에 불과하므로 이를 선거운동으로 보지 않는다.[14]

사실상 선거운동 준비행위는 선거운동과 목적이 동일하여 경우에 따라서는 선거운동으로 규제될 수도 있으나, 이러한 행위는 일반 선거인을 직접 대상으로 작용하는 것이 아니라 아직 선거운동을 하려는 사람의 내부적인 활동에 그치기 때문에 이를 선거운동으로 파악하여 규제하는 것은 적절하지 않다.[15]

나. 선거운동 준비행위 예시

선거운동 준비행위의 전형적인 사례로서 후보자 또는 예비후보자 등록 전에 선거공보와 선거벽보의 원고를 작성하는 행위, 후보자 소견발표회를 대비한 연설문 작성행위, SNS 홍보 콘텐츠 제작행위 등을 들 수 있을 것이다.

또한 후보자가 되려는 사람이 정책이나 공약개발을 위하여 전문업체를 통하여 선거컨설팅을 받는 행위도 장래의 선거운동을

---

14) 헌법재판소 2005. 10. 27. 선고 2004헌바41 결정
15) 한원도 1996. 2.『공직선거및선거부정방지법 축조해설』법전출판사, 186쪽 참조.

위한 내부적·절차적 준비행위로서 선거운동이 아니다.

아울러 후보자가 되려는 사람이 선거공약 개발을 위한 의견 수렴에 필요한 범위에서 선거인과 접촉활동을 하거나 주민간담회 또는 전문가 초청 간담회를 개최하는 행위도 선거운동을 위한 준비행위로서 선거운동으로 볼 수 없다.[16)]

한편, 언론사가 후보자가 되려는 사람을 대상으로 선거정보와 선거전략에 대한 컨설팅을 제공하는 워크숍을 개최하는 행위도 일종의 선거운동 준비행위에 해당하여 규제대상이 아니다.

3. 일상적·의례적·사교적 행위

가. 의례적·사교적 행위의 의미와 판단기준

의례적 행위란 사람이 살아가는 도리로 행하는 행위를 말한다. 일상적 행위나 사교적 행위도 이에 준하는 행위로 판단된다. 일상적이거나 의례적이거나 사교적 행위는 비록 외형상 당선 또는 낙선의 목적이 있는 것으로 보이더라도 이를 선거운동으로 보아서는 안 된다는 것이 판례의 태도이다.

구체적으로 어떠한 행위가 선거운동 목적이 있는 행위에 해당하는지는 그 행위자와 상대방의 사회적 지위, 그들 사이의 관계, 행위의 동기, 방법, 내용과 태양 등 제반 사정을 종합하여 사회통념에 비추어 판단해야 한다.[17)] 이러한 판단은 선거관리위원

---

16) 중앙선거관리위원회 2017. 9. 28. 회답.
17) 대법원 1996. 4. 26. 선고 96도138 판결

회나 법률전문가의 관점에서 사후적·회고적인 방법을 적용하여 내리는 것이 아니라 일반인, 특히 선거인의 관점에서 행위 당시의 구체적인 상황에 기초해야 한다.

따라서 특정한 행위에 선거운동 목적이 있었는지를 판단하기 위해서는 개별적 행위들의 유기적 관계를 치밀하게 분석하거나 법률적 의미와 효과에 치중하기보다는 문제된 행위를 경험한 선거인이 행위 당시의 상황에서 당선 또는 낙선의 목적의사가 있음을 알 수 있었는지를 살펴보아야 한다.[18]

위와 같은 목적의사는 특정한 선거에 출마할 의사를 밝히면서 그에 대한 지지를 부탁하는 등의 명시적인 방법뿐만 아니라 당시의 객관적 사정에 비추어 선거인의 관점에서 특정 선거에서 당선이나 낙선을 도모하려는 목적의사를 쉽게 추단할 수 있을 정도에 이른 경우에도 인정될 수 있다.

그러나 이러한 당선 또는 낙선의 목적의사가 있었다고 추단하려면, 단순히 선거와의 관련성을 추측할 수 있다거나 선거에 관한 사항을 동기로 하였다는 사정만으로는 부족하고 특정 선거에서의 당락을 도모하는 행위임을 선거인이 명백히 인식할 만한 객관적인 사정에 근거해야 한다.

나. 의례적·사교적 행위 예시

(1) 문자메시지와 연하장 발송

조합원을 대상으로 연말연시·명절·국경일 등 통상적인 계기

---

18) 대법원 2016. 8. 26. 선고 2015도11812 전원합의체 판결

에 후보자가 되려는 사람의 직·성명이나 사진·동영상이 포함된 안부 또는 축원祝願의 문자메시지를 전송하는 것은 사람이 살아가는 도리로서 행하는 의례적 행위로서 선거운동으로 보지 않는다. 따라서 이러한 행위는 누구든지 그리고 언제든지 가능하다.

다만, 특별한 계기가 없음에도 지속적·반복적으로 문자메시지를 발송하거나, 문자메시지에 지지를 호소하는 내용이 게재되어 있거나, 후보자가 되려는 사람을 홍보하기 위한 내용이[19] 포함되어 있다면 선거운동에 해당될 수 있다.

문자메시지 외에 현직 조합장이나 조합장선거에 후보자가 되려는 사람이 자신의 직·성명·사진이 게재된 의례적인 내용의 연하장을 조합원들에게 발송하는 행위도 의례적 행위로서 무방하다.

조합장선거 약 3개월 전부터 선거운동기간 개시일 전일까지 전체 조합원에게 신년인사와 퇴직의 소회 및 감사를 담은 문자메시지를 전송한 사안에 관하여, 판례는 출마할 선거에서 인지도 상승이나 이미지 제고 목적이 있었더라도 선거에서 당락 도모 행위가 있었다고 보기는 어렵고, 선거운동기간이 단기간인 점에 비추어 볼 때 이러한 행위까지 선거운동으로 본다면 현직 조합장에 비해 현저하게 불리한 결과가 초래되어 위탁선거법의 입법 취지에도 반하므로 선거운동에 해당하지 않는다고 판시한 바 있다.[20]

---

19) 단순하게 발송자의 신분을 밝히는 범위를 벗어나 여러 개의 경력을 게재하는 경우 후보자가 되려는 사람을 홍보하기 위한 내용이 되어 선거운동에 해당될 수 있다.

20) 대법원 2018. 2. 8. 선고 2016도19546 판결

(2) 선거인 접촉활동

후보자가 되려는 사람이 통상적으로 사용하는 업무용 명함에 자신의 학력이나 경력 또는 수상내역을 게재하여 통상적인 방법으로 수교하는 것은 무방하다. 다만, 통상적인 내용의 명함이라도 마을회관이나 행사 등을 방문하여 불특정 다수의 회원에게 살포하거나, 특정 소수의 조합원에게 통상적인 방법으로 교부하더라도 명함에 자신의 선거공약이나 지지를 호소하는 내용이 게재되어 있다면 선거운동에 해당될 수 있다.

후보자가 되려는 사람이 자신과 친분관계가 있는 작가의 출판물에 통상적인 내용의 추천사 또는 축하의 글을 게재하거나, 후보자가 되려는 사람이 각종 행사장을 방문하여 참석한 선거구민을 대상으로 악수를 하거나 인사를 하는 행위도 의례적 행위로서 선거운동이 아니다.[21]

아울러 명예퇴직을 앞둔 지방공무원교육원 교관이 피교육생이자 고향 후배인 읍·면장들과의 회식자리에서 "명예퇴직원을 제출하였으니 도와 달라"는 등의 발언도 의례적 행위로서 선거운동이 아니다.[22] 물론, 다가올 선거에서 지지를 호소하는 등 회식에 참석한 선거인의 관점에서 당선을 도모한다는 목적의사가 표시되었다고 평가할 수 있는 경우에는 선거운동에 해당될 수 있다.

한편, 후보자가 되려는 사람의 배우자가 약을 사러 갔다가 약사가 "남편이 입후보한다는 소문을 들었다"는 말을 건네자 그

---

21) 중앙선거관리위원회 2011. 11. 15. 회답.
22) 대법원 1996. 4. 26. 선고 96도138 판결

배우자가 이에 대한 응대로서 "잘 부탁한다"는 취지의 말을 한 경우도[23] 의례적 행위로서 선거운동이 아니다. 소극적인 인사치레에 불과할 뿐 그 행위에 능동적·계획적 요소가 없기 때문이다.

(3) 의례적 행위의 외관과 선거운동

선거운동의 요건으로서 당선 또는 낙선을 위한 목적의사는 선거에 출마할 계획을 밝히면서 지지를 부탁하는 등의 명시적인 방법이라면 그 목적의사를 인정하기에 부족함이 없을 것이다. 그러나 이러한 명시적인 방법이 아니더라도 행위 당시의 객관적 사정에 비추어 선거인의 관점에서 특정 선거에서 당선이나 낙선을 도모하려는 목적의사를 쉽게 추단할 수 있을 정도에 이른 경우에는 선거운동이 성립될 수 있다는 점에 유의해야 한다.[24]

예컨대, 조합장선거의 선거운동기간을 2달여 앞둔 시점에 평소 연하장 등을 보낸 사실이 전혀 없고 자신을 지지하지 않을 것으로 보이는 조합원들을 제외한 나머지 조합원들을 대상으로 크리스마스와 연말연시 등 총 3차례에 걸쳐 연하장을 보내고, 전화·연설, 또는 사진을 첨부한 문자메시지 등을 이용하여 지지를 호소한 사안에 대하여, 판례는 이러한 행위가 의례적 행위의 범위를 넘어서는 선거운동에 해당하는 것으로 보았다.[25]

---

23) 대법원 1992. 10. 13. 선고 92도1268 판결
24) 대법원 2017. 10. 31. 선고 2016도19447 판결
25) 대법원 2021. 2. 2. 선고 2020도17313 판결

4. 직무상·업무상 행위

가. 직무상·업무상 행위의 의미와 판단기준

위탁선거법·공직선거법 등 선거법이나 조합법의 선거규정에 명시적으로 열거되지는 않았으나 관련 규정에 대한 해석과 판례를 통하여 직무상 행위나 업무상 행위도 선거운동으로 보지 않는다. 직무상 행위란 법령·조례 또는 행정관행·관례에 따라 그 지위의 성질상 필요로 하는 정당한 행위 또는 활동을 말하고,[26] 업무상 행위란 영업행위 등 사람이 그 사회생활상의 지위에 있어서 계속·반복의 의사로서 종사하는 업무에 의한 행위를 말한다.[27]

따라서 조합장선거에 후보자가 되려는 사람이라도 기관의 운영에 필요한 의견이나 자료수집을 목적으로 선거와 무관하게 간담회 또는 공청회를 개최하거나, 자신에 대한 선전이나 업적의 홍보가 부가됨이 없이 기관의 설립목적 달성을 위하여 의견을 청취하는 활동은 직무상·업무상 행위로서 선거운동이 아니다.[28]

아울러 자신의 소관 업무에 관하여 취재에 응하거나, 대담·토론회에 참석하여 발언하는 행위는 직무상·업무상 행위로서 선거운동에 해당하지 않는다. 이러한 행위로 인하여 후보자가 되려는 사람에게 사실상의 홍보 효과가 발생하더라도 이는 언론의 자유를 두텁게 보장한 결과 초래되는 반사적·부수적 효과에 불과하므로 이를 선거운동으로 평가하는 것은 적절치 않다.

---

26) 대검찰청 2020. 3. 『공직선거법 벌칙해설』 제10개정판 89쪽 참조.
27) 대검찰청 앞의 책 90쪽 참조.
28) 중앙선거관리위원회 2013. 11. 26. 공직선거법 운용기준 참조.

나. 직무상 · 업무상 행위 예시

조합이 선거기간 전에 통상적인 방법으로 조합원들에게 조합의 자본현황, 새로운 사업의 소개, 중앙회의 해당 조합에 대한 업무평가 결과 등 조합의 운영과 관련된 각종 정보를 알리기 위한 문자메시지에 조합장의 직명 · 성명 · 사진 · 동영상을 포함하여 전송하는 행위는 직무상 · 업무상 행위로서 선거운동이 아니다.

또한 조합이 통상적으로 해오던 고지 · 안내의 방법으로 조합의 설립목적 달성을 위한 범위에서 조합의 추진사업 경과, 조합 현안에 대한 대처방안 등을 알리기 위한 목적의 안내장에 조합장의 직 · 성명 · 사진을 게재하거나, 정관이나 규약에 근거한 사업계획과 예산에 따라 발간하는 소식지에 조합장의 직 · 성명 · 사진과 의례적인 인사말을 게재하는 것도 직무상 · 업무상 행위로서 선거운동으로 볼 수 없다.

아울러 조합이 선거와 무관하게 사업계획과 예산에 따라 해당 조합의 홍보영상을 제작하고, 조합장이 해당 영상에 출연하는 것도 직무상 행위로 무방하다. 다만, 조합의 홍보목적을 벗어나 선거에 출마하려는 조합장의 개인 업적을 홍보하는 것은 직무상 · 업무상의 행위를 벗어난 것으로서 선거운동에 해당될 수 있다.

특히 조합의 운영이 견실함에도 경영진의 무능으로 위기에 빠졌다는 등 악의적인 가짜뉴스가 유포될 경우, 이를 차단하기 위하여 조합의 객관적인 경영지표와 자산운용 현황을 통상적인 방법으로 알리는 행위는 직무상 · 업무상 행위에 해당하여 선거운동으로 볼 수 없다. 비록 이러한 조치로 현직 경영진에게 부수적인 홍보 효과가 발생하더라도 달리 볼 것은 아니다.

선거운동의 주체 · 시기 · 방법에 관한 규제

1. 선거운동을 할 수 있는 사람

가. 예비후보자 · 후보자

종전에는 조합장선거에서 선거운동을 할 수 있는 사람은 오로지 후보자 본인에 한정되었다. 그러나 2024년 1월 30일 위탁선거법의 개정에 따라 조합장선거에서 선거기간 개시일전 30일부터 관할 선거관리위원회에 예비후보자로 등록한 사람은 제한적인 방법으로 선거운동을 할 수 있게 되었다(위탁선거법 §24의2①).

관할 선거관리위원회에 예비후보자로 등록을 신청하는 사람은 그 등록신청서에 피선거권에 관한 증명서류를 첨부해야 한다. 예비후보자의 등록신청을 접수한 선거관리위원회는 지체 없이 이를 수리하고, 해당 예비후보자의 피선거권을 확인할 필요가 있는 경우에는 관계기관의 장에게 필요한 사항을 조회할 수 있다.

만일 피선거권이 없는 것이 발견된 때에는 해당 예비후보자의 등록을 무효로 한다(위탁선거법 §24의2④). 예비후보자가 사퇴하려는 경우에도 후보자 사퇴의 예와 같이 자신이 직접 관할 선거관리위원회를 방문하여 서면으로 신고해야 한다(위탁선거법 §24의2⑥).

조합장선거의 예비후보자 제도는 선거운동의 자유를 확대하는 것을 주요 내용으로 중앙선거관리위원회가 2019년 4월 8일 국회에 제출한 위탁선거법 개정의견에 담겨 있었으나 늦게야 입법에 반영되었다. 참고적으로 조합 중앙회장선거의 예비후보자제도는 일찍이 2017년 12월에 도입된 바 있다.

나. 예비후보자 · 후보자의 선거운동원

2024년 1월 30일 위탁선거법의 개정에 따라 예비후보자 또는 후보자가 그의 배우자, 직계존비속 또는 조합원 중에서 지정하는 1명(이하 "선거운동원"이라 한다)은 각각 해당 후보자 및 예비후보자에게 허용된 방법으로 선거운동을 할 수 있게 되었다(위탁선거법 §24① · §24의2⑦). 다만, 해당 조합의 임원이나 직원을 선거운동원으로 지정할 수는 없다. 임직원에게는 지위를 이용한 선거운동이나 선거운동 기획에 참여가 금지된 점을 고려한 취지이다.

예비후보자 또는 후보자가 선거운동원을 지정하거나 해임하거나 교체한 경우에는 지체 없이 관할 선거관리위원회에 신고해야 하고, 선거운동원이 선거운동을 하는 때에는 관할 선거관리위원회가 교부한 표지를 달아야 한다(위탁선거규칙 §11의3① · ③).

위탁선거법이나 그 시행규칙에서 선거운동원을 교체하여 선임할 수 있는 요건이나 횟수에 제한이 없어 선거과열이나 탈법적인 선거운동의 가능성을 배제할 수 없으나, 선거운동원에게 선거운동의 대가 또는 공사公私의 직직職을 제공하거나 그 제공을 약속할 경우 매수죄로 처벌될 수 있으므로, 그 부작용을 방지할 수 있는 안전판으로 삼을 수 있을 것이다(위탁선거법 §58).

그러나 조합장선거에 선거운동원 제도가 도입되었음에도 불구하고 일반 조합원에게 일체의 선거운동을 금지한 것은 선거의 정당성은 물론 선출된 조합장의 대표성 확보에도 상당한 문제가 있다고 본다. 선거운동을 할 수 있는 사람을 제한하는 것은 소수의 선거인단이 대표자를 선출하던 간접선거 시대의 유산이다. 그러한 선거환경에서는 후보자의 자질보다 친소관계가 선택의 기준이 되고, 정책과 공약은 돈 봉투와 향응에 그 윗자리를 양보한다.

나라의 주인이 국민이듯 조합의 주인은 조합원이다. 주인은 머슴을 선택할 권리가 있고, 그 선택권 행사의 전제로서 머슴의 자질에 관한 객관적이고 정확한 정보에 접근할 수 있어야 한다. 진실을 아는 국민만이 진정으로 나라를 사랑할 수 있다는 사상의 은사恩師의 경구를 조합장선거에서도 되새길 필요가 있다.

이러한 측면에서 선거의 과열이나 비용의 과다지출 등 선거에 따른 부작용의 우려가 적은 전화·문자메시지와 인터넷·SNS·전자우편, 말로 하는 방법의 선거운동은 일반 조합원에게도 허용함이 마땅해 보인다. 선거운동의 자유 확대는 조합원의 기본적 권리인 표현의 자유를 보장하고, 후보자의 자질과 공약에 관한 객관적인 정보의 자유로운 유통을 활성화함으로써 선거인의 투표권 행사에도 실질적인 의미를 부여할 수 있다고 본다.

그러나 최근 헌법재판소는 후보자가 지정하는 1명에게도 선거운동을 허용한 위탁선거법 개정법률의 취지에 관하여, 이는 선거운동의 주체를 제한적으로 확대함으로써 선거인에게 후보자에 대한 정보를 보다 충실하게 제공하기 위한 목적 등 현실적 필요성에 의한 것일 뿐, 해당 조항에 대한 위헌성의 의심이 있어 이에 대한 반성적 고려에 터 잡은 입법적 조치는 아니라고 평가하여 이례적으로 매우 인색한 해석을 내놓은 바 있다.29)

조합장선거는 선거인들이 비교적 소수여서 서로를 잘 알고 있고, 인정과 의리를 중시하는 특정 집단 내에서 선거가 이루어지므로 정책보다는 후보자와의 친소관계에 따라 선거권을 행사하는 분위기가 조성되어 있다는 특성 때문에, 헌법재판소는 후보자가 아닌 사람에게도 선거운동을 허용하게 되면 선거가 더욱 과열되고 혼탁선거가 가중될 우려가 있다고 보았기 때문이다.

다. 장애인 예비후보자·후보자의 활동보조인

중앙선거관리위원회규칙으로 정하는 장애인30) 예비후보자 및 후보자는 그의 활동을 보조하기 위하여 배우자, 직계존비속 또는 해당 조합의 임직원이 아닌 조합원 중에서 1명의 활동보조인(이하 "활동보조인"이라 한다)을 둘 수 있다(위탁선거법 §24의3①).

---

29) 헌법재판소 2024. 2. 28. 선고 2021헌가16 결정 참조. 해당 사건은 2019. 3. 13. 실시한 제2회 동시조합장선거에서 부천지역에서 옥중출마한 후보자가 구치소 면회실에서 배우자와 아들에게 선거운동을 할 것을 지시하고, 아들은 전화에 의한 선거운동 대상을 정리하는 역할을, 배우자는 직접 전화를 하거나 지인들에게 선거운동을 부탁하는 역할을 담당함으로써 후보자가 아님에도 선거운동을 하였다는 사실로 기소되자 재판부가 헌법재판소에 위헌법률심판제청을 한 사안이다. 헌법재판소는 재판관 전원의 일치된 의견으로 해당 사건을 기각함에 따라 아내도 아들도 용서받지 못하였다.

30) 청각장애 또는 언어장애를 가진 모든 장애인과 그 밖에 장애의 정도가 심한 장애인을 말한다. 위탁선거규칙 제11조의3제4항 참조.

활동보조인 제도는 후보자 또는 예비후보자에게 청각·언어 등 신체의 장애가 있는 경우 그에 따른 선거운동의 불리함을 보완하여 선거의 공정을 기하기 위한 취지이다.[31]

예비후보자와 함께 다니는 활동보조인은 금고가 사전에 공개한 행사장에서 조합원들에게 후보자의 선거운동을 위한 명함을 직접 주거나 지지를 호소하는 방법으로 선거운동을 할 수 있다(위탁선거법 §24의3③ 1.). 한편, 후보자와 함께 다니는 활동보조인은 선거운동기간 중 어깨띠·윗옷 또는 소품을 이용하여 선거운동을 하거나, 공개된 장소에서 후보자의 명함을 직접 주거나 지지를 호소하는 방법으로 선거운동을 할 수 있다(위탁선거법 §24의3③ 2.). 따라서 대의원회에서 이사장을 선출하는 경우 예비후보자 및 후보자의 활동보조인에게는 사실상 선거운동이 허용되지 않는다.

장애인 예비후보자·후보자가 활동보조인을 선임하거나 해임한 때에는 관할 선거관리위원회에 신고해야 하고, 그 활동보조인이 선거운동을 하는 때에는 관할 선거관리위원회가 교부하는 표지를 패용하여야 하며, 예비후보자와 후보자는 자신의 활동보조인에게 수당과 실비를 지급할 수 있다(위탁선거법 §24의3②~④).

사회적 약자에 대한 배려는 해당 문명 또는 국가의 윤리적 수준이나 도덕성을 평가하는 잣대가 될 수 있다. 활동보조인이라는 프리즘을 통하여 우리는 대한민국의 도덕적 수준을 본다.

---

31) 장애인 예비후보자 및 후보자의 활동보조인 제도는 2024년 1월 30일 위탁선거법의 개정에 따라 최초로 도입되었다.

2. 선거운동기간 외에 허용된 선거운동

가. 선거기간 전 예비후보자 등의 선거운동

위탁선거법에 따른 선거운동은 원칙적으로 후보자등록마감일의 다음 날부터 선거일 전날까지만 할 수 있다(§24②). 조합법에 따른 임원선거에서도 마찬가지다.[32] 그러나 2024년 1월 30일 위탁선거법의 개정에 따라 조합장선거의 예비후보자와 그의 선거운동원은 선거운동기간 전이라도 아래의 방법으로 선거운동을 할 수 있도록 선거운동의 자유를 확대하였다(위탁선거법 §24의2⑦).

① 전화를 이용한 선거운동. 이 경우 직접통화는 물론이고 문자메시지도 보낼 수 있다.

② 정보통신망을 활용한 선거운동. 이 경우 전자우편, SNS, 인터넷 홈페이지의 대화방·게시판 등에 선거운동을 위한 글이나 동영상을 게시할 수 있다.

③ 조합이 공개한 행사장에서 선거운동을 위한 명함을 선거인에게 직접 주거나 지지를 호소하는 행위. 다만, 대의원회의 방법으로 조합장을 선출하는 경우에는 제외한다.

④ 조합이 개최하는 공개행사에 예비후보자 본인이 직접 방문하여 자신의 정책을 발표하는 행위

---

32) 농협법 제50조제7항, 수협법 제53조제5항, 산림조합법 제40조제5항 참조.

나. 후보자등록기간 중 선거운동

위탁선거법상 후보자등록기간 중에는 원칙적으로 선거운동을 할 수 없지만(§24②), 2024년 1월 30일 해당 법률의 개정에 따라 후보자등록기간 중에도 후보자는 예비후보자에게 허용된 방법으로 선거운동을 할 수 있게 되었다. 위탁선거법에서 조합장선거의 후보자로 등록한 사람은 선거기간개시일 전일까지 예비후보자를 겸하는 것으로 보기 때문이다(§24의2⑧).

이제 후보자로 등록한 사람과 그의 선거운동원은 과거 선거운동이 금지되었던 후보자등록기간 중에도 문자메시지·전화·SNS 등의 방법으로 선거운동을 할 수 있으므로, 예비후보자로 등록하지 않은 사람은 후보자등록을 서두를 필요가 있다.[33]

다. 선거일 소견발표회

위탁선거법에서는 선거일에 누구든지 전화는 물론이고 인터넷이나 SNS에 의한 방법으로도 선거운동을 할 수 없도록 규정하고 있다(§24②). 선거 당일 끊임없는 비난과 반박으로 인하여 발생하는 혼란으로부터 선거인을 보호하고, 후보자 간 지나친 경쟁에 따른 선거부정행위를 방지하며, 선거인들이 평온한 상태에서 자유로운 의사에 따라 투표할 수 있도록 배려하기 위함이다.[34]

다만, 총회나 대의원회의 방법으로 조합장을 선출하는 경우

---

33) 2024년 1월 30일 위탁선거법 개정 전에는 후보자등록기간 중 첫날에 일찍 등록을 마치더라도 곧바로 선거운동을 할 수 있는 것이 아니었다.
34) 헌법재판소 1994. 7. 29. 선고 93헌가4 결정

후보자가 선거일에 소견발표의 방법으로 선거운동을 하는 것은 예외로 한다(위탁선거법 §24②). 이 경우에도 집회에 참석한 선거인들을 대상으로 명함을 배부하거나, 문자메시지·SNS 등을 활용하여 지지를 호소하는 행위는 위법한 선거운동이 된다.

참고적으로 위탁선거법은 조합과 새마을금고의 중앙회장선거에서 선거일 또는 결선투표일에 문자메시지를 전송하는 방법의 선거운동을 허용하고 있다(§24② 1.).

3. 선거운동 방법에 관한 규제

조합장선거에 적용되는 위탁선거법은 농협법·수협법 및 산림조합법과 동일하게 개별적으로 허용한 선거운동 방법 외에는 일체의 선거운동을 금지하는 포괄적 금지원칙을 선언하고 있다(위탁선거법 §24①, 농협법 §50④, 수협법 §53⑧, 산림조합법 §40⑧).[35]

조합장선거에서 위탁선거법에 직접 열거하여 후보자에게 허용하는 선거운동 방법은 다음 여덟 가지뿐이다. 이를 위반하면 당연히 위탁선거법의 벌칙이 적용된다.

① 선거공보(§25)
② 선거벽보(§26)
③ 어깨띠·윗옷·소품(§27)
④ 전화(§28)
⑤ 정보통신망(§29)

---

35) 이러한 규제형식을 Positive System이라 한다. 반면에 Negative System은 허용을 원칙으로 하고 금지되는 방법을 개별적으로 열거하는 방식을 말한다.

⑥ 명함 배부 또는 지지 호소(§30)

⑦ 선거일 후보자 소견발표회(§30의2)

⑧ 공개행사에서의 정책발표(§30의4)[36]

다만, 위에서 허용된 선거운동 방법이라도 조합장 선출방법에 따라 일부의 선거운동은 제한된다. 예컨대, 대의원회에서 조합장을 선출하는 경우에는 선거벽보, 어깨띠·윗옷 및 소품을 활용한 선거운동, 공개된 장소에서 명함를 배부하거나 지지를 호소하는 방법의 선거운동은 금지되는 것이다(위탁선거법 §24③ 3.).

조합장선거에서 허용된 선거운동 방법이더라도 선거공보·선거벽보·명함의 종수·규격·수량이나 첨부 또는 배부방법을 위반하거나, 전화·문자메시지의 경우 통화방법 또는 시간대를 위반하는 등 선거운동에 관한 세부적인 규제를 위반하는 경우에도 위탁선거법의 벌칙이 적용된다. 이와 관련하여 자세한 내용은 제6장 제7절 '각종 제한규정 위반죄'를 참고하기 바란다.

이제 조합장선거는 관할 선거관리위원회가 수탁하여 관리하고, 위의 선거운동 방법 중 선거공보, 선거벽보, 후보자 소견발표회는 선거공영제가 적용되어 관할 선거관리위원회의 주관으로 집행된다. 후보자 소견발표회에 관하여는 제2장 제6절 '총회·대의원회 조합장 선출의 특례'를 참고하기 바란다.

---

36) 위탁선거법 제30조의4에 따른 공개행사에서의 정책발표는 2024년 1월 30일 위탁선거법의 개정으로 도입되었다.

조합장선거의 선거운동 방법

1. 선거공보 제작·배부

가. 선거공보 제작방법

조합장선거의 후보자는 선거운동을 위하여 선거공보 1종을 작성할 수 있다(위탁선거법 §25). 선거공보의 규격은 길이 27㎝ 너비 19㎝ 이내, 면수는 8면 이내로[37] 한다(위탁선거규칙 §12①). 선거공보의 지질과 색도에는 제한이 없다.

선거공보 작성수량은 해당 조합이 관할 선거관리위원회에 통지한 예상 선거인수에 10%를 가산한 수로 한다(위탁선거규칙 §12②). 관할 선거관리위원회는 후보자등록신청개시일 전 5일까지 선거공보의 작성수량과 제출장소를 공고한다(위탁선거규칙 §12④).

선거공보의 표지에는 선거명, 후보자의 기호와 성명을 적어야 한다. 선거공보 둘째 면에는 해당 후보자의 범죄경력을 적어

---

[37] 일반 임원선거의 선거공보 면수는 2면에 불과하다. 농협법 시행규칙 제8조의2, 수협법 시행규칙 제8조의3, 산림조합법 시행규칙 제1조의2 등 참조.

야 한다. 범죄경력은 후보자등록신청시 제출한 범죄경력조회 회보서에 있는 내용을 그대로 적는다. 이 경우 후보자가 자신의 범죄경력에 관하여 소명기를 원하면 해당 면의 하단에 따로 소명란을 만들고 그 내용을 기재할 수 있다(위탁선거규칙 별지 제11호의2 서식).

만일 선거공보를 제출하지 않을 경우에는 범죄경력에 관한 서류를 따로 작성하여 선거공보 제출마감일까지 관할 선거관리위원회에 제출해야 한다(위탁선거법 §25②). 이 경우 범죄경력에 관한 서류를 제출하지 않으면 해당 후보자의 등록을 무효로 한다(위탁선거법 §19① 3.). 이제 조합장선거에 출마를 결심하는 순간 자신의 범죄경력 공개를 회피할 수 있는 수단은 존재하지 않는다.

그 밖에 선거공보 제작시 유의할 사항으로서 선거공보에 제3자의 추천사를 게재하거나, 후보자의 선거운동을 위하여 제3자와 새로 사진을 촬영하고 이를 선거공보에 게재하는 행위는 위법한 선거운동이 된다는 점이다. 조합장선거에서 선거운동기간 중 선거운동을 할 수 있는 사람은 오로지 후보자와 그의 선거운동원뿐이기 때문이다.

이러한 법리는 선거벽보와 명함은 물론, SNS 등 모든 홍보매체에 제3자의 추천사나 다른 사람의 사진 또는 동영상을 게재하는 경우에도 동일하게 적용된다.

나. 선거공보 제출·발송

조합장선거의 후보자는 선거인명부확정일[38] 전일까지 관할 선거관리위원회에 선거공보를 제출해야 한다(위탁선거법 §25①).
선거일정에 따르면 선거공보 제출기한은 후보자등록 마감일 후
3일이 된다. 제출된 선거공보는 정정 또는 철회할 수 없다. 다만,
오기誤記 또는 위탁선거법에 위반되는 내용이 게재된 경우에
는[39] 제출마감일까지 해당 후보자가 정정할 수 있다(위탁선거법
§25⑤).

　선거공보와 범죄경력에 관한 서류는 관할 선거관리위원회가
투표안내문과 동봉하여 선거인명부확정일 후 2일까지[40] 선거인
에게 발송한다. 다만, 규격을 넘는 선거공보를 제출한 경우 그 선
거공보는 발송하지 않는다(위탁선거법 §25④). 선거공보의 수량이
선거인수에 미달하는 때에는 선거인명부 등재순서에 따라 제출매
수에 달하는 순위의 선거인까지 발송한다(위탁선거규칙 §12⑥).

　관할 선거관리위원회에 제출하고 남은 선거공보는 소장용으
로 보관할 뿐, 결코 거리에 나와서는 안 된다. 관할 선거관리위
원회가 선거인에게 우편으로 발송하는 외에 누구든지 선거공보
를 배부하거나 첩부하는 행위는 모두 위탁선거법에 위반되기 때
문이다.

---

38) 위탁선거법 제15조제1항 단서에 따라 선거일전 10일에 확정된다.
39) 후보자의 성명 또는 기호가 틀리게 인쇄되었거나, 허위사실이 게재되었거나, 후보
　　자비방죄에 해당하는 내용이 게재된 경우를 예로 들 수 있다.
40) 2024. 1. 30. 위탁선거법의 개정으로 선거공보 발송기한이 선거인명부 확정일 후
　　2일에서 3일로 변경되었으나, 선거공보와 동봉하는 투표안내문의 발송기한이 함
　　께 개정되지 않아 선거공보 발송기한은 사실상 종전과 다를바 없다. 입법자는 철
　　학자처럼 고민하고 농부처럼 말해야 한다지만, 농부처럼 고민하고 철학자처럼
　　말한 것으로 의심되는 조문을 마주하면 당혹스럽다.

다. 허위사실에 대한 이의제기

선거공보에 해당 후보자의 경력·학력·학위·상벌·범죄경력에 관하여 거짓의 내용이 게재되어 있으면 선거인은 누구든지 관할 선거관리위원회에 서면으로 이의를 제기할 수 있다(위탁선거법 §25⑥). 이의제기의 대상은 선거인의 후보자 선택에 영향을 미치는 중요한 사항에 한정하여 열거하고 있으므로, 그 밖의 게재내용은 허위사실에 해당하더라도 이의제기를 할 수 없다.

이의제기를 접수한 관할 선거관리위원회는 후보자와 이의제기자에게 각각 그 증명서류의 제출을 요구할 수 있으며, 그 요구를 받은 사람은 그날부터 3일 이내에 관련 증명서류를 제출해야 한다(위탁선거규칙 §12⑧). 선거공보의 게재내용에 대한 이의제기는 선거공보의 제출·접수 또는 발송의 진행에 영향을 주지 않는다(위탁선거규칙 §12⑨). 게재내용이 허위사실로 결정되더라도 해당 선거공보를 선거인에게 발송한다는 의미이다.

라. 허위사실 게재내용 공고

후보자가 증명서류를 제출하지 않거나 증명서류를 제출하였더라도 거짓 사실임이 판명된 때에는 관할 선거관리위원회가 그 사실을 공고한다(위탁선거법 §25⑥). 이 경우 허위사실 공고의 행정절차와 병행하여 허위사실 공표죄의 성립에 따른 조사와 고발·수사의뢰 등 형사사법 절차는 다른 경로를 통하여 진행된다.

관할 선거관리위원회가 허위사실 게재를 공고한 때에는 그 공고문 사본 1매를 선거일에 투표소의[41] 입구에 첨부한다(위탁선거법 §25⑦). 조합장선거에서 후보자의 선거공보와 선거벽보에는 절대로 경력·학력·학위·상벌·범죄경력에 관한 허위사실을 게재하지 말라는 의미이다.[42]

선거공보 게재내용에 대한 이의제기 제도는 선거인의 합리적 판단에 필요한 객관적이고 정확한 정보의 유통은 보호하되, 선거에 관한 유권자의 의사형성의 자유 또는 후보자에 대한 판단의 자유를 저해할 우려가 있는 거짓 정보는 선거인의 집단지성의 힘으로 걸러내기 위하여 도입된 제도이다.

이러한 이의제기 제도는 2010년 1월 25일 공직선거법의 개정으로 최초 도입된 이래 2014년 6월 11일 제정된 위탁선거법에도 반영되었다.

2. 선거벽보 작성·첩부

가. 선거벽보 작성·첩부 방법

조합장선거의 후보자는 선거운동을 위하여 선거벽보 1종을 작성할 수 있다. 선거벽보는 조합장선거가 위탁선거법에 전면적으로 포섭됨에 따라 일반 임원선거와 달리 조합장선거의 후보자

---

41) 통합선거인명부를 활용하여 투표하는 방법으로 조합장을 선출하는 경우에는 선거인의 투표장소에 제한이 없으므로, 해당 조합의 선거인이 접근할 수 있는 모든 투표소를 대상으로 공고문을 첩부하는 것이 바람직해 보인다.

42) 2021년 4월 7일 실시한 서울시장보궐선거에서 후보자의 세금납부액이 1억 1,997만 원이었음에도 선거공보에 30만원이 적은 1억 1,967만원으로 게재함에 따라 중앙선거관리위원회가 이를 허위사실로 결정한 사례가 있다. 다만, 조합장선거에서는 허위사실 여부를 관할 선거관리위원회가 직접 판단한다.

에게만 특별하게 허용된 선거운동 방법이다. 다만, 조합장을 대의원회에서 선출하는 경우에는 선거벽보의 작성·첩부의 방법에 의한 선거운동이 허용되지 않는다(위탁선거법 §24③ 3.).

선거벽보의 규격은 길이 53㎝ 너비 38㎝로 하되, 길이를 상하로 하여 종이로 작성한다(위탁선거규칙 §13①). 선거벽보 작성에 관하여 그 밖의 제한사항은 없다.

후보자가 제출할 선거벽보의 수량은 첩부수량에 10%를 가산한 수로 하고, 후보자가 보완첩부를 위하여 보관할 수량은 첩부수량의 30%로 한다(위탁선거규칙 §13②). 관할 선거관리위원회에 제출할 수량과 후보자가 보완첩부를 위하여 보관할 수량을 더한 것이 바로 선거벽보 작성수량이 된다.

선거벽보는 선거인명부확정일 전일까지 관할 선거관리위원회에 제출해야 한다(위탁선거법 §26①). 선거공보의 제출기한과 동일하다. 관할 선거관리위원회는 제출마감일 후 2일까지 선거벽보를 해당 조합의 본점과 지점의 건물·게시판에는 물론, 해당 조합과 협의한 장소에 첩부한다(위탁선거법 §26②).[43]

첩부한 선거벽보가 더럽혀지거나 찢어지거나 낙서가 되어 그 효용을 다할 수 없는 경우, 해당 후보자는 공고된 수량의 범위에서 그 선거벽보 위에 덧붙이는 방법으로 보완첩부를 할 수 있다(위탁선거규칙 §13④).

보완첩부 외에 누구든지 선거인이 볼 수 있는 장소에 후보자

---

43) 2024년 1월 30일 위탁선거법의 개정에 따라 선거벽보 첩부장소로 위탁단체와 협의한 장소가 추가되었다. 주로 비조합원이 방문하는 조합의 영업장보다 조합원이 일상적으로 이용하는 시설에 선거벽보를 첩부하기 위한 취지이다. 농협의 작목반이나 수협의 어촌계 사무실 등이 이에 해당할 것이다. 2023. 11. 14. 행정안전위원회 법안심사제2소위원회 회의록 참조.

의 선거벽보를 붙이는 행위는 모두 금지된 방법의 선거운동에 해
당하여 처벌대상이 된다. 다만, 후보자의 서재에 붙인다면 선거
벽보도 그리 섭섭해하지는 않을 것이다.

나. 선거공보에 관한 규정의 준용

선거벽보의 작성·첩부에 관해서는 선거공보에 관한 규정을
준용한다(위탁선거법 §26③, 위탁선거규칙 §13⑤). 이에 따라 제출된
선거벽보가 규격을 넘거나 미달하는 경우 첩부하지 않고, 제출된
선거벽보는 철회할 수 없으며, 오기誤記나 위탁선거법에 위반되
는 내용이 게재된 경우에는 후보자가 제출마감일까지 정정할 수
있다.

아울러 선거벽보에도 후보자의 경력 등에 거짓의 내용이 게
재되어 있으면 선거인은 관할 선거관리위원회에 이의를 제기할
수 있고, 후보자가 증명서류를 제출하지 않거나 거짓 사실임이
판명된 때에는 그 사실을 공고한다(위탁선거법 §26③). 선거벽보의
게재내용에 관하여 이의가 제기된 경우 제출·접수 또는 첩부의
진행에 영향을 주지 않는 점도 선거공보와 같다(위탁선거규칙 §13
⑤).

조합은 후보자등록신청개시일 전 10일까지 관할 선거관리위
원회에 선거벽보의 첩부수량과 첩부장소를 통보해야 하고, 관할
선거관리위원회는 후보자등록신청개시일 전 5일까지 선거벽보의
작성수량·제출수량 및 첩부수량을 공고해야 한다(위탁선거규칙
§13⑤).

3. 어깨띠 · 윗옷 · 소품을 활용한 선거운동

조합장선거의 후보자와 그의 선거운동원은 선거운동기간 중 어깨띠 또는 윗옷上衣을 착용하거나 소품을 이용하여 선거운동을 할 수 있다(위탁선거법 §27). 다만, 대의원회에서 조합장을 선출하는 경우에는 허용되지 않는다(위탁선거법 §24③ 3.). 공직선거법과 달리 위탁선거법에서는 어깨띠, 윗옷, 소품의 규격에 명시적 제한을 두지는 않고 있으나, 그 어깨띠 등이 통상적인 크기를 현저하게 벗어난다면 허용된 선거운동 방법으로 보기 어려울 것이다.

어깨띠나 윗옷上衣의 경우 착용하여 선거운동을 할 수 있고, '착용'의 사전적 의미가 의복, 모자, 신발 따위를 입거나 쓰거나 신거나 차는 것을 의미하므로, 선거운동을 위하여 어깨띠나 윗옷을 착용하는 경우에도 '신체의 일부와 떨어지지 않는 상태'로[44] 사용해야 할 것이다.

참고적으로 어깨띠의 경우 공직선거관리규칙에서 그 규격을 길이 240㎝ 너비 20㎝ 이내로 제한하고 있다(§26의2⑧). 이는 통상적으로 거리 캠페인 등에 활용하는 어깨띠의 규격이므로, 후보자가 몸에 두를 수 없을 정도의 커다란 어깨띠를 끌고 다니며 선거운동을 하는 것은 위탁선거법에서 허용된 방법이 아니다.

아울러 선거운동용 소품의 규격도 공직선거관리규칙에서는 옷에 붙이거나 사람이 입거나 한 손으로 지닐 수 있는 정도의 크기로 정하고 있으므로(§33), 조합장선거에서 후보자 홀로 감당 못할 크기의 선전물을 소품이라 우겨서는 안 될 일이다.

---

44) 서울고등법원 2014. 12. 18. 선고 2014노3279 판결

4. 전화를 이용한 선거운동

가. 직접 통화의 방법

조합장선거의 후보자·예비후보자와 그의 선거운동원은 선거일이 아닌 때에 직접 통화하는 방법으로 선거운동을 할 수 있다. 다만, 오후 10시부터 다음 날 오전 7시까지는 금지된다(위탁선거법 §28). 야간시간대 전화통화에 의한 선거운동을 금지하는 취지가 선거인의 숙면권과 일상의 평온을 보호하기 위한 것이므로, 그 전화기에 적용된 기술구조와는 무관한 것으로 보인다.

따라서 유선전화, 무선전화는 물론 인터넷 전화라도 수신자와 직접 통화하는 방식이라면 모두 야간시간에는 금지되는 것으로 보아야 할 것이다.

주간이라도 직접 통화에 의한 선거운동 방법은 송화자·수화자 간 쌍방향 의사소통 방법의 선거운동을 허용한 것이므로, 일방적·편면적片面的 의사표시 방법인 컴퓨터를 활용한 자동송신장치TRS가 설치된 전화를 이용한 선거운동은 금지된다.

다만, 전화번호 데이터베이스를 활용하여 컴퓨터가 전화를 걸고 전화를 받은 선거인에게 후보자·예비후보자 또는 제3자의 녹음된 음성으로 통화의사를 확인한 후, 승낙하는 선거인과 후보자 등이 통화하는 방식으로 선거운동을 하는 것은 무방하다. 아울러 선거인과 직접 통화하는 방식으로 선거운동을 한 후 전화를 끊기 전에 추가로 후보자·예비후보자의 공약사항을 청취할 것인지를 묻고 이에 동의하는 선거인에게 녹음된 공약내용을 들려주는 것도 직접 통화에 부수되는 행위로 보아 허용된다.

한편, 직접 통화하는 방법으로 선거운동을 하면서 이동통신사의 레터링 부가서비스를[45] 활용하여 수신자의 전화기에 후보자·예비후보자의 기호 또는 성명이나 지지를 호소하는 내용의 문자를 표출하는 것은 문자메시지를 활용한 선거운동으로 허용된다.[46]

나. 문자메시지 전송

조합장선거의 후보자·예비후보자와 그의 선거운동원은 선거일이 아닌 때에 전화를 이용하여 문자메시지를 전송하는 방법으로 선거운동을 할 수 있다(위탁선거법 §28). 자동동보통신에 의한 방법으로 문자메시지 대량 발송도 가능하지만, 문자메시지에 글자 외에 음성·화상·동영상 등을 탑재하는 것은 금지된다.

다만, 2024년 1월 30일 위탁선거법의 개정에 따라 모든 인터넷 홈페이지에서 선거운동이 허용됨에 따라 인터넷 언론사의 기사 또는 동영상이나 사진 등 콘텐츠가 게시되어 있는 인터넷 주소, 즉 URL을 문자메시지에 링크하는 행위가 가능해졌다.[47]

---

45) 발신자의 전화가 보이스 피싱이나 스팸전화로 오해받지 않도록 전화벨이 울릴 때 수신자 전화기에 발신자의 명의 등 가입자가 원하는 문자를 표시해주는 서비스를 말한다. 요금은 1,000건당 1만원 정도로 알려져 있다.

46) 중앙선거관리위원회 2023. 3. 29. 전국동시조합장선거 선례 정비 및 법규운용기준 참조.

47) 종전에는 해당 위탁단체의 홈페이지에서만 선거운동이 허용되었다. 따라서 문자메시지로 포털사이트 등 인터넷 홈페이지의 URL 전송이 금지된 이유는 문자가 아니기 때문이 아니라 선거운동을 할 수 있는 인터넷 홈페이지가 아니었기 때문에 금지된 것이다. 이제는 해묵은 과거가 되었다.

문자메시지를 이용한 선거운동도 직접 통화하는 방법과 마찬가지로 오후 10시부터 다음 날 오전 7시까지는 금지된다. 여기에서 문자메시지는 전통적인 무선 이동통신에 기반한 휴대전화를 활용하여 의사소통하는 방법을 의미한다.

따라서 메시지의 수신자가 특정되었더라도 카톡, 텔레그램 등 인터넷 네트워크를 활용한 의사소통은 문자메시지에 관한 규제의 적용대상이 아니다. 카톡이나 페이스북 등 SNS 플랫폼을 활용하여 전송되는 메시지에는 음성·화상·동영상을 자유롭게 탑재할 수 있다는 의미다.

사견으로는 스마트폰 등 첨단 정보통신기술이 광범위하게 보급된 현대 선거환경에서 문자메시지를 하나의 플랫폼으로 이해한다면, 그 플랫폼에 탑재되는 콘텐츠의 형식에는 제한을 둘 필요가 없다고 본다. 이왕 도로를 개통하였다면 자율주행 승용차든 구형 버스든 차량을 구분하여 통행을 제한할 필요가 없기 때문이다.

참고적으로 공직선거법은 시대정신이 가리키는 방향으로 진화하며 점진적으로 규제를 완화하면서 국민들의 건전한 생활양식에 어울리는 옷으로 갈아입었다. 예컨대, 과거에는 문자메시지에 화상이나 동영상을 탑재할 수 없도록 금지하였으나, 2000년대 이후 점차적으로 규제를 완화하면서 지금은 문자메시지에 탑재되는 콘텐츠에 대한 제한을 폐지하는 한편, 선거 당일에도 문자메시지에 의한 선거운동을 허용하고 있다.

실효성과 규범력이 의심스러운 낡은 규제를 유지하여 얻게 될 실익이라고는 소모적인 논쟁뿐이다.

168

다. 휴대전화 가상번호 활용

(1) 가상번호 발급신청

조합장선거의 후보자는 전화를 이용한 선거운동을 위하여 해당 조합에 조합원의 이동전화번호가 노출되지 않도록 생성한 번호(이하 "휴대전화 가상번호"라 한다)를 이동통신사업자로부터 발급받아 제공하여 줄 것을 요청할 수 있다(위탁선거법 §30의3①).

휴대전화 가상번호 발급제도의 도입은 선거인에 관한 정보격차로 인하여 후보자간 선거운동의 기회에 불공정이 초래되는 부분을 바로잡기 위한 제도개선으로서 그 의미가 적지 않으나, 예비후보자에게도 이를 허용하지 않은 부분은 다소 아쉬움이 있다.

후보자로부터 휴대전화 가상번호 제공요청이 있는 경우 조합은 관할 선거관리위원회를 경유해야 한다.[48] 선거관리위원회는 휴대전화 가상번호 제공 요청서를 심사한 후 3일 이내에 해당 요청서를 이동통신사업자에게 송부한다(위탁선거법 §30의3② · ③).

이동통신사업자가 휴대전화 가상번호 제공요청을 받은 때에는 그날부터 7일 이내에 해당 요청서에 따라 휴대전화 가상번호를 생성하고 관할 선거관리위원회를 경유하여 조합에 제공해야 한다(위탁선거법 §30의3⑤).

조합은 소속 조합원들에게 미리 본인의 이동전화번호가 조합장선거의 후보자에게 가상번호로 제공된다는 사실과 그 제공을 거부할 수 있다는 사실을 문자메시지, 전자우편, 홈페이지 게시

---

[48] 이 경우 관할 선거관리위원회는 시 · 도선거관리위원회가 된다(위탁선거규칙 §15조의3① 2.). 관할 선거관리위원회는 해당 조합에 제공요청서의 보완 또는 자료 제출을 요구할 수 있다. 위탁선거법 제30조의3제4항 참조.

등의 방법으로 알려야 한다. 이 경우 조합은 명시적으로 거부의
사를 밝힌 회원의 휴대전화 가상번호를 후보자에게 제공해서는
안 된다(위탁선거법 §30의3⑦, 위탁선거규칙 §15의4①).

(2) 가상번호 생성방법

위탁선거법에 따른 휴대전화 가상번호 제공제도는 조합원의
개인정보를 보호하면서 후보자간 전화를 이용한 선거운동에 공정
한 기회를 보장하고 후보자들의 선거운동에 편익을 제공하기 위
한 것이 주된 목적이다. 따라서 휴대전화 가상번호를 생성하는
때에는 조합원명부에서 표본을 추출하는 것이 아니라 조합원명부
의 전체 휴대전화 번호를 단순히 가상번호로 변환할 뿐이다.[49]

이동통신사업자가 휴대전화 가상번호를 생성하여 제공하는
데 소요되는 비용은 해당 조합이 부담한다. 이 경우 이동통신사
업자는 최소한의 비용을 청구해야 한다(위탁선거법 §30의3⑪).

참고적으로 공직선거법에 따른 선거 또는 당내경선의 여론조
사를 위하여 이동통신사업자가 휴대전화 가상번호를 생성하는 때
에는 전체 모집단 중에서 대표성이 확보된 표본을 추출하여 가상
번호를 생성하여 제공한다(공직선거관리규칙 §25의8② · §48의5③).

(3) 가상번호 제공과 사용제한

이동통신사업자가 휴대전화 가상번호를 제공하는 때에는 전
자적 파일로 암호화하고 유효기간을 설정해야 한다. 이 경우 그
유효기간은 선거일을 넘길 수 없다(위탁선거법 §30의3⑥ 1., 위탁선
거규칙 §15의5①). 후보자는 휴대전화 가상번호의 유효기간이 지

---

49) 2023. 11. 14. 국회안전행정위원회 법안심사제2소위 회의록 13쪽 참조.

난 때에는 즉시 폐기해야 한다(위탁선거법 §30의3⑩).

휴대전화 가상번호를 제공받은 후보자는 그 번호를 선거운동 외에 다른 목적으로 사용하거나 제3자에게 제공할 수 없다(위탁선거법 §30의3⑨).[50] 다만, 조합이 특정 후보자의 요청에 따라 이동통신사업자에게서 휴대전화 가상번호를 제공 받은 후 해당 선거의 다른 후보자로부터 가상번호 제공 요청이 있는 경우 이미 제공 받은 가상번호를 해당 후보자에게도 제공할 수 있다(위탁선거법 §30의3⑧).

실무적으로는 조합이 조합장선거의 후보자들에게 휴대전화 가상번호 제공요청을 하도록 사전에 안내하고, 후보자들의 제공 요청서를 모아서 관할 선거관리위원회에 보낸 후, 이동통신사업 자로부터 발급받은 휴대전화 가상번호는 당초 제공요청서를 제출한 후보자 모두에게 일괄하여 제공하는 방법이 적절해 보인다.

5. 정보통신망을 활용한 선거운동

가. SNS 게시와 전자우편 전송

조합장선거의 후보자·예비후보자와 그의 선거운동원은 선거일이 아닌 때에 전자우편을 전송하는 방법으로 선거운동을 할 수 있다. 여기에서 전자우편이란 네트워크를 통하여 문자·음성·화

---

50) 해당 규정은 여론조사기관에 휴대전화 가상번호를 제공할 수 있는지에 관하여 논란이 예상된다. 문리해석상 금지되는 것으로 보이지만, 후보자들이 판세분석을 위하여 여론조사기관에 실제 전화번호를 유출하는 것보다 차라리 가상번호 제공을 허용하는 것이 조합원의 개인정보 보호의 측면이나 후보자의 선거운동의 자유를 보장하는 측면에서 바람직한 것으로 보인다.

상 또는 동영상 등의 정보를 주고받는 통신시스템을 말한다(위탁
선거법 §29① 2.). 전자우편에 의한 선거운동 방법의 일환으로
SNS를 활용한 선거운동이 가능한지 의문이 들 수 있으나, 일찍이
공직선거에서도 트위터가[51] 새로운 의사소통 방식으로 등장하였
을 때,[52] 중앙선거관리위원회는 이를 전자우편과 인터넷 홈페이
지가 결합된 구조로 보아 공직선거법의 전자우편에 관한 규정을
적용함으로써 적법한 선거운동 방법으로 수용한 바 있다.

당연히 위탁선거법에서도 중앙선거관리위원회는 전자우편의
개념에 페이스북, 카카오톡 등 SNS를 포함하여[53] 운용하고 있다.
문자메시지와 달리 SNS와 전자우편에 탑재되는 콘텐츠에는 제한
이 없다. 사진이든 동영상이든 음성이든 모두 가능하다.

다만, 선거공보의 제작방법에서 살펴보았듯 조합장선거의 선
거운동은 후보자 · 예비후보자 및 그의 선거운동원에게만 허용되
어 있으므로, 그 밖의 사람이 후보자의 선거운동을 하는 모습이
담긴 사진 또는 동영상 등을 게시하거나 전송해서는 안 된다.

나. 인터넷 홈페이지 활용

2024년 1월 30일 위탁선거법의 개정에 따라 후보자 · 예비후
보자와 그의 선거운동원은 선거일이 아닌 때에 모든 인터넷 홈페
이지의 게시판 · 대화방에 글이나 동영상 등을 게시하는 방법으로

---

51) 트위터는 현재 그 명칭이 X로 변경되었다.
52) SNS의 대표주자로서 트위터는 2010년 실시한 제5회 전국동시지방선거에서 본격
　　적으로 등장하였다. 당시 신종 플랫폼의 등장에 골머리를 앓았던 일부 인사들은
　　SNS를 Stress N(and) Stress라 표현하기도 하였다.
53) 중앙선거관리위원회 2022. 10. 『위탁선거법 사례예시집』 24쪽 하단 참조.

선거운동을 할 수 있도록 허용되었다(위탁선거법 §29① 1.). 이에 따라 조합장선거에서는[54] 네이버Naver, 다음Daum 등 포털사이트, 언론사, 유튜브YouTube 등 홈페이지와 블로그 또는 카페에 글이나 동영상 등 콘텐츠를 게시하는 방법으로 선거운동을 할 수 있다.

한편, 관할 선거관리위원회는 위탁선거법에 위반되는 정보가 인터넷 홈페이지의 게시판·대화방 등에 게시된 때에는 그 인터넷 홈페이지의 관리자·운영자 등에게 해당 정보의 삭제를 요청할 수 있다. 이 경우 그 요청을 받은 인터넷 홈페이지의 관리자·운영자 등은 지체 없이 이에 따라야 한다(위탁선거법 §29②). 주로 허위사실 공표나 후보자 비방이 이에 해당할 것이다.

관할 선거관리위원회의 삭제요청에 따라 정보가 삭제된 경우 해당 정보를 게시한 사람은 그 정보가 삭제된 날부터 3일 이내에 관할 선거관리위원회에 이의신청을 할 수 있다(위탁선거법 §29③).

이의신청이 이유 있으면 관할 선거관리위원회는 해당 인터넷 홈페이지의 관리자·운영자 또는 정보통신서비스 제공자에 대한 삭제요청을 철회하고 이의신청인에게 그 처리결과를, 이유 없다고 인정되는 경우에는 이를 기각하고 이의신청인에게 각각 그 뜻을 통지한다(위탁선거규칙 §14④).

정보가 삭제된 날부터 3일이 지난 후에 이의신청이 있으면 관할 선거관리위원회는 그 신청을 각하한다(위탁선거규칙 §14③).

---

54) 조합의 일반 임원선거에서는 여전히 개별 조합법에 따른 선거규제가 적용되므로 해당 조합의 홈페이지에서만 선거운동이 가능하다.

6. 공개된 장소에서 명함 배부와 지지 호소

가. 명함의 규격과 게재내용

조합장선거에서 선거운동으로 허용되는 명함의 규격은 길이 9cm 너비 5cm 이내로 일반적인 명함의 크기와 같다(위탁선거법 §30). 선거운동용으로 허용된 명함에는 후보자의 선거공약 등 홍보에 필요한 사항을 게재할 수 있다. 예컨대, 과거 다른 사람과 함께 찍은 사진을 게재할 수 있고, 자신의 기표란에 기표한 투표지 그림을 게재할 수도 있다. 다만, 게재내용이 거짓이거나 합성사진을 게재한 경우에는 허위사실공표죄로 처벌될 수 있다.

나. 명함 배부방법

조합장선거의 후보자와 그의 선거운동원은 선거운동기간 중 다수인이 왕래하거나 모이는 공개된 장소에서 선거운동을 위한 명함을 선거인에게 직접 주는 방법으로 선거운동을 할 수 있다(위탁선거법 §30). 다만, 예비후보자와 그의 선거운동원은 조합이 사전에 공개한 행사장에 한정하여 명함을 배부하거나 지지를 호소할 수 있지만(위탁선거법 §24의2⑦ 2.), 이조차 대의원회의 방식으로 조합장을 선출하는 경우에는 허용되지 않는다.[55]

명함은 자신을 소개하기 위하여 상대방과 직접 주고받는 것

---

[55] 조합장을 대의원회의 방법으로 선출하는 경우에는 예비후보자뿐만 아니라 후보자도 명함을 배부하거나 지지를 호소하는 방법으로는 선거운동을 할 수 없다. 위탁선거법 제24조제3항제3호 참조.

이 상례이므로, 선거운동을 위한 명함을 경로당이나 식당·미용실 등에 비치하거나, 우편함에 넣어 두거나, 아파트 출입문 틈새로 투입하는 행위는 명함을 선거인에게 직접 주는 행위가 아니므로 법에 위반된다.56) 비록 이러한 행위를 후보자 본인이 직접 하였더라도 위법한 배부방법이라는 점에는 변명의 여지가 없다.57)

다. 공개된 장소에서 지지 호소

조합장선거의 후보자와 그의 선거운동원은 시장, 백화점, 마트, 공원, 도로변, 공공기관의 민원실 등 다수인이 모이거나 왕래하는 공개된 장소에서 지지를 호소하는 방법으로 선거운동을 할 수 있다. 다만, 다수인이 모이거나 왕래하는 공개된 장소라도 병원·종교시설·극장의 옥내와 조합의 본점 또는 지점의 건물 안에서는 선거운동을 할 수 없다(위탁선거규칙 §15).

또한 조합원의 집을 방문하는 행위는 호별방문에 해당하여 금지되고, 다수인의 모임에서 지지를 호소하는 행위는 집회를 이용한 선거운동에 해당하여 위법하다. 실제 조합장선거에서 초등학교 총동창회 정기총회 참석자를 대상으로 선거운동을 위한 명함을 배부하거나,58) 집회를 이용하여 정견을 발표하는 방식으로 지지를 호소한 행위는 모두 처벌을 면하지 못하였다.59)

---

56) 대법원 2004. 8. 16. 선고 2004도3062 판결
57) 이 경우 위탁선거법 제66조제2항제1호 위반이 아니라 같은 항 제7호가 적용되어야 할 것이다. 명함은 이미 허용된 선거운동 방법이기 때문이다.
58) 제주지법 2015. 8. 20. 선고 2015고정560 판결
59) 대법원 2007. 9. 6. 선고 2007도1604 판결

7. 조합 공개행사에서 정책발표

2024년 1월 30일 위탁선거법의 개정에 따라 조합장선거의 예비후보자와 후보자는 해당 조합이 개최하는 공개행사를 방문하여 자신의 정책을 발표할 수 있도록 새로운 선거운동 방법이 추가적으로 허용되었다(§30의4).

공개행사에서 정책을 발표하려는 예비후보자와 후보자는 참석할 공개행사의 일시, 소견발표에 소요되는 시간과 발표 방법 등을 해당 조합에 미리 신고해야 한다. 이 경우 조합은 정당한 사유 없이 이를 거부할 수 없다(위탁선거법 §30의4②).

조합은 예비후보자 등록신청개시일 전 5일부터 선거일 전일까지 매주 예비후보자와 후보자의 정책발표가 가능한 공개행사의 일시와 소견발표가 가능한 시간을 인터넷 홈페이지 등에 공고해야60) 한다(위탁선거법 §30의4③). 다만, 해당 조합의 공개행사가 없는 경우 공고를 생략할 수 있다(위탁선거규칙 §15의7① 단서).

이제 조합은 조합장선거와 관련한 업무수행에 관하여 끊임없이 자신의 공정성을 증명해야만 한다.

---

60) 실제 공고서식에는 행사명, 행사의 일시와 장소, 참석 예정 인원, 정책 발표시간은 물론, 정책발표를 진행할 사회자의 성명과 직위를 함께 공고하도록 정하고 있다. 위탁선거규칙 별지 제14호의6서식 참조.

제4장

제한 · 금지된 선거운동

　특정 선거에서 선거운동의 자유를 폭넓게 보장할 것인지 아니면 선거의 공정을 더 두텁게 보호할 것인지에 관하여 상충하는 법익 간 조화로운 해결책을 모색하는 것은 입법정책적 결단의 영역으로 보인다.

　대의원회 등 간접선거로 대표자를 선출하는 경우에는 선거운동의 자유가 큰 의미를 갖지 못하지만, 직선제를 적용하는 경우 선거인에게 적정한 판단자료의 제공을 위하여 선거운동의 자유가 중요해진다.

　조합장선거에서는 아직 선거의 자유보다 공정에 더 무게를 두어 선거운동을 엄격히 규제하고 있다. 이 장에서는 그 내용을 살펴본다.

임직원의 지위를 이용한 선거운동 등 금지

1. 지위를 이용한 선거운동 등 금지 개요

가. 금지행위 개요

위탁선거법은 위탁단체의 임직원에게 지위를 이용한 선거운동은 물론, 선거에 영향을 미치는 행위도 금지하고 있다(§31). 구체적인 금지내용은 다음과 같다.

① 지위를 이용하여 선거운동을 하는 행위
② 지위를 이용하여 선거운동의 기획에 참여하거나 그 기획의 실시에 관여하는 행위
③ 후보자 또는 후보자가 되려는 사람에 대한 선거권자의 지지도를 조사하거나 이를 발표하는 행위

지위를 이용한 선거운동 등 금지규정을 위반하면 2년 이하의 징역 또는 2천만원 이하의 벌금에 처해질 수 있다(위탁선거법 §66. 8.). 다만, 해당 규정은 농협법·수협법 및 산림조합법에 따른 조

합장선거나 새마을금고법 또는 신용협동조합법에 따른 이사장선거처럼 관할 선거관리위원회에 의무적으로 선거관리를 위탁해야 하는 선거에만 적용된다(위탁선거법 §57① 본문·②).

나. 임직원의 범위

지위를 이용하여 선거운동을 하는 행위 또는 선거에 영향을 미치는 행위가 금지된 조합의 임직원이란 임원과 직원을 지칭한다. 농협법·수협법 및 산림조합법에 따른 임원의 범위에는 이사와 감사가 포함되고,[1] 전무와 상무는 간부직원으로 분류된다.[2]

임직원의 지위를 이용한 선거운동 금지규정은 조합의 임직원에게만 적용되는 진정신분범 규정이므로, 만일 조합의 운영에 지대한 영향력을 행사할 수 있는 사람이 그 정치적·사회적 지위를 악용하여 선거운동을 하더라도 최소한 본조 위반은 아니다.

다. 지위를 이용하여의 의미

'지위를 이용하여'란 임직원이 개인의 자격으로서가 아니라 임직원의 지위와 결부되어 선거운동을 하는 것을 의미한다. 즉 임직원의 지위에 있기 때문에 선거운동을 특히 효과적으로 할 수 있는 영향력 또는 편익을 이용하는 것을 말한다.

구체적으로는 그 지위에 수반되는 신분상의 지휘감독권이나

---

1) 지역농협 정관례 제51조, 지구별수협 정관예 제51조, 산림조합 정관예 제59조 등 참조.
2) 지역농협 정관례 제60조, 지구별수협 정관예 제63조, 산림조합 정관예 제68조 등 참조.

직무상 권한을 이용하는 것으로서 담당 사무와 관련하여 임직원이 직무를 수행하는 사무소 내부 또는 외부의 사람에게 작용하는 것도 포함된다.3) 결국 지위를 이용한 선거운동의 핵심은 바로 직무관련성이다. 따라서 임직원의 신분을 보유하고 있더라도 친구나 동창, 친족 등 사적私的 관계를 이용한 선거운동은 본조에서 금지하는 지위를 이용한 선거운동이 아니다.

다시 말하자면, 지위를 이용한 선거운동이란 임직원의 지위와 결부되어 선거운동을 효과적으로 할 수 있는 영향력 또는 편익을 이용하는 것을 의미하므로,4) 단순히 조합의 임직원 신분을 보유하고 있다 하여 해당 임직원의 모든 선거운동을 지위를 이용한 선거운동으로 평가해서는 안 된다는 의미이다.

라. 금지규정의 입법취지

농협법·수협법 및 산림조합법에 따른 조합장선거와 새마을금고법에 따른 이사장선거를 제외하고는 선거의 관리를 관할 선거관리위원회에 의무적으로 위탁하는 선거라도 선거운동의 주체와 시기 또는 방법에 관하여는 위탁선거법의 규제를 적용하지 않는다(위탁선거법 §22). 위탁단체의 자율성을 존중하기 위함이다.

따라서 위탁선거법의 지위를 이용한 선거운동 금지규정은 개별 법률에서 해당 임직원에게 선거운동이 허용되었는지를 묻지 않고5) 임직원이 그 신분과 지위로 인한 특수 관계가 보유하는 영

---

3) 대법원 2018. 4. 19. 선고 2017도14322 전원합의체 판결, 헌법재판소 2008. 5. 29. 선고 2006헌마1096 결정, 헌법재판소 2022. 8. 31. 선고 2018헌바440 결정 등 참조.
4) 대법원 2013. 11. 28. 선고 2010도12244 판결

향력을 선거운동 등에 이용하는 것을 금지하는 점에 그 의의가 있다.

쉽게 설명하면, 개별 법률에서 특정 단체의 임직원에게 선거운동이 허용되었더라도, 관할 선거관리위원회의 위탁관리가 의무화된 선거에는 위탁선거법이 우선 적용되어 해당 단체의 임직원이 공적인 업무수행에 편승하여 외부의 선거인을 대상으로 하거나, 내부의 지휘·감독권이 미치는 임직원을 대상으로 하는 선거운동 또는 선거에 영향을 미치는 행위는 금지된다는 의미이다.

만일 지위를 이용한 선거운동 또는 지위를 이용하여 선거에 영향을 미치는 행위를 허용하게 되면, 선거인의 자유로운 의사형성과 후보자 선택에 관한 의사결정을 왜곡하여 선거의 자유와 공정을 크게 위협할 것이다.

이와 같이 중대한 법익침해가 예상되는 경우에는 개별 법률의 금지 입법을 기다릴 필요가 없이 위탁선거법이 직접 임직원의 지위를 이용한 선거운동과 선거에 영향을 미치는 행위를 금지함으로써 공공성이 강한 위탁단체의 임원선거에서 선거의 자유와 공정을 확보하기 위한 것이 바로 본조의 입법취지이다.

따라서 개별 법률에서 대표자 선출을 위한 선거를 관할 선거관리위원회에 의무적으로 위탁하도록 규정한 경우에는 해당 위탁단체의 임직원에게 일종의 선거중립의무가 부과되는 것이다.

---

5) 만일 개별 법률에서 임직원의 선거운동을 금지하는 규정을 둔 경우 지위를 이용한 선거운동을 하였다면 더욱 무겁게 처벌될 수 있을 것이다.

2. 구체적인 금지행위

가. 지위를 이용한 선거운동 금지

조합의 임직원은 지위를 이용하여 선거운동을 할 수 없다(위탁선거법 §31 1.). 지위를 이용한 선거운동은 임직원이 그 직무를 집행함에 즈음하여 선거운동을 하는 경우 또는 임직원이 그 직무상의 지휘 · 감독권이 미치는 사람을 대상으로 선거운동을 하거나 그 직무에 관련한 행위에 편승하여 선거운동을 함으로써 선거인에게 영향력을 줄 수 있는 경우를 포함한다.[6]

예컨대, 영농자금 대출 심사를 하면서 조합원을 대상으로 선거운동을 하거나, 조합의 사업을 홍보하는 기회를 이용하여 조합원을 대상으로 선거운동을 하거나, 조합장 · 이사 · 감사 등 임원 또는 전무 · 상무 등 간부직원이 소속 직원을 대상으로 선거운동을 하는 행위가 바로 지위를 이용한 선거운동의 전형적인 사례가 될 것이다.

또한 지위를 이용한다는 의미는 반드시 임직원의 신분을 드러내어 영향력을 행사하는 것에 한정되는 것이 아니라 신분을 드러내지 않고 활동하는 경우에도 업무의 일환으로서 임직원 신분이기 때문에 활동을 더욱 효과적으로 할 수 있는 영향력 또는 편익을 이용하였다면 이는 지위를 이용한 행위로 볼 수 있다.[7]

따라서 그러한 임직원 신분으로서의 영향력 또는 편익을 활

---

6) 대법원 2004. 4. 27. 선고 2003도6653 판결
7) 대법원 2018. 4. 19. 선고 2017도14322 전원합의체 판결

184

용하여 선거운동을 하였다면 이는 지위를 이용한 선거운동으로
평가하는데 부족함이 없을 것이다.

나. 선거운동 기획에 참여 금지

위탁선거법은 지위를 이용하여 선거운동의 기획에 참여하거
나 그 기획의 실시에 관여하는 행위를 금지하고 있다(§31 2.). 여
기에서 '선거운동의 기획에 참여하거나 그 기획의 실시에 관여하
는 행위'란 선거운동의 효율적 수행을 위한 일체의 계획 수립에
참여하는 행위 또는 그 계획을 직접 실시하거나 실시에 관하여
지시·지도함으로써 선거에 영향을 미치는 행위를 말한다.[8]

이는 반드시 구체적인 선거운동을 염두에 두고 그에 관한 기
획에 참여하는 행위뿐만 아니라 선거운동의 방안을 제시하는 등
의 방법으로 후보자의 선거운동계획 수립에 직접적·간접적으로
관여하였다면 선거운동의 기획에 '참여'하였다고 볼 수 있다.[9]

다만, 임직원이 개인적으로 후보자를 위한 선거운동에 관한
의견을 표명한 행위만으로는 선거운동의 기획에 참여한 것으로
평가하기 어렵다.[10] 아울러 후보자가 자신을 위한 선거운동의 기
획에 다른 임직원이 참여하는 행위를 단순히 묵인하였거나 소극
적으로 이익을 누린 것만으로는 본조 위반으로 보기 어려울 것이
다.[11]

조합 임직원이 선거운동의 기획에 참여하는 행위의 전형적인

---

8) 헌법재판소 2008. 5. 29. 선고 2006헌마1096 결정 참조.
9) 대법원 2007. 10. 25. 선고 2007도4069 판결
10) 대법원 2013. 11. 28. 선고 2010도12244 판결
11) 대법원 2007. 11. 15. 선고 2007도3061 판결

사례로서, 예비후보자의 정책발표를 위한 자료 수집행위, 후보자의 인터뷰자료 수집 · 작성 행위, 후보자 소견발표회 발표문 작성 · 검토 행위, 후보자가 되려는 현직 조합장의 지지층을 확대하기 위한 목적의 행사계획서 작성 행위, 입후보예정자별 지지기반 분석자료 작성 · 제공 행위, 경쟁 후보자와 연관이 있는 조합원 명단 작성 · 제공 행위 등을 들 수 있다.

참고적으로 헌법재판소는 공직선거법의 관련 조항에 대하여 사적인 지위에서 하는 선거운동의 기획행위까지 포괄적으로 금지하는 것은 정치적 표현의 자유와 평등권을 침해한다는 점을 이유로 들어 한정위헌 결정을 한 바 있다.[12] 이에 국회는 2010년 1월 25일 보완 입법을 통하여 해당 조항에 '지위를 이용하여'를 추가함으로써 헌법재판소의 결정취지에 부합하도록 개정한 바 있다.

다. 후보자 등 지지도 조사 또는 발표 금지

위탁선거법은 후보자 또는 후보자가 되려는 사람에 대한 선거권자의 지지도를 조사하거나 이를 발표하는 행위를 금지하고 있다(§31 3.). 본조는 선거권자의 지지도를 발표하는 행위뿐만 아니라 조사하는 행위 자체를 금지한다. '발표'란 '공표'와 마찬가지로 그 수단이나 방법의 여하를 불문하고 불특정 또는 다수인에게 특정한 사실을 알리는 것을 말한다.

지지도 조사 금지의 쟁점은 조합장선거에 후보자로 등록한 현직 조합장도 본조의 수범자受範者에 해당하는지 여부이다. 만일 후보자로 등록한 현직 조합장에게도 후보자에 대한 선거권자

---

12) 헌법재판소 2008. 5. 29. 선고 2006헌마1096 결정

의 지지도 조사가 금지되는 것으로 해석할 경우 선거전략의 수립과 변경에 필요한 정보의 획득이 제한되어 선거운동의 자유에 대한 침해는 물론, 지지도 조사가 자유로운 다른 후보자와의 형평성에도 문제가 있어 선거의 공정이 훼손될 우려가 있기 때문이다.

그러나 중앙선거관리위원회는 2023년 제3회 전국동시조합장선거를 앞두고 일선 선거관리위원회에 시달한 선례 정비 및 법규운용 기준에서 후보자로 등록한 현직 조합장에게도 해당 규정이 적용됨을 명확히 밝힌 바 있다.

조합장선거에서는 현직 조합장이 후보자로 등록하더라도 공직선거의 지방자치단체장과 달리 그 직무가 정지되지 않는다는 점,[13] 조문구조 상 지위를 이용하였는지, 즉 직무관련성을 묻지 않고 지지도 조사행위를 제한하고 있는 점, 후보자의 신분 유지 기간이 최대 16일로 짧은 기간인 점 등을 고려한 것이다.

따라서 조합장선거에서도 예비후보자제도가 새로이 도입되면서 법규운용 기준에 대한 재검토의 필요성은 인정되나, 법령이나 자치법규에서 예비후보자로 등록한 조합장의 직무정지가 도입되지 않는 한 달리 판단할 가능성은 높지 않은 것으로 보인다.

한편, 여론조사 발표 행위와 관련하여 특히 유의할 점은 여론조사 결과에 대한 방송이나 기사 등 언론에서 이미 보도된 내용을 문자메시지나 SNS 등으로 전파하는 행위도 선거권자의 지지도를 발표하는 행위에 해당된다는 점이다.[14]

---

13) 지방자치단체의 장이 그 직을 가지고 해당 선거에 예비후보자 또는 후보자로 등록하면 그 날부터 선거일까지 부단체장이 그 지방자치단체의 장의 권한을 대행한다. 지방자치법 제124조제2항 참조.

14) 서울중앙지법 2015. 2. 11. 선고 2014고합1368 판결, 대검찰청 2020. 3.『공직선

수범자가 위탁단체의 임직원 대신 공무원이라는 신분에서만 다를 뿐, 유사한 금지규정을 두고 있는 공직선거법에서 중앙선거관리위원회가 '선거권자의 지지도 조사 또는 발표행위'로 해석한 사례는 다음과 같다.

① 대통령선거에 후보자가 되려는 지방자치단체장의 중도퇴임과 관련하여 공무원이 시민여론조사를 하는 행위[15]

② 교원이 모의투표를 통해 선거권이 있는 학생을 대상으로 후보자에 대한 지지도를 조사하거나 발표하는 행위[16]

3. 실제 처벌된 사례

가. 지위를 이용한 선거운동으로 처벌된 예

지위를 이용한 선거운동으로 공공단체의 임직원에게 위탁선거법의 벌칙이 적용되어 처벌된 사례를 살펴보면 다음과 같다.

① 선거운동기간전에 조합장이 자신의 사진, 이력, 경영성과, 공약사항이 포함되어 있는 보도자료 명목의 문서를 작성하여 조합직원에게 해당 조합의 홈페이지에 게시하도록 지시한 행위[17]

② 선거에 다시 출마하려는 조합장과 조합의 상임이사가 공모하여 신규 조합원을 대상으로 여러 차례 특강을 실시하면

거법 벌칙해설』 제10개정판 526쪽 참조.
15) 중앙선거관리위원회 1997. 9. 11. 회답.
16) 중앙선거관리위원회 2020. 2. 26. 회답.
17) 광주지방법원 목포지원 2016. 2. 16. 선고 2015고정412 판결

서 조합장 재직 중의 사업실적과 향후 계획을 홍보한 행위[18]

③ 조합 이사들이 "조합장은 축산농가 육성에는 관심이 없어 조합행사라는 명목으로 해외여행을 다녔다"는 내용이 게재된 조합소식 명목의 문서를 제작하여 조합원들에 송부한 행위[19]

④ 농협 총무과장이 선거운동기간 중 농협 사무실에서 조합장선거 후보자로 출마한 甲의 당선을 위하여 업무용 PC로 문자전송 사이트에 접속하여 조합원 전산명부 파일을 업로드하고 "안녕하십니까? 존경하는 조합원님! 이번 조합장선거에 출마한 기호 1번 甲 인사드립니다"라는 내용의 문자메시지를 전송한 행위[20]

나. 선거운동의 기획에 참여한 행위로 처벌된 예

선거운동의 기획에 참여하거나 그 기획의 실시에 관여하는 행위로 공공단체의 임직원에게 위탁선거법의 벌칙이 적용되어 처벌된 사례를 살펴보면 다음과 같다.

① 현직 조합장이 선거에 출마하자 해당 조합의 이사가 그 조합장의 재직 중 실적과 공약사항을 기재한 문서를 직접 작성하여 실적 관련 자료와 함께 해당 조합장 후보자의 선거홍보물 담당자에게 전달한 행위[21]

---

18) 대법원 2011. 6. 24. 선고 2010도9737 판결
19) 대법원 2008. 6. 12. 선고 2008도1421 판결
20) 광주지법 2015. 8. 19. 선고 2019고단2292 판결
21) 대법원 2011. 6. 24. 선고 2010도9737 판결

② 현직 조합장이 후보자 등록신청전 조합장 사무실에서 조합 직원에게 조합원 명부를 건네주면서 해당 직원과 친분이 있는 조합원을 표시해 달라고 지시하고, 해당 직원은 그 지시에 따라 자신과 친한 조합원을 표시한 후 그 조합원 명부를 해당 조합장에게 교부한 행위[22]

위의 처벌사례를 살펴보면 참으로 가혹한 판결이다. 침해가 되풀이될 위험성이 있어 뉘른베르크 전범재판처럼 관용을 베풀지 못했다. 어느 프랑스 철학자의 말처럼 오늘의 범죄를 단죄하지 못하면 내일의 범죄에게 용기를 주기 때문이다.

---

22) 광주지법 2016. 9. 22. 선고 2015노2917 판결

호별방문 금지

1. 호별방문 금지의 취지

위탁선거법은 누구든지 선거운동을 위하여 선거인을 호별로 방문할 수 없도록 규정하고 있다(§38). 여기에서 선거인의 범위에는 선거인명부에 오를 자격이 있는 사람을 포함하므로, 선거운동을 위한 호별방문이 금지되는 시기에는 제한이 없다.

호별방문은 많은 국가에서 일반적인 선거운동 방법으로 허용되고 있으나, 우리나라의 경우 은밀한 장소에서 이루어질 수 있는 매수행위의 위험성을 방지하기 위하여 이를 금지하고 있다.23)

헌법재판소는 호별방문 금지조항에 관하여 금품제공 등 불법적인 선거문화가 잔존하는 현실과 대체적인 다른 선거운동 방법이 존재하는 점 등을 고려할 때 해당 규제가 과잉금지원칙을 위반하여 선거운동의 자유 또는 정치적 표현의 자유를 침해하는 것으로 볼 수 없다고 결정한 바 있다.24)

---

23) 대법원 2015. 9. 10. 선고 2014도17290 판결

2. 호의 개념

일반적으로 '호'는 보통 주택의 수를 세는 단위로 사용하거나 공용건물에서 구획된 공간을 특정하기 위한 용도로 사용된다. 그러나 '호'는 일정한 인적집단의 거주단위 또는 사회적인 생활의 단위로서의 의미도 함께 가지고 있으므로,[25] 호별방문에서 금지하는 '호'는 반드시 가택에 한정되는 것이 아니라 회사·공장·사무소·점포 등도 모두 '호'에 해당된다.

따라서 '호'는 일반인이 자유롭게 출입할 수 없는 공개되지 않은 곳으로서 주거나 업무 등을 위한 장소 혹은 그에 부속하는 장소라면 모두 이에 해당할 수 있다.[26] 구체적으로 방문이 금지되는 '호'에 해당하는지는 그 장소의 구조, 사용관계와 공개성·접근성 여부, 해당 공간에 대한 점유자의 지배·관리형태 등을 종합적으로 고려하여 사회통념에 따라 판단해야 한다.[27] 조합의 본점이나 지점이 '호'에 해당함은 물론이다.

조합원 등 방문 대상자가 일시적으로 거주하는 곳이라도 불특정·다수인의 자유로운 출입이 제한된 비공개적인 장소는 '호'에 포함된다. 예컨대, 병원 입원실의 경우 병원 측이 의료행위를 제공하거나 보호자 또는 친분관계가 있는 사람의 병문안에 한하여 출입이 허용된 장소이므로 '호'에 해당한다.[28]

---

24) 헌법재판소 2019. 5. 30. 선고 2017헌바458 결정
25) 대검찰청 앞의 책 555쪽 참조.
26) 대법원 2015. 9. 10. 선고 2015도8605 판결
27) 대법원 2010. 7. 8. 선고 2009도14558 판결
28) 대구고법 2007. 3. 15. 선고 2007노38 판결

3. 호별방문의 성립요건

'호별戶別'방문은 말 그대로 연속적으로 두 집 이상을 방문해야 성립된다. 선거인의 호戶에 대한 연속적인 방문으로 인정되기 위해서 반드시 가가호호를 중단 없이 방문하거나 여러 집을 동시에 방문해야 하는 것은 아니지만, 각 방문행위 사이에는 어느 정도의 시간적 근접성이 있어야 한다.29)

호별방문의 장소적 범위는 반드시 선거인의 주택이나 건물 안에 들어가는 것뿐만 아니라 해당 건물의 부근으로서 그 거주자가 일상적으로 활동하는 영역으로 진입하면 호별방문이 성립된다.30)

따라서 선거운동을 위하여 선거인과 면담하기 위하여 방문하였으나 해당 선거인이 출타하여 들어가지 못한 경우,31) 출입문 안으로 들어가지 않고 선거운동을 위하여 대문 밖에서 인사를 한 경우,32) 선거운동을 위하여 인터폰을 통하여 방문 대상자를 밖으로 나오게 한 경우도33) 모두 금지된 호별방문에 해당된다.

---

29) 대법원 2007. 3. 15. 선고 2006도9042 판결
30) 대법원 1997. 2. 28. 선고 96도3106 판결
31) 대법원 1999. 11. 22. 선고 99도2315 판결
32) 대법원 2000. 2. 25. 선고 99도4330 판결
33) 서울북부지법 2002. 8. 30. 선고 2002고합308 판결

기타 금지된 선거운동 방법

1. 집회 개최

위탁선거법은 누구든지 선거운동을 위하여 선거인을 특정 장소에 모이게 할 수 없도록 집회 개최를 금지하고 있다(§38). 여기에서도 선거인의 범위에는 선거인명부에 오를 자격이 있는 사람을 포함하므로 집회 개최 금지가 적용되는 시기에 제한이 없다.

위탁선거법에서 후보자에게 선거운동기간 중 다수인이 왕래하거나 집합하는 공개된 장소에서 선거운동을 위한 명함을 선거인에게 직접 주거나 지지를 호소하는 방법의 선거운동을 허용함에 따라(위탁선거법 §30) 본 규정이 중요한 의미를 가지게 되었다.

왜냐하면, 다수인이 왕래하거나 모이는 공개된 장소에서 명함을 배부하거나 지지를 호소하는 방법의 선거운동이 허용되었더라도 이는 일대일 대면접촉에 의한 선거운동 방법을 허용한 것일 뿐[34] 집회를 개최하는 방법의 선거운동까지 허용된 것이 아니기

---

[34] 대법원 2007. 9. 6. 선고 2007도1604 판결

194

때문이다. 아무튼 조합장선거에서는 공직선거에서 익숙해진 후보자의 거리유세 모습을 상상해서는 안 된다.

한편, '특정 장소에 모이게 하는 행위'의 방법에는 제한이 없으므로 호별방문에 의하든, 전화에 의하든, SNS에 의하든 방법을 가리지 않는다. 따라서 해당 규정은 후보자의 특정 지역 방문일정에 맞추어 지지자들을 운집하게 하는 행위를 차단함으로써 집회에 의한 선거운동으로 변질되는 것을 막기 위한 취지로 보인다.

실제 조합장선거에서 출마와 불출마 의사를 번복했던 현직 조합장이 조합 이사와 공모하여 선거인들의 모임에 참석한 후 자연스럽게 출마선언을 하기 위하여 선거인 18명을 커피숍에 모이게 한 행위를 처벌된 사례가 있다.35)

2. 인쇄물 배부

위탁선거법은 조합장선거에서 일정한 기간동안 후보자 · 예비후보자 등 특정한 신분에게 개별적으로 열거하여 명시적으로 허용하는 선거운동 방법을 제외하고는 언제든지 누구든지 그리고 어떠한 방법으로도 일체의 선거운동을 금지하고 있다(§22② 5.).

이에 따라 조합장선거에서 선거운동 방법으로 열거한 선거공보 · 선거벽보 및 명함에 의한 선거운동을 제외하고는 인쇄물에 의한 일체의 선거운동은 모두 위법하여 처벌대상이 된다(위탁선거법 §66② 1.).

---

35) 대법원 2020. 4. 24. 선고 2020도3070 판결. 해당 조합장선거는 각 지역별 대의원 49명이 조합장을 선출하는 간선제 방식을 취하고 있었다.

인쇄되지 않았더라도 그림이나 선전물을 선거운동에 활용할 수 없다. 다만, 선전물을 후보자 등이 직접 소지하여 선거운동에 활용하는 경우에는 소품으로 보아 허용될 것이다(위탁선거법 §27).

3. 광고시설 설치

조합장선거에서 후보자가 작성·제출하고 관할 선거관리위원회가 일정한 장소에 첩부하는 선거벽보 외에는 선거운동을 위한 일체의 옥외광고물 설치가 금지된다. 후보자가 사무실을 임차하더라도 그 장소에 간판이나 현판을 설치할 수 없다.

옥외광고물 설치는 선거법 위반 여부를 별론으로 하더라도 옥외광고물 등의 관리와 옥외광고산업 진흥에 관한 법률에 위반될 수 있으므로 함부로 설치할 일이 아니다.

현수막이나 차량광고판 또는 전광판은 물론이고, 후보자가 선거벽보의 훼손에 대비하여 보완첩부용으로 보관하고 있는 선거벽보를 훼손된 벽보 위에 덧붙이는 것이 아니라 제3의 장소에 첩부하는 행위도 역시 위탁선거법에 위반된다(§66② 3.).

4. 확성장치 활용

위탁선거법은 선거운동기간 중 다수인이 왕래하거나 모이는 공개된 장소에서 지지를 호소하는 방법의 선거운동을 허용하였으나(§30), 그 선거운동에 확성장치의 사용이 허용된 것은 아니다.

포괄적 금지와 개별적 허용 방식의 선거규제를 채택하고 있는 위탁선거법에서 선거운동에 확성장치를 활용할 수 있으려면 법에 명시적인 허용근거가[36] 있어야 하기 때문이다.

따라서 조합장선거에서는 누구든지 마을방송이든 구내방송이든 차량방송이든, 휴대용이든 고정용이든 그 용도와 소유·관리자를 불문하고 확성장치를 활용하여 선거운동을 할 수 없다.

확성장치를 활용한 선거운동은 심각한 소음공해를 유발하여 조용하고 평온한 환경에서 생활할 수 있는 국민의 권리를 침해할 가능성이 높기 때문이다.[37] 참고적으로 위탁선거에서 확성장치를 이용하여 선거운동을 할 경우 위탁선거법 위반과 더불어 소음·진동관리법에도 저촉될 개연성이 있다.

5. 언론매체 · 인터넷 광고

조합장선거뿐만 아니라 모든 공공단체의 선거에서 언론매체와 인터넷을 활용한 선거운동 광고는 허용되지 않는다(위탁선거법 §24①). 언론매체는 지역이든 중앙이든, 신문이든 방송이든, 유선이든 IPTV든, 잡지이든 학술지이든 묻지 않고, 인터넷은 포털사이트이든 개별 기관이나 단체의 홈페이지든 가리지 않는다. 인터넷 카페와 블로그 또는 밴드도 예외가 될 수 없다.

2024년 1월 30일 위탁선거법의 개정에 따라 모든 인터넷 홈

---

36) 공직선거에서는 흔히 거리유세로 알려져 있는 공개장소에서의 연설·대담에 관한 규정에서 확성장치의 사용근거를 두면서 선거별 확성장치의 출력과 소음기준까지 정하고 있다. 공직선거법 제79조제3항 및 제8항 참조.
37) 헌법재판소 2001. 12. 20. 선고 2000헌바96, 2001헌바57(병합) 결정

페이지에서 선거운동이 허용되었지만(§29① 1.), 여전히 매체를 불문하고 선거운동을 위한 일체의 광고행위가 금지된다는 점에는 다언多言을 요하지 않는다. 예비후보자 · 후보자와 그가 지정한 선거운동원도 포털이나 인터넷 언론사의 기사에 댓글을 달거나, 인터넷 홈페이지의 대화방 · 게시판에 글이나 동영상 또는 사진을 게시하는 등 해당 홈페이지의 관리 또는 운영자에게 대가를 지불하지 않는 통상적인 의견표현 방법으로 선거운동을 할 수 있을 뿐이다.

6. 서명운동

서명운동을 활용한 선거운동도 위탁선거법이 허용하는 선거운동 방법이 아니다. 조합운영의 정상화를 촉구하거나 비리에 연루된 임원의 퇴진을 요구거나 조합의 합병을 추진하기 위한 서명운동을 탈법적인 선거운동으로 악용할 소지도 크다.

특히 서명 행위에 특정 후보자에 대한 지지 또는 반대의 취지가 직간접적으로 내포되어 있는 경우, 투표 전에 서명한 선거인이 스스로의 서명에 심리적으로 구속되어 자유로운 의사에 의한 투표를 방해할 위험이 있으므로,[38] 자유선거의 원칙과 공정한 선거권 행사를 보장하기 위해서라도 이를 금지함이 마땅하다.

다만, 특정한 서명운동이 선거운동을 위한 것인지는 서명 · 날인운동의 주체와 시기, 목적과 동기, 대상과 방법 등을 종합적으로 고려하여 구체적 사안마다 개별적으로 판단할 수밖에 없다.

---

38) 서울지방법원 2003. 9. 4. 선고 2003고합576 판결

7. 선거일 후 답례

가. 답례 금지의 주요 내용

위탁선거법에서는 후보자,[39] 후보자의 배우자, 후보자가 속한 기관·단체·시설은 선거일 후 당선되거나 되지 못한 것을 빌미로 선거인에게 축하·위로나 그 밖의 답례를 하기 위하여 금전·물품 또는 향응을 제공하거나, 선거인을 모이게 하여 당선축하회 또는 낙선에 대한 위로회를 개최하는 행위를 금지하고 있다(§37).

다만, 당선되었던 낙선하였던 지지에 대한 고마움의 표시로서 선거인들에게 의례적인 인사장을 발송하는 행위는 무방하다.[40] 조합이 소유하거나 관리하는 시설에 의례적인 감사의 내용을 담은 벽보를 첩부하는 행위도 무방할 것이다. 전화나 문자메시지로 감사의 인사를 전하는 것은 사람의 도리에 따른 행위로 아예 선거법의 규제영역이 아니다.

참고적으로 당선 또는 낙선에 대한 감사의 인사를 위하여 거리에 현수막을 게시하는 행위는 위탁선거법에서 제한하지 않고 있으나, 옥외광고물 등의 관리와 옥외광고산업 진흥에 관한 법률, 도로교통법 등 다른 법령에 위반되지 않도록 유의해야 한다.

공직선거의 후보자들이 선거가 끝난 후 당선 또는 낙선의 인사를 위하여 현수막을 위법하게 게시한 경우에는 그 철거권한을

---

39) 여기에서 후보자는 당연히 후보자였던 사람을 포함한다.
40) 중앙선거관리위원회 1996. 4. 19. 회답.

보유한 지방자치단체가 법집행에 상당한 자제력을 보이고 있지
만, 조합장선거의 당선자나 낙선자의 동일한 행위에 대해서는 지
방자치단체가 인내력에 쉽게 바닥을 드러낼 가능성도 있다.

나. 선거일 후 답례 금지의 취지

원칙적으로 선거가 완전 종료된 후의 행위는 선거운동이 성
립될 여지가 별로 없다. 현직 조합장이 아닌 한 기부행위 제한규
정이 적용되는 것도 아니다. 그러나 선거일 후의 행위라도 그 행
위가 선거와 관련하여 행하여지는 것인 한 비용의 지출은 물론이
고 사후매수 등 선거부정의 우려도 있다.

따라서 선거일 후 답례를 금지하는 것은 선거부정의 가능성
을 차단함은 물론, 당선자와 낙선자를 선거 관계자의 답례 요구
로부터 보호함으로써 선거의 완전성과 신뢰를 확보하기 위한 것
에 그 목적이 있다.

선거운동 규제에 관한 주요 쟁점

1. 문자메시지의 무제한적 발송

위탁선거법은 문자메시지 발송 방법에 의한 선거운동을 허용하면서 그 방법이나 횟수에 관하여는 아무런 제한을 두지 않고 있다. 오직 음성, 사진, 동영상의 탑재를 금지하고 있을 뿐이다. 여기에서 문자메시지에 대한 규제의 자유방임이 안고 있는 내재적 위험성을 본다. 선거운동 기회균등의 원칙이 훼손될 가능성이 높기 때문이다.

소수의 선거인단만 참여하는 간접선거와 달리 다수의 선거인이 참여하는 직선제에서는 후보자의 선거운동 양상이 완전히 달라진다는 것을 우리는 이미 경험적으로 잘 알고 있다. 일부 퇴행적인 선거문화의 잔재가 완전히 청산되지는 않겠지만, 과거의 돈봉투 살포 관행은 선거인의 전화번호를 확보하기 위한 경쟁으로 변하고, 향응 제공은 설득력이 높은 고급 콘텐츠를 제작·전송하는 경쟁으로 대체될 가능성이 매우 높다.

이러한 상황에서 선거운동을 위한 문자메시지의 대량 발송은 불 보듯 뻔하다. 더구나 조합장선거에서는 다른 위탁선거와 동일하게 선거비용 지출의 상한액에 대한 규제도 없으니 허용된 선거운동 방법이라면 무제한적인 비용지출이 가능하다.

후보자의 의뢰를 받은 문자메시지 전송대행업체의 활약도 쉽게 예견된다. 이 경우 후보자간 무기대등의 원칙이 깨지고 선거가 과열되어 결과적으로 선거의 공정이 침해될 우려가 있다. 정보통신망을 활용한 선거운동 방식에 잠재되어 있는 고유한 특징이기도 하다. 콘텐츠의 제작능력과 그 콘텐츠를 전파할 수 있는 플랫폼의 활용 역량에 따라 후보자간 우열이 현저하게 드러나는 영역이기 때문이다.

우리나라의 헌법재판소가 표현의 자유의 확대라는 측면에서 인터넷을 '표현 촉진적인 매체'로, 인터넷이 형성한 사상의 자유시장을 '가장 참여적인 시장'으로 큰 의미를 두어 평가하였지만,[41] 인터넷과 통신을 활용한 선거운동은 역설적으로 후보자간 기회균등의 원칙을 위협하는 부작용도 함께 노출하고 있다.

이러한 이유 때문에 선거비용제한액을 두고 있는 공직선거에서도 문자메시지를 활용한 선거운동방법에는 따로 엄격한 규제를 둔다. 그 주요 내용은 선거관리위원회에 신고된 1개의 전화만을 사용하도록 하고, 수신대상자가 20명을 넘거나 그 이하라도 자동동보통신을 활용한 문자메시지 전송은 후보자와 예비후보자만 허용하되, 그 횟수는 해당 선거에서 총 8회로 제한하는 것이다.[42]

---

41) 헌법재판소 2010. 12. 28. 선고 2008헌바157 결정, 헌법재판소 2021. 1. 28. 선고 2018헌마456 결정
42) 공직선거법 제59조제2호 참조.

조합장선거에서도 이에 준하는 규제를 둘 필요가 있다고 본다. 직선제가 적용되는 선거에서 후보자들이 선거운동 과정에서 발휘하게 될 창의성을 과소평가하는 어리석음을 범해서는 결코 안 된다. 후보자들의 창의성이 탈법적인 선거운동으로 변질된 수많은 사례는 공직선거에서 넉넉히 입증된 바다. 만일 위탁선거법의 규범적 보완이 이루어지지 않는다면 앞으로도 조합장선거는 후보자들의 양심을 시험하는 선거로 계속 남아 있게 될 것이다.

2. 선거사무소 설치 가능 여부

위탁선거법의 선거운동 규제방식은 포지티브 시스템Positive System이다. 농협법·수협법·산림조합법 등 조합관계법뿐만 아니라 신용협동조합법·새마을금고법 등 대부분의 공공단체의 선거에 적용되는 규범의 공통적인 특징이기도 하다. 포지티브 시스템은 원천적으로 모든 방법의 선거운동을 금지하면서 개별적으로 법에서 열거된 방법으로만 선거운동을 허용하는 규제 형식을 말한다.

따라서 위탁선거법에서 선거사무소 설치에 의한 선거운동 방법을 열거하지 않고 있으므로, 조합장선거에서 선거사무소 설치는 당연히 금지되는 것으로 해석함이 타당하다. 특히 선거운동을 할 수 있는 사람이 후보자·예비후보자와 그의 선거운동원 1명뿐이므로 선거사무소를 설치할 실익도 없다.

실제 21대 국회에서 위탁선거의 후보자에게 선거사무소 설치를 허용하자는 위탁선거법 개정법률안이 논의되었으나, 위탁선거

에는 선거비용 제한액이 없어 후보자들의 비용부담이 증가될 수
있다는 점과 선거과열의 우려가 지적되어 실제 입법에는 반영되
지 않았다.43)

3. 자원봉사자 활용 가능 여부

공직선거에서는 공무원 등 선거중립의무가 부과된 신분이 아
니라면, 선거권이 있는 사람은 누구든지 자유롭게 선거운동을 할
수 있으므로 자원봉사자의 활용이 제도적으로 안착되었다.

그러나 조합장선거에서는 예비후보자 및 후보자와 그의 선거
운동원에게만 선거운동이 허용되었으므로(위탁선거법 §24①·§24
의2⑦), 위탁선거법에서 자원봉사자의 활용을 명시적으로 금지하
지 않았더라도 선거운동을 위한 자원봉사자의 활용은 사실상 금
지된 것으로 보아야 할 것이다.

다만, 입후보와 선거운동을 위한 준비행위는 선거운동으로
보지 않으므로(위탁선거법 §23 2.), 선거공약 개발, 선거홍보물 원
고 작성, 후보자 소견발표회 발표문 준비, 투표 및 개표참관인 모
집 등 선거운동에 이르지 않는 부분에 관하여는 제3자 또는 선거
전문 컨설팅회사의 조력을 받는 것이 가능하다.

아울러 선거운동에 관한 개개의 모든 행위를 후보자가 직접
실행하는 것은 현실적으로 불가능하므로, 후보자가 제3자로 하여
금 자신을 보조하여 사실행위를 하게 하는 정도에 불과한 경우,
즉 제3자의 행위가 후보자 자신이 직접 실행하는 것과 다름없는

43) 2023. 11. 14. 국회안전행정위원회 법안심사제2소위원회 회의록 참조.

것으로 볼 수 있는 경우에는 해당 후보자의 선거운동으로 보아 허용된다.[44]

    2024년 1월 30일 위탁선거법의 개정에 따라 선거운동의 자유를 대폭 확대하였지만, 조합장선거의 후보자들과 예비후보자들은 유일한 동반자인 선거운동원과의 동행을 담대하게 받아들여야 할 것으로 보인다. 그나마 조합장선거의 후보자들은 상대적으로 후한 위탁선거법의 인심 덕분에 조합의 다른 임원선거와 달리 선거운동의 반려자를 구한 셈이다.

---

44) 대법원 2021. 4. 29. 선고 2019도14338 판결

제5장

기부행위 제한과 50배 과태료

　조합장선거에서 후보자가 되려는 사람에게는 임기만료일 전 1년부터 기부행위가 제한되어 선거인과 그 가족 등에 대한 재산상의 이익제공이 금지되고, 기부를 받은 사람에게는 50배 과태료가 부과된다.

　현직 조합장의 경우에는 기부행위가 상시 제한되고 조합의 경비로 축·부의금을 제공하는 경우에는 조합의 경비임을 밝혀 해당 조합의 명의로 해야 한다. 이는 조합 활동의 제한으로도 평가할 수 있다.

　이 장에서는 기부행위의 정의, 기부행위로 보지 않는 행위의 구체적 내용, 기부 받은 사람에 대한 50배 과태료에 관하여 살펴보기로 한다.

제1절

후보자 등의 기부행위 제한

1. 기부행위를 제한하는 취지

기부행위는 금전이나 물품을 제공하는 행위가 후보자의 지지기반을 조성하는 데 기여하거나 매수행위와 결부될 가능성이 높아 이를 허용할 경우 선거가 후보자의 인물이나 식견 또는 정책 등을 평가받는 기회가 되기보다 후보자의 자금력을 겨루는 과정으로 타락할 위험성이 있어 이를 금지하고 있다.[1]

달리 말하자면, 후보자가 되려는 사람 등의 기부행위는 선거권자의 자유의사를 왜곡시켜 선거의 공정을 해하고, 후보자의 자질이나 정책 또는 공약보다 경제력에 의하여 선거결과가 좌우됨으로써 혼탁한 선거의 주된 원인이 되기 때문이다.[2]

선거운동을 위해서는 필연적으로 비용이 소요되므로 위탁선거에서도 후보자간 무기대등의 원칙을 구현하기 위하여 선거비용

---

1) 대법원 2002. 2. 21. 선고 2001도2819 판결
2) 헌법재판소 2009. 4. 30. 선고 2007헌바29 결정

제한액 제도를 도입하여 총량규제로서 후보자의 선거운동을 규제하는 방안을 검토할 수도 있을 것이다.

그러나 일상적인 품위유지와 지지기반 배양활동 등 선거운동에 이르지 않는 활동은 방법이나 비용으로 통제하기가 현저히 곤란하거나 불가능한 것으로 보인다. 이는 결국 후보자간 경제력의 차이에 따라 지지기반 배양 활동의 폭과 깊이가 달라지고 선거인을 대상으로 하는 활동의 기회에 불평등을 초래한다.

이러한 활동 기회의 불평등은 결과적으로 선거운동의 기회균등 원칙을 위협할 수 있으므로, 2014년 6월 위탁선거법을 제정할 당시부터 공직선거법의 입법례에 따라 현직 조합장과 후보자가 되려는 사람 등의 기부행위를 제한하는 규정을 둠으로써 조합장선거의 혼탁을 방지하고, 선거에서 후보자간 실질적인 기회균등을 담보하며, 조합의 선심경영을 방지하고자 하였다.

2. 기부행위의 정의와 판단기준

가. 기부행위의 정의

위탁선거법에서 '기부행위'란 선거인이나[3] 그 가족 또는 그들이 설립·운영하고 있는 기관·단체·시설을 대상으로 금전·물품 그 밖의 재산상 이익을 제공하거나 그 이익제공의 의사를 표

---

3) 기부행위의 상대방에 대하여 수협법과 산림조합법은 위탁선거법과 동일하게 선거인을 기준으로 하고 있으나, 농협법은 조합원을 기준으로 기부행위를 제한하고 있다. 조합장선거에서는 위탁선거법이 우선 적용되므로 문제가 없으나, 자체 관리하는 임원선거에서는 유의할 사항으로 보인다. 농협법 제50조의2제1항, 수협법 제53조의2제1항, 산림조합법 제40조의2제1항 참조.

시하거나 그 제공을 약속하는 행위를 말한다(§32).[4]

선거인의 범위에 선거인명부에 오를 자격이 있는 사람을 포함하고, 선거인의 가족의 범위에는 선거인의 배우자, 선거인 또는 그 배우자의 직계존비속과 형제자매, 선거인의 직계존비속 및 형제자매의 배우자가 포함된다(위탁선거법 §32 1.).[5]

기부행위의 정의에 관하여 유의할 점은 금품 기타 재산상의 이익을 무상으로 제공하는 경우는 물론이고, 정당한 채무의 이행 등 대가관계가 있더라도 급부와 반대급부간 불균형으로 그 일부가 무상이나 다름없는 경우에도 기부행위가 성립된다는 점이다.

아울러 유상으로 행해지는 경우에도 이를 통하여 다른 사람이 얻기 어려운 재산상의 이익을 얻게 되는 경우에도 기부행위가 된다.[6] 예컨대, 특정 조합원에 대한 특혜대출이나 영농자금 지원이 위탁선거법과 조합법에서 금지한 기부행위가 될 수 있다는 의미다.

한편, 물품의 경우에는 가액이 아무리 소액이더라도 재산적 가치가 있고 그 제작이나 배부를 위하여 비용지출이 수반되는 것이라면 기부행위에 해당된다.[7]

---

4) 농협법·수협법·산림조합법도 기부행위를 조합원 또는 선거인에 대한 금전·물품 그 밖의 재산상 이익을 제공하거나 그 이익제공의 의사를 표시하거나 그 제공을 약속하는 행위로 위탁선거법과 같은 내용으로 정의하고 있다.

5) 선거인 가족의 범위는 조합법에서도 위탁선거법과 동일하게 규정하고 있다. 농협법 제50조제1항제1호, 수협법 제53조제1항제1호, 산림조합법 제40조제1항제1호 참조.

6) 대법원 1996. 12. 23. 선고 96도1558 판결

7) 대법원 2004. 4. 9. 2003도8168 판결

나. 이익제공 의사표시의 판단기준

기부행위 정의규정에 따라 실제 재산상의 이익을 제공하는 행위뿐만 아니라 이익제공의 의사를 표시하거나 이익제공을 약속하는 행위 자체가 기부행위 개념에 포섭된다는 점에 유의할 필요가 있다. 따라서 금품 등 재산상의 이익제공을 약속하고 사후에 이를 취소하더라도 기부행위 성립에는 지장이 없다.

다만, 금품 등 이익제공의 의사표시는 사회통념상 쉽게 철회하기 어려울 정도로 진정한 의지가 담긴 것으로 외부적·객관적으로 나타나는 정도에 이르러야 한다. 따라서 이익제공과 관련하여 어떤 대화가 있었더라도 그것이 단지 의례적이나 사교적인 인사치레에 불과하다면 이를 이익제공의 의사표시로 볼 수 없다.[8]

예컨대, 후보자가 되려는 사람과 선거구민이 함께 커피숍에서 차를 마신 후 참석자 중 한 사람이 먼저 자리를 뜨면서 찻값을 지불하려 하자 후보자가 되려는 사람이 "내가 낼 테니까 그냥 가라"는 식으로 자신이 찻값을 지불하겠다면서 계산을 만류하였으나 실제로는 본인이 찻값을 내지 않은 사안이 이익제공의 의사표시죄로 기소된 사례가 있었다. 해당 사안에서 법원은 피고인이 실제로 차를 대접할 의사가 있었던 것은 아니었다고 항변하고 있는 점, 당시 찻값을 지불하려 했던 참석자도 피고인이 실제 찻값을 내려는 의사는 없었던 것으로 판단하였다는 취지로 진술한 점 등을 고려하여 기부행위 위반죄의 성립을 부인한 바 있다.[9]

또한 판례는 조합장선거의 후보자가 "조합장의 억대 연봉 어

---

8) 대법원 2007. 3. 15. 선고 2006도8869 판결
9) 대전고법 2006. 11. 24. 선고 2006노385 판결

떻게 생각하십니까? 매년 5,000만원을 조합원의 복지기금으로 내놓겠습니다"라는 내용을 선거공보에 게재한 사안에 대하여, 이는 금품이나 재산상 이익을 제공하겠다는 의사표시라기보다 향후 해당 조합의 복지기금 운영에 관한 자신의 계획을 밝힌 것에 불과하여 이익제공의 의사표시로 볼 수 없다고 판단하였다.10)

아울러 기부행위의 상대방은 금품이나 재산상의 이익 등을 제공받을 수 있는 구체적이고 직접적인 상대방이어야 하고 추상적이고 잠재적인 수혜자에 불과할 경우 이에 해당되지 않는다.11)

참고적으로 위탁선거법은 기부행위의 의사표시 행위와 기부행위를 약속하는 행위를 실제 기부를 한 행위와 동일하게 모두 3년 이하의 징역 또는 3천만원 이하의 벌금으로 처벌한다(§59).

3. 기부행위가 금지된 주체

가. 후보자·배우자 및 후보자 소속단체

조합장선거의 후보자와 그의 배우자, 후보자가 속한 기관·단체·시설은 기부행위 제한기간 중 명목여하를 불문하고 기부행위를 할 수 없다. 여기에서 후보자의 범위에는 후보자가 되려는 사람이 포함되고, 후보자가 속한 기관·단체·시설에는 조합이 포함된다.12)

---

10) 대법원 2008. 6. 12. 선고 2008도3019 판결
11) 대법원 2008. 6. 12. 선고 2008도3019, 대법원 2003. 10. 23. 선고 2003도3137 판결 등
12) 위탁선거법 제35조제1항, 농협법 제50조제3항, 수협법 제53조제10항제3호, 산림 조합법 제40조제9항제3호 참조.

후보자가 되려는 사람이란 입후보 의사가 확정적으로 외부에 표출된 사람뿐만 아니라 입후보 의사를 밝히지 않았더라도 그 신분이나 접촉대상 또는 언행에 비추어 선거에 입후보할 의사를 가진 것을 객관적으로 인식할 수 있을 정도에 이른 사람도 이에 해당된다.[13]

나. 누구든지

누구든지 기부행위 제한기간 중 해당 선거에 관하여 후보자(후보자가 되려는 사람을 포함한다)를 위하여 기부행위를 할 수 없다. 이 경우 후보자의 명의를 밝혀 기부행위를 하거나 후보자가 기부하는 것으로 추정할 수 있는 방법으로 기부행위를 하는 것은 해당 선거에 관하여 후보자를 위한 기부행위로 본다.[14]

'해당 선거에 관하여'의 의미는 비록 해당 선거를 위한 직접적인 선거운동까지는 이르지 않더라도 해당 선거를 동기로 하거나 빌미로 하는 등 해당 선거와 관련이 있으면 족하다.[15]

여기에서 가장 유의할 사항은 후보자의 명의를 밝히거나 후보자가 기부하는 것으로 추정할 수 있는 방법으로 기부행위를 하는 경우에는 '해당 선거에 관하여 후보자를 위한 기부행위'로 간주한다는 점이다.

---

13) 대법원 2001. 6. 12. 선고 2001도1012 판결
14) 농협법 제50조의2제5항은 위탁선거법과 동일하게 기부행위 간주규정을 두고 있으나, 수협법과 산림조합법은 이러한 간주규정이 없다. 수협과 산림조합의 일반 임원선거에서는 기부행위 제한규정을 다소 유연하게 적용할 수 있을 것으로 보인다.
15) 대법원 1996. 6. 14. 선고 96도405 판결

입법기술적으로 간주규정을 두는 이유는 사실은 그러하지 않은 경우에도 법률적용을 명확히 하기 위하여 그러하다고 의제하는 것이다. 따라서 누구든지 후보자의 명의가 추정되는 방법으로 기부행위를 하였다면, 간주규정의 효력에[16] 따라 해당 선거에 관하여 후보자를 위하여 기부행위를 한 것으로 사실관계가 확정된다.

특히 간주규정은 반증을 허락하지 않으므로 아무리 증명력이 높은 반대증거를 내세워 주장하더라도 간주규정에 따라 확정된 사실관계를 변경하는데 아무런 도움이 되지 못한다.[17]

다. 소유자와 제공자가 다른 경우 기부행위자 판단

기부행위는 기부의 효과를 후보자 또는 후보자가 되려는 사람에게 돌리려는 의사를 가지고 기부행위의 상대방에게 금품 기타 재산상의 이익을 제공하는 것으로서 통상 출연자가 기부행위자가 되지만, 기부행위를 하였다고 평가되는 주체인 기부행위자는 항상 금품의 출연자에 한정되는 것은 아니다.

따라서 금품 등의 출연자와 기부행위자가 일치하지 않거나 외형상 기부행위에 함께 관여하는 듯이 보여서 어느 쪽이 기부행

---

16) 반면 추정규정은 어느 쪽인지 증거가 분명하지 아니한 경우 일응 그러리라고 잠정적인 판단을 내려놓은 것을 말한다. 반대증거가 제출된 경우 당초 추정의 효력은 전복될 수 있다. '아내가 혼인 중에 임신한 자녀는 남편의 자녀로 추정한다'는 민법 제844조제1항이나, '대한민국에서 발견된 기아棄兒는 대한민국에서 출생한 것으로 추정한다'는 국적법 제2조제2항을 추정규정의 대표적 사례로 꼽을 수 있다.

17) 대법원 1995. 2. 17. 선고 94다52751 판결, 대법원 1970. 3. 10. 선고 69다2103 판결 등 참조.

214

위를 한 사람인지 분명하지 않은 경우에는 금품 등이 출연된 동기 또는 목적, 출연행위와 기부행위의 실행 경위, 기부자와 출연자 그리고 기부받은 사람과의 관계 등 모든 사정을 종합하여 기부행위자를 가려내야 한다.[18]

　달리 말하면, 금품 제공의 명의, 공모 또는 실행행위의 역할 분담 내역 등을 종합적으로 고려하여 사회통념상 그 사람이 한 것으로 인정할 수 있으면 기부행위자가 특정된 것으로 볼 수 있다.[19] 따라서 기부행위 위반의 주체는 이와 같은 사정을 종합하여 기부행위자로 평가되는 사람에 해당하면 충분하고, 반드시 제공한 물품에 대한 실질적인 소유권 또는 처분권을 보유한 사람에 한정되는 것이 아니다.[20]

　다만, 자신은 전달자에 불과하다는 사실을 명백히 밝히고 금품을 제공한 경우에는 기부의 효과를 자신에게 돌리려는 의사가 없는 것이므로 그 사람을 기부행위자로 보아서는 안 될 것이다.[21]

4. 기부행위의 상대방

　위탁선거법상 기부행위의 상대방은 선거인과 그 가족 또는 그들이 설립·운영하는 기관·단체·시설로서 매수 및 이해유도죄의 상대방 범위와 동일하다(§32·§58). 여기에서 선거인의 범위에

18) 대법원 2018. 5. 11. 선고 2018도4075 판결
19) 서울고법 2006. 5. 2. 선고 2006노233 판결
20) 대법원 2021. 6. 24. 선고 2019도13234 판결
21) 대법원 2010. 4. 15. 선고 2009도11146 판결

는 선거인명부에 오를 자격이 있는 사람을 포함한다. 따라서 선거인명부 작성기준일 이전이라 할지라도 기부행위 상대방의 조합원 가입시기, 연령 등 제반 사정을 기초로 선거공고일을 기준으로 판단할 때 선거인이 될 수 있는 사람이면 이를 '선거인명부에 오를 자격이 있는 사람'으로 보는 것이 타당할 것이다.[22]

만일 선거가 임박한 시기에 기부행위가 이루어졌다면, 기부행위 위반죄가 성립하는지를 판단하기 위해서는 선거인명부 작성 전이라면 기부를 받은 사람이 선거인명부에 오를 자격이 있는지를 구체적 사안마다 개별적으로 판단해야 하지만, 선거인명부를 작성한 후에는 명부에 등재되었는지를 확인하는 것으로 족하다.

여기에서 쟁점이 되는 부분은 선거인명부에 오를 자격이 있는 사람에 대한 판단이다. 비록 금품제공이 이루어졌더라도 그 상대방이 실질적으로는 선거인명부에 오를 자격이 전혀 없는 경우에는 위탁선거법상 기부행위 위반죄가 성립되지 않기 때문이다.[23]

예컨대, 농협법에 따라 조합원의 선거권은 임기만료일전 180일까지 해당 조합의 조합원으로 가입한 사람에게 인정되고(§26), 조합장의 임기만료일 180일 후에 조합원의 신분을 취득한 사람은 선거인명부에 오를 자격이 없으므로, 해당 조합원에 대한 이익제공은 위탁선거법에 따른 기부행위가 성립될 여지가 없다.

조합원 가입 후 180일이 지나야 선거권이 부여되는 것은 수협법과 산림조합법도 동일하다.[24] 따라서 조합장의 임기만료일

---

22) 대법원 2011. 6. 24. 선고 2011도3824 판결
23) 대법원 2021. 7. 21. 선고 2021도6073 판결
24) 수협법 제27조, 산림조합법 제24조 참조.

180 후 선거가 임박한 시기에 조합에 가입한 사람에 대한 재산상의 이익제공은 위탁선거법에 따른 기부행위 위반죄가 성립될 수 없으므로 농협법 등 개별 법률의 기부행위 위반죄 성립 여부만을 다투어 볼 수 있을 뿐이다.

예컨대, 농협법은 조합원 신분을 중심으로 기부행위를 규제하므로 선거일에 임박하여 그 신분을 취득한 사람에 대한 이익제공도 농협법에 따른 기부행위 위반죄가 성립될 수 있다. 반면, 수협법과 산림조합법은 위탁선거법과 동일하게 선거인을 중심으로 기부행위를 규제하므로, 조합장 임기만료일전 180일 후에 조합원으로 가입한 사람에 대한 금품제공은 위탁선거법은 물론 해당 법률에 따른 기부행위 위반죄도 성립되지 않는다.

참고적으로 2024년 1월 30일 개정된 위탁선거법은 선거인명부에 오를 자격이 있는 사람의 개념을 해당 위탁단체에 가입되어 해당 법령이나 정관 등 내부규범에 따라 위탁선거의 선거권이 있는 사람 및 해당 위탁단체에 가입신청을 한 사람을 포함하도록 하여 그 범위를 입법적으로 명확히 하였다(§32 1.).

5. 기부행위 제한기간

조합장선거에서 기부행위 제한기간은 임기만료일전 1년부터 선거일까지다. 2024년 1월 30일 위탁선거법의 개정에 따라 기부행위 제한기간이 종전의 임기만료일전 180일에서 현행의 1년으로 확장되었다(위탁선거법 §34 1.). 다만, 농협법·수협법 및 산림조합법 등 개별 법률에서는 여전히 임기만료일전 180일부터 선거

일까지의 기간동안만 기부행위를 제한하고 있다.[25]

참고적으로 임기만료일전 1년 전에 실시하는 조합장선거의 재선거, 보궐선거, 조합의 실립·분할 또는 합볍으로 인한 선거에서는 그 선거의 실시사유가 발생한 날부터 선거일까지 기부행위가 제한된다(위탁선거법 §34 2.).

6. 현직 조합장의 기부행위 상시제한

가. 기부행위 상시제한

위탁선거법에서 농협법·수협법 및 산림조합법에 따른 조합장은 재임 중에 기부행위를 할 수 없도록 규정하고 있다(위탁선거법 §35⑤). 해당 규정은 농협법에 따른 지역농협과 수협법에 따른 지구별수협에서도 동일하게 규정하면서 각 법률에 따른 다른 조합에도 이를 준용하고 있다.[26]

현직 조합장에 대한 기부행위 상시제한은 선거에서 후보자가 되려는 사람 간 실질적인 기회균등을 도모하기 위한 목적뿐만 아니라 조합의 선심경영을 방지하려는 입법취지도 가미되어 있으므로 현직 조합장이 다음 선거에 출마하는지를 불문하고 적용된다.

위탁선거법에 따른 기부행위 상시제한 규정 위반으로 현직 조합장이 실제 처벌된 사례를 살펴보면 다음과 같다.

---

25) 농협법 제50조의2, 수협법 제53조의2, 산림조합법 제40조의2 참조.
26) 농협법 제50조의2제6항 및 제107조제1항·제112조제1항, 수협법 제53조의2제6항 및 제108조·제113조 참조. 다만, 산림조합법에는 조합장의 재임 중 기부행위 금지규정을 두지 않았으나, 자치규범인 산림조합 임원선거규약 제28조제5항에서 조합장의 재임 중 기부행위 금지규정을 두고 있다.

218

조합장이 직원과 공모하여 설명절을 계기로 조합원 41명에게
25,000원 상당의 사과 1상자씩을 제공한 행위로 처벌되었고,[27]
조합장이 '풍요롭고 행복한 추석 보내세요. 1등 농협을 이룬 큰
일꾼 농업협동조합장 △△△' 내용의 스티커가 부착된 1만원 상
당의 쌀을 77명의 조합원에게 제공하여 처벌된 사례도 있다.[28]

한편, 조합장이 조합원을 자신의 사무실로 이끈 후 해당 조
합원에게 "형님, 손자들 세뱃돈이나 주십시오"라고 말하며 20만
원을 제공한 행위도 처벌을 받았고,[29] 조합장이 조합원 180명에
게 '○○농협 △△△'이라고 표시한 시가 17,500원 상당의 멸치
세트 1박스를 각각 택배로 발송하여 처벌된 사례도 있다.[30]

또한 조합장이 관내 게이트볼장 준공식에 즈음하여 조합원이
설립·운영하는 게이트볼 모임에 개인의 경비로 43만원 상당의
철제 난로를 제공한 행위도 처벌을 면치 못하였다.[31]

전임 조합장이 입원한 병원을 방문하여 시가 32,700원 상당
의 음료수 1상자를 제공한 현직 조합장도 기부행위 위반죄로 단
죄되었고,[32] 조합장선거 1~2개월 전에 조합원과 그 가족 7명에
게 양말 1세트씩을 제공한 조합장의 행위도 처벌되었다.[33]

참고적으로 현직 조합장이 기부행위 상시제한을 위반하여 제
공한 금품 등을 받은 사람에게는 일반적인 기부행위 위반과는 달

27) 대법원 2021. 5. 7. 선고 2021도1707 판결
28) 대구지법 2019. 8. 22. 선고 2019고단3283 판결
29) 광주지법 해남지원 2015. 11. 19. 선고 2015고단296 판결
30) 전주지법 2015. 8. 28. 선고 2015고단830 판결
31) 수원지법 여주지원 2015. 7. 10. 선고 2015고단403 판결
32) 대법원 2022. 2. 24. 선고 2020도17430 판결
33) 춘천지법 속초지원 2010. 7. 9. 선고 2010고합14 판결

리 형벌은 물론 50배 과태료도 부과되지 않는다(위탁선거법 §68
③). 다만, 조합장선거의 기부행위 제한기간 중 현직 조합장이 기
부행위를 한 경우에는 그 조합장이 후보자가 되려는 사람인지에
따라 기부를 받은 사람에 대한 벌칙적용이 달라질 수 있다.

예컨대, 현직 조합장이 연임제한으로 후보자가 될 수 없는
사람이라면, 금품을 제공받은 사람에게 아무런 죄책을 물을 수
없지만, 현직 조합장이 후보자가 되려는 사람이라면 금품을 제공
받은 사람에게 형벌 또는 50배 과태료가 부과된다. 이 경우 조합
장의 불출마 의사는 금품을 제공받은 사람에게 면죄부가 될 수
있다.

나. 축·부의금품 명의표시 상시제한

(1) 축 · 부의금 출처 표시 의무

위탁선거법은 조합의 경비로 관혼상제의식이나 그 밖의 경조
사에 축·부의금품을 제공하는 경우 해당 조합의 경비임을 명기
하여 조합의 명의로 하도록 규정하고 있다(§36). 여기에서 유의할
사항은 조합의 경비로 제공하는 축·부의금품의 출처를 명기하지
않은 행위 자체가 형사처벌 대상이라는 점이다(§66② 9.).

아울러 축·부의금품 명의표시 제한규정은 기부행위 제한과
달리 그 제공대상이 조합원 또는 선거인의 신분을 요구하거나,
제공되는 축·부의금이 기부행위로 보지 않는 직무상 행위 또는
의례적 행위에 해당하는지를 묻지 않고 적용된다.[34] 예컨대, 조

---

34) 해당 조문은 우연하게 기부행위제한의 다음 순서에 배치되었을 뿐이다.

합원이 아닌 관내 기관장의 관혼상제에 조합의 경비로 축의금 또는 부의금을 제공하는 경우에도 조합의 경비임을 명확히 밝혀야 한다.

위탁선거법의 해당 규정에는 조합장의 선심경영을 방지하기 위한 입법자의 의도가 고스란히 드러나 있다.

(2) 기부행위로 간주되는 행위

위탁선거법에서는 조합의 경비로 축·부의금품을 제공하는 때에 조합장의 직명 또는 성명을 밝히거나 그가 하는 것으로 추정할 수 있는 방법으로 제공하는 것은 기부행위로 본다(§36). 이러한 내용은 농협법과 수협법에서도 동일하게 규정하고 있다.[35]

해당 규정은 직무상 행위 또는 의례적 행위에 해당하여 기부행위로 보지 않는 축·부의금품 제공 행위나, 그 대상이 조합원 또는 선거인이 아니더라도 조합의 경비를 사용하여 공금으로 제공하는 경우에 적용된다. 본조는 금품의 실제 출연자가 조합임에도 금품제공의 효과가 해당 조합장에게 귀속되므로 그러한 행위를 상시 금지하기 위한 기부행위 제한의 특별규정이기 때문이다.[36]

따라서 조합의 경비로 조합장의 직명 또는 성명을 밝히거나 그가 제공하는 것으로 추정할 수 있는 방법으로 축·부의금품을 제공하는 경우, 그러한 행위가 기부행위에 해당하는지를 불문하고 이를 위탁선거법에 따른 기부행위(§32)로 보아 처벌하는 것이다.

---

35) 농협법 제50조의3, 수협법 제53조의3 참조. 다만, 산림조합법에는 해당 규정이 없으나 산림조합 임원선거규약 제29조에서 이를 규정하고 있다.

36) 2018. 2. 13. 선고 2017도17594 판결

다만, 위탁선거법의 명의표시 제한규정(§36)은 기부행위로 보지 않는 행위에도 적용되는 점, 제공의 상대방을 선거인이나 조합원으로 한정하지 않는 점, 벌칙에서 명의표시 위반과 기부행위로 간주하는 부분을 구분하지 않고 포괄적으로 형벌을 정한 점(§66② 9.), 죄형법정주의 원칙상 유추해석과 확장해석은 허용될 수 없는 점 등을 고려할 때, 비록 해당 조항에서 기부행위로 간주하는 규정을 두고 있더라도 조합장의 명의를 밝히거나 그 명의가 추정될 수 있는 방법으로 축·부의금품을 제공하는 행위에 기부행위 위반죄를 적용하는 것이 적절하지 않다는 주장도 가능할 것이다. 입법자의 손을 떠난 법은 항구를 떠난 배와 같아서 해석자의 판단에 그 운명이 맡겨지기 때문이다.

그러나 조합장의 직명 또는 성명을 밝히거나 그가 하는 것으로 추정할 수 있는 방법으로 축·부의금품을 제공하는 행위를 기부행위로 보는 것은 해석자의 통찰력이 아니라 입법자의 결단으로부터 나온다. 입법해석의 일종인 간주규정의 효력 때문에 달리 해석할 여지가 없다고 본다.

다만, 해당 규정은 조합장이 해당 조합의 경비, 즉 공금으로 축·부의금품을 제공하는 때에 적용되는 규정이므로, 조합장이 개인의 경비로 축·부의금품을 제공하는 경우에는 적용되지 않는다. 물론, 이 경우에도 기부행위 제한규정에 위반되지 않으려면 의례적 행위의 단가기준을 준수해야 한다. 친족이 아니라면 단가 5만원까지만 축·부의금품을 제공할 수 있다는 의미다.

(3) 주체별 명의표시 위반 검토

조합의 경비로 축·부의금품을 제공하는 때에 조합장의 명의를 표시한 경우, 그러한 행위는 위탁선거법에 따른 기부행위(§32)로 간주됨에 따라 기부행위 위반죄의 객관적 구성요건 중 객체, 행위, 결과, 인과관계에 관한 사실관계가 이미 확정되었다. 이제 기부행위 위반죄의 남은 객관적 구성요건이 모두 충족되는지는 오로지 행위의 주체 부분만을 살펴보는 것으로 족하다.

첫째, 조합장이 직접 제공하는 경우 재임 중 조합장의 기부행위를 금지하는 위탁선거법의 기부행위 상시제한규정(§35⑤)이 적용되어 언제든지 기부행위 위반죄로 처벌된다(§59).

둘째, 조합이 제공하는 경우 그 행위가 기부행위 제한기간, 즉 임기만료일전 1년부터 선거일까지 이루어진 때에는 후보자 또는 후보자가 되려는 사람이 속한 단체의 기부행위를 금지하는 규정(§35①)이 적용되어 기부행위 위반죄로 처벌될 수 있다.

다만, 연임제한 규정이 적용되어 현직 조합장이 다가오는 조합장선거에 출마할 수 없는 조합의 경우 해당 조합을 후보자가 되려는 사람이 속한 단체로 보기 어려우므로 기부행위 위반죄의 적용이 어려울 것으로 보인다. 이 경우에도 위탁선거법에 따른 축의·부의금품 명의표시 위반죄(§66② 9.)의 적용은 가능할 것이다.

셋째, 제3자가 제공하는 경우 그 행위가 기부행위 제한기간에 이루어진 때에는 누구든지 기부행위를 금지하는 규정(위탁선거법 §35②)이 적용되어 기부행위 위반죄로 처벌될 수 있다.

이 경우 위탁선거법에서 제3자의 기부행위에 관해서는 고의 외에 초과주관적 요소로서 '선거에 관하여 후보자를 위하여'라는 목적범 요건을 두고 있지만(§35② 전단), 누구든지 후보자의 명의를 밝혀 기부행위를 하거나 후보자가 기부하는 것으로 추정할 수

있는 방법으로 기부행위를 하는 것은 해당 위탁선거에 관하여 후
보자를 위한 기부행위로 보므로(§35② 후단), 기부행위 위반죄의
구성요건 해당성을 충족하기에는 부족함이 없다.[37]

(4) 실제 처벌사례

위탁선거법의 축·부의금품 명의표시 제한규정이 적용되어
현직 조합장이 처벌된 사례를 살펴보면 다음과 같다.

조합장이 총 360회에 걸쳐 조합원들의 장례식에 시가 14,000
원 상당의 근조조향세트를 조합 경비로 제공하면서 '농업협동조
합 조합장 △△△'라고만 기재하여 처벌되었다.[38]

또한 조합장이 조합의 경비로 총 37회에 걸쳐 조합원들에게
축·부의금 등을 지급하면서 자신의 명의를 밝히거나 자신이 직
접 지급하는 등의 방법으로 합계 325만원 상당을 제공하여 처벌
된 사례도 있다.[39] 아울러 조합장이 조합원의 장인상에 조합의
경비로 부의금 5만원을 제공하면서 그 봉투에 '○○농업협동조
합'이라고만 기재하여 그 부의금이 조합의 경비임을 명기하지 않
았고, 총 35회에 걸쳐 조합원의 장례식에 조화를 제공하면서 그
비용이 조합의 경비임을 명기하지 않아 처벌받은 사례도 있다.[40]

참고적으로 조합의 경비로 축의금 또는 부의금을 제공하는
경우에는 계좌입금만이 모든 위법성 논란을 종식시킬 수 있다.

---

37) 위탁선거법상 기부행위 위반죄는 3년 이하의 징역 또는 3천만원 이하의 벌금에
    처하지만, 축의·부의금품 명의표시 위반은 각종 제한규정 위반죄가 적용되어 2
    년 이하의 징역 또는 2천만원 이하의 벌금에 처한다.
38) 전주지법 제2형사부 2020. 8. 20. 선고 2019노1649 판결
39) 대전지법 공주지원 2016. 9. 23. 선고 2015고단308 판결
40) 제주지법 2015. 12. 22. 선고 2015고단987 판결

224

7. 기부행위제한 위반의 벌칙

누구든지 기부행위를 하거나, 하게 하거나, 기부를 받거나, 기부의 의사표시를 승낙하거나, 기부를 지시·권유·알선 또는 요구한 사람은 위탁선거법의 기부행위의 금지·제한 등 위반죄로 3년 이하의 징역 또는 3천만원 이하의 벌금에 처한다(§59). 다만, 수동적으로 100만원 이하의 금품을 단순하게 제공받은 사람은 50배 과태료에 처해진다.

반면, 농협법·수협법 및 산림조합법의 기부행위 제한규정을 위반한 경우, 제공한 사람은 각 개별 법률에 따라 2년 이하의 징역이나 2천만원 이하의 벌금으로 위탁선거법보다 가볍게 처벌되고,41) 받은 사람에게는 50배 과태료가 부과된다.42)

한편, 위탁선거법은 공직선거법의 입법례에43) 따라 기부행위를 '하게 한 자'도 처벌하도록 규정하고 있다(위탁선거법 §35② · §59). 이는 농협법·수협법 및 산림조합법에서도 똑같다.44)

해당 규정은 일반 형사범과 달리 선거사범에는 교사범을 범죄의 독립적인 구성요건으로 포함하였다는 데 의의가 있다. 그

41) 농협법 제172조제1항제3호, 수협법 제178조제2항제4호, 산림조합법 제132조제1항제3호 참조.
42) 농협법 제174조제4항, 수협법 제180조제3항, 산림조합법 제134조제4항 등 참조. 해당 과태료에 관하여 농협법은 위탁선거규칙을 준용하여 농림축산식품부장관이 부과·징수하고, 수협법은 해양수산부장관 또는 중앙선거관리위원회가 부과·징수하도록 규정하고 있다. 반면, 산림조합법의 경우 산림청장 또는 시·도지사가 부과·징수한다. 모두 규범력과 실효성이 의심스러운 장식조항으로 보인다.
43) 공직선거법 제115조 및 제257조제1항제1호 참조.
44) 농협법 제50조의2제5항, 수협법 제53조의2제5항, 산림조합법 제40조의2제5항 참조.

취지는 실제 위반행위를 한 사람 외에 뒤에서 행위자를 배후조종한 인물도 함께 처벌하겠다는 입법권자의 의지를 명백히 표명함으로써 기부행위에 대한 일반예방효과를 거두려는 의도이다.

따라서 해당 규정을 학설과 판례가 이견 없이 취하고 있는 공범종속성이론을 배제하고 피교사자의 범행실행 여부와 관계없이 피교사자에게 지시하는 행위 자체를 처벌하는 새로운 구성요건을 형성한 것으로 오인해서는 안 될 것이다.[45]

예컨대, 甲이 乙에게 기부행위를 하게 하였으나, 乙이 이를 승낙하지 않거나 승낙하였더라도 실행의 착수에 이르지 않은 경우 甲을 기부행위 위반죄로 처벌할 수 없다는 의미이다. 형법의 일반원칙상 미수범은 별도의 특별한 처벌규정이 없으면 처벌할 수 없고(형법 §29), 위탁선거법이나 조합법에는 기부행위의 미수범을 처벌하는 특별한 규정이 없기 때문이다.

---

45) 대검찰청 2020. 3. 『공직선거법 벌칙해설』 제10개정판 134 · 135쪽 참조.

기부행위로 보지 않는 행위

1. 기부행위로 보지 않는 행위의 의미

공공단체의 선거에서 후보자 또는 후보자가 되려는 사람과 그 소속단체에 선거인이나 해당 공공단체 구성원에 대한 일체의 기부행위를 금지하게 되면, 법인과 단체의 영업활동이 위축되고, 구호·자선행위의 제한에 따라 사회적 안전망이 붕괴될 우려가 있다.

아울러 후보자 또는 후보자가 되려는 사람이라는 이유만으로 기부행위 제한의 수범자受範者가 되어 사람이 살아가는 도리로 행하는 의례적 금품 제공행위조차 금지된다면 자연인으로서 품위 유지도 불가능하여 인간의 존엄과 가치를 해칠 우려도 있다.

이러한 이유로 위탁선거법과 농협법 등 조합법에서는 직무상 행위, 의례적 행위, 구호적·자선적 행위와 법령에 근거한 금품 제공행위는 기부행위가 아닌 행위로 보아 이를 허용하고 있다.

따라서 각 개별 법률에서 기부행위로 보지 않는 행위로 열거되지 않은 일체의 재산상의 이익제공은 일응 기부행위 위반죄의 구성요건 해당성이 충족되는 것으로 보아야 할 것이다.[46]

2. 직무상 행위

가. 직무상 행위 개요

직무상의 행위란 법령·조례 또는 행정관행·관례에 따라 그 지위의 성질상 필요로 하거나 수반되는 모든 행위나 활동을 말한다. 위탁선거법에서 다음에 해당하는 이익제공의 경우에는 직무상 행위로서 이를 기부행위로 보지 않는다(§33① 1.). 해당 규정은 농협법·수협법 및 산림조합법에서도 동일하게 규정하고 있다.[47]

① 후보자 또는 후보자가 되려는 사람이 속한 기관·단체·시설(조합을 제외한다)이 자체사업계획과 예산에 따라 의례적인 금전·물품을 그 기관·단체·시설의 명의로 제공하는 행위. 이 경우 포상을 포함하며 화환과 화분을 제공할 수 있다.

② 조합이 해당 법령이나 정관 등에 따른 사업계획과 예산에 따라 집행하는 금전·물품을 해당 조합의 명의로 제공하는 행위. 이 경우에도 포상을 포함하며 화환과 화분을 제공할 수 있다.[48]

---

46) 이 경우에도 기부행위 위반죄로 처벌하기 위해서는 위법성 조각사유와 책임조각사유의 존재 여부를 별도로 따져봐야 한다.

47) 농협법 제50조의2제2항제1호, 수협법 제53조의2제2항제1호, 산림조합법 제40조의2제2항제1호 참조.

48) 2024년 1월 30일 위탁선거법의 개정으로 조합과 후보자가 속한 기관·단체·시설

③ 물품구매·공사·역무의 제공 등에 대한 대가의 제공 또는 부담금의 납부 등 채무를 이행하는 행위

④ 그 밖에 법령에 근거하여 물품 등을 찬조·출연 또는 제공하는 행위

나. 직무상 행위 판단기준

조합원이나 선거인 또는 그 가족 등에 대한 재산상의 이익제공 행위가 위탁선거법에 따른 직무상 행위로서 기부행위에 해당하지 않으려면 다음의 조건을 모두 갖추어야 한다.[49] 입법취지와 규정형식의 측면에서 판단하건대, 해당 기준은 농협법·수협법 및 산림조합법의 관련 규정에도 동일하게 적용되는 것으로 보인다.

첫째, 금품 등 재산상의 이익제공이 법령 또는 해당 조합의 정관이나 규정·규약 등 자치규범에 그 근거가 있을 것

둘째, 금품 등 재산상의 이익제공은 해당 조합의 사업계획과 예산에 반영되어 있을 것

셋째, 금품 등 재산상의 이익을 제공하는 경우 해당 조합의 명의로 제공할 것

결국 조합의 운영과 관련한 직무상 행위로서 기부행위로 보지 않는 행위의 핵심은 바로 법령이나 정관 등에 터잡은 사업계획과 수지예산에 따라 조합의 명의로 금품을 제공하는 것이다. 다시 말하면, 정관 등 자치규범에 따라 수립된 조합의 사업계획

이 사업계획과 예산에 따라 집행하는 경우 조합원 등 내부 구성원에게 화환과 화분의 제공이 허용되었다. 다만, 수협법은 화환과 화분 제공을 여전히 기부행위로 본다. 수협법 제53조의2제2항제1호 가목 및 나목 참조.

49) 대법원 2022. 2. 24. 선고 2020도17430 판결

과 이를 집행하기 위하여 편성된 예산에 금품제공의 객관적 근거를 두고 있다면, 금액을 불문하고 해당 조합의 명의로 제공하는 한 그러한 금품제공은 기부행위로 보지 않는다는 의미이다.50)

　　여기에서 사업계획에 따라 금품을 제공하는 직무상 행위에 해당하는지는 금품제공이 조합의 사업수행과 관련성이 있는지, 대상자 선정과 집행과정에서 사전계획·내부결재나 사후보고 등 조합 내부의 공식적 의사결정 절차를 거쳤는지, 금품제공에 관해 종전에 유사한 관행이 있었는지 등을 고려하여 판단해야 한다.51)

　　아울러 해당 조합의 명의로 제공하는 것인지는 금품제공 당시 제공의 주체가 조합임을 밝혔는지, 해당 금품의 수령자가 제공의 주체를 조합으로 인식했는지, 금품제공에 이른 동기와 경위 등을 종합적으로 고려하여 판단한다.52)

　　따라서 제공된 금품이 단순히 조합의 사업계획과 수지예산에 따라 집행되었다는 사정만으로 직무상 행위에 해당한다고 쉽게 단정해서는 안 된다. 특히 직무상 행위의 외관을 빌렸으나 실질적으로는 금품제공의 효과를 조합장 개인에게 돌리려는 의도가 드러난 경우에는 직무상 행위가 아니라 기부행위가 된다.

　　예컨대, 조합이 해당 조합의 이사, 감사, 전임 조합장 등에게 이미 명절 선물을 제공하였음에도 조합장이 이와 별도로 조합원 29명의 명단을 작성하여 총무과장에게 건네면서 과일 선물세트를 제공하도록 지시하자, 해당 총무과장이 조합장의 지시에 따라

---

50) 예컨대, 정관에 따라 임직원의 후생복지 사업계획을 수립하고 관련 예산을 편성하여 금품제공의 근거를 두고 있다면, 임직원의 경조사에 5만원을 초과하는 축의금이나 부의금을 지급하더라도 무방한 것으로 보인다.

51) 대법원 2022. 2. 24. 선고 2020도17430 판결

52) 대법원 2022. 2. 24. 선고 2020도17430 판결

조합의 예산 중 광고선전비를 집행하여 실제 선물을 제공한 사안에 대하여 법원은 이를 기부행위로 보아 처벌하였다.

법원이 해당 사안을 기부행위로 판단한 이유는 다음과 같다.

첫째, 이사, 감사, 우수고객 등을 상대로 이미 명절 선물을 제공하였으므로, 29명을 별도로 선정하여 과일 선물세트를 제공한 행위는 해당 조합의 사업수행과 관련성을 찾기 어려운 점

둘째, 과일 선물세트의 수령자 선정과 그 집행 등에 관하여 조합의 사전계획 또는 내부결재나 사후보고 등 조합 내부의 공식적인 절차를 거치지 않은 점

셋째, 조합장이 임의로 선정한 일부 조합원들에게만 따로 명절 선물을 보내는 것은 상당히 이례적이었던 점

넷째, 과일 선물세트를 제공할 당시 해당 조합이 제공하는 것임을 밝히지 않았고,[53] 그 수령자들도 제공의 주체를 조합장으로 인식한 것으로 보이는 점 등이다.

특히 해당 판례는 과일 선물세트가 제공된 동기, 수령자 선정과 선물세트 제공에 이른 경위, 조합장과 해당 조합 및 수령자들과의 관계 등을 종합하여 기부행위의 주체를 해당 조합이 아니라 조합장으로 보았다.[54] 이에 따라 해당 조합장에게는 대법원에서 200만원의 벌금형이 확정되어 퇴직되었다. 직원들은 공범으로 함께 기소되지 않았기를 바랄 뿐이다.

---

[53] 통상적으로 해당 농협이 제공하는 선물에는 농협이 제공한다는 내용의 스티커를 붙여왔다. 강릉지원 2020. 11. 19. 선고 2019노516 판결

[54] 대법원 2022. 2. 24. 선고 2020도17430 판결

다. 기부행위로 간주되는 행위

2024년 1월 30일 위탁선거법의 개정에 따라 조합의 직무상 행위는 법령이나 정관 등 자치법규에 따라 포상하는 경우를 제외하고는 해당 조합의 명의로 하도록 금품 등의 제공방법을 입법적으로 명확히 하였다.

아울러 조합장의 직명 또는 성명을 밝히거나 조합장이 하는 것으로 추정할 수 있는 방법으로 금품 등 재산상의 이익을 제공하는 행위는 모두 기부행위로 보도록 간주규정을 신설하였다. 이에 따라 다음 중 어느 하나에 해당하는 경우에는 '조합장이 하는 것으로 추정할 수 있는 방법'으로 제공하는 것으로서 기부행위가 된다(위탁선거법 §33②).

첫째, 법령이나 정관 등 자치법규의 제정 또는 개정 없이 종전의 대상·방법·범위·시기 등을 확대 변경하여 제공하는 경우

둘째, 이사장의 업적을 홍보하는 등 그를 선전하는 행위가 부가되어 제공하는 경우

다시 강조하지만, 위의 어느 하나에 해당하는 경우에는 간주규정의 효력에 따라 조합장의 기부행위로 사실관계가 확정되고 아무리 반대증거를 제시하더라도 사실관계가 번복되지 않는다.

라. 직무상 행위로 인정되지 않은 예

위탁선거법에 따른 기부행위 제한규정이 적용되는 조합장선거에서 조합원과 그 가족에 대한 금품 등 재산상의 이익 제공행위가 비록 직무상 행위의 외형을 갖추긴 하였으나, 법원이 이를

직무상 행위로 인정하지 않고 기부행위로 판단하여 처벌한 사례를 살펴보면 다음과 같다.

① 조합장이 해당 조합의 사업계획과 수지예산서에 분과위원회 실비로 책정된 예산을 전용하여 조합의 이사, 감사, 대의원, 봉사단원들을 대상으로 선진지 견학 명목으로 관광을 실시하면서 음식물, 주류, 선물 등을 제공한 행위[55]

② 조합의 사업계획과 예산서에 영농회 총회를 개최하는 때에 상품권과 식사를 제공하는 것으로 결정되어 있었으나, 별도의 근거없이 업무추진비로 총회에 참석한 반장들에게 물품을 제공한 행위[56]

3. 의례적 행위

가. 의례적 행위 개요

의례적 행위란 사람이 살아가는 도리로서 행하는 행위를 말한다. 위탁선거법은 물론 농협법·수협법 및 산림조합법에서도 후보자가 되려는 사람과 그 가족 등 기부행위 제한의 주체에게 사람이 살아가는 도리로서 행하는 금품제공과 자연인으로서 품위유지를 위한 금품제공은 의례적 행위로서 허용하고 있다.

위탁선거법에서 다음에 해당하는 경우에는 선거인에게 금품 등 재산상의 이익이 제공되더라도 이를 의례적 행위로 평가하여

---

55) 대구지법 2010. 10. 15. 선고 2010고단855 판결
56) 춘천지법 2009. 12. 3. 선고 2009고단463 판결

기부행위가 아닌 행위로 본다(§33① 2.). 해당 내용은 농협법·수협법 및 산림조합법에서도 동일하게 규정하고 있다.[57]

① 친족의 관혼상제나 그 밖의 경조사에 축의·부의금품을 제공하는 행위. 이 경우 친족의 범위는 민법에 따른 친족을 말한다(§777). 따라서 8촌 이내의 혈족과 4촌 이내의 인척으로 그 대상이 한정되므로 제공되는 금품의 종류와 가액의 범위에는 제한이 없다.

② 친족 외의 사람의 관혼상제의식에 5만원 이내의 범위에서 축의·부의금품을 제공하거나 주례를 서는 행위. 이 경우 화환과 화분의 제공이 가능하다.[58]

③ 후보자가 되려는 사람 본인의 관혼상제의식이나 그 밖의 경조사에 참석한 하객이나 조객 등에게 3만원 이내의 음식물 또는 1만원 이내의 답례품을 제공하는 행위

④ 조합 외에 후보자 또는 후보자가 되려는 사람이 속한 기관·단체·시설의 유급 사무직원이나 친족에게 연말·설 또는 추석에 3만원 이내의 선물을 제공하는 행위

⑤ 친목회·향우회·종친회·동창회 등 각종 사교·친목단체 및 사회단체의 구성원으로서 그 단체의 정관 또는 운영관례상 의무에 기하여 종전의 범위에서 회비를 내는 행위

⑥ 평소 자신이 다니는 교회·성당·사찰 등 종교시설에 통상의 예에 따라 헌금하는 행위. 이 경우 물품 제공을 포함한다.

---

57) 농협법 제50조의2제2항제2호, 수협법 제53조의2제2항제2호, 산림조합법 제40조의2제2항제2호 참조.

58) 2024년 1월 30일 위탁선거법의 개정에 따라 축의·부의금품을 제공하는 경우 화환과 화분의 제공이 허용되었으나, 수협법은 화환과 화분 제공을 여전히 기부행위로 본다. 수협법 제53조의2제2항제2호 나목 참조.

234

여기에서 의례적 행위로서 1명에게 제공할 수 있는 축의·부의금, 음식물, 답례품 및 선물의 단가는 위탁선거규칙, 농협법·수협법 및 산림조합법의 각 별표에서 규정하고 있다.[59]

다행히 위탁선거규칙과 농협법·수협법 및 산림조합법 모두 각 항목별 단가를 동일한 금액으로 정하고 있다. 기부행위 제한의 입법취지를 존중하고 위탁선거와 관련한 규범체계의 통일성을 확보하기 위한 취지로 보인다.

나. 의례적 행위로 인정되지 않은 예

위탁선거법이 적용되는 조합장선거에서 외형상 의례적 행위의 형식을 갖추었으나 이를 기부행위로 판단하여 처벌한 사례를 살펴보면 다음과 같다.

① 후보자가 평소 자신이 다니는 교회가 아닌 다른 교회, 그것도 자신 소속 교파와 다른 교회의 예배에 참석하여 봉투에 자신의 이름을 적고 2만원을 넣어 헌금한 행위[60]

② 입후보예정자가 상당수의 선거인과 그 가족들이 다니는 교회 3곳의 예배에 참석하여 감사헌금 봉투에 자신의 이름을 기재한 후 헌금 명목으로 각각 5만원씩을 헌금함에 넣은 행위

③ 입후보예정자가 명절을 앞두고 조합원의 집을 방문하여 "설 잘 쉬라"며 5만원을 제공하고 그 조합원의 손녀에게

---

59) 위탁선거규칙 제16조, 농협법 제50조의2제3항 및 별표, 수협법 제53조의2제3항 및 별표, 산림조합법 제40조의2제3항 및 별표 참조.
60) 서울고법 1996. 4. 10. 선고 96노350 판결

"할아버지 세뱃돈이다"라며 현금 5만원을 제공한 행위[61]

④ 조합장이 자신의 모친상에 10만원을 제공한 조합원의 결혼
   식에 그 답례의 취지로 10만원의 축의금을 제공한 행위[62]

⑤ 후보자가 병원에서 입원치료를 받고 있는 조합원을 문안
   하면서 현금 20만원을 제공한 행위[63]

⑥ 후보자가 선거일에 관광버스 6대를 동원하여 조합원들이
   투표소까지 이동하는 데 필요한 교통편의를 제공한 행위

4. 구호적·자선적 행위

본래 기부행위는 측은지심이라는 인간의 본성에서 발휘되는
미덕이다. 선거법의 영역에 포섭되기 전까지는 그렇다. 그러나 금
권선거의 방지와 후보자간 기회균등을 보장하기 위한 이상에 치우
쳐 조합원 또는 선거인에 대한 이익제공을 일절 금지할 경우 사회
적 약자와 소외계층에 대한 사회적 안전망이 붕괴될 우려가 있다.

이에 따라 위탁선거법과 농협법·수협법 및 산림조합법에서
는 공직선거법에 따른 구호적·자선적 행위와 이에 준하는 재산
상의 이익제공은 기부행위가 아닌 행위로 보아 허용하고 있다.[64]
공직선거법에서 구호적·자선적 행위로서 기부행위로 보지 않는
행위는 다음과 같다(§112② 3.).

---

61) 창원지법 전주지원 2015. 8. 11. 선고 2015고단312, 520(병합) 판결
62) 광주지법 2010. 5. 25. 선고 2010노335 판결
63) 청주지법 2009. 2. 5. 선고 2008고단969 판결
64) 위탁선거법 제33조제1항제3호, 농협법 제50조의2제2항제3호, 수협법 제53조의2
   제2항제3호, 산림조합법 제40조의2제2항제3호 참조.

① 법령에 의하여 설치된 사회보호시설 중 수용보호시설에 의연금품을 제공하는 행위

② 재해구호법에 따른 구호기관이나 대한적십자사에 재해의 구호를 위하여 금품을 제공하는 행위

③ 장애인복지법 제58조에 따른 장애인복지시설에 의연금품·구호금품을 제공하는 행위. 이 경우 장애인복지시설의 범위에 유료시설은 제외한다.

④ 국민기초생활 보장법에 의한 수급권자인 중증장애인에게 자선·구호금품을 제공하는 행위

⑤ 자선사업을 주관·시행하는 국가·지방자치단체·언론기관·사회단체 또는 종교단체 그 밖에 국가기관이나 지방자치단체의 허가를 받아 설립된 법인 또는 단체에 의연금품·구호금품을 제공하는 행위. 다만, 광범위한 선거구민을 대상으로 하는 경우 제공하는 개별 물품 또는 그 포장지에 직명·성명을 표시하여 제공하는 행위는 제외한다.

⑥ 자선·구호사업을 주관·시행하는 국가·지방자치단체, 그 밖의 공공기관·법인을 통하여 소년·소녀가장과 후원인으로 결연을 맺고 정기적으로 제공하여 온 자선·구호금품을 제공하는 행위

⑦ 국가기관·지방자치단체 또는 구호·자선단체가 개최하는 소년·소녀가장, 장애인, 국가유공자, 무의탁노인, 결식자, 이재민, 국민기초생활 보장법에 따른 수급자 등을 돕기 위한 후원회 등의 행사에 금품을 제공하는 행위. 다만, 개별 물품이나 그 포장지에 직·성명을 표시하여 제공하는 행위는 제외한다.

여기에서 주의할 부분은 경로당, 노인회관, 마을회관은 구호
행위나 자선행위의 대상 시설이 결코 아니라는 점이다. 아울러
장애인복지시설에 의연금품이나 구호금품을 제공하는 행위는 원
칙적으로 기부행위가 아닌 행위로 보지만, 그 장애인복지시설이
유료 시설이라면 해당 시설에 금품을 제공하는 행위는 기부행위
가 된다는 점도 유의해야 한다.

특히 구호적·자선적 행위의 외관을 빌렸더라도 기부자에게
진정한 자선 내지 구호의 의사가 있어야만 기부행위로 보지 않는
다. 예컨대, 예비후보자가 중증장애인에게 '약값에 보태쓰라'며 5
만원을 제공하면서 '잘 부탁한다'는 발언을 부가한 사안에 대하
여 판례는 기부자에게 자선 내지 구호의 의사가 인정될 수 없다
며 기부행위위반죄로 처벌한 사례가 있다.[65]

해당 판례는 구호적·자선적 행위로서 기부행위로 보지 않는
'국민기초생활 보장법에 의한 수급권자인 중증장애인에게 자선·
구호금품을 제공하는 행위'에 해당되기 위해서는 기부행위의 상
대방이 국민기초생활 보장법에 따른 수급권자인 중증장애인이어
야 할 뿐만 아니라 기부행위자에게 자선 내지 구호의 의사가 있
어야 한다는 점을 분명히 밝힌 점에 의의가 있다.

5. 중앙선거관리위원회 규칙으로 정하는 행위

위탁선거법은 직무상 행위, 의례적 행위, 구호적·자선적 행
위 외에 이에 준하는 행위로서 중앙선거관리위원회 규칙으로 정

65) 대법원 2007. 3. 16. 선고 2007도617 판결

하는 행위를 기부행위로 보지 않도록 규정하고 있다(§33① 4.).

그러나 위탁선거에서 고비용 선거구조를 해소하고 금권선거를 방지하며 후보자간 실질적인 기회균등을 보장하기 위하여 도입한 기부행위제한의 입법취지를 고려한다면, 중앙선거관리위원회가 위탁선거규칙의 개정을 통하여 기부행위에 대한 추가적인 예외를 허용할 가능성은 매우 낮다.

공직선거법에서도 기부행위로 보지 않는 행위를 법에서 열거하면서 이에 준하는 행위로서 중앙선거관리위원회 규칙으로 정하는 행위를 기부행위로 보지 않도록 위임하였으나, 실제 중앙선거관리위원회 규칙으로 정한 사례가 없다.

6. 농림축산식품부령 등으로 정하는 행위

농협법은 직무상 행위, 의례적 행위, 구호적·자선적 행위를 기부행위로 보지 않는 행위로 열거하면서 이에 준하는 행위로서 농림축산식품부령으로 정하는 행위를 기부행위로 보지 않도록 규정하고 있다(§50의2② 4.). 수협법도 해양수산부령으로 정하는 행위를, 산림조합법은 농림축산식품부령으로 정하는 행위를 각각 기부행위로 보지 않도록 규정하고 있다.[66]

위탁선거법은 공직선거법과[67] 달리 법령에 근거하여 금품을 제공하는 행위를 기부행위로 보지 않는 행위로 열거하지 않았지만, 농림축산식품부령 등으로 기부행위로 보지 않는 행위를 추가

---

66) 수협법 제53조의2제2항제4호, 산림조합법 제40조의2제2항제4호 참조.
67) 공직선거법 제112조제2항제5호 참조.

할 경우 조합장선거에서도 형법의 일반원칙에 따라 기부행위위
반죄의 위법성이 조각될 여지가 있다.[68]

　이 경우 농림축산식품부령 등에서 조합원에 대한 이익제공
행위를 기부행위가 아닌 행위로 폭넓게 열거하면 할수록 기부행
위 위반죄의 구성요건 조각사유가 더욱 확장되고 가벌성의 범위
는 축소된다. 따라서 죄형법정주의 원칙이 침해될 우려는 없어
보인다.

　그러나 이러한 조치는 고비용 선거구조를 지양하고 후보자간
실질적인 기회균등을 담보하기 위하여 기부행위 제한제도를 도입
한 위탁선거법의 입법취지가 몰각되고 관련 규정의 규범력이 형
해화될 가능성이 높다. 이는 입법권의 침해와 의회법률주의 원칙
의 훼손에 따라 위헌논란이 제기될 가능성도 내포하고 있으므로
더욱 신중한 판단이 요구되는 이유이다.

　아울러 농림축산식품부령 등 부령에서 기부행위로 보지 않는
행위를 추가할 경우 위탁선거를 규율하는 법체계의 통일성이 훼
손될 것으므로, 이에 따른 혼란은 선거를 위탁해야 하는 공공단
체와 그 후보자, 정부의 감독기관, 그리고 선거관리기관이 공동
으로 인수해야 할 부담이 된다.

　다행히 현재까지는 약속이나 한 것처럼 농림축산식품부령 등
부령에서 정한 바가 없다. 여기에서 우리는 농협법·수협법 및 산
림조합법에 따른 조합의 임원선거에서 기부행위를 바라보는 정부
의 시선이 중앙선거관리위원회와 같은 곳을 향하고 있음을 확인
한다.

---

68) **형법 제20조(정당행위)** 법령에 의한 행위 또는 업무로 인한 행위 기타 사회상규
에 위배되지 아니하는 행위는 벌하지 아니한다.

7. 정관이나 규약 등 내부규범으로 정하는 행위

위탁선거법과 농협법·수협법 및 산림조합법에 따른 기부행위 제한규정이 지나치게 엄격하여 사적자치의 이념을 훼손하고 조합의 자율성을 침해하여 정상적인 영업활동에 지장을 초래한다면, 조합의 입장에서는 그 절차와 과정이 복잡하고 어려운 법령개정을 추진하는 것보다[69] 해당 조합의 정관이나 규약 등 내부규범을 개정하여 회원에 대한 이익제공의 근거를 마련하는 것이 보다 현실적인 방안으로 보인다.

위탁선거법에서는 직무상 행위로서 정관이나 임원선거규약 등 자치규범에 근거하여 수립된 사업계획과 수지예산에 따라 집행하는 금품을 해당 조합의 명의로 선거인에게 제공하는 행위는 기부행위로 보지 않기 때문이다. 농협법·수협법 및 산림조합법에서도 정관에 근거를 둔 직무상 행위로서 조합원에게 재산상의 이익을 제공하는 행위는 기부행위의 예외로 인정한다.[70]

다만, 경제력의 차이에 의한 불공정을 시정하여 후보자간 기회균등의 원칙을 구현하고 조합의 선심경영을 방지하려는 위탁선거법과 농협법·수협법 및 산림조합법의 입법취지를 형해화할 정도로 내부규범에서 과도하게 조합원에 대한 금품제공을 허용하는 근거를 둘 경우 그 효력이 문제가 될 수 있다. 정관은 법규명령과

---

69) 정부입법은 관계기관 의견조회, 입법예고, 공청회, 법제처 심사, 차관회의, 국무회의, 대통령 재가 등의 절차를 거친다. 국회에 법률안을 제출한 후에는 다시 상임위 심사, 법사위 심사 등 국회의 시간을 기다려야 한다.

70) 농협법 제50조의2제2항제1호, 수협법 제53조의2제2항제1호, 산림조합법 제40조의2제2항제1호 참조.

달리 법원을 기속하는 재판규범이 아니기 때문이다.

금권선거 또는 금권정치를 플루토크라시plutocracy라 한다. 그리스 신화에 등장하는 재물의 신 플루토스plutos와 지배의 의미인 크라시cracy가 합성된 말이다. 플루토스plutos는 출생의 비극으로[71] 눈이 멀어 아무에게나 재물을 뿌리고 다녔다고 한다.

조합장선거의 주변에는 지금도 플루토스plutos가 배회하고 있고, 아직 그의 눈은 완전하게 떠지지 않았다. 조합장선거에서 여전히 고질적인 금품선거의 병폐가 만연해 있다는 다수의 언론보도[72]는 이를 방증하고 있다.

---

71) 호메로스의 『오디세이아』에 따르면 플루토스는 대지의 여신 데메테르와 제우스의 아들 이아시온이 3번이나 갈아놓은 부드러운 밭고랑에서 사랑을 맺어 태어났으나, 분노한 제우스에 의해 이아시온은 벼락을 맞고 죽었다고 한다.

72) 2023. 9. 10. 연합뉴스 https://v.daum.net/v/20230910100009901 등 기사 참조.

기부행위 위반죄의 위법성 조각사유

1. 위법성 조각사유의 의의

개별 법률에서 기부행위로 보지 않는 행위로 열거되지 않은 재산상의 이익제공 행위는 원칙적으로 기부행위위반죄의 구성요건해당성이 인정되는 것으로 보아야 할 것이다. 그러나 기부행위위반죄가 성립되려면 형법의 일반원칙에 따라 위법성 조각사유와 책임조각사유의 존재 여부를 면밀하게 따져보아야 한다.

따라서 위탁선거법 등에서 열거한 기부행위의 예외에 해당하지 않는 행위라도 그것이 지극히 정상적인 생활형태의 하나로서 역사적으로 생성된 사회질서의 범위 안에 있는 것이라면, 그러한 행위는 일종의 의례적 또는 직무상의 행위로서 결과적으로 사회상규에 위배되지 않아 위법성이 조각된다. 이러한 법리는 일정한 행위가 범죄 구성요건에 해당하는 경우라도 그 행위가 법질서 전체에 의한 가치평가에 따라 위법하지 않은 것으로 평가되는 경우에는 위법성이 조각된다는 형법상의 기본원칙에 따른 것이다.

2. 위법성 조각사유 인정요건

위탁선거법이 기부행위에 해당하지 않는 행위를 구체적으로 상세하게 열거하고 있고, 그에 해당하지 않는 행위는 원칙적으로 사회상규에도 반하는 것으로 엄격하게 해석함이 상당하므로 위법성 조각사유을 인정함에는 신중을 요한다.[73]

따라서 위법성 조각사유의 존부存否 판단에 있어서는 금품 등 재산상의 이익을 받은 사람의 범위와 지위, 기부행위가 이루어진 동기, 기부행위에 제공된 금품 등의 종류와 가액, 기부행위 시점, 기부행위와 관련한 기존의 관행, 기부행위자와 기부를 받은 사람과의 관계 등 제반 사정을 종합적으로 고려해야 한다.[74]

그 밖에 위탁선거법과 농협법·수협법 및 산림조합법에서 구체적·개별적으로 기부행위의 명시적 예외규정으로 두고 있지는 않더라도 법령에 근거한 재산상의 이익제공 행위도 형법상의 기본원칙에 따른 정당행위이므로(§20)[75] 위법성이 조각되어 기부행위 위반죄는 성립되지 않는다. 예컨대, 초·중등교육법[76]에 근거하여 학교발전기금을 기부하거나, 도서관법[77]에 따라 각종 도서관에 금품을 기증하는 것은 법령에 따른 행위가 된다.

---

73) 대법원 2006. 7. 13. 선고 2006도1879 판결
74) 대법원 2022. 2. 24. 선고 2020도17430 판결
75) **형법 제20조(정당행위)** 법령에 의한 행위 또는 업무로 인한 행위 기타 사회상규에 위배되지 아니하는 행위는 벌하지 아니한다.
76) **초·중등교육법 제33조(학교발전기금)** ① 제31조에 따른 학교운영위원회는 학교발전기금을 조성할 수 있다.
77) **도서관법 제47조(금전 등의 기부)** ① 누구든지 도서관의 설립 및 운영을 지원하기 위하여 금전 또는 그 밖의 재산을 도서관에 기부할 수 있다.

3. 위법성 조각사유를 인정한 사례

판례는 자동차 가스충전소를 경영하는 후보자가 설명절 직전에 고객에 대한 감사와 가스충전소 홍보를 위해 택시기사들에게 시가 3,500원 상당의 선물세트를 제공한 행위에 대해 가스충전소의 영업관행을 고려하여 위법성 조각사유를 인정하였다.[78]

아울러 판례는 공직선거에 후보자로 출마한 새마을금고 이사장이 해당 동의 바르게살기협의회 등 지역단체에 10만원씩 찬조금을 제공한 사안에서, 수년간 지역사업의 일환으로 새마을금고가 지역단체에 유사한 금액을 기부하여 온 경위와 내역, 기부방식 등에 비추어 기부행위 위반죄의 구성요건에 해당하지 않거나 사회상규에 반하지 아니하여 위법성이 없다고 판시한 바 있다.[79]

한편, 동갑계의 관광여행시 입후보예정자인 계의 간부가 운영관행에 따라 계원의 식대와 유람선 이용료를 부담한 사안에 관해서도, 판례는 일반인의 건전한 상식과 사회통념에 비추어 계의 간부의 자격에서 행한 의례상의 행위로서 사회상규에 위배되지 않는 것으로 보아 위법성 조각사유를 인정하였다.[80]

또한 입후보예정자가 출어 준비 중이던 어선 3척에 맥주[81] 각 1박스씩을 실어준 행위에 대하여, 이는 어선이 1달 가량 정비

78) 대법원 1996. 5. 10. 선고 95도2820 판결
79) 대법원 2007. 9. 7. 선고 2007도3823 판결
80) 대법원 1996. 5. 10. 선고 96도668 판결
81) 이 판례는 위법성 조각사유를 인정한 사례가 별로 없어 소개하였을 뿐, 1997. 8. 22. 선원법의 개정으로 선내 음주행위는 선원법 제22조제1항제4호에 위반된다. 낚시어선에서의 음주도 낚시 관리 및 육성법 제35조제2항에 따라 관할 지방자치단체장이 금주를 고시한 경우에는 100만원 이하의 과태료에 처해질 수 있다.

를 마치고 출어에 나서게 되면 그 친지나 이웃들이 풍어를 기원하는 뜻으로 배에 술을 실어주는 지역풍습에 따른 것이고, 배에 술을 실어줄 때에 제공자의 명의를 밝히거나 이를 추정할 수 있는 말이나 행동을 하지 않았음을 고려하여 위법성 조각사유를 인정한 판례도 있다.[82]

4. 위법성 조각사유를 인정하지 않은 사례

후보자가 되려는 사람이 장학금을 지급하고 노인정 개소식 비용을 기부하며 청년회와 부녀회에 경비를 지원한 행위에 대하여, 판례는 이러한 금품제공이 형식적으로는 해당 새마을금고 이사회의 결의에 따라 이를 집행하는 형식으로 행하여졌더라도 실질적으로는 후보자가 되려는 사람이 각 기부행위의 주체인 사실을 알 수 있다고 보아 위법성 조각사유를 인정하지 않았다.[83]

또한 판례는 군수가 예산에 편성되어 있는 업무추진비로 관내의 경찰, 기자, 향우회에 사례금 명목으로 현금을 지급한 행위와,[84] 이장인 입후보예정자가 마을회관 겸 경로당 준공식장에서 자신의 성명이 기재된 마을회관 준공기념 수건을 참석자에게 배포한 행위도[85] 위법성이 조각되지 않는다고 판시하였다.

아울러 판례는 국회의원이 자신의 선거구민들로 구성된 조기축구회 창단식에 참석하여 현금 20만원이 든 봉투를 고사상 위에

---

82) 대법원 1996. 3. 26. 선고 95도2985 판결
83) 대법원 2005. 2. 18. 선고 2004도6323 판결
84) 대구고법 2007. 1. 11. 선고 2006노569 판결
85) 대법원 1999. 5. 11. 선고 99도499 판결

놓은 행위도 제공자의 신분, 조기축구회의 구성원 및 그 성격과 규모, 제공된 현금의 액수 등에 비추어 볼 때 위법성 조각사유가 인정될 수 없다고 판시한 바 있다.[86]

한편, 후보자가 선거구민에게 결혼축의금으로서 5만원을 지급한 사유가 자신의 모친상에서 해당 선거구민으로부터 받은 같은 금액의 부의금에 대한 답례 취지였더라도 그러한 행위가 미풍양속으로서 사회상규에 위배되지 않는다고 볼 수 없다며 위법성 조각사유를 모질게 부인하고 처벌한 판례도 있다.[87]

여기에서 우리는 기부행위를 바라보는 법원의 엄중한 시선을 본다. 우리에게 그 시선이 돌려지지 않기를 기원한다.

---

86) 대법원 2005. 9. 9. 선고 2005도2014 판결
87) 대법원 1999. 5. 25. 선고 99도983 판결

기부행위 위반죄와 다른 벌칙과의 관계

1. 매수죄와의 관계

선거인에 대한 금품제공 행위가 있더라도 급부와 반대급부가 균형을 이루고 있다면 재산상의 이익제공이 될 수 없어 위탁선거법이나 농협법·수협법 및 산림조합법의 다른 규정에 의한 처벌을 별론으로 한다면, 최소한 기부행위 위반죄는 성립되지 않는다.

예를 들면, 조합장선거에서 명목상 자원봉사자라고 부르더라도 처음부터 대가를 지급하기로 하고 선거운동을 할 사람을 모집하여 선거운동을 하게 하고 그 대가로서 일당을 지급하였다면, 이들은 진정한 의미의 자원봉사자가 아니라 이는 일종의 유상계약이고 일당의 지급은 채무의 이행에 불과하여 최소한 기부행위 위반죄는 성립하지 않을 것이다.[88]

그러나 위탁선거법과 농협법·수협법 및 산림조합법에서는

---

88) 대법원 1996. 11. 29. 선고 96도500 판결

정당한 대가관계가 인정될 수 있는 사적인 계약의 이행행위일지라도 선거운동 목적으로 선거인이나 조합원 또는 그 가족에게 금품, 향응, 그 밖에 재산상의 이익을 제공하거나 제공받은 경우에는 급부와 반대급부가 균형을 이루는지를 불문하고 매수 및 이해유도죄로 처벌될 수 있다.[89]

　다만, 위탁선거법·수협법 및 산림조합법의 매수죄는 선거인명부 작성 전에는 선거인명부에 오를 자격이 있는 사람을, 선거인명부 작성 후에는 선거인명부에 오른 사람을 상대로 성립하지만, 농협법의 매수죄는 선거인명부에 오를 자격이 있는 사람인지를 묻지 않고 조합원을 대상으로 금품 등 재산상의 이익을 제공하는 경우에도 성립된다는 점에 유의해야 한다.

2. 50배 과태료와의 관계

가. 50배 과태료 도입 배경

　공직선거법에서 정치인과 후보자가 되려는 사람의 기부행위를 상시 제한함에 따라 과거 소액의 금품수수에 따른 위반자가 속출함으로써 전과자를 양산하고, 경미범죄에 대한 수사와 공소유지를 위한 수사기관과 검찰의 부담이 가중되며, 법원이 경미범죄의 바다에 익사할 위기에 처해 있다는 비판까지 제기되었다.

　또한 기부받은 사람에 대한 가벼운 벌금형만으로는 유권자의

---

89) 위탁선거법 제58조제1호·3호, 농협법 제50조제1항·제172조제1항제2호, 수협법 제53조제1항·제178조제1항제2호, 산림조합법 제40조제1항·제132조제1항제2호 참조.

금품기대심리를 효과적으로 근절하기 어려운 형사정책적 한계와 부작용도 함께 노출되었다.

이에 따라 2004년 공직선거법을 개정하여 기부행위위반죄 중 가액 100만원 이하의 금품을 제공받은 행위에 대하여는 형벌 대신 제공받은 가액의 50배에 해당하는 금액의 과태료를 부과하되, 그 상한액은 5천만원으로 하도록 벌칙을 보완함으로써 전과자의 양산을 방지하고 처벌의 실효성을 확보하며 금품기대심리를 근절하고자 하였다.

나. 50배 과태료 도입 경과

50배 과태료 제도는 2004년 3월 12일 공직선거법의 개정에 따라 최초로 도입된 이래, 농협법·수협법 등 개별 법률의 선거 관련 규정에 경쟁적으로 도입된 후[90] 2014년 위탁선거법에도 수용되었다. 그러나 2009년 3월 헌법재판소는 당시의 50배 과태료 제도가 구체적·개별적 사정을 고려하지 않고[91] 오로지 기부받은 물품 등의 가액만을 기준으로 일률적으로 정해진 액수의 과태료를 부과하는 것이므로 구체적 위반행위의 책임 정도에 상응한 제재가 되기 어렵다는 점을 이유로 들어 헌법불합치결정을 하였다.[92]

---

90) 농협법 제174조제4항, 수협법 제180조제3항, 산림조합법 제134조제4항 등 참조.

91) 헌법재판소는 금품·음식물 등을 제공받는 경우 그 위반의 동기와 태양, 기부행위가 이루어진 경위와 방식, 기부행위자와 기부받은 사람과의 관계, 사후의 정황 등에 따라 위법성의 정도에 큰 차이가 있다고 보았다. 헌법재판소 2009. 3. 26. 선고 2007헌가22 결정 참조.

92) 헌법재판소 2009. 3. 26. 선고 2007헌가22 결정

이에 따라 공직선거법뿐만 아니라 농협법·수협법 및 산림조합법 등 다른 법률의 50배 과태료에 관한 규정들도 2010년과 2011년의 개정을 통하여 행위양태와 가벌성의 정도에 따라 기부받은 금품·음식물 가액의 10배 이상 50배 이하에 해당하는 과태료를 부과하되, 그 상한액은 3천만원으로 하향 조정하여 헌법불합치결정의 취지에 부합하도록 모두 보완되었다.

다. 형벌과 과태료의 병과倂科 가능 여부

위탁선거법의 50배 과태료는 기부행위가 제한되는 사람으로부터 실제 금품을 받은 사람에게 적용된다. 따라서 후보자 등에게 금품을 요구하거나, 후보자 등의 금품제공 의사표시를 승낙한 경우, 즉 기부행위를 약속한 사람에게는 행정질서벌인 50배 과태료 대신 형벌인 기부행위위반죄가 적용된다.

이 경우 후보자가 되려는 사람 등에게 금품을 요구하여 실제 100만원 이하의 금품을 수령한 사람에게 형사처벌과 별도로 50배 과태료를 부과할 수 있는지가 법리적으로 쟁점이 될 수 있다.

그러나 기부행위 요구죄와 50배 과태료는 금권선거의 척결과 금품기대심리의 근절이라는 입법목적과 보호법익이 동일한 점,93) 금품의 수령행위는 요구죄의 불가벌적 사후행위에 해당하여 요구죄에 흡수될 수 있다는 점, 과태료가 비록 형벌은 아니더라도 국가의 일반통치권에 따른 처벌임에는 틀림이 없다는 점 등을 고려

---

93) 판례는 과태료의 부과처분 및 형사처벌이 그 성질이나 목적을 달리하는 별개의 것이라면, 과태료를 부과한 후에 형사처벌을 하더라도 이를 일사부재리의 원칙에 반하는 것이 아니라고 보았다. 대법원 1996. 4. 12. 선고 96도158 판결

하면, 요구하여 수령한 행위로 기부행위위반죄가 적용되어 형사처벌되는 사람에게 50배 과태료를 부과하는 것은 우리 헌법이 금지하는 이중처벌에 해당될 수 있을 것으로 보인다.

헌법재판소도 과태료가 형벌의 목적·기능과 중복되는 면이 없지 않으므로 동일한 행위를 대상으로 형벌을 부과하면서 과태료까지 함께 부과한다면 그것은 이중처벌금지의 기본정신에 배치되어 국가 입법권의 남용으로 인정될 여지가 있음을 부정할 수 없다고 판시한 바 있다.94)

따라서 기부행위가 제한되는 후보자 등에게 금품을 요구한 후 실제 100만원 이하의 금품을 수령한 사람에게 50배 과태료를 부과할 수 있는 요건은 형사처벌의 가능성이 없는 다음의 두 가지 경우로 한정하는 것이 적절할 것이다.

첫째, 선거관리위원회가 금품수수행위를 적발하였으나 정상을 참작하여 고발 또는 수사의뢰 조치를 하지 않은 경우

둘째, 검찰·경찰 등 수사기관의 자체인지 사건 또는 선거관리위원회가 고발·수사의뢰 조치를 한 사안으로 검찰의 기소유예 등 불기소 처분이 확정된 경우

위의 두 가지 사례 모두 형사처벌을 모면하였더라도 법익침해의 정도가 상당하여 행위의 가벌성이 높으므로 법정 최고액의 과태료가 적용된다(위탁선거규칙 §34③, 별표 2). 자유롭고 정의로운 선거질서는 관용만으로 유지되는 것이 아니다.

---

94) 헌법재판소 1994. 6. 30. 선고 92헌바38 결정

기부받은 사람에 대한 50배 과태료

1. 50배 과태료 부과요건

　누구든지 기부행위제한기간 중 후보자(후보자가 되려는 사람을 포함한다. 이하 이 절에서 같다), 후보자의 배우자, 후보자가 속한 기관·단체·시설, 그 밖에 기부행위가 제한되는 사람에게서 해당 위탁선거에 관하여 금전·물품 등 100만원 이하의 재산상 이익을 제공받은 사람에게는 선거관리위원회가 총 3천만원 이하의 범위에서 제공받은 금액이나 가액의 10배 이상 50배 이하에 상당하는 금액의 과태료를 부과한다(위탁선거법 §68③).

　다만, 기부행위가 제한되는 사람으로부터 100만원을 초과한 금품 또는 재산상의 이익을 받거나, 100만원 이하의 금품이라도 기부행위가 제한되는 사람에게 요구하여 금품 등 재산상의 이익을 받은 사람은 과태료가 아니라 여전히 형벌 적용 대상으로서 위탁선거법의 기부행위 위반죄에 따라 처벌된다(§59).

　아울러 소액의 금품이라도 조합장선거와 관련하여 선거운동 목적으로 금품을 받은 사람에게는 행정질서벌인 50배 과태료가 부과되는 것이 아니라 형벌인 매수죄가 적용되어 무겁게 처벌되고 범죄경력으로 남게 된다는 점도 유의할 필요가 있다.

2. 50배 과태료 부과기준

기부행위가 제한되는 사람으로부터 금품이나 재산상의 이익을 제공받은 사람으로서 다음 중 어느 하나에 해당하는 행위를 하고 제공받은 사람에게는 그 제공받은 가액의 50배를 과태료로 부과한다(위탁선거규칙 §34③, 별표 2). 해당 사안들은 과태료 부과 대상 중 가벌성이 가장 높은 행위이다.

① 금전 · 물품 등의 제공을 알선 · 권유 · 요구하는 행위[95]

② 금전 · 물품 등이 제공된 각종 모임 · 집회 및 행사를 주관 · 주최하는 행위

③ 금전 · 물품 등이 제공된 각종 모임 · 집회 또는 행사에 참석할 것을 연락하거나 독려하는 등 다른 사람에 앞장서서 행동하는 행위

여기에 해당하는 사람은 주로 후보자 등 기부행위 제한의 주체와 기부행위를 공모하거나 기부행위에 적극 가담한 후 금품이나 재산상의 이익을 받은 사람들이다. 이 경우 가벌성이 높아 제공받은 가액의 최고 배수인 50배의 과태료를 부과한다. 이 경우

---

95) 이 경우는 앞서 살펴본 바와 같이 선거관리위원회나 수사기관이 기부행위를 적발하였으나, 기부를 요구하고 금품 등을 받은 사람에 대한 불기소 처분이 확정되어 과태료를 부과하는 사안으로 보아야 할 것이다.

에도 법정 상한액인 3천만원을 초과할 수는 없다.

반면, 기부행위를 주도함이 없이 소극적으로 단순히 금품을 제공받은 사람에게는 제공받은 가액의 30배를 과태료로 부과하고, 본인의 수령의사와 무관하게 우편·택배 등을 통하여 금전이나 재산상의 이익을 수령하였으나 지체 없이 이를 반환하지 않은 사람에게는 제공받은 가액의 10배를 과태료로 부과한다.

관할 선거관리위원회는 과태료 부과대상자의 위반행위와 관련하여 해당 위반행위의 동기와 그 결과, 선거에 미치는 영향, 위반기간과 위반의 정도, 조사에 협조하여 진실발견에 기여한 정도 등을 종합적으로 고려하여 부과기준액의 2분의 1의 범위에서 과태료를 감경하거나 가중할 수 있다. 다만, 감경하는 경우에도 제공받은 가액의 10배 미만으로 정할 수 없고, 가중하는 경우에도 법정 상한 배수인 50배를 초과할 수 없다(위탁선거규칙 별표 2).

3. 자수자에 대한 과태료의 감경·면제

가. 과태료 면제의 조건

기부행위가 제한되는 사람으로부터 제공받은 금전, 음식물 또는 물품 등을 관할 선거관리위원회에 반환하고 자수한 경우에는 그 과태료를 감경 또는 면제할 수 있다. 이 경우 음식물 등 제공받은 것을 반환할 수 없는 경우에는 자수하는 때에 그 가액에 상당하는 금액을 반환해야 한다(위탁선거법 §68③).

제공 받은 금액 또는 음식물·물품 등을 선거관리위원회에

반환하고 자수한 사람으로서 다음에 해당하는 사람에게는 과태료
를 면제한다(위탁선거규칙 §34⑤ 2.).

① 선거관리위원회와 수사기관이 금품·음식물 등의 제공 사
실을 알기 전에 선거관리위원회 또는 수사기관에 그 사실
을 단순하게 알려 위탁선거범죄에 관한 조사 또는 수사단
서를 제공한 사람

② 선거관리위원회와 수사기관이 금품·음식물 등의 제공사실을
알게 된 후에 자수한 사람으로서 금품·음식물 등을 제공한
사람과 제공받은 일시·장소·방법·상황 등을 선거관리위원
회 또는 수사기관에 자세하게 알린 사람

나. 과태료 감경의 요건과 정도

금품·음식물 등을 제공받고 선거관리위원회에 자수를 하였
으나 과태료의 완전한 면제요건에 해당하지 않는 사람에게는 금
품·음식물 등을 제공받은 경위, 자수의 동기와 시기, 금품·음식
물 등을 제공한 사람에 대한 조사의 협조 여부, 그 밖의 사정을
고려하여 위탁선거규칙에 따라 과태료 부과기준액과 감경기준을
정한다.

특히 관할 선거관리위원회가 고발 또는 수사의뢰 조치를 하
기 전에 자수한 경우와 고발 또는 수사의뢰 조치 후에 자수한 경
우를 구분하여 과태료 부과액에 합리적 차등을 둔다. 자수시점에
따라 기부행위의 실체적 진실을 발견하는데 기여한 정도가 현저
하게 다르기 때문이다.

예컨대, 본인의 의사와 무관하게 우편·운송회사 등을 통하

여 금품 등을 제공받은 사람으로서 기부받은 금품을 반환하지 않고 자수한 사람의 경우 그 시점이 관할 선거관리위원회의 고발 또는 수사의뢰 조치 전이라면 기부받은 가액만큼, 고발 또는 수사의뢰 조치 후에는 제공받은 가액의 2배에 해당하는 과태료를 부과한다.

관할 선거관리위원회의 고발 또는 수사의뢰 조치 전에 자수한 사람에게도 과태료를 부과하는 이유는 기부받은 금품을 반환하지 않고 자수하였기 때문에 그 가액에 해당하는 과태료를 부과하여 부정한 이익을 향유할 수 없도록 하기 위함이다. 이 경우의 과태료 부과는 형법상 몰수의 취지와 다를 바가 없다.

한편, 우편이나 운송회사를 통하여 금품을 수령한 정도의 수동적 요건을 갖춘 것은 아니지만, 기부행위가 제한되는 사람으로부터 소극적으로 금품이나 재산상의 이익을 제공받은 사람이 자수한 경우, 그 시점이 관할 선거관리위원회의 고발 또는 수사의뢰 조치 전이라면 기부받은 가액의 2배를, 고발 또는 수사의뢰 조치 후에는 기부받은 가액의 5배를 과태료로 부과한다.

반면, 금품제공을 알선·권유·요구하거나 금품이 제공된 행사를 주관하는 등 기부행위에 적극적·주도적 역할을 하고 선거관리위원회가 금품의 제공사실을 알게 된 후 고발 등 조치 전까지 자수하였으나, 금품 등을 제공한 사람과 제공받은 일시·장소·방법·상황 등을 선거관리위원회에 자세하게 알리지 않은 사람에게는 제공받은 가액의 5배를 과태료로 부과한다(위탁선거규칙 별표 3).

이 경우 기부행위를 주도한 사람이 비록 자수하긴 하였으나, 해당 사건의 전모에 관하여 자세하게 진술하지 않음에 따라 그 자수의 효과가 제한적이어서 제공받은 가액의 5배를 과태료로 부과하는 것이다.

관할 선거관리위원회는 50배 과태료 부과대상자가 자수한 경우 그 사람의 신원을 보호하여야 하며, 선거관리위원회와 수사기관이 금품·음식물 등의 제공사실을 알기 전에 자수하여 선거범죄에 관한 조사 또는 수사단서를 제공한 사람에게는 포상금을 지급할 수 있다(위탁선거규칙 §34⑥).

4. 50배 과태료 부과 사례

후보자와 그가 속한 기관·단체·시설 등 기부행위가 제한되는 사람으로부터 금품 등 재산상의 이익을 제공받아 50배 이하 과태료가 부과된 사례를 살펴보면 다음과 같다.[96]

2019년 제2회 동시조합장선거를 앞두고 79명의 조합원이 후보자가 되려는 사람으로부터 택배를 통해 개인별로 사과, 배 등 과일 1~2박스 총 610만원 상당을 제공받아 관할 선거관리위원회가 1명당 25만원에서 135만원까지 총 3,765만원의 과태료를 부과하였다.

또한, 같은 해 제2회 동시조합장선거를 앞두고 20명의 조합원이 야유회에서 후보자가 되려는 사람으로부터 총 40만원 상당의 점심식사와 젓갈세트, 소금, 기념품 등을 제공받음에 따라 1명당 60만원에서 133만원까지 총 2,057만원의 과태료를 부과받았다.

---

96) 중앙선거관리위원회 2022. 10. 발행 『위탁선거법 사례예시집』 67쪽 참조.

258

2018년도에는 후보자가 되려는 사람이 제공한 5~10만원을 제3자로부터 전달받은 조합원 14명에게 1명당 75만원에서 300만원까지 총 1,913만원의 과태료가 부과되었다.

한편, 후보자가 되려는 사람이 속한 기관·단체·시설도 기부행위 제한의 주체이기 때문에[97) 해당 농협 감사와 조합원이 제공한 양주와 식사 등 총 277만원 상당의 음식물을 제공받은 조합원 12명에게 1명당 15만원에서 230만원까지 총 1,907만원의 과태료가 부과되기도 하였다.

아울러 2019년 3월 후보자가 되려는 사람으로부터 조합 여성산악회 찬조금 명목으로 10만원을 제공받은 조합원 1명에게 300만원의 과태료가 부과된 사례도 있다.

50배 과태료 부과제도는 선거범죄 신고자에 대한 포상금 지급제도, 그리고 자수자에 대한 특례제도와 결합되어 금품선거를 억제하는 강력한 안전판으로 기능하고 있다.

후보자가 다수의 선거인에게 금전이나 물품 기타 재산상의 이익을 제공한 경우, 금품을 제공받은 사람들은 이를 자수 또는 신고할 것인지 죄수의 딜레마에 빠지고, 금품을 제공한 후보자는 당선 여부를 불문하고 공소시효가 완성될 때까지 밀고의 두려움과 불안에 가득 찬 독방에 갇히게 된다.

금품을 제공받은 사람 중 한 사람이라도 선거범죄 신고자 포상금에 매력을 느끼거나 50배 과태료에 압박을 받아 금품수수 사실을 신고하거나 자수한 경우 해당 지역은 선거범죄 조사와 50배 과태료 처분에 따라 인심까지 흉흉해진다.

---

97) 위탁선거법 제35조제1항 참조.

이 경우 선거의 공정은 고사하고 선거 자체가 의미를 잃는다. 과거 모 지역에서 군수선거와 관련하여 금품제공 행위가 수사선상에 오르자 금품제공자는 극단적 선택을 하고, 금품을 받은 사람들은 단체로 관광버스를 대절하여 경찰서에 자수하러 왔던 풍경을 상상해 보는 것으로 충분하다.

조합원의 자수가 긴 행렬을 이룰 때, 선거의 공정은 수치스러운 얼굴을 가리고 맨 마지막에 줄을 선다. 조합장선거를 수탁하여 관리하는 관할 선거관리위원회는 물론 그 선거의 관리를 위탁한 조합의 입장에서도 상상하기에 끔찍한 일이다. 아직도 조합장선거에서는 상상한 일이 가끔 현실이 되기도 한다.

제6장

조합장선거의 선거범죄

농협법·수협법 및 산림조합법은 임원선거에 관하여 공통적으로 선거운동 주체·시기·방법 위반에 따른 벌칙은 물론 매수죄, 호별방문죄, 후보자비방죄, 사위등재죄, 선거관리침해죄 등의 벌칙을 두고 있다.

그러나 조합장선거에는 위탁선거법이 조합법에 우선하여 적용되므로 조합법의 벌칙은 보충적으로 적용될 뿐이다. 위탁선거법의 벌칙은 조합법에 비하여 무겁고 치밀하며 정교한 특성을 보유하고 있다.

이 장에서는 조합장선거에 관한 벌칙을 개략적으로 알아본 후 위탁선거법에 규정된 조합장선거의 선거범죄를 자세히 살펴보기로 한다.

조합장선거의 선거범죄 개요

1. 농협법·수협법·산림조합법의 선거범죄

가. 공직선거 관여죄

농협법은 조합·조합공동사업법인·품목조합연합회 및 중앙회가 공직선거에서 특정 정당을 지지하거나 특정인을 당선되게 하거나 되지 못하게 하는 행위를 할 수 없도록 하고(§7①), 누구든지 조합, 조합공동사업법인, 품목조합연합회 및 중앙회를 이용하여 공직선거에서 특정 정당을 지지하거나 특정인을 당선되게 하거나 되지 못하게 하는 행위를 금지하고 있다(§7②).

이를 위반할 경우에는 농협법의 벌칙이 적용되어 2년 이하의 징역 또는 2천만원 이하의 벌금에 처해진다(§172① 1.). 이러한 내용은 수협법과 산림조합법에서도 동일하게 규정하고 있다.[1] 해당 규정은 공직선거에서 특정 정당이나 후보자에 대한 지지를

---

1) 수협법 제7조·제178조제1항제1호, 산림조합법 제7조·제132조제1항제1호 참조.

공표하는 등 농협의 명의 또는 그 대표자의 명의로 선거운동을 하거나, 특정 정당이나 후보자의 선거운동을 위하여 조합과 중앙회를 공직선거에 끌어들이는 행위를 금지함으로써 조합과 중앙회의 정치적 중립성을 담보하기 위한 취지로 보인다.

따라서 조합법의 해당 조항은 본래 조합장선거와는 직접적인 관련이 없다. 그러나 2027년 3월 3일에 실시되는 제4회 동시조합장선거에서는 사정이 완전히 달라질 수 있다. 현행 위탁선거법에 따르면 2027년 제4회 동시조합장선거일이 바로 제21대 대통령선거일이기 때문이다(§14①).

현실적으로 조합장선거의 후보자가 대통령선거의 특정 정당 후보자를 상징하는 색상의 윗옷을 활용하는 등 대선 후보자에 대한 지지를 우회적인 방법으로 표명하면서 자신의 선거운동으로 활용하는 경우에는 이를 규제할 적절한 방법이 보이지 않는다. 정치관여가 금지된 교육감선거에서 이미 익숙한 풍경이다.

다만, 조합장선거의 후보자가 직접적으로 대통령선거의 특정 후보자를 지지 또는 반대하거나, 간접적으로 특정 후보자의 농업정책·어업정책 또는 산림정책에 대한 지지·반대를 통하여 조합의 정치적 중립성을 해치는 행위에는 본조 적용이 가능할 것으로 보인다. 아무튼 공직선거와 조합장선거의 동시실시는 본조의 규범력을 검증하는 리트머스 시험지가 될 것이다.

참고적으로 공직선거법에서는 농협법·수협법 및 산림조합법에 따른 조합의 상근 임직원과[2] 그 중앙회장의 선거운동을 금지

---

2) 공직선거법의 해당 조항이 농협 상근 직원들의 선거운동 자유와 평등권을 침해한다며 제기된 헌법소원심판에서 헌법재판소는 청구를 기각한 바 있다. 이에 따라 해당 조항이 효력을 유지하고는 있으나, 9인의 재판관 중 5인이 위헌의견을 제시함에 따라 그 헌법적 정당성에 관하여는 강한 의문이 제기되고 있다. 헌법

하면서(공직선거법 §60① 5.), 조합과 중앙회, 그 대표자와 임직원 또는 구성원에게는 해당 단체의 명의 또는 그 대표자의 명의로 선거운동을 할 수 없도록 규정하고 있다(공직선거법 §87① 2.).

나. 조합원 등 매수죄

농협법은 지역농협의 임원선거에서 선거운동 목적으로 조합원이나 그 가족3)에게 금품·향응, 그 밖의 재산상의 이익이나 공사公私의 직職을 제공하거나, 제공의 의사표시를 하거나, 제공을 약속하는 행위를 금지하는 한편(§50① 1.), 후보자가 되지 못하게 하거나 후보자를 사퇴하게 할 목적으로 후보자가 되려는 사람이나 후보자에게 재산상의 이익이나 공사의 직을 제공하는 행위를 금지하고 있다(§50① 2.). 아울러 매수행위의 주체로부터 이익이나 공사의 직을 제공받거나 제공의 의사표시를 승낙하거나 그 제공을 요구하거나 알선하는 행위도 금지한다(§50① 3.).

이를 위반한 경우 농협법의 벌칙이 적용되어 2년 이하의 징역 또는 2천만원 이하의 벌금에 처해진다(§172① 2.). 해당 규정은 지역축협과 품목조합에서도 준용하고 있고,4) 수협법과 산림조합법에서도 유사한 내용을 규정하고 있다.5) 다만, 수협법과 산림조합법은 위탁선거법과 동일하게 선거인 신분을 중심으로 선거

재판소 2022. 11. 24. 선고 2020헌마417 결정 참조.

3) 농협법에서 가족은 조합원의 배우자, 조합원 또는 그 배우자의 직계존비속과 형제자매, 조합원의 직계존비속 및 형제자매의 배우자를 말한다. 수협법과 산림조합법에서는 조합원을 선거인으로 대체하면 된다. 형제자매의 배우자가 포함되어 민법 제779조에 따른 가족의 범위보다 약간 넓다.

4) 농협법 제107조제1항 및 제112조제1항 참조.

5) 수협법 제53조제1항, 산림조합법 제40조제1항 참조.

인매수죄를 구성한다는 점에 차이가 있다.

선거인은 선거를 전제로 조합원 중에서 일정한 자격을 갖춘 사람에게 부여된 한시적 신분이므로, 수협법·산림조합법 및 위탁선거법의 선거인매수죄는 선거가 임박한 시기가 도래해야 성립할 가능성이 높지만, 조합원은 상시적 신분이므로 농협법의 조합원매수죄는 시기에 제한없이 성립될 수 있다.

다시 말하자면, 수협법·산림조합법 및 위탁선거법에 따른 선거인매수죄는 선거인명부에 올라 있거나 선거인명부에 오를 자격이 있는 사람을 상대방으로 재산상의 이익 등을 제공한 경우에 성립하는 반면, 농협법의 조합원매수죄는 선거권 보유 여부나 선거인명부에 오를 자격이 있는지를 묻지 않고 오로지 조합원 신분을 가지고 있으면 매수죄가 성립될 수 있다는 점에 큰 차이가 있는 것이다.

바로 이 부분이 조합장선거에서 농협법의 매수죄가 독자적인 규범력을 가지는 부분이다. 이러한 측면에서 농협법은 수협법이나 산림조합법보다 선거의 불가매수성을 더욱 두텁게 보호하고 있다고 평가하더라도 큰 무리가 없을 것이다.

한편, 법정형은 위탁선거법의 선거인매수죄가 3년 이하의 징역 또는 3천만원 이하의 벌금형에 처하도록 규정하여 2년 이하의 징역 또는 2천만원 이하의 벌금형으로 규정되어 있는 농협법·수협법 및 산림조합법의 매수죄보다 상대적으로 무겁다.[6]

---

6) 농협법 제172조제1항제2호, 수협법 제178조제1항제2호, 산림조합법 제132조제1항제2호 참조.

다. 후보자비방죄

농협법은 누구든지 지역농협의 임원선거와 관련하여 연설·
벽보, 그 밖의 방법으로 거짓의 사실을 공표하거나 공연히 사실
을 적시摘示하여 후보자 또는 후보자가 되려는 사람을 비방誹謗
할 수 없도록 규정하고 있다(§50③). 비방이란 정당한 이유 없이
상대방을 깎아내리거나 헐뜯어 그 사회적 가치평가를 저하시키는
행위를 말한다.[7] 해당 규정은 지역축협과 품목조합에서도 준용
하고 있고,[8] 수협법과 산림조합법에서도 유사한 내용을 규정하
고 있다.[9] 다만, 산림조합법에서 후보자가 되려는 사람을 비방의
대상에서 제외한 점은 입법불비로서 도드라져 보인다.[10]

일반적으로 선거범죄에서 후보자비방죄는 선거운동 목적을
요구한다. 선거운동 목적이 없다면 그저 평범한 명예훼손죄에
불과하기 때문이다. 그러나 조합법의 본죄는 선거 관련성과 후
보자가 되려는 사람에 대한 인식을 요구할 뿐 선거운동 목적까
지 요구하지 않는다.

특히 본죄의 법정형이 500만원 이상 3,000만원 이하의 벌금
형으로 다른 표현범죄와 달리 징역형이 없다 하여[11] 우습게 보아
서는 안 된다. 본죄 법정형의 핵심은 벌금형의 하한을 500만원
이상으로 정하고 있는 부분에 있다. 일단 조합법의 후보자비방죄

---

7) 대법원 2009. 6. 25. 선고 2009도1936 판결 등
8) 농협법 제107조제1항 및 제112조제1항 참조.
9) 수협법 제53조제1항, 산림조합법 제40조제1항 참조.
10) 산림조합법 제40조제3항 및 제40조제9항제3호 참조.
11) 형법 제307조에 따른 명예훼손죄의 법정형은 2년 이하의 징역이나 금고 또는
    500만원 이하의 벌금에 처하도록 규정하고 있다.

로 기소되어 유죄가 인정되면 법률상 감경과 재판상 감경을 하더라도 100만원 이상의 벌금형 선고가 불가피하여 결국 당선이 무효로 되고 4년간 피선거권이 박탈되기 때문이다.[12]

결국 본조의 입법취지는 임원선거에서 선거운동 목적이 없더라도 후보자 등에 대한 비방을 금지하고, 이를 위반한 사람의 당선을 무효로 하며, 향후 4년간 조합의 임원직에서 축출하겠다는 입법정책적 결단으로 보아야 할 것이다.

참고적으로 위탁선거법에서 낙선목적의 허위사실 공표죄를 규정하면서 벌금형의 하한을 500만원으로 규정하고 있으나(§61②), 해당 죄는 선거운동의 목적을 요구하고 있다는 점에서 조합법의 후보자비방죄와 근본적인 차이가 있다.

라. 선거관리침해죄

농협법은 누구든지 지역농협의 선거관리위원회 위원·직원, 그 밖에 선거사무에 종사하는 사람을 폭행·협박·유인 또는 체포·감금하거나 폭행이나 협박을 가하여 투표소·개표소 또는 선거관리위원회 사무소를 소요·교란하거나, 투표용지·투표지·투표보조용구·전산조직 등 선거관리 및 단속사무와 관련한 시설·설비·장비·서류·인장 또는 선거인명부를 은닉·손괴·훼손 또는 는 탈취하지 못하도록 금지하고 있다(§50⑩).

이를 위반한 경우 농협법의 벌칙에 따라 1년 이하의 징역 또는 1,000만원 이하의 벌금에 처한다(§172② 3.). 해당 규정 또한

---

12) 농협법 제49조제1항제8호·제107조제1항·제112조제1항, 수협법 제51조제1항제9호·제108조·제113조, 산림조합법 제39조제1항제9호 참조.

지역축협과 품목조합에서 준용하고 있고,13) 수협법과 산림조합법
에서도 유사한 내용을 규정하고 있다.14)

조합의 선거관리 업무를 방해한 행위는 형법상 업무방해죄로
처벌이 가능함에도 불구하고 굳이 조합법에 벌칙을 규정한 이유
는 벌금 100만원 이상의 형이 선고되면 선거에서 당선되더라도
그 당선을 무효로 하고 향후 4년간 피선거권을 박탈하기 위한 취
지로 보인다. 비록 업무방해죄의 법정형이 본죄보다 무겁지만,15)
해당 범죄로 100만원 이상의 벌금형이 선고되더라도 당선의 효력
이나 피선거권에는 영향이 없기 때문이다.

다만, 위탁선거법에서도 선거관리침해죄를 규정하여(§65) 형
법상 공무집행 방해죄보다 더욱 무겁게 처벌하고 있으므로, 조합
법의 선거관리침해죄는 조합이 자율적으로 관리하는 임원선거에
한정하여 의미를 가지는 것으로 보인다.

참고적으로 입법이론과 법제실무에서는 벌칙을 정할 경우 형
벌의 기본법인 형법을 최대한 존중하여 형벌의 가중·경감 등 특
별한 사정이 없으면 형법과 중복되는 내용은 규정하지 않는 것이
원칙이다.16) 법의 간결성을 훼손하고 경합범 규정에 따른 법적용
에 혼란을 초래할 수 있기 때문이다. 그러나 당선무효 등 형벌 외
의 제재 효과에 형평을 기하기 위해서는 불가피한 측면이 있다.

---

13) 농협법 제107조제1항 및 제112조제1항 참조.
14) 수협법 제53조제7항, 산림조합법 제40조제7항 참조.
15) 형법 제314조 업무방해죄의 법정형은 5년 이하의 징역 또는 1,500만원 이하의
　　벌금에 처하도록 규정되어 있다.
16) 법제처 2022. 12. 『법령입안 심사기준』 563쪽 참조.

마. 기타 선거범죄

농협법은 지역농협의 임원선거에서 호별방문죄,[17] 선거운동기간위반죄,[18] 사위등재죄,[19] 다수인 배부목적의 금품운반죄,[20] 부정선거운동죄,[21] 지위를 이용한 선거운동죄를[22] 규정하고 있고, 지역축협과 품목조합의 임원선거에서 이를 준용하며,[23] 수협법과 산림조합법에서도 농협법과 동일한 벌칙을 두고 있다.[24]

해당 벌칙들은 모두 위탁선거법에 동일하거나 유사하게 규정된 범죄로서 위탁선거법이 우선 적용되는 조합장선거에서는 해당규정이 독자적인 규범력을 인정받기 어려울 것이므로, 위탁선거법의 해당 선거범죄에서 자세하게 설명하기로 한다.

2. 위탁선거법의 벌칙과 적용 범위

가. 위탁선거법의 벌칙 개요

위탁선거법은 선거가 국민의 자유로운 의사와 투명한 절차에 따라 공정하게 행하여지도록 하고, 선거와 관련한 부정과 부패를

---

17) 농협법 제50조제2항 및 제172조제2항제1호 참조.
18) 농협법 제50조제7항 및 제172조제2항제2호 참조.
19) 농협법 제50조제8항 및 제172조제2항제3호 참조.
20) 농협법 제50조제9항 및 제172조제2항제3호 참조.
21) 농협법 제50조제4항 및 제172조제2항제2호 참조.
22) 농협법 제50조제11항 및 제172조제1항제2호 참조.
23) 농협법 제107조제1항 및 제112조제1항 참조.
24) 수협법 제53조·제178조, 산림조합법 제40조·제132조 참조.

방지하여 민주정치의 발전에 이바지함을 목적으로 제정된 공직선거법의 유전자를 계승한 법률이다.[25] 이에 따라 위탁선거법에는 공공단체의 선거에서도 선거의 공정을 확보하고 부정을 방지하려는 공직선거법의 가치와 숨결이 고스란히 담겨 있다.

위탁선거법의 벌칙은 크게 매수죄와 기부행위위반죄 등 선거부패 범죄, 허위사실공표와 비방 등 표현범죄, 사위등재·부실기재 등 부정투표죄, 선거관리 관계자 폭행, 투표소·개표소 소요·교란, 선거관리 용구·장비·서류의 파손·탈취 등 선거관리 침해죄, 휴대전화 가상번호와 선거운동 주체·시기·방법에 관한 규제 위반 등 각종 제한규정위반죄로 구분할 수 있다.

위탁선거법의 벌칙에는 공직선거법에 규정된 벌칙 중 공무원의 선거개입 범죄, 방송·신문의 불법이용을 위한 매수죄, 선거의 자유 방해죄, 투표의 비밀침해죄를 제외한 대부분의 벌칙이 반영되어 있다. 참고적으로 위탁선거법의 허위사실공표죄와 후보자비방죄 등 표현범죄는 선거운동 목적을 요구하는 점에서 일반적인 명예훼손 범죄와 차이가 있고, 선거관리 관계자 폭행이나 투표소·개표소 소요·교란 같은 선거관리침해죄는 형법상 공무집행 방해죄보다 무거운 법정형을 두고 있는 점에 그 특징이 있다.

나. 위탁선거법의 벌칙 적용 범위

선거를 위탁하는 공공단체의 성격에 따라 위탁선거법 벌칙의 적용 범위는 크게 3개의 층위로 구분할 수 있다. 농협법·수협법 및 산림조합법에 따른 조합장선거와 새마을금고법에 따른 이사장

---

25) 공직선거법 제1조 참조.

272

선거에는 선거절차와 선거운동 방법뿐만 아니라 벌칙 전체가 유루遺漏 없이 온전히 적용된다(위탁선거법 §57① 본문).

반면에 조합의 일반 임원선거처럼 임의위탁 선거에는 관할 선거관리위원회에 그 선거의 관리를 위탁하더라도 위탁선거법의 전체 벌칙 중 선거관리 침해와 조사방해에 관한 벌칙만 적용될 뿐이다(위탁선거법 §57① 단서).[26]

한편, 신용협동조합법에 따른 신용협동조합의 이사장선거와 국민체육진흥법에 따른 대한체육회장선거처럼 그 선거의 관리를 선거관리위원회에 의무적으로 위탁해야 하는 선거에는[27] 위탁선거법의 전체 벌칙 중 일부의 적용이 배제된다(위탁선거법 §57②). 비록 위탁선거법에서 해당 선거에 적용되는 벌칙을 한정적으로 열거하는 형식을 취하고 있지만, 실질적으로는 위탁선거법의 벌칙 대부분이 적용되는 것으로 평가하여도 무리가 없다.[28]

---

26) 2024. 1. 30. 위탁선거법의 개정에 따라 종전의 제66조 제목 외의 부분을 제2항으로 하고, 같은 조에 제1항을 신설하여 휴대전화 가상번호와 관련된 벌칙을 두었으나, 제66조제2항을 인용해야 하는 현행 제57조제1항 단서와 제2항에는 개정사항이 반영되지 않았다. 이제 위탁선거법이 부분적으로 적용되는 선거에서는 지위를 이용한 선거운동죄, 조사불응죄, 선거범죄신고자 누설죄 등의 규범력이 위태로워졌으므로 조속한 시일내에 개정이 필요하다.

27) 신용협동조합법 제27조의3제2항 단서, 국민체육진흥법 제33조제7항 및 제33조의2제7항 참조.

28) 위탁선거법의 벌칙에서 적용이 배제되는 조문은 사실상 제66조 각종 제한규정 위반죄 중 조합장선거 및 새마을금고의 이사장선거에 고유한 부분과 제67조의 양벌규정뿐이다.

위탁선거법의 매수죄

1. 선거인매수죄

가. 구성요건과 법정형 개요

위탁선거법은 선거운동을 목적으로 선거인이나 그 가족에 대하여 금전·물품·향응이나 그 밖의 재산상 이익이나 공사公私의 직직職을 제공하거나 그 제공의 의사를 표시하거나 그 제공을 약속한 사람은 3년 이하의 징역 또는 3천만원 이하의 벌금에 처하도록 선거인 매수죄를 규정하고 있다(§58 1.).

나. 선거운동 목적의 판단기준

선거운동 목적이란 스스로 당선되거나, 특정 후보자를 당선되게 하거나, 다른 후보자를 당선되지 못하게 할 목적을 의미한다. 따라서 이익 제공의 목적이 단지 선거인의 투표권을 매수하는 행위, 즉 자기에게 투표하는 대가로 이익을 제공하는 행위에 국한되는 것은 아니고, 선거인의 후보자에 대한 지원활동 등 널리 당선에 영향을 미칠 수 있는 행위와 관련하여 이익을 제공하는 행위는 모두 선거운동 목적이 있는 것으로 보아야 할 것이다.[29]

하급심 판례는 선거를 1년 4개월 남짓 앞둔 시기에 마을 경로당을 돌아다니며 '농민을 위해서 시장이 되겠습니다'라고 기재된 명함과 함께 현금 5만원 내지 10만원이 든 돈봉투를 제공한 사안에 대하여, 선거를 상당기간 남겨둔 시점이기에 당선될 목적으로 금전을 제공한 것이 아니라는 피고인의 주장을 배척하고 당선될 목적은 적극적 의욕이나 확정적 인식을 요하지 아니하고 미필적 인식이 있으면 족하다고 보아 처벌한 사례가 있다.[30]

다. 매수행위의 주체

매수행위 주체의 범위에는 아무런 제한이 없다. 후보자나 후보자가 되려는 사람에 한정되지 않고 조합원이든 비조합원이든 선거인이든 누구든지 매수죄의 주체가 될 수 있다.

후보자와 공모하여 범죄에 공동 가공하는 공범관계의 경우, 공모는 법률상 어떤 정형을 요구하는 것이 아니므로 공범자 상호간에 직접 또는 간접으로 범죄의 공동실행에 관한 암묵적인 의사연락이 있으면 족하고 이에 대한 직접증거가 없더라도 정황사실과 경험법칙에 의하여 이를 인정할 수 있다.[31]

---

29) 대법원 2013. 7. 26. 선고 2011도13944 판결
30) 전주지법 2014. 6. 26. 선고 2013고합142 판결

판례는 후보자가 선거대책본부 간부들로부터 자원봉사자들에게 정책개발비 명목의 선거활동비가 지급되리라는 것을 사전에 알았을 것으로 판단하고, 그 선거활동비가 지급된 후에도 그들 명의로 된 정책개발비 영수증을 확인하고 출금전표에 결재한 점 등에 비추어 해당 후보자가 간부들과 매수행위를 공모한 것으로 보았다.[32]

라. 선거인의 범위

매수행위의 상대방은 원칙적으로 선거인이다. 다만, 선거인 명부를 작성하기 전이라면 선거인명부에 오를 자격이 있는 사람을 포함한다. 여기에서 선거인명부에 오를 자격이 있는 사람이란 조합에 가입되어 법령이나 정관 등 자치법규에 따라 선거권이 있는 사람 및 해당 조합에 가입신청을 한 사람을 말한다.[33]

농협법은 지역농협의 모든 조합원이 평등한 선거권을 가진다고 선언하면서 임원의 임기만료일전 180일까지 해당 조합에 조합원으로 가입한 사람만이 선거권을 행사할 수 있도록 규정하고 있다(§26). 해당 규정은 농협법에 따른 지역축협과 품목조합에도 준용되며, 수협법과 산림조합법에서도 동일하게 규정하고 있다.[34]

한편, 농협법에서는 지역농협이 다른 조합과 합병하는 때에는 합병 후 존속하는 지역농협은 소멸되는 지역농협의 권리의무

---

31) 대법원 2005. 9. 9. 선고 2005도2014 판결
32) 대법원 2002. 6. 28. 선고 2002도868 판결
33) 위탁선거법 제58조제1호 참조. 2024년 1월 30일 개정에 따라 선거인명부에 오를 자격이 있는 사람을 입법적으로 명확히 정의하였다.
34) 수협법 제27조, 산림조합법 제24조 참조.

를 승계한다고 규정하고 있으므로(§79①), 그 합병절차가 완료되기 전이라도 그 합병으로 존속하거나 신설될 조합의 조합원도 선거인명부에 오를 자격이 있는 사람으로 보아야 한다.[35]

마. 향응의 의미

'향응'은 음식물로 다른 사람을 접대하는 것뿐만 아니라 사람에게 위안이나 쾌락을 주는 것은 모두 포함된다. 예컨대 술자리에서 이성으로 하여금 시중을 들게 하거나, 영화·연극을 감상시키는 것이나, 휴양시설에 초대하는 것도 향응에 해당한다. 향응의 장소인 사정을 알면서도 참석하여 즐거운 분위기를 향수하였다면 비록 음식물을 먹지 않았더라도 향응의 수수가 인정된다.[36]

바. 그 밖에 재산상의 이익의 의미

위탁선거법의 매수죄에서 '그 밖의 재산상의 이익'은 금전·물품·향응 외에 선거인의 수요나 욕망을 충족시켜주는 일체의 것으로서, 공여되는 이익이 일반의 상식으로 사교상 의례라고 인정되는 정도를 초과한 것이거나, 선거인의 마음을 움직일 수 있다고 인정되는 정도의 것을 말한다. 이에 해당하는지는 이익을 제공하는 사람과 제공받는 사람과의 관계나 제공받는 사람의 사회적 지위·관습 등에 따라 달라질 수 있다.[37] 예컨대, 후보자가

---

35) 대법원 2007. 4. 27. 선고 2006도5579 판결
36) 대검찰청 2020. 3.『공직선거법 벌칙해설』제10개정판 189쪽 참조.

선거운동기간 중 평소 각별하게 지내는 조합원을 우연히 만나 함께 커피를 마시고 그 비용을 부담한 경우 사교상 의례를 초과하는 행위로 보기에 어려울 것이다.

사. 공사公私의 직職의 의미

‘공사의 직’이란 상근·비상근을 불문하고 노동의 제공으로 일정한 반대급부를 받을 수 있는 직장에서의 일정한 자리를 말한다. 이 경우 매수를 하는 사람에게 해당 직장에 직접 직원으로 채용할 수 있는 권한이 있는 경우는 물론이고, 그 권한이 없는 경우에도 사회통념상 상대방으로 하여금 해당 직에 채용되는 것을 기대할 수 있는 때에도 공사의 직 제공의 의사표시죄가 성립한다.

판례는 정당의 여성부장, 재개발조합장은 물론 동 방위협의회 회장도 공사의 직에 해당한다고 판시하였고, 구청이 설립하여 운영을 위탁하는 복지관의 수탁자도 ‘공사의 직’으로 보아 후보자 사퇴의 대가로 해당 복지관의 수탁자로 선정될 수 있도록 도와 달라고 요구한 행위를 ‘공사의 직’ 제공요구에 해당한다고 보았다.[38]

아. 제공의 의미

위탁선거법의 매수죄에서 제공의 의사표시 또는 약속행위를 별도로 규정하고 있는 점에 비추어 ‘제공’은 현실적인 제공을 의

---

37) 대검찰청 2020. 3. 앞의 책 189쪽 참조.
38) 대검찰청 2020. 3. 앞의 책 191쪽 참조.

미한다. 즉, 제공자가 제공의 의사를 표시하고 상대방이 그 취지를 인식하고 실제 수령함을 요하는 것으로 해석된다. 따라서 상대방이 제공의 취지를 인식하지 못하거나 인식은 하더라도 수령의 의사가 없는 경우에는 제공의 의사표시죄만 성립될 뿐이다.[39)]

일단 재산상의 이익을 제공하고 사후에 반환 받더라도 매수죄의 성립에는 지장이 없다. 판례는 식사대금을 신용카드로 결제함으로써 매수행위를 완료한 것으로 판단하여 추후 식사대금을 돌려받았더라도 이는 범행 후의 정황으로서 양형에 참작할 사유일 뿐 매수죄의 성립에는 지장이 없다고 보았다.[40)]

자. 제공의 의사표시의 의미

'제공의 의사표시'는 금품이나 향응을 제공하겠다는 의사를 표시하고 그 의사가 상대방에게 도달함으로써 성립한다. 의사표시는 문서에 의하든 구술에 의하든 무방하고, 명시적이든 묵시적이든 그 방법을 불문한다.[41)] 특히 '제공의 의사표시'란 상대방의 의사에 관계가 없으므로 상대방이 수령을 거절해도 본죄가 성립한다.

하급심 판례는 후보자의 친형이 동생을 당선되게 할 목적으로 조합원의 집을 찾아가 조합장선거에 출마하는 동생을 잘 부탁한다는 취지로 인사하면서 현금 20만원을 건네주려고 하였으나 해당 조합원이 그 자리에서 거절함에 따라 미수에 그친 사안에서

---

39) 대검찰청 2020. 3. 앞의 책 193·194쪽 참조.
40) 대법원 2005. 9. 9. 선고 2005도2014 판결
41) 헌법재판소 2002. 4. 25. 선고 2001헌바26 결정

선거인에 대한 금품 제공의 의사표시죄를 인정하였다.[42)]

상대방이 직접 의사표시를 받은 때는 물론이고 상대방이 이 것을 인식하지 않더라도 그의 가족이나 고용인이 그 의사표시를 받는 등 사회통념상 상대방이 알 수 있는 객관적 상태에 놓인 때 도 포함된다.[43)] 다만, 제공의 의사를 표시하는 방식에 특별한 제 한은 없지만, 그 의사표시가 사회통념상 쉽게 철회하기 어려울 정도로 당사자의 진정한 의지가 담긴 것으로서 외부적·객관적으 로 나타나는 정도에 이르러야만 '제공의 의사표시'에 해당한 다.[44)]

따라서 금품 기타 이익의 제공과 관련한 대화가 있었다 하여 단순한 의례적·사교적인 덕담이나 정담, 또는 상대방을 격려하 기 위한 인사치레의 표현까지 모두 매수죄의 구성요건인 '제공의 의사표시'에 해당한다고 볼 수는 없다.[45)]

예컨대, 평소 시민단체 활동을 하면서 알게 된 사람들이 국 회의원선거에서 도와주겠다고 하자 "함께 열심히 일하고 선거에 서 좋은 결과가 있으면 향후에도 계속 국회의원 비서 또는 보좌 관으로 같이 일해 보자"라는 취지의 대화를 나누어 제공의 의사 표시죄로 기소된 사안에서, 판례는 그러한 대화가 오가게 된 경 위, 해당 대화가 1회에 그친 점, 그 대화의 내용이 구체적이지 않 은 점 등을 들어 제공의 의사표시에 해당하지 않는 것으로 보았 다.[46)]

---

42) 울산지법 2007. 10. 18. 선고 2007고단1767 판결
43) 대검찰청 2020. 3. 앞의 책 193쪽 참조.
44) 대법원 2007. 1. 12. 선고 2006도7906 판결
45) 대법원 2006. 4. 27. 선고 2004도4987 판결
46) 대법원 2004. 7. 16. 선고 2004노178 판결

차. 제공의 약속의 의미

'제공의 약속'이란 현실적으로 금품 등이 아직 제공되지는 않았으나 장차 금품 등을 제공하고 이를 수령하는 것에 관하여 제공자와 수령자 사이의 의사가 합치된 것을 말한다. 제공의 약속은 후보자의 제공의사표시를 상대방이 승낙하는 경우와 상대방의 제공요구를 후보자가 승낙하는 경우에 성립한다.[47]

일단 약속이 이루어진 이상 사후에 약속을 취소하여도 약속죄의 성립에는 영향이 없고, 실제 제공을 한 때에는 약속이 제공에 흡수되어 제공죄만 성립한다.[48]

카. 중간자에게 교부한 경우 제공 해당 여부

후보자가 선거인에게 배부하기 위하여 중간자에게 금품을 교부한 경우 그 중간자가 단순한 보관자이거나 특정인에게 금품을 전달하기 위하여 단순 심부름을 하는 사람에 불과한 경우 그에게 금품을 주는 것은 '제공'에 해당된다고 볼 수 없다.

그러나 매수죄에서 금품이나 그 밖의 재산상 이익의 제공이란 반드시 금품 등을 상대방에게 귀속시키는 것만을 뜻하는 것은 아니고, 그 금품 등을 지급받는 상대방이 중간자라 하더라도 그에게 금품 등의 배분대상이나 방법, 배분액수 등에 대한 어느 정도의 판단과 재량의 여지가 있다면 비록 중간자에게 귀속될 부분이 정해져 있지 않아도 그에게 금품 등을 주는 것도 '제공'에 해

---

47) 헌법재판소 2002. 4. 25. 선고 2001헌바26 결정
48) 대검찰청 2020. 3. 앞의 책 187쪽 참조.

당된다.49)

따라서 후보자가 중간자에게 금품을 주는 것이 '제공'이 되기 위해서는 그 중간자가 재량이 있는 사람이기만 하면 족한 것이고, 그가 금품을 받은 후 이를 모두 하부단계의 사람들에게 배분해 주었는지, 그 전부 또는 일부를 그가 유용하였는지, 그 사용처가 모두 밝혀졌는지 여부 등은 이미 성립한 범죄에 아무런 영향이 없다.

후보자로부터 금품을 받을 당시 중간자에게 재량이 있었는지를 판단하기 위하여는 후보자와 그와의 관계, 금품을 수수한 동기와 경위, 그 당시 언급된 금품의 사용 용도와 사용방법, 당시의 선거상황 등 제반 사정을 종합하여 판단해야 한다.50)

실제 사례를 살펴보면, 후보자가 선거인에게 "다른 선거인이나 선거인의 가족 중에서 나의 당선에 도움이 될 만한 사람에게 수고비 명목으로 돈을 줘라" 말하며 현금 950만원을 교부한 행위를 매수 및 이해유도죄로 처벌하였다.51)

한편, 제3자가 조합원 집을 찾아가 "甲후보자는 한우도 직접 기르고 여러 면에서 이번 조합장선거에서 당선되는게 조합원들을 위해서라도 좋을 것 같다"는 취지로 말하면서 甲후보자의 명함과 계란 2판을 제공하는 등 조합원 2명에게 총 16,000원 상당의 계란을 제공하여 매수 및 이해유도죄로 처벌된 사례도 있다.52)

---

49) 대법원 2004. 11. 12. 선고 2004도5600 판결
50) 대법원 2002. 2. 21. 선고 2001도2819 전원합의체 판결
51) 대법원 2021. 4. 29. 선고 2020도16599 판결
52) 전주지법 2010. 8. 31. 선고 2010고단1085 판결

타. 물적증거가 없는 경우 진술의 증거능력

금품수수가 쟁점이 된 사건에서 금품을 제공한 사람이 그 사실을 부인하고 있고, 이를 뒷받침할 금융자료 등 객관적 물증이 없는 경우, 금품을 제공받은 사람의 진술만으로 유죄를 인정하기 위해서는 그 사람의 진술이 증거능력이 있어야 함은 물론 합리적인 의심을 배제할 만한 신빙성이 있어야 한다.53) 진술에 신빙성이 있는지를 판단할 때에는 그 진술내용 자체의 합리성, 객관적 상당성, 전후의 일관성뿐만 아니라 진술자의 인간됨, 그 진술로 얻게 되는 이해관계의 유무 등을 함께 고려해야 한다.

특히 진술자에게 어떤 범죄의 혐의가 있고 그 혐의에 대하여 수사가 개시될 가능성이 있거나 수사가 진행 중인 경우에는 이를 이용한 협박이나 회유 등의 의심이 있어 그로 인한 궁박한 처지에서 벗어나려는 노력이 해당 사건의 진술에 영향을 미칠 수 있는지도 함께 깊이 살펴보아야 한다.54)

2019년 실시한 제2회 동시조합장선거에서 후보자가 되려는 사람이 조합원에게 금전을 제공하고, 해당 조합원의 아들이 이를 관할 선거관리위원회에 신고함에 따라 조사와 수사가 진행되어 기소된 사안에서, 금전을 제공한 사람은 법정에서 그 사실을 전면 부인하였으나 금전을 받은 조합원이 돈을 주고받을 당시 상황을 직접 경험하지 않고서는 진술하기 어려울 정도로 세부적이고 구체적으로 일관되게 진술함에 따라 금전 제공자를 매수죄로 처벌한 사례가 있다.55)

---

53) 대법원 2002. 6. 11. 선고 2000도5701 판결
54) 대법원 2009. 1. 15. 선고 2008도8137 판결 등.

2. 기관 · 단체 · 시설에 대한 이해유도죄

가. 구성요건과 법정형 개요

위탁선거법은 선거운동을 목적으로 선거인이나 그 가족이 설립 · 운영하고 있는 기관 · 단체 · 시설에 대하여 금전 · 물품 · 향응이나 그 밖의 재산상 이익이나 공사公私의 직職을 제공하거나 그 제공의 의사를 표시하거나 그 제공을 약속한 사람은 3년 이하의 징역 또는 3천만원 이하의 벌금에 처하도록 기관 · 단체 · 시설에 대한 이해유도죄를 규정하고 있다(§58 1.).

본죄는 선거운동에 이용할 목적으로 공공기관이나 각종 단체에 금품을 제공하는 등의 방법으로 그 이해를 유도하는 행위를 처벌하여 공정선거를 담보하기 위한 목적으로 규정된 것이다.

나. 기관 · 단체 · 시설의 의미

'기관 · 단체 · 시설'이란 그 명칭이나 법인격 유무에 불구하고 일정한 공동목적을 가진 다수인의 계속적인 조직을 의미한다. 중앙기관이나 본부뿐만 아니라 산하기관이나 지부조직도 포함된다.

다만, 이러한 기관 · 단체 · 시설은 행위당시 현존해야 하며 막연히 장차 조직될지도 모를 기관 · 단체 · 시설은 여기에 포함되지 않는다.[56] 예컨대 "당선되면 월급 전액을 지역인재 육성을 위한 장학회 발족에 기탁하겠다"는 발언에 대하여, 판례는 장학회가

---

55) 대구지법 2020. 1. 22. 선고 2019고합379 판결

56) 대검찰청 2020. 3. 앞의 책 200쪽 참조.

아직 현존하는 단체가 아니므로 매수행위든 기부행위든 그 상대
방이 될 수 없다고 판시하였다.[57]

3. 후보자매수죄

위탁선거법은 후보자가 되지 않게 하거나 후보자가 된 것을
사퇴하게 할 목적으로 후보자가 되려는 사람이나 후보자에게 금
전·물품·향응이나 그 밖의 재산상 이익이나 공사公私의 직職을
제공하거나 그 제공의 의사를 표시하거나 그 제공을 약속한 사람
은 3년 이하의 징역 또는 3천만원 이하의 벌금에 처하도록 후보
자매수죄를 규정하고 있다(§58 2.).

후보자매수죄는 후보자가 되려는 사람의 후보자 등록을 포기
하게 하거나 등록한 후보자를 사퇴하게 할 목적의 매수행위를 처
벌하여 피선거권 행사의 공정과 그 불가매수성을 보장하기 위한
규정이다. 조합장선거에서 이사의 지정 권한이 있는 현직 조합장
이 후보자가 되려는 사람에게 이사직을 제공하겠다는 의사를 표
시하고 상대방이 이를 승낙하여 후보자 매수죄로 처벌된 사례가
있다.[58]

또한 2015년 실시한 축협 조합장선거에서 후보자가 되려는
甲이 조합원 A·B와 공모하여 해당 축협 조합장선거에서 후보자
가 되려는 乙을 매수하기로 하고, 乙이 불출마하는 조건으로 甲
이 乙에게 2억원을 제공하거나 甲이 불출마하는 조건으로 乙에게

57) 대법원 2003. 10. 23. 선고 2003도3137 판결
58) 대법원 1996. 7. 12. 선고 96도1121 판결

2억원을 요구하기로 협의하고, 조합원 A·B는 이러한 제의를 乙에게 전달하여 성사될 경우 甲으로부터 1,000만원씩 사례비를 받기로 약정하였다.

조합원 A와 B는 실제 乙을 불러내어 이러한 제의를 전달함에 따라 甲과 조합원 A·B는 후보자매수죄로 처벌되었다.[59] 乙은 甲과 조합원 A·B의 제안을 거절하고 조합장으로 당선되었다.

4. 조합원 가입 매수죄

2024년 1월 30일 위탁선거법의 개정에 따라 조합원으로 가입하여 특정 후보자에게 투표하게 할 목적으로 해당 조합의 조합원이 아닌 사람에게 금전·물품·향응이나 그 밖의 재산상 이익이나 공사公私의 직職을 제공하거나 그 제공의 의사를 표시하거나 그 제공을 약속한 사람은 3년 이하의 징역 또는 3천만원 이하의 벌금에 처하도록 조합원 가입 매수죄를 신설하였다(§58 3.).

당초 조합원 가입 매수죄의 입법취지는 기부행위 제한기간 전 특정 후보자에게 투표하게 할 목적으로 조합원이 아닌 사람에게 조합원으로 가입하도록 금품을 제공하는 행위에 대한 처벌근거를 마련하여 선거의 불가매수성을 두텁게 보호하기 위한 것이었다.[60] 금품을 수령한 사람이 아직 조합원이 아니므로 매수죄나 기부행위 위반죄가 성립되지 않고, 기부행위 제한기간 전의 행위라면 아예 기부행위 위반죄의 검토대상도 아니기 때문이다.

---

59) 창원지법 2015. 9. 17. 선고 2015노1467 판결
60) 2023. 11. 13. 국회행정안전위원회 법안심사제2소위 회의록 17쪽 참조.

그러나 2024년 1월 30일 위탁선거법의 개정에 따라 기부행위 제한기간 개시일이 임기만료일전 180일에서 임기만료일전 1년으로 확장됨에 따라 기부행위 제한기간 중에도 조합원 가입 매수죄를 적용할 수 있을 것으로 보인다.

예컨대, 조합장선거의 선거권은 조합원으로 가입한지 6개월을 경과해야 인정되므로, 선거인명부작성개시일 전일 현재를 기준으로 그 6개월 전까지 비조합원에게 해당 조합에 가입하여 특정 후보자에게 투표하게 할 목적으로 금품 등 재산상의 이익을 제공한다면 이를 조합원 가입 매수죄로 처벌할 수 있을 것이다. 선거권의 불가매수성은 결코 침해되어서는 안 된다.

5. 매수를 받는 죄

위탁선거법은 금전·물품·향응이나 그 밖의 재산상 이익이나 공사公私의 직職을 제공받거나 그 제공의 의사표시를 승낙한 사람은 3년 이하의 징역 또는 3천만원 이하의 벌금에 처하도록 매수를 받는 죄를 규정하고 있다(§58 4.).

여기에서 '제공을 받는다'는 의미는 상대방이 제공하는 이익 또는 공사의 직을 그 정을 알면서 취득하는 행위를 의미하는 것으로, 그 이익 또는 직을 현실적으로 지배하는 상태에 도달하면 성립한다.[61]

또한, '승낙'의 의미는 상대방의 제공의 의사표시에 대하여 수동적으로 이를 받아들이는 것을 말하며, 승낙의 유무는 승낙하

---

[61] 대검찰청 앞의 책 224쪽 참조.

는 사람의 태도 등을 종합적으로 고려하여 판단해야 할 것이다.[62]

한편, 선거운동과 무관하게 100만원 이하의 금품을 단순히 제공받은 경우 기부행위 위반에 따른 50배 과태료가 부과되지만, 적은 금액이라도 선거운동 목적을 가진 금품 제공이라는 인식이 있다면, 이는 매수를 받는 죄에 해당하여 형벌이 적용된다는 점에 유의해야 한다. 이 경우 인식은 미필적 인식으로도 족하다.

참고적으로 공직선거법에서는 선거에 영향을 미칠 목적으로 문자·화상·동영상 등을 인터넷 홈페이지에 게시하거나 전자우편 또는 문자메시지로 전송한 대가, 소위 댓글 알바로 100만원 이하의 금품을 제공받은 사람도 50배 과태료 부과대상이나,[63] 위탁선거법에서는 이러한 관용을 베풀지 않는다. 모두 형사처벌의 대상이 되어 유죄가 확정될 경우 범죄경력으로 남게 된다.

6. 매수의 지시·권유·알선·요구죄

위탁선거법은 금전·물품·향응이나 그 밖의 재산상 이익이나 공사公私의 직職을 제공하거나 제공받는 행위를 지시·권유·알선하거나 요구한 사람은 3년 이하의 징역 또는 3천만원 이하의 벌금에 처하도록 매수의 지시·권유·알선·요구죄를 규정하고 있다(§58 5.).

매수의 지시·권유·알선·요구죄는 매수 및 이해유도의 당사

---

62) 대검찰청 앞의 책 225쪽 참조.
63) 공직선거법 제230조제1항제7호 및 제261조제9항제2호 참조.

자 사이에 개입하여 범행을 중개하거나 지시·권유하는 행위와 능동적으로 매수 및 이해유도를 요구하는 행위를 처벌하여 선거부정과 타락선거를 근절하기 위한 것이다. 본죄는 성질상 매수 및 이해유도죄의 방조 또는 교사와 유사한 행위를 독립된 범죄로 규정하였다는 점에 그 의의가 있다.

본죄의 주체에는 아무런 제한이 없다. 후보자나 조합의 임직원 등 특정 후보자의 당선을 도모하려는 의도가 있는 사람이면 누구든지 성립할 수 있다. 지시·권유·요구·알선의 결과 의도한 매수행위가 현실로 있었는지는 본죄의 성립 여부에 영향을 미치지 않는다. 예컨대, 실패한 교사도 처벌한다. 선거의 불가매수성을 보호하기 위함이다. 상대방 역시 아무런 제한이 없으며, 상대방이 지시·권유 등을 수락할 수 있는 지위에 있음을 요하지 않는다.[64]

여기에서 '지시'는 매수 및 이해유도 행위 또는 매수를 받는 행위를 하도록 일방적으로 일러서 시키는 것이다. 따라서 지시하는 사람과 지시를 받는 사람 사이에는 어느 정도의 지휘·감독관계가 있어야 한다.

'권유'는 매수를 하게 하거나 매수를 받도록 권하여 결의를 촉구하는 것이다. 그 방법은 직접적이든 간접적이든 불문한다.

'요구'는 상대방에게 능동적으로 매수행위를 요구하는 것이다. 요구한 사실이 있으면 성립되는 것이므로 요구를 거절당하거나 나중에 요구를 취소해도 본죄의 성립에는 영향이 없다.

판례는 대통령선거를 앞두고 특정 후보자의 지지에 타격을

64) 대검찰청 앞의 책 229·230쪽 참조.

줄 수 있는 내용이 담긴 CD를 폭로하는 대가로 상대방 후보자 측에, 폭로하지 않는 대가로 해당 후보자 측에 각각 돈을 요구한 사안에 대하여 매수요구죄가 성립된다고 판시한 바 있다.[65]

한편, '알선'은 양자의 의사가 서로 합치되도록 조정·유도하는 행위이다. 후보자가 선거와 관련하여 선거인에게 금전을 제공할 의사가 이미 있었더라도 금전 제공을 쉽게 할 수 있도록 선거인을 후보자 사무실로 데리고 가는 행위도 알선에 포함된다.[66]

7. 다수인 배부목적의 금품 운반죄

위탁선거법은 후보자등록개시일부터 선거일까지 포장된 선물 또는 돈봉투 등 다수의 선거인에게 배부하도록 구분된 형태로 되어 있는 금품을 운반한 사람은 3년 이하의 징역 또는 3천만원 이하의 벌금에 처하도록 다수인 배부목적의 금품운반죄를 규정하고 있다(§58 6.). 여기에서 선거인의 범위에는 선거인의 가족 또는 선거인이나 그 가족이 설립·운영하는 기관·단체·시설을 포함하고, 선거인의 가족이란 선거인의 배우자, 선거인 또는 그 배우자의 직계존비속과 형제자매, 선거인의 직계존비속 및 형제자매의 배우자를 말한다.[67]

---

65) 대법원 2008. 10. 9. 선고 2008도6233 판결. 본 사안은 이명박 후보자가 광운대학교 최고경영자 특강에서 "내가 BBK를 설립하였다"는 취지로 강의하는 내용의 영상이 담긴 CD와 관련된 사안이다. 피고인들은 해당 CD를 "30억원에 구매하라"며 정동영후보의 법률지원단장에게 금품 제공을 요구하는 한편, 해당 CD를 폭로하지 않는 대가로 이명박 후보자의 특보에게 30억원을 요구하여 처벌된 사안이다.

66) 대전고법 2006. 8. 18. 선고 2006노225 판결

290

'구분'이란 매수에 이용하는 금품을 일정한 기준에 따라 전체를 몇 개로 갈라 나누는 것을 말하고, 구분의 방법에는 제한이 없으므로 돈을 포장 또는 봉투에 넣거나 물건으로 싸거나 띠지로 감아매는 것은 물론, 몇 개의 단위로 나누어 접어놓는 등 따로따로 배부할 수 있도록 분리하는 것도 포함된다.[68]

예컨대, 후보자가 5만원권 지폐 4장씩을 반으로 접어 만든 돈묶음 3개, 5만원권 지폐 2장씩을 반으로 접은 돈묶음 1개 합계 70만원을 바지주머니에 넣은 채 조합원들의 집을 방문한 사안에 대하여, 판례는 다수의 선거인에게 배부하도록 구분된 형태로 금품을 운반한 것으로 보아 처벌하였다.[69]

67) 위탁선거법 제32조제1호 참조.
68) 대법원 2009. 2. 26. 선고 2008도11403 판결
69) 대구지법 2015. 4. 16. 선고 2015고단1139 판결

제3절

허위사실공표죄

1. 당선목적의 허위사실공표죄

가. 구성요건과 법정형

위탁선거법은 당선되거나 되게 할 목적으로 선거공보나 그 밖의 방법으로 '후보자에게 유리하도록' 후보자, 그의 배우자 또는 직계존비속이나 형제자매에 관하여 허위의 사실을 공표한 자는 3년 이하의 징역 또는 3천만원 이하의 벌금에 처하도록 당선목적의 허위사실공표죄를 규정하고 있다(§61①).

여기에서 주관적 구성요건으로서 당선되거나 되게 할 목적은 적극적으로 의욕하거나 희망할 필요까지는 없다. 따라서 당선되려는 또는 당선되게 한다는 미필적 인식만 있으면 족하고 적극적 의욕이나 확정적 인식까지 요구하는 것이 아니다.[70]

당선목적의 허위사실공표죄는 후보자에 대한 선거인의 공정

---

70) 대검찰청 앞의 책 387쪽 참조.

292

한 판단에 영향을 미치거나 올바른 판단에 장애를 줄 수 있는 일체의 허위사실 공표행위를 처벌함으로써 공정한 선거를 보장하기 위한 규정이다.

참고적으로 위탁선거법의 제한·금지규정이나 벌칙에서는 대부분 후보자의 범위에 후보자가 되려는 사람이 포함되므로 기부행위 제한규정을 제외하고는 그 적용시기에 제한이 없다.

나. 당선목적 허위사실공표죄의 의의

2024년 7월 1일 현재 대한민국에서 시행되고 있는 1,620여 개의 법률 중 인격권을 침해하는 표현범죄를 규정하고 있는 법체계는 크게 3가지 분야로 정리할 수 있다.

우선 형벌의 기본법으로서 형법 각칙에 따른 명예훼손죄와 모욕죄가 있고(§307~§311), 정보통신망 이용촉진 및 정보보호 등에 관한 법률(이하 '정보통신망법'이라 줄인다)에 따른 사이버명예훼손죄가 있으며(§70), 마지막으로 공직선거법과 위탁선거법 등 선거법과 농업협동조합법 등 개별 법률의 선거 관련 조항에 규정된 허위사실공표죄와 후보자비방죄가[71] 바로 그것이다.

얼핏 생각하면 선거에서 자신의 경력이나 능력을 과장하여 홍보하는 행위는 비록 그 내용이 허위사실이더라도 타인의 인격권을 침해하는 행위가 아니므로 군이 국가의 형벌권을 행사하여 처벌할 필요가 있는지 의문이 들 수도 있다.

그러나 국가권력을 창설하고 통치기구를 구성하며 국가 내에

---

71) 농업협동조합법 제50조제3항, 수산업협동조합법 제53조제3항, 산림조합법 제40조제3항 등 참조.

서 행사되는 모든 권력의 정당성에 국민적 동의를 확보할 목적으로 실시하는 공직선거 못지않게 공공단체의 선거에서도 자신을 홍보하기 위한 후보자의 표현의 자유 또는 선거운동의 자유보다 자유선거의 원칙이 요구하는 유권자의 의사형성의 자유가 더 두텁게 보호되어야 한다고 본다.

선거에서는 유권자의 주권행사의 전제 조건으로서 후보자의 공직적격성이나 공약의 타당성에 관한 객관적이고 정확한 정보의 광범위하고 원활한 유통이 필요하기 때문이다. 이에 따라 후보자 또는 제3자가 후보자의 능력이나 업적을 과대 포장하여 홍보하는 행위가 비록 타인의 인격권을 침해하지는 않더라도 후보자에 대한 유권자의 정확한 판단을 그르치게 할 우려가 있으므로 선거 관련 법에서는 이를 범죄로 파악하여 처벌하는 것이다.

이에 따라 선거에서의 표현범죄는 당선이나 낙선의 목적을 불문하고 선거의 자유와 공정이라는 국가적 법익 또는 사회적 법익이 침해된 것이므로 일반 개인의 인격권 침해와는 달리 그 소추요건으로 반의사불벌죄나 친고죄도 적용되지 않는다. 입법목적과 보호법익이 완전히 다르기 때문이다.

이런 측면에서 후보자가 토론회에 참여하여 질문·답변을 하거나 주장·반론을 하는 때에 그것이 토론회의 주제나 맥락과 관련 없이 일방적으로 허위의 사실을 드러내어 알리려는 의도에서 적극적으로 허위사실을 표명한 것이라는 등의 특별한 사정이 없는 한 허위사실공표죄로 처벌할 수 없다는 판례는[72] 헌법상 자유

---

[72] 대법원 2020. 7. 16. 선고 2019도13328 판결 참조. 이 판결의 요지는 TV 토론에서 상대 후보자의 공격적인 질문에 대하여 소극적으로 회피하거나 방어하는 취지의 답변 또는 일부 부정확하거나 다의적으로 해석될 여지가 있는 답변만으로는 전체 진술을 허위라고 평가할 수 없다고 판단한 점으로 보인다.

선거의 원칙에 따른 유권자의 의사형성의 자유보다 죄형법정주의의 엄격한 원칙에 더 무게중심을 둔 것으로 보인다.

이제 거짓말 경진대회와 방송토론의 경계가 희미해졌고, 선거인들은 아무말 대잔치가 허용되는 여론의 자유시장에서 미아가 될 위험에 처했다. 선거의 신뢰를 확보하고 유권자의 의사형성의 자유를 보호하기 위해서 너무 늦기 전에 판례변경을 기대해 본다.

다. 허위사실의 의미

'허위의 사실'이란 객관적 진실에 맞지 않는 사실을 의미하며, 선거인으로 하여금 후보자에 대한 정확한 판단을 그르치게 할 수 있을 정도로 구체성을 가진 것이면 족하다.[73] '사실'이란 원칙적으로는 현실적으로 발생하고 증명할 수 있는 과거 또는 현재의 사실을 뜻하나, 장래의 사실이더라도 그것이 과거 또는 현재의 사실을 기초로 하는 경우에는 사실에 해당할 수 있다.[74]

단순한 가치판단이나 평가·희망·추측 등을 내용으로 하는 의견표현에 불과한 경우는 사실에 해당되지 않지만,[75] 의견이나 평가라 하더라도 그것이 진실에 반하는 사실에 기초하여 행해지거나 의견이나 평가임을 빙자하여 간접적이고 우회적인 표현 방법으로 허위사실을 암시하는 경우에도 허위사실공표죄가 성립한다.

간접적이고 우회적인 표현 방식을 통하여 일정한 사실의 존

---

73) 대법원 2003. 2. 20. 선고 2001도6138 판결
74) 대검찰청 앞의 책 383쪽 참조.
75) 대법원 1998. 9. 22. 선고 98도1992 판결

재를 암시하고 이에 대한 가치판단이나 의견을 표현한 경우 그러한 가치판단이나 의견도 일정한 사실을 전제하고 있으므로, 이는 전체적으로 볼 때 후보자에 대한 사회적 가치 내지 평가를 그르치게 할 가능성이 있을 정도의 구체성을 가진 사실을 공표한 것으로 보아야 하기 때문이다.[76)]

　어떤 표현이 허위사실을 표명한 것인지 여부는 일반 선거인이 그 표현을 접하는 통상의 방법을 전제로 그 표현의 전체적인 취지와의 연관 하에서 표현의 객관적 내용, 사용된 어휘의 통상적인 의미, 문언의 연결방법 등을 종합적으로 고려하여 그 표현이 선거인에게 주는 전체적인 인상을 기준으로 판단하여야 한다.[77)] 이 또한 구체적 사안에 따라 개별적으로 판단할 수밖에 없다. 선거법 운용이 어려운 이유 중 하나이다.

라. 일부 과장표현의 허위사실 해당 여부

　공표된 사실의 전체 취지를 살펴볼 때 중요한 부분이 객관적 사실과 합치되는 경우에는 세부에 있어서 진실과 약간 차이가 나거나 다소 과장된 표현이 있더라도 이를 허위의 사실이라 볼 수는 없다.[78)]

　판례는 당명을 변경하기 전에 해당 정당의 대변인으로 재직

---

76) 대법원 2011. 12. 22. 선고 2008도11847 판결
77) 대법원 2009. 3. 12. 선고 2009도26 판결. 해당 판례는 국회의원 선거에 출마한 현직 국회위원 후보자가 고속도로 통행료 폐지 방침이나 구체적인 개선대책이 결정되지 않았음에도 "건설교통부로부터 울산고속도로 통행료 폐지 약속을 받았다"고 홍보하여 허위사실공표죄로 처벌받은 사안이다.
78) 대법원 2009. 3. 12. 선고 2009도26 판결

하였으나 명함의 경력란에 당명 변경 후의 정당 대변인으로 기재한 경우 정당활동 경력을 함축적으로 표현한 것으로 세부에 있어서 진실과 약간 차이가 날 뿐 전체의 취지로 보아 중요한 부분이 객관적 사실에 합치된다고 보았다.[79]

반면, 후보자가 자신이 농협조합장으로 재임하였던 기간 중 해당 농협의 출자배당률이 관내 최고가 아니었음에도 선거인들에게 "2018년도 3.5%라는 관내 최고의 출자 배당률이 이를 증명합니다"라는 문구가 포함된 내용의 선거운동 문자메시지를 전송한 행위로 기소된 사안에서 하급심은 당선될 목적으로 자신에게 유리하도록 허위사실을 공표한 것으로 보아 유죄로 처벌하였다.[80]

마. 공표의 의미

'공표'는 수단이나 방법의 여하를 불문하고 불특정 또는 다수인에게 알리는 것을 말한다.[81] 단 한 사람에게 알리더라도 그것이 다른 사람들에게 알려질 것이 예견될 때에는 공표에 해당하므로 허위사실을 소수의 사람에게 대화로 전하고 그 소수의 사람이 다시 전파하게 될 경우도 포함한다.[82] 이것이 바로 학설과 판례에서 다수의견으로 수용하고 있는 전파가능성 이론이다.

따라서 허위사실이 기재된 문서를 선거인들에게 보여주어 읽게 하는 것이나,[83] 트위터에서 다른 사람이 게시한 글을 리트윗

---

79) 대법원 2015. 5. 14. 선고 2015도1202 판결
80) 대전지법 공주지원 2019. 9. 6. 선고 2019고단219 판결
81) 대법원 1998. 9. 22. 선고 98도1992 판결
82) 대법원 2011. 12. 22. 선고 2008도11847 판결
83) 대법원 2003. 11. 28. 선고 2003도5279 판결

한 경우도 당연히 공표에 해당한다.[84] 공표의 핵심은 메시지를 작성한 주체가 누구인지가 아니라 그 메시지를 전파한 사람이 누구인지 여부이기 때문이다.

다만, 특정 기자에게 허위의 사실을 제보한 경우 해당 기자를 통해 그 내용이 보도되었을 때 비로소 허위의 사실을 공표한 것으로 판단해야겠지만, 다수의 언론사에 허위의 사실을 제보한 경우에는 그 내용이 기사화되지 않더라도 공표로 보아야 할 것이다.[85]

바. 선관위 제출서류의 공표 해당 여부

후보자가 후보자등록신청서나 이력서 등 그 부속서류에 허위사실을 기재하여 관할 선거관리위원회에 제출하는 경우 그 신청서나 부속서류에 기재된 내용은 관할 선거관리위원회 게시판에 공고되거나 언론에 제공됨으로써 불특정 또는 다수인에게 알려진다.

후보자 또한 이러한 사정을 충분히 예견하였다고 보아야 할 것이므로 관할 선거관리위원회에 허위의 사실을 게재한 서류를 제출하는 행위는 허위사실 공표에 관하여 최소한 미필적 고의와 당선될 목적이 있었다고 보아야 한다.[86] 예컨대, 선거공보 원고를 작성하는 사람이 후보자의 전과를 누락시킨 사실을 알고도 해당 후보자가 이를 용인하는 의사가 있었다면 허위사실 공표에 미필적 고의를 인정할 수 있다.[87]

---

84) 대전고법 2013. 7. 24. 선고 2013노1 판결
85) 서울고법 2015. 9. 4. 선고 2015노1582 판결
86) 서울고법 2004. 9. 21. 선고 2004노1669 판결
87) 대법원 2015. 8. 19. 선고 2015도8759 판결

2. 낙선목적의 허위사실공표죄

가. 구성요건과 법정형

위탁선거법은 당선되지 못하게 할 목적으로 선거공보나 그 밖의 방법으로 '후보자에게 불리하도록' 후보자, 그의 배우자 또는 직계존비속이나 형제자매에 관하여 허위의 사실을 공표한 자는 5년 이하의 징역 또는 500만원 이상 5천만원 이하의 벌금에 처하도록 낙선목적의 허위사실공표죄를 규정하고 있다(§61②).

판례는 특정한 사실의 진실 여부를 확인하는 일이 시간적·물리적으로 사회통념상 가능함에도 불구하고 그러한 확인 노력을 하지 않은 채 당선되지 못하게 할 목적으로 그 사실을 공표하였다면 본죄의 미필적 고의를 인정할 수 있다고 보았다.[88]

다만, 선거일 투표가 종료된 후 당선인으로 결정된 후보자에 관하여 허위의 사실을 공표하더라도 이미 투표와 선거가 완전 종료된 이상 그러한 행위가 선거인의 자유로운 판단에 영향을 미치지 못하므로 본조의 허위사실공표죄로 처벌할 수는 없다.[89]

이 경우 형법상 명예훼손죄의 적용이 배제되는 것은 아니다. 선거가 끝나고 두 번의 계절이 바뀌어 짧은 공소시효가 완성됨에 따라 위탁선거법과 조합법의 표현범죄가 떠나갈 때, 형법상 명예훼손죄와 사이버명예훼손죄는 비로소 자신의 역할을 인지한다. 인간의 존엄과 가치는 결코 침해되어서는 안 되기 때문이다.

---

88) 대법원 2011. 12. 22. 선고 2008도11847 판결
89) 대법원 2007. 6. 29. 선고 2007도2817 판결

나. 후보자에 관한 사실의 의미

여기에서 '후보자에 관한 사실'의 의미는 후보자 본인과 직접적으로 관련된 사실이 아닌 경우라도 그 사실의 공표가 해당 후보자의 당선을 방해할 성질을 지녔다면 후보자에 관한 사실에 포함된다. 판례는 후보자의 소속 정당에 관한 사항과 같이 후보자에 관한 간접사실이라도 후보자와 직접적으로 관련되어 그 공표가 후보자의 당선을 방해하는 성질을 가진 것인 경우에는 후보자에 관한 사실에 해당한다고 보았다.[90]

아울러 판례는 상대 후보자의 변호인이 사임한 이유에 대하여 "변호사가 자료를 확인한 후 후보자가 기소될 수도 있는 위중한 사안이라고 판단한 것 같다. 구속이 되는 상황까지 고려한 것 같다"고 발언한 사안에 대해 우회적인 표현 방식을 통하여 상대 후보자가 범죄행위에 가담하였다는 사실의 존재를 암시하였다고 판단하였다.[91]

또한 판례는 후보자의 조카가 상대 후보자를 미행한 것처럼 허위사실을 공표한 경우 해당 후보자가 상대 후보를 미행하는 등 부적절한 행동을 하고 있다는 취지이므로 후보자에 관한 사실에 해당한다고 보았고,[92] 후보자의 측근들을 금품살포의 당사자로 지목한 경우 이는 해당 후보자가 측근들을 통해 불법행위를 하고 있음을 간접적이고 우회적인 표현 방식으로 암시하고 있는 것이므로 이 또한 후보자에 관한 사실에 해당한다고 보았다.[93]

---

90) 대법원 2007. 3. 15. 선고 2006도8368 판결
91) 대법원 2011. 12. 22. 선고 2008도11847 판결
92) 인천지법 2015. 1. 30. 선고 2014고합776 판결
93) 대구고법 2017. 6. 15. 선고 2016노712 판결

다. 사실 왜곡의 허위사실 해당 여부

객관적으로 보아 허위에 이르지 않은 어떤 사실에 관하여 그 일부를 감추거나, 허위의 사실을 부가하거나, 분식·과장 또는 윤색하여 선거인의 공정한 판단을 그르치게 할 정도로 사실을 왜곡하는 행위도 허위사실에 해당할 수 있다.

판례는 상대방 후보자가 정당한 사유로 종합소득세를 납부하지 않았을 뿐 근로소득세는 납부한 사실을 알면서도 그가 '소득세'를 납부하지 않았다는 취지의 연설을 하면서 그 세금이 '종합소득세'라고 특정하지 않은 것은 허위사실공표죄에 해당한다고 보았다.[94]

한편, 농협 감사가 현 조합장을 당선되지 못하게 할 목적으로 감사대상 기간도 아닌 이전의 일들에 대해 허위사실의 의혹을 제기하는 취지의 개인명의 감사보고서를 작성한 후 해당 농협의 정기총회에 참석한 임원들에게 배부하고 그 내용을 전부 읽는 방식으로 공표하여 허위사실공표죄로 처벌받은 사례도 있다.[95]

라. 사실과 가치판단이 혼재된 경우의 판단

허위사실공표죄의 '사실의 공표'와 후보자 비방죄에서 말하는 '사실의 적시'란 모두 가치판단이나 평가를 내용으로 하는 의견표현에 대치되는 개념으로서 시간과 공간적으로 구체적인 과거 또는 현재의 사실관계에 관한 보고 내지 진술을 의미하며, 표현

---

94) 대법원 2002. 5. 24. 선고 2002도39 판결
95) 수원지법 2019. 11. 14. 선고 2019고단4474 판결

내용이 증거에 의한 입증이 가능한 것을 말한다.[96]

낙선 목적의 허위사실공표죄가 성립하려면 우선 허위의 사실을 공표해야 한다. '허위의 사실'이란 진실에 부합하지 않는 사실로서 선거인으로 하여금 후보자에 대한 정확한 판단을 그르치게 할 수 있을 정도로 구체성을 가진 것이면 족하고 그 사실이 시기·장소·수단 등에 걸쳐서 정밀하게 특정될 필요는 없다.[97]

따라서 의견이나 평가라도 그것이 진실에 반하는 사실에 기초하여 행해지거나, 의견이나 평가임을 빙자하여 간접적이고 우회적인 표현 방법으로 허위사실을 암시하는 경우에도 허위사실공표죄가 성립된다.[98] 예컨대, 의견표현으로 보이더라도 일정한 사실을 전제로 하고 있으면 사실의 공표에 해당한다.

판례는 "여수를 뇌물비리 도시로 만든 甲 후보자를 심판해 주십시오"라는 내용의 문자메시지를 전송한 행위에 대하여는 문구 자체가 시간과 공간적으로 구체적인 과거 또는 현재의 사실관계를 나열하였다기보다 발송자의 추상적인 판단이나 추측을 나타낸 것으로 보아 사실의 공표에 해당하지 않는다고 보았다.[99]

마. 허위소문을 공표한 경우 범죄성립 여부

소문 기타 다른 사람의 말을 전달하는 간접화법이나 의혹을 제기하는 형식을 빌려 '어떤 사실'을 공표한 경우에는 그러한 소문이나 의혹이 있었다는 것, 즉 소문이나 의혹이 실제 존재하는

---

96) 서울고법 2013. 11. 21. 선고 2013노1814 판결
97) 대법원 1998. 9. 22. 선고 98도1992 판결
98) 대법원 2011. 12. 22. 선고 2008도11847 판결
99) 대법원 2013. 4. 11. 선고 2013도1463 판결

지 여부가 아니라 그 소문이나 의혹의 내용이 허위인지 여부를 기준으로 허위사실공표죄의 성립 여부를 판단한다.[100]

후보자의 비리 등에 관한 의혹의 제기는 그것이 비록 공직적 격성 검증을 위한 것이라도 무제한 허용될 수는 없으므로, 그러 한 의혹이 진실인 것으로 믿을 만한 상당한 이유가 있는 경우에 한하여 허용되어야 하기 때문이다.[101]

따라서 허위의 소문을 듣고 그 진실성을 의심할 사유가 있음 에도 이를 확인하는 절차 없이 그 소문을 공표한 경우에는 허위 사실공표죄가 성립한다.[102] 다시 말하면, 어떤 소문이 있다고 공 표한 경우 그 소문의 내용이 허위이면 소문이 있다는 사실 자체 는 진실하더라도 허위사실공표죄가 성립된다는 의미이다.[103]

판례는 "후보자 아들의 병역면제 비리 의혹에 관한 소문이 있는데 이 소문이 사실이라면 후보자가 어떻게 국가를 위해 일할 수 있겠느냐"라고 발언한 사안에 대하여, 비록 가정적 표현을 사 용하였지만 선거인들로 하여금 상대 후보자 아들의 병역면제 처 분에 어떠한 비리가 있다는 의혹을 갖게 하는 것이 명백하므로 허위사실 공표에 해당한다고 보았다.[104]

한편, 공공단체의 선거에서 후보자를 검증하는 것은 반드시 필요하고 또 중요한 일이므로, 후보자의 자질이나 공직적격성을 의심하게 하는 사정이 있다면 이에 대한 문제 제기가 쉽게 봉쇄 되어서는 안 된다. 그러므로 후보자에 관한 의혹의 제기가 진실

---

100) 대법원 2016. 12. 27. 선고 2015도14375 판결
101) 대법원 2018. 9. 28. 선고 2018도10447 판결
102) 대전고법 2002. 11. 15. 선고 2002노581 판결
103) 대법원 2016. 12. 27. 선고 2015도14375 판결
104) 대법원 2003. 2. 20. 선고 2001도6138 판결

인 것으로 믿을 만한 상당한 이유가 있는 근거에 기초하여 이루어진 경우에는 비록 제기된 의혹이 나중에 허위로 밝혀지더라도 이를 벌하지 않는다는 것이 대법원 판례의 입장이다.[105]

바. 존재하지 않는 사실 공표시 입증책임

허위사실공표죄의 허위사실은 그 사실이 진실하다는 증명이 없다는 것만으로는 부족하고 검사가 적극적으로 허위라는 점을 증명해야 한다. 어느 사실이 적극적으로 존재한다는 것의 증명은 물론이고 어느 사실이 존재하지 않는다는 증명이라도 특정 기간과 장소에서 특정 행위의 부존재에 관한 것이라면 그 입증책임은 검사가 부담하는 것이 원칙이다.

그러나 특정되지 아니한 기간과 공간에서 구체화되지 않은 사실의 부존재를 증명한다는 것은 사회통념상 불가능하므로, 후보자에게 의혹을 받을 사실이 존재한다고 적극적으로 주장하는 사람은 그러한 사실의 존재를 수긍할 만한 소명자료를 제시할 부담을 지고, 검사는 제시된 자료의 신빙성을 탄핵하는 방법으로 주장하는 내용의 허위성을 입증할 수 있다.[106]

결국 의혹사실의 존재를 적극적으로 주장하는 사람이 그러한 사실의 존재를 수긍할 만한 소명자료를 제시하지 못한다면 허위사실 공표의 책임을 져야 한다.[107] 이때 제시하여야 할 소명자료는 위의 법리에 비추어 단순히 소문을 제시하는 것만으로는 부족

105) 대법원 2016. 12. 27. 선고 2015도14375 판결
106) 대법원 2005. 7. 22. 선고 2005도2627 판결
107) 대법원 2003. 2. 20. 선고 2001도6138 전원합의체 판결

하고 적어도 허위성에 관한 검사의 입증 활동이 현실적으로 가능할 정도의 구체성을 갖추어야 한다. 이러한 소명자료의 제시가 없거나, 소명자료를 제시하였더라도 그 신빙성이 탄핵된 때에는 허위사실공표죄로 처벌된다.[108]

사. 벌금 하한을 500만원 이상으로 정한 취지

위탁선거법의 허위사실공표죄에서 자신의 실적이나 능력을 부풀리는 당선목적의 허위사실 공표죄는 벌금형에 하한을 두지 않고 있지만, 상대방 후보자를 깎아내리는 낙선목적의 허위사실 공표죄의 경우 벌금형의 하한을 500만원 이상으로 규정하고 있다.

만일 자신의 당선을 목적으로 허위사실 공표죄를 범한 경우 이론적으로는 형법이 정한 최소의 금액인 5만원의 벌금형 선고도 가능할 것이다. 재판부의 선처로 100만원 미만의 벌금형을 선고받으면 위탁선거범죄로 인한 당선무효에도 해당하지 않는다.

후보자가 당선목적으로 허위사실을 공표하고 당선되었으나 해당 범죄로 기소된 경우, 판결문의 행간에는 해당 범죄의 가벌성이나 법익침해의 정도에 따른 양형에 대한 고민뿐만 아니라 허위사실 공표라는 불법적인 방법으로 취득한 당선인의 지위를 인정할 것인지에 관한 재판부의 고뇌도 함께 느낄 수 있다.

그러나 상대 후보자의 낙선을 목적으로 한 허위사실공표죄의 경우에는 사정이 전혀 다르다. 일단 유죄가 인정된다면 피고인에 대한 재판부의 양형재량이 사실상 의미를 잃게 되므로 선고유예 판결이 아닌 한 당선인의 지위는 무효가 된다.

---

108) 대법원 2009. 3. 12. 선고 2008도11443 판결

왜냐하면, 낙선목적의 허위사실공표죄는 벌금형의 하한을 500만원으로 정하고 있기 때문에, 해당 죄를 범하고 자수한 피고인에게 개전의 빛이 현저하고 피해자와 합의를 한 경우 재판부가 형법 제56조에 따른 법률상 감경과 정상참작감경의 은전을 모두 베풀어 각각 2분의 1씩 그 형을 감경하더라도 계산상 125만원 이상의 벌금형 선고가 불가피한 것으로 보이기 때문이다.

낙선목적의 허위사실공표죄는 매수죄나 선거의 자유 방해죄와 더불어 선거의 자유와 공정을 크게 해치는 대표적인 선거부정 행위이기 때문에, 해당 범죄를 범한 경우에는 비록 당선되더라도 불법으로 취득한 지위를 인정하지 않겠다는 입법자의 결단에 따라 법관의 양형재량으로도 당선무효의 운명을 피할 수 없도록 법정형을 정한 것으로 보인다.

실제 낙선목적의 허위사실공표죄로 100만원 이하의 벌금형이 선고된 사례는 찾아보기 어렵다. 공직선거에서는 선거범죄로 100만원 이상의 벌금형이 확정되면 5년간 피선거권이 박탈되므로 다음 선거에도 출마할 수 없다.

참고적으로 후보자비방죄의 경우 비방의 내용이 진실하든 거짓이든 가리지 않고 성립되고 그 벌금형에 하한이 없으므로, 허위의 사실을 적시하여 상대방 후보자를 비방하였음에도 공소 유지의 편의를 위하여 허위사실공표죄 대신 후보자비방죄로 기소가 되었다면 피고인석에서는 표정관리에 힘써야 한다.

당초 허위사실공표죄로 기소되었으나, 재판과정에서 검사가 후보자비방죄로 공소장 변경신청을 하고 법원이 이를 허가한 경우에도 마찬가지다. 이제 솟아날 구멍이 생긴 것이다.

후보자비방죄

1. 후보자비방죄의 구성요건과 법정형

위탁선거법은 선거운동을 목적으로 선거공보나 그 밖의 방법으로 공연히 사실을 적시하여 후보자(후보자가 되려는 사람을 포함한다), 그의 배우자 또는 직계존비속이나 형제자매를 비방한 사람은 2년 이하의 징역 또는 2천만원 이하의 벌금에 처하도록 후보자비방죄를 두되(§62 본문), 진실한 사실로서 공공의 이익에 관한 때에는 처벌하지 않도록 위법성 조각사유를 함께 규정하고 있다(§62 단서). 본조는 후보자 등에 대하여 명예를 훼손하는 위법행위를 규제함으로써 후보자 등의 명예를 보호함과 아울러 선거의 공정성을 확보하기 위한 규정이다.[109]

위탁선거법의 후보자비방죄는 허위사실공표죄와 동일하게 선거운동의 목적, 피해자의 특정, 공연성, 그리고 사실의 적시를 공통 구성요건으로 한다. 다만, 허위사실공표죄는 허위사실의 공

---

109) 헌법재판소 2010. 11. 25. 선고 2010헌바53 결정

표를 수단으로 함에 반하여, 후보자비방죄는 진실한 내용이든 거짓의 내용이든 비방의 수단을 묻지 않는 점에 차이가 있다.

2. 구성요건의 의미

가. 그 밖의 방법의 의미

본조에서 '그 밖의 방법'이란 앞에 적시한 선거공보와 같거나 이와 유사한 매체로 한정하는 의미가 아니라 불특정 또는 다수인에게 전달할 수 있는 모든 의사소통의 수단과 방법을 포함하는 개념이다. 말, 문자메시지, SNS, 벽보나 인쇄물, 현수막 등 시설물, 방송이나 신문 등 그 방법을 가리지 않는다.[110]

나. 공연히의 의미

'공연히'의 의미는 형법상 명예훼손죄의 구성요건인 공연성과 동일한 의미로서 불특정 또는 다수인이 알 수 있는 상태를 말한다. 허위사실공표죄의 구성요건인 공표의 개념과도 유사하다.

따라서 개별적으로 한 사람에게 사실을 유포하였더라도 그로부터 불특정 또는 다수인에게 전파될 가능성이 있다면 공연성 요건은 충족된다.[111] '공연히'의 개념에서 공연성을 추론해 내지 못하고 '합리적 이유 없이' 또는 '괜히'로 오해해서는 안 될 것이다.

---

110) 이용복 2022. 10. 『위탁선거법강의』 박영사. 517쪽 참조.
111) 대법원 1996. 7. 12. 선고 96도1007 판결 등

다. 사실의 적시의 의미

'사실의 적시'란 가치판단이나 평가를 내용으로 하는 의견표현에 대치되는 개념으로서 시간과 공간적으로 구체적인 과거 또는 현재의 사실관계에 관한 보고 내지 진술을 의미하는 것으로서 그 표현내용이 증거에 의해 입증이 가능한 것을 말한다.112)

판단할 진술이 사실인지 아니면 의견인지를 구별하는 때에는 언어의 통상적 의미와 용법, 입증 가능성, 문제된 말이 사용된 문맥, 그 표현이 행하여진 사회적 상황 등 전체적인 정황을 고려하여 판단해야 한다.113) 만일 사실적시와 의견표현이 혼재되어 있는 경우에는 이를 전체적으로 보아 사실의 적시에 해당하는지를 판단해야 하며, 의견표현과 사실의 적시 부분을 분리하여 별개로 범죄의 성립 여부를 논해서는 안 된다.114)

후보자비방죄가 성립하기 위해서는 사실을 적시하여 후보자 등을 비방해야 하므로, 사실의 적시는 내용상 비방에 충분한 사실, 즉 후보자 등의 사회적 가치 내지 평가가 침해될 가능성이 있을 정도로 구체성을 띠어야 한다. 만일 구체성이 없는 사실의 표현이나 가치판단 또는 평가와 같은 내용은 후보자비방죄의 구성요건인 사실의 적시에 해당하지 않는다.

판례는 "조강지처 버리고 잘된 사내가 없다"는 표현만으로는 추상적인 의견의 표시에 불과하지만, 그 직전에 "어떻게 이혼을 했는지 그 소문을 이 자리에서 입이 부끄러워서 얘기하지 않겠습

---

112) 대법원 1997. 4. 25. 선고 96도2910 판결
113) 대법원 1997. 4. 25. 선고 96도2910 판결
114) 대법원 2004. 6. 25. 선고 2004도2062 판결

니다"라고 한 발언과 종합하여 보면 "입이 부끄러워 얘기하지 않
겠다"는 표현만으로도 선거인으로 하여금 후보자가 이혼에 이른
과정을 그릇되게 추단하여 그의 평가를 저하시킬 수 있다고 보아
사실을 적시하여 후보자를 비방한 것으로 보았다.115)

라. 비방의 의미

'비방'이란 정당한 이유 없이 상대방을 깎아 내리거나 헐뜯
어 그 사회적 가치평가를 저하시키는 것을 의미한다.116) 따라서
비방은 주로 합리적인 관련성이 없는 사실, 예컨대 공직의 수행
능력이나 자질과는 무관한 극히 사적이거나 개인의 내밀한 영역
에 속하는 사항을 폭로 또는 공표한다거나 날조된 허구의 사실을
전파하는 등의 방법으로 행해진다.117)

상대 후보자의 정치적 활동에 관한 진술이라도 그 표현방법
이나 내용에 비추어 상대방의 정치역량을 객관적으로 언급한 것
이 아니라 인격적으로 비하하는 취지일 경우에는 비방에 해당될
수 있다.118) 다만, 선거운동은 본질적으로 상대방 후보에 대한 비
판적 기능을 포함하고 있으므로, 이를 과도하게 제한할 경우 국민
의 기본권으로서의 표현의 자유와 선거권을 침해하게 되는 점에
비추어 정치활동 등 공적 생활에 관한 사실을 적시한 경우에는 사
생활 비방에 필적할 정도로 후보자 등의 인격적 가치를 훼손시키
는지에 따라 후보자비방죄의 성립 여부를 판단해야 한다.

115) 대법원 2002. 6. 14. 선고 2000도4595 판결
116) 대법원 2009. 6. 25. 선고 2009도1936 판결 등
117) 부산고법 1992. 6. 17. 선고 92노215 판결
118) 대법원 1996. 11. 22. 선고 96도1741 판결

판례는 "甲 의원이 박근혜 대표를 배신하고 이명박 당선자에게 줄서기를 하는 것은 여러분들이 너무나 잘 알 것이다, 그 뿐이 아니라 甲 의원은 나와 개인적으로 철석같이 맺었던 약속도 배신하였다"라는 취지의 연설에 대하여 정치활동에 관한 것이지만 인격적 가치에 대한 사회적 평가를 저하시키는 것이어서 비방에 해당한다고 보았다.[119]

3. 후보자비방죄의 위법성 조각사유

가. 위법성 조각사유를 둔 취지

공정하고 자유로운 선거를 구현하기 위해서는 후보자의 공직 적격성과 후보자가 제시한 정책 및 공약의 타당성을 검증하기 위하여 표현의 자유가 최대한 보장되어야 한다. 헌법재판소도 선거에서는 선거의 공정을 해치지 않는 한도에서는 원칙적으로 정치적 표현의 자유가 한껏 보장되어야 한다고 판시한 바 있다.[120]

특히 선거운동에서의 표현행위는 정치적인 의견투쟁이 최고도로 강화되는 상황에서 이루어지는 것이고, 후보자 상호간 격렬하게 비판 또는 비난하는 과정에서 단순화·과장·비유 등 여러 가지 표현기법을 구사하여 상대방을 신랄하게 공격하는 것이 예사이므로, 후보자들의 발언을 대하는 선거인 역시 그러한 사정을 이해하고 있는 것으로 보아야 할 것이다.[121]

---

119) 부산지방법원 2009. 7. 17. 선고 2008고합649 판결
120) 헌법재판소 2003. 1. 30. 선고 2001헌가4 결정
121) 부산고법 1992. 6. 17. 선고 92노215 판결

이와 같은 취지에서 위탁선거법에도 후보자비방죄를 규정하되, 비방의 내용이 진실한 사실인 경우에는 형법이나 정보통신망법에 따른 명예훼손죄에 비하여 위법성 조각사유를 폭넓게 인정함에 따라 선거에 관한 표현의 자유를 상대적으로 두텁게 보장하고 있다.

반면에 위탁선거법은 물론이고 농협법 등 선거 관련 법률의 표현범죄는 인간의 존엄성에 기초한 개인의 인격권 보호는 물론 객관적 선거질서로서 후보자에 대한 유권자의 판단의 자유를 함께 보호하기 위한 것이 입법목적이므로 형법상 단순 명예훼손죄와 달리 반의사불벌죄가 아니다.

따라서 후보자를 비방한 사람이 피해자에게 사과하고 가해자의 처벌을 원치 않는다는 민형사상 합의를 하였더라도 국가의 형벌권 행사에는 아무런 지장을 초래하지 않는다.

나. 위법성 조각의 요건

위탁선거법은 사실을 적시한 비방행위가 있더라도 진실한 사실로서 공공의 이익에 관한 때에는 처벌하지 않도록 후보자비방죄의 위법성 조각사유를 규정하고 있다(§62 단서).

사실의 적시에 의한 비방행위가 본 단서에 따라 위법성이 조각되기 위해서는, 첫째, 적시된 사실이 전체적으로 보아 진실에 부합할 것, 둘째, 그 내용이 객관적으로 공공의 이익에 관한 것일 것, 셋째, 행위자도 공공의 이익을 위한다는 동기를 가지고 있을 것이라는 요건을 모두 갖추어야 한다.[122]

---

122) 대법원 2011. 3. 10. 선고 2011도168 판결

우선 '전체적으로 보아 진실에 부합'한다는 의미는 세세한 부분에 약간의 차이가 있거나 일부에 다소 과장된 표현이 있어도 전체적으로 객관적 진실에 부합하면 진실한 사실로 본다.[123]

'공공의 이익'이란 국가·사회 또는 다수인 일반의 이익에 관한 것뿐만 아니라 특정한 사회집단이나 그 구성원 전체의 관심과 이익에 관한 것도 포함된다.[124] 적시된 사실이 공공의 이익에 관한 것인지는 적시된 사실의 내용과 성질, 해당 사실의 공표가 이루어진 상대방의 범위, 사실적시의 표현방법 등 그 표현 자체에 관한 제반 사정과 그 표현에 의하여 훼손되거나 훼손될 수 있는 명예의 침해 정도 등을 종합적으로 고려하여 결정한다.[125]

후보자의 사적인 신상에 관한 사실이라도 해당 후보자가 관계하는 사회적 활동의 성질이나 이를 통하여 사회에 미치는 영향력의 정도에 따라서는 그 사회적 활동에 대한 비판 내지 평가의 한 자료가 될 수 있는 경우 이를 적시하는 것은 공공의 이익을 목적으로 하는 행위로 인정될 수 있다.[126]

위법성 조각의 마지막 조건으로서 '공공의 이익을 위한다는 동기'를 가지고 있어야 한다는 것은 행위자도 최소한 공공의 이익을 위하여 그 사실을 적시한다는 동기가 있어야 한다는 의미이다. 이 경우 그 동기에는 반드시 공공의 이익이 사적 이익보다 우월하지는 않더라도 양자가 동시에 존재하고 거기에 상당성이 인정되어야 한다.[127]

123) 대법원 2004. 10. 27. 선고 2004도3919 판결, 대법원 2004. 6. 25. 선고 2004도2062 판결
124) 대법원 1999. 6. 8. 선고 99도1543 판결, 대법원 1998. 10. 9. 선고 97도158 판결
125) 대법원 2003. 11. 13. 선고 2003도3606 판결
126) 대법원 1996. 4. 12. 선고 94도3309 판결

적시된 사실의 진실성과 공공의 이익에 대한 입증책임은 이를 주장하는 피고인에게 있다.[128] 이러한 이유로 허위사실에 대한 입증이 곤란하여 허위사실공표죄로 공소유지가 어려운 경우 사실관계의 동일성을 유지하면서 적용법조만을 후보자비방죄로 공소장을 변경하여 적시된 사실의 진실성과 공공의 이익에 대한 입증책임을 피고인에게 전환시킨 판례를 간혹 발견할 수 있다.

다만, 적시한 사실이 진실한 것이라는 증명이 없더라도 행위자가 진실한 것으로 믿었고, 또 그렇게 믿을 만한 상당한 이유가 있는 경우에는 위법성이 조각된다.[129] 이러한 법리는 인격권으로서 개인의 명예보호와 표현의 자유 보장이라는 상충되는 법익 간 조화를 꾀한 것으로서 일반 명예훼손 재판에도 적용된다.[130]

다. 위법성 조각사유를 인정한 예

상대 후보자가 구의원 재직시 구속영장이 신청된 사실을 보도한 신문을 낭독한 사안에서, 판례는 후보자의 전과는 공직 후보자로서의 자질과 적격성을 판단하는 데 중요한 자료가 될 뿐만 아니라, 그것은 법원의 최종적 판단까지 받은 것이므로 공적 이익에 관한 사실이라며 위법성 조각사유를 인정하였다.[131]

한편, '후보 장인이 인민위원장 빨치산 출신인데 애국지사 11명을 죽이고 형무소에서 공산당 만세 부르다 죽었다'는 연설로

127) 대법원 1998. 9. 22. 선고 98도1992 판결
128) 대검찰청 2020. 3. 앞의 책 428쪽
129) 대법원 1996. 4. 23. 선고 96도519 판결
130) 대법원 1993. 6. 22. 선고 92도3160 판결
131) 대법원 1996. 6. 28. 선고 96도977 판결

기소된 사안에서, 판례는 일부 과장된 표현이 있더라도 전체적으로 객관적 진실에 부합하는 내용이고, 유권자들이 적절하게 선거권을 행사하도록 자료를 제공하려는 공공의 이익 또한 인정되며, 거기에 상당성도 있다고 보아 위법성이 조각된다고 판단하였다.[132]

아울러 상대방 후보자가 부시장 재직시절 운전기사를 통해 갈비세트를 받았다가 적발되었으나 운전기사만 처벌받았다는 내용을 기자들에게 이메일로 발송한 사안에서, 판례는 적시한 사실이 전체적으로 진실에 부합하고 공직 후보자로서의 역량과 자질을 판단하는 자료가 될 수 있다는 점에서 공공의 이익에 관한 것으로 볼 수 있어 위법성이 조각되는 것으로 보았다.[133]

라. 위법성 조각사유를 부인한 예

상대 후보자의 재산증가가 소유 부동산의 공시지가 상승에 따른 것이고, 상대 후보자와 그의 장남이 질병으로 치료를 받았음에도 부정한 방법으로 재산증식과 병역면제가 이루어졌을 것이라는 취지의 의혹을 제기한 사안에서, 판례는 비록 단정적인 표현을 사용하지는 않았으나 상대 후보자에 대한 의혹을 간접적·우회적으로 표현한 것으로 의혹이 진실이라는 증명이 없는 이상 위법성이 조각된다고 볼 수 없다고 판시하였다.[134]

또한 뇌물수수죄로 기소되었으나 무죄가 확정된 후보자를 상

---

132) 대법원 2004. 10. 27. 선고 2004도3919 판결
133) 서울고법 2015. 4. 23. 선고 2015노815 판결
134) 대전고법 2011. 4. 2. 선고 2011노66 판결

대로 뇌물을 받았다는 취지로 발언한 사안에서, 판례는 이러한 표현은 해당 후보자의 사회적 평가를 저해할 정도로 헐뜯은 것으로 비방에 해당하고, 그 내용도 진실에 부합한다고 볼 수 없어 위법성도 조각되지 않는다고 판시하였다.135)

　　한편, 상대 후보자가 언론 인터뷰에서 정부의 자기부상열차 시범사업권 시행자 결정이 절차적 흠이 없는 객관적 결정이었다고 발언한 것을 두고 '자기부상열차 인천에 빼앗긴 결정 지지 발언'이란 문자메시지를 발송한 사안에서, 판례는 상대후보자의 정치적 견해를 왜곡되게 전달함으로써 그를 낙선시키고 자신이 당선되겠다는 사적 이익이 결정적으로 중요한 동기가 되었으므로 위법성이 조각되지 않는다고 판시하였다.136)

　　또한 후보자 일가의 비리를 언급한 인터넷 기사를 링크하면서 '도적놈들, 더러운 놈들' 등의 표현을 추가한 사안에서, 판례는 후보자의 사회적 평가를 저하시키려는 사적인 의도가 있어 위법성이 조각되지 않는다고 판단하였다.137) 본 사안은 메시지에 인터넷 기사를 링크하지 않았다면 전체적인 내용이 사실의 적시로 보기 어려워 형법상 모욕죄만 다툴 수 있었던 사건으로 보인다.

135) 서울고법 2015. 5. 6. 선고 2015노44 판결
136) 대법원 2009. 6. 25. 선고 2009도1936 판결
137) 광주고법 2015. 2. 12. 선고 2014노551 판결

4. 후보자비방죄와 표현의 자유

가. 표현범죄의 벌칙구조

표현범죄에 관한 우리나라 현행 법체계를 감안할 때, 다른 사람의 인격권을 침해한 경우 기본적으로 형벌의 기본을 정하고 있는 형법 각칙의 명예훼손죄가 적용되고(§307~§311), 인터넷·SNS 등 정보통신망을 이용한 인격권 침해에는 정보통신망법에 따른 사이버명예훼손죄가 적용된다(§70).

한편, 공공단체의 선거에서 선거운동을 목적으로 인격권을 침해한 경우, 즉 후보자에 관하여 허위사실을 공표하거나 후보자를 비방한 경우에는 해당 단체의 개별 법률에 규정된 선거 관련 범죄가 성립된다.

예컨대, 농협의 조합장선거에서 선거운동을 목적으로 허위사실을 공표하거나 후보자를 비방한 경우 농업협동조합법에 따라 처벌되고(§172③), 수협조합장 선거에서 같은 행위를 하면 수산업협동조합법에 따라 처벌되며(§178④), 산림조합장선거에서는 산림조합법에 따라 처벌된다(§132③).

이 경우 각 법률의 선거 관련 표현범죄는 행위양태에 따라 형법상의 명예훼손죄, 정보통신망법에 따른 사이버명예훼손죄 또는 위탁선거법의 표현범죄와 상상적 경합이 성립될 것으로 보인다.

나. 위법성 조각사유 인정 여부와 그 범위

허위사실 공표로 인한 인격권의 침해행위는 정상참작의 여지가 없으므로 논외로 하고, 진실한 사실을 적시하여 타인의 인격권을 침해한 경우 위법성 조각사유의 인정 여부와 그 범위를 살펴보자.

우선 형법 제307조는 공연히 사실을 적시하여 사람의 명예를 훼손한 자를 처벌하면서 같은 법 제310조에서 진실한 사실로서 '오로지 공공의 이익에 관한 때'에는 처벌하지 않도록 위법성 조각사유를 협소하게 규정하고 있고, 같은 법 제309조는 사람을 비방할 목적으로 출판물에 의한 명예훼손을 무겁게 처벌하면서 위법성 조각사유를 두지 않고 있다.

아울러 정보통신망법 제70조는 벌칙을 규정하면서 사람을 비방할 목적으로 정보통신망을 통하여 공공연하게 사실을 드러내어 다른 사람의 명예를 훼손한 자를 처벌하면서 위법성조각사유를 인정하지 않는다. 다만, 형법에 따른 명예훼손이든 정보통신망법에 따른 사이버명예훼손이든 모두 반의사불벌죄로 규정하고 있으므로 피해자의 명시한 의사에 반하여 기소할 수 없다.

한편, 공공단체의 선거를 관할 선거관리위원회에 위탁하게 되면, 위탁선거법이 우선 적용되므로(§5), 공연히 사실을 적시하여 후보자를 비방하더라도 그 내용이 진실하다면 특별한 사정이 없는 한 위법성이 조각되어 처벌되지 않을 것이다.

여기에서 우리는 인간의 존엄과 가치에서 유래하는 인격권으로서 후보자의 명예와, 표현의 자유에 터잡은 선거운동의 자유가 조화되는 모습을 발견할 수 있다.

다. 후보자비방죄를 폐지할 경우의 효과

공정하고 민주적인 선거를 구현하기 위해서는 후보자 자질과 도덕성, 그리고 후보자가 제시한 공약과 정책의 타당성 검증을 위하여 선거의 공정성을 해치지 않는 한도 내에서는 표현의 자유가 한껏 보장되어야 한다.[138]

위탁선거법의 후보자비방죄를 폐지할 경우 그 단서의 위법성 조각사유까지 함께 소멸되어 선거에 관한 공론의 장에서 표현의 자유가 위축된다. 이제 합리적 의심에 기초한 정당한 의혹의 제기마저 처벌의 위험성에 노출되고 자기검열을 강요당한다.

형벌규정을 폐지하였음에도 불구하고 오히려 처벌 범위가 넓어지는 모순된 상황이 초래되는 것이다. 일종의 벌칙의 역설이다. 후보자비방죄가 폐지된다하여 인격권 침해를 처벌하는 다른 형벌규정도 함께 폐지되는 것이 아니기 때문이다.

이제 후보자비방죄의 빈자리는 위법성 조각사유에 인색한 형법의 명예훼손죄, 위법성 조각사유를 두지 않은 정보통신망법의 사이버명예훼손죄, 그리고 개별 법률의 선거 관련 벌칙이 차지하게 된다. 여기에서 표현의 자유가 숨 쉴 공간은 없다.

물론 출판물이나 사이버명예훼손 등 위법성 조각사유가 없는 범죄에 관해서도 법원은 수많은 사법심사를 통하여 진실한 사실을 적시하여 비방한 경우에는 그 비방의 목적을 부인하는 방법으로 국민의 기본권인 표현의 자유를 보호하여 왔다.[139] 그런데 경찰과 검찰도 아량을 베풀 것으로 보이는가?

---

138) 헌법재판소 2003. 1. 30. 선고 2001헌가4 결정
139) 대법원 2011. 7. 14. 선고 2010도17173 판결

부정투표죄

1. 사위등재죄

가. 구성요건과 법정형

위탁선거법은 거짓의 방법으로 선거인명부에 오르게 한 자는 1년 이하의 징역 또는 1천만원 이하의 벌금에 처하도록 사위등재죄를 규정하고 있다(§63①).

본조는 투표의 전제가 되는 선거인명부의 진정한 작성과 투표소에서 투표용지의 정확한 교부를 통하여 공정한 선거의 실시를 보장하기 위한 규정이다.

나. 거짓의 방법으로의 의미

'거짓의 방법'이란 거짓으로 타인을 속이는 일체의 행위를 말하며 그 방법에 특별한 제한이 없으므로 형법상 사기죄와 같은 기망수단을 사용할 것을 요하지 않는다. 정당하게 선거인명부에 오를 자격이 있는 사람이라도 거짓이나 그 밖의 부정한 방법으로 선거인명부에 오르게 한 때에는 본죄가 성립한다.

다. 사위등재죄 적용시기

사위등재죄는 그 적용시기에 제한이 없다. 따라서 선거일 1년 전의 행위라도 특정 조합의 조합장선거에서 오로지 투표할 목적으로 조합원의 자격을 취득하고 선거인명부에 오르게 하였다면 사위등재죄가 성립할 수 있다.

공직선거에서는 오로지 투표권을 얻을 목적으로 주민등록 위장전입의 방법으로 위법하게 투표권을 획득한 경우 그 투표권은 부정되어야 하고 그가 한 투표는 무효라고 선언한 바 있다.140) 조합장선거에서 선거인명부 작성의 기초가 되는 조합원 가입심사와 조합원명부 관리의 중요성을 반복해서 강조하는 이유이다.

2. 부실기재죄

가. 구성요건과 법정형

위탁선거법은 선거인명부 작성에 관계 있는 사람이 선거인명부에 고의로 선거권자를 기재하지 않거나 거짓 사실을 기재하거나 하게 한 때에는 3년 이하의 징역 또는 3천만원 이하의 벌금에

---

140) 대법원 2000. 10. 6. 선고 2000수70 판결

처하도록 부실기재죄를 규정하고 있다(§63②).

본조는 선거인명부 작성과 관련된 사람이 고의로 선거인명부에 부실한 기재를 하는 행위를 처벌함으로써 선거의 공정을 기하기 위한 규정이다. 선거권자의 성명·주소·성별·생년월일 등 선거인명부에 기재할 사항을 사실과 다르게 기재하는 것이 이에 해당할 것이다.

선거인명부작성과 직접 관련이 없는 사람이라도 선거인명부 작성과 관련된 사람에게 정당한 선거권자를 누락하게 하거나 거짓 사실을 기재하도록 교사한 때에도 본죄가 성립한다.

나. 거짓 사실을 기재한 때의 의미

위탁선거법의 부실기재죄는 선거인명부 작성에 관계 있는 사람의 작위作爲 또는 부작위不作爲에 따른 선거인명부의 부실 기재 행위를 처벌하기 위한 규정이다.

농협법은 지역농협에서 조합원의 자격이 없는 경우, 사망한 경우, 파산한 경우, 성년후견개시의 심판을 받은 경우, 조합원인 법인이 해산한 경우 당연히 탈퇴된다고 규정하고 있다(§29②). 해당 규정의 실효성을 확보하기 위하여 농협법은 지역농협의 이사회에 조합원의 전부 또는 일부를 대상으로 당연 탈퇴사유에 해당하는지를 확인하도록 의무를 부과하고 있다(§29③).

지역농협 정관례에서는 이를 구체화하여 조합의 이사회는 조합원 전부를 대상으로 하는 확인은 매년 1회 이상 실시하도록 의무를 부과하고 있다(§11⑤).[141] 조합원의 당연탈퇴 규정은 지역축

---

141) 해당 내용은 지역축협 정관례 제11조제5항과 품목조합 정관례 제11조제5항에

협과 품목조합에서도 이를 준용하고 있고,[142] 수협법과 산림조합법에서도 이와 유사한 내용으로 규정하고 있다.[143]

따라서 선거인명부의 작성 업무를 담당하는 조합의 임직원이 조합원명부에 자격이 없는 사람이 형식적으로 기재되어 있다는 것을 알고 있다면, 조합원의 자격 상실 등 탈퇴 사유의 발생 여부를 확인하고 조합원명부를 정리하는 절차를 먼저 이행해야 한다.

이와 같은 취지에서 2024년 1월 30일 개정된 위탁선거법은 조합으로 하여금 선거인명부작성개시일 전 30일까지 조합원의 자격을 확인하여 조합원명부를 정비하도록 의무규정을 신설한 바 있다.[144]

만일 조합의 임직원이 이와 같은 조치를 취하지 않은 채 자격이 없는 사람이 해당 조합의 선거인명부에 등재되도록 하였다면, 이는 위탁선거법의 부실기재죄에서 말하는 소위 '거짓 사실을 기재하거나 하게 한 때'에 해당하여 처벌될 수 있다.[145] 이는 대법원의 판례에서 준엄하게 설시說示한 내용이다.

3. 사위투표죄

위탁선거법은 성명을 사칭하거나 신분증명서를 위조 또는 변조하여 사용하거나 그 밖에 거짓의 방법으로 투표하거나 하게 하

서 동일하게 규정하고 있다.
142) 농협법 제107조제1항 및 제112조제1항 참조.
143) 수협법 제31조제2항, 산림조합법 제26조제2항 참조.
144) 위탁선거법 제15조제4항 참조.
145) 대법원 2017. 4. 26. 선고 2016도14861 판결

거나 또는 투표를 하려고 한 사람은 1년 이하의 징역 또는 1천만
원 이하의 벌금에 처하도록 사위투표죄를 규정하고 있다(§64①).
아울러 투표관리 종사자가 이러한 행위를 한 때에는 3년 이하의
징역으로 가중처벌하는 부진정신분범 규정도 두고 있다(§64②).

　　최근 공직선거에서 쟁점이 된 사위투표죄의 전형적인 사례로
는 사전투표를 한 후 그 사실을 숨기고 선거일에 다시 투표를 시
도한 행위를 들 수 있다.146)

---

146) 창원지법 진주지원 2017. 9. 5. 선고 2017고합58 판결

선거관리 침해죄

1. 선거관리 관계자 폭행죄

가. 구성요건과 법정형

위탁선거법은 선거와 관련하여 선거관리위원회의 위원·직원, 공정선거지원단원, 그 밖에 선거사무에 종사하는 사람을 폭행·협박·유인 또는 불법으로 체포·감금한 사람은 1년 이상 7년 이하의 징역 또는 1천만원 이상 7천만원 이하의 벌금에 처하도록 선거관리 관계자에 대한 폭행죄를 규정하고 있다(§65 1.).

본조는 선거사무 관리·집행의 원활한 수행을 위하여 선거관리 관계자를 보호하기 위한 규정이다. 일반 형법상 공무집행방해죄의 법정형이 5년 이하의 징역 또는 1천만원 이하의 벌금인 것에 비하면 본조 위반은 아주 무겁게 처벌하고 있다(형법 §136①). 위탁선거법에 규정된 선거범죄 중 법정형이 가장 무거우므로, 본죄가 성립될 경우에는 당선무효형의 선고가 불가피할 것이다.

여기에서 '선거사무에 종사하는 사람'이란 위탁선거법에서 규정하고 있는 투표사무원 등을 포함하여 관할 선거관리위원회가 내부규정에 따라 위촉한 사람으로서 해당 선거관리위원회의 지휘·감독하에 선거사무에 종사하는 사람도 포함된다.147)

본죄는 선거관리위원회 위원·직원, 공정선거지원단 그 밖에 선거사무에 종사하는 사람을 폭행하는 경우에 성립되는 범죄이므로, 폭행 상대방의 직위나 직책까지 정확하게 인식할 필요는 없고 선거사무에 종사하는 사람이라는 사실만 인식하면 성립된다.148)

다만, 본죄가 일종의 공무집행을 방해하는 범죄이므로 행위의 상대방이 선거관리위원회 위원 등의 지위에 있다는 사실만으로는 부족하고, 그 지위와 관련된 직무를 수행할 때 범해야만 비로소 본죄가 성립한다는 견해도 있다.149)

그러나 대법원 판례는 상대방이 선거사무에 종사하는 사람이라는 점만 인식하면 족하고, 상대방이 선거사무를 수행 중인 상태에 있거나 상대방을 폭행하는 사람에게 선거사무를 방해할 의사가 있어야 본죄가 성립하는 것은 아니라고 보았다.150)

나. 폭행·협박·유인·체포·감금의 의미

'폭행'은 사람의 신체에 대한 유형력의 행사를 말하는바, 형법상 폭행죄의 폭행과 같은 개념이다(§260). '협박'이란 상대방에게 공포심을 불러일으킬 목적으로 해악을 고지하는 일체의 행위

---

147) 대법원 2002. 4. 26. 선고 2001도4516 판결
148) 대법원 2008. 11. 13. 선고 2008도8302 판결
149) 대검찰청 앞의 책 335쪽
150) 대법원 2010. 12. 9. 선고 2010도13601 판결

를 의미하며 형법상 협박죄의 협박과 같은 개념이다(§283).[151]

따라서 해악을 고지하는 경위, 해악을 고지하는 당시의 주위 상황, 해악을 고지하는 사람의 성향, 해악을 고지하는 사람과 상대방과의 친숙 정도와 지위 등의 상호관계 등 여러 사정을 종합하여 객관적으로 상대방으로 하여금 공포심을 느끼게 하면 족하고, 상대방이 현실로 공포심을 일으킬 것까지 요구되는 것은 아니다. 다만 고지하는 해악의 내용이 경미하여 상대방이 전혀 개의치 않을 정도인 경우에는 협박에 해당하지 않는다.[152]

'유인'이란 기망이나 유혹의 수단으로 자기 또는 제3자의 실력적 지배하에 두는 것을 의미하며, 형법상 약취유인죄의 유인과 같은 개념이다(§287).

'체포'는 사람의 신체에 대하여 직접적인 구속을 가함으로써 행동의 자유를 박탈하는 것이고, '감금'은 일정한 구획을 가진 장소 안에서 사람의 행동의 자유를 속박하는 것으로서 형법상 감금죄에서의 감금, 체포죄에서의 체포와 같은 개념이다(§276).

2. 투표소·개표소 등 소요·교란죄

가. 구성요건과 법정형

위탁선거법은 폭행하거나 협박하여 투표소·개표소 또는 선거관리위원회 사무소를 소요·교란한 사람은 1년 이상 7년 이하

---

151) 서울고법 1998. 1. 2. 선고 98초298 판결
152) 대법원 2005. 3. 25. 선고 2004도8984 판결

의 징역 또는 1천만원 이상 7천만원 이하의 벌금에 처하도록 투표소·개표소 등 소요·교란죄를 규정하고 있다(§65 2.).

본조는 선거사무의 관리와 집행의 원활한 수행을 위하여 선거 관련 시설의 질서를 평온하게 유지하기 위한 규정이다. 본죄의 법정형은 위탁선거법에 규정된 범죄 중 가장 무겁다.

나. 투표소·개표소 및 선거관리위원회 사무소의 범위

투표소·개표소와의 관계에 비추어 본조의 선거관리위원회 사무소는 해당 선거의 관리·집행업무를 수행하는 사무소에 한하고, 해당 선거사무와 무관한 선거관리위원회의 시설은 본죄의 객체에 해당하지 않는다. 반면, 투표소의 경우 그 시설 내부는 물론 그 건물이 지배하는 주위의 장소도 그곳에서의 소요·교란행위로 인하여 투표소의 질서와 평온을 해할 위험성이 있는 경우에는 본조의 투표소에 포함될 수 있다.

다. 소요·교란의 의미

'소요'란 일정 장소에 있어서의 폭력적인 질서문란 행위를, '교란'이란 특정 구역 내의 평온을 해치는 위계와 위력을 말하는 것으로서 상호 유사한 개념이다. 소요·교란의 방법에는 제한이 없으나, 평온한 선거사무 집행을 불가능하게 하거나 현저히 곤란하게 할 정도를 요구하므로,153) 선거관리위원회 직원이나 투표관리관 등이 용이하게 제지할 수 있을 정도의 소란한 언동은 이에

---

153) 대법원 1961. 3. 31. 선고 4294형상18 판결

해당하지 않는다.

판례는 개표진행 과정에서 선거관리위원회가 잘못된 개표에 관한 후보자측의 이의를 받아들여 해당표에 대한 무효선언을 한 후 개표를 진행하였음에도 불구하고 후보자가 이의서를 개표록에 첨부하여 주지 않는다는 이유로 개표장 마루바닥에 침구를 깔고 누워 농성한 행위를 소요 · 교란으로 보았다.[154]

3. 선거관리 용구 · 장비 · 서류 등 은닉 · 파손 · 탈취죄

가. 구성요건과 법정형

위탁선거법은 투표용지 · 투표지 · 투표보조용구 · 전산조직 등 선거관리 및 단속사무와 관련한 시설 · 설비 · 장비 · 서류 · 인장 또는 선거인명부를 은닉 · 파손 · 훼손 또는 탈취한 사람은 1년 이상 7년 이하의 징역 또는 1천만원 이상 7천만원 이하의 벌금에 처하도록 선거관리 용구 · 장비 · 서류 등 은닉 · 파손 · 탈취죄를 규정하고 있다(§65 3.).

나. 투표지 · 투표용지 · 투표보조용구의 의미

위탁선거법에서 선거관리 및 단속사무와 관련한 서류의 은닉, 파손, 훼손 등 행위를 형법에서 규정하는 공무소에서 사용하는 서류의 손상, 은닉 등 공용서류 무효죄보다[155] 더욱 무겁게

---

154) 대법원 1983. 5. 24. 선고 82도1572 판결

155) **형법 제141조(공용서류 등의 무효, 공용물의 파괴)** ① 공무소에서 사용하는 서

처벌하는 취지는 선거의 공정을 확보하기 위하여 선거관리 업무를 일반적인 공무보다 더욱 엄중히 보호하려는 데 그 목적이 있다.[156]

선거관리 업무와 관련한 서류의 은닉, 파손, 훼손에 따른 범죄의 고의는 해당 서류가 선거관리와 관련한 서류라는 사실과 그 효용을 해하는 사실에 대한 인식이 있음으로써 족할 뿐, 훼손자에게 적극적으로 선거관리를 방해할 의사가 필요한 것은 아니다.

본조에서 훼손을 금지하는 '투표지'는 다른 사람의 투표지로 한정하고 있지 않으므로 자신이 교부받은 투표지도 이에 포함된다. 따라서 선거를 방해하려는 의사가 없이 선거인 스스로 단지 잘못 기표한 투표지를 무효화시키기 위하여 이를 훼손하거나,[157] 공개되어 무효로 된 투표지를 임의로 찢어도[158] 본죄가 성립한다.

자기의 투표지라 하더라도 그것이 훼손될 경우에는 선거의 공정성에 시비가 발생할 위험성이 있으므로 고의로 이를 훼손하는 행위를 금지할 필요성이 있기 때문이다. 비록 기표소 안에서 몰래 훼손하는 경우에는 현실적으로 이를 적발하기 어려울 수 있지만, 개표과정에서 훼손된 투표지가 발견되면 그 경위를 둘러싸고 다툼이 발생할 수 있으므로, 선거의 공정성과 선거사무의 신뢰를 보호하기 위하여 이유 여하를 막론하고 투표지 훼손 행위는 허용될 수 없다.

류 기타 물건 또는 전자기록등 특수매체기록을 손상 또는 은닉하거나 기타 방법으로 그 효용을 해한 자는 7년 이하의 징역 또는 1천만원 이하의 벌금에 처한다.

156) 춘천지법 2016. 8. 9. 선고 2016고합45 판결
157) 대전지법 천안지원 2014. 8. 20. 선고 2014고합127 판결
158) 춘천지법 2016. 8. 9. 선고 2016고합45 판결

특히 선거인이 자유롭고 공정하게 투표하기 위해서는 투표소 내외의 평온한 질서를 유지하는 것이 필수적이다. 그런데 자신의 투표지를 스스로 훼손하는 행위라도 그러한 행위로 말미암아 소란이 발생하여 투표소의 평온을 해할 위험성이 크므로 투표소의 평온을 보장하기 위해서라도 이를 금지할 필요가 있다.[159)]

'투표용지'란 관할 선거관리위원회가 법정 규격에 따라 작성·제작한 진정한 투표용지를 말하고, '투표지'는 관할 선거관리위원회가 작성·제작한 정규의 투표용지에 선거인이 기표절차를 마친 것을 말한다. 당연히 투표의 유·무효 등 효력을 묻지 않는다.

'투표보조용구'란 선거인이 사용하는 기표용구와 시각장애인을 위한 투표보조용구 등을 말하고, '선거관리 및 단속사무에 관한 서류'란 선거인명부, 투·개표록, 문답서 등 선거 및 단속사무의 수행에 필요한 제반서류를 말한다.

다. 단속사무와 관련한 장비

위탁선거법의 벌칙에서 '단속사무와 관련한 장비'란 공정선거지원단 등이 불법 선거운동의 단속사무에 사용하기 위하여 소지하고 있는 장비를 의미하고, 그 장비를 '탈취'한다 함은 유형력을 행사하여 그 소지자의 의사에 반하여 그 장비를 자신의 지배 아래로 옮기는 행위를 뜻하므로, 단속사무와 관련한 장비임을 알면서 이를 탈취하면 본조의 죄가 성립한다.

따라서 단속사무와 관련한 장비의 탈취 당시 그 소지자가 단속업무를 수행 중인 상태에 있거나 탈취자에게 단속사무를 방해

---

159) 광주지법 2020. 7. 10. 선고 2020고합151 판결

할 의사가 있어야만 본조의 죄가 성립하는 것은 아니다.[160]

판례는 선거관리위원회의 단속활동에 항의하는 모습을 촬영하고 있는 공정선거지원단원의 휴대전화를 낚아챔으로써 자신의 지배하로 이전시킨 사실이 있는 이상, 설사 휴대전화를 나중에 돌려주었더라도 이는 '탈취'에 해당한다고 보았다.[161]

라. 단속사무와 관련한 서류의 의미

위탁선거법에서 '단속사무와 관련한 서류'는 관인이 날인되어 있는지, 정당한 결재를 거친 서류인지, 법규에서 규정하는 서류인지, 서류의 명칭이나 작성자 명의가 있는지, 조사기록에 편철되어 있는지를 가리지 않는다. 따라서 선거관리위원회 직원이 선거법 위반행위를 조사하는 과정에서 작성한 것으로서 금품을 교부 받은 사람들에게 질문할 항목과 조사 대상자의 전화번호 등을 적은 문건도 단속사무와 관련한 서류에 해당한다.[162]

또한 후보자가 되려는 사람으로부터 식사를 제공받은 혐의로 선거관리위원회 직원의 조사를 받고 그 조사 내용이 기재된 문답서를 건네받은 다음 선거관리위원회 직원이 그 문답서에 서명날인을 요구한다는 이유로 이를 찢어버린 행위도 단속사무와 관련한 서류를 훼손한 행위에 해당한다.[163]

---

160) 대법원 2007. 1. 25. 선고 2006도8588 판결
161) 수원고법 2019. 7. 25. 선고 2019노125 판결
162) 대법원 2007. 1. 25. 선고 2006도7242 판결
163) 서울서부지법 2006. 4. 27. 선고 2006고합43 판결

마. 은닉 · 파손 · 훼손 · 탈취의 의미

위탁선거법의 해당 벌칙 중 '은닉'이란 투표함이나 투표지의 소재 발견을 불능 또는 현저히 곤란한 상태에 두는 것을 말하고, '파손'은 투표함을 부수어 버리거나 투표지의 효능을 상실시키는 것을 의미하며, '훼손'은 투표지 등을 손상하여 물질적으로 효용가치가 없도록 만드는 것이다. '탈취'는 유형력을 행사하여 투표함이나 투표지를 빼앗아 자기의 지배하에 두는 것을 의미한다.

각종 제한규정 위반죄

1. 각종 제한규정 위반죄 개요

위탁선거법은 휴대전화 가상번호 제공·활용·폐기에 관한 규정을 위반한 사람에게 3년 이하의 징역 또는 3천만원 이하의 벌금에 처하도록 규정하고 있다(§66①). 본죄는 휴대전화 가상번호제도를 도입하면서 개인정보 침해 등 그 부작용을 방지하기 위해 신설된 벌칙이다.

또한 위탁선거법은 선거운동 주체·시기·방법 위반, 임직원의 지위를 이용한 선거운동, 호별방문, 선거범죄 조사불응 등 각종 제한·금지 규정을 위반한 사람은 2년 이하의 징역 또는 2천만원 이하의 벌금에 처하도록 규정하고 있다(§66②).

다만, 지위를 이용한 선거운동과 호별방문 금지에 관해서는 제4장 제1절 및 제2절에서, 선거일 후 답례금지에 관해서는 제4장 제3절에서 각각 설명한 바 있고, 선거범죄 조사불응죄에 관해서는 제7장에서 따로 설명하기로 한다.

2. 휴대전화 가상번호 제공 · 활용 · 폐기 위반죄

위탁선거법은 다음 중 어느 하나에 해당하는 사람은 3년 이하의 징역 또는 3천만원 이하의 벌금에 처하도록 규정하고 있다 (§66①). 주로 휴대전화 가상번호를 정당한 권한이 없는 제3자에게 유출하거나 선거운동 외의 다른 목적으로 사용하는 등 개인정보 침해의 우려가 있는 행위들을 처벌하는 규정이다.

① 제30조의3제6항제2호를 위반하여 해당 위탁단체 이외의 자에게 휴대전화 가상번호를 제공한 사람

② 제30조의3제7항을 위반하여 명시적으로 거부의사를 밝힌 구성원의 휴대전화 가상번호를 제공한 사람

③ 제30조의3제9항제1호를 위반하여 휴대전화 가상번호를 제28조에 따른 선거운동 외의 다른 목적으로 사용한 사람

④ 제30조의3제9항제2호를 위반하여 휴대전화 가상번호를 다른 자에게 제공한 사람

⑤ 제30조의3제10항을 위반하여 유효기간이 지난 휴대전화 가상번호를 즉시 폐기하지 않은 사람

한편, 위탁선거법은 휴대전화 가상번호에 유효기간을 설정하지 않고 제공하거나 휴대전화 가상번호를 제공하는 날부터 선거일까지의 기간을 초과하는 유효기간을 설정하여 제공한 이동통신사업자는 2년 이하의 징역 또는 2천만원 이하의 벌금에 처하도록 규정하고 있다(§66② 7의3.). 해당 규정은 조합원의 개인정보를 보호하고자 휴대전화 가상번호를 생성하여 제공하는 이동통신사업자에게 특별한 의무를 부과하고 있다.

3. 선거운동 주체·시기·방법 위반죄

가. 선거운동 주체·시기·방법 위반

위탁선거법은 선거운동을 할 수 있도록 열거된 신분이 아닌 사람이 선거운동을 하거나, 법에서 열거한 선거운동방법 외의 방법으로 선거운동을 하거나, 선거운동기간이 아닌 때에 선거운동을 한 사람은 2년 이하의 징역 또는 2천만원 이하의 벌금에 처하도록 규정하고 있다(§66② 1.).

주체의 측면에서 조합장선거의 선거운동은 예비후보자·후보자와 그의 선거운동원, 장애인 예비후보자·후보자의 활동보조인에게만 허용되고, 시기의 측면에서는 원칙적으로 후보자등록 마감일의 다음 날부터 선거일 전일까지만 허용된다.

방법의 측면에서 조합장선거의 선거운동은 선거공보, 선거벽보, 어깨띠·윗옷·소품, 전화, 정보통신망, 명함배부 및 지지호소, 조합 공개행사에서 정책발표, 선거일 소견발표회의 방법으로만 허용된다. 조합장선거에서 주체·시기 또는 방법을 위반한 경우에 본죄가 성립한다.

나. 선거공보·선거벽보 종수·수량·배부방법 등 위반

위탁선거법은 선거공보의 종수·수량·면수 또는 배부방법을 위반하여 선거운동을 하거나, 선거벽보의 종수·수량 또는 첩부방법을 위반하여 선거운동을 한 사람은 각각 2년 이하의 징역 또는 2천만원 이하의 벌금에 처하도록 규정하고 있다(§66② 2.·3.).
　위탁선거법의 개별 조항에 따라 허용된 선거운동 방법이라도 종수, 수량 또는 면수를 초과하거나, 법에서 정해진 배부 또는 첩부 방법을 위반한 행위에 본죄가 적용된다.

다. 명함의 규격·배부방법 위반

　위탁선거법에서는 명함의 규격 또는 배부방법을 위반하여 선거운동을 한 사람은 2년 이하의 징역 또는 2천만원 이하의 벌금에 처하도록 규정하고 있다(§66② 7.).
　위탁선거법에서 명함을 이용한 선거운동 방법이 허용되었지만, 명함의 규격이나 배부방법을 위반한 행위에 본죄가 성립된다. 예컨대 명함을 규격보다 크게 제작하거나, 조합의 사무실을 방문하여 명함을 배부하거나, 문틈에 명함을 끼워놓은 등의 방법으로 배부하는 행위가 이에 해당할 것이다.

라. 어깨띠·윗옷·소품 착용·이용 위반

　위탁선거법에서는 어깨띠·윗옷의 착용방법 위반이나 소품의 이용방법을 위반하여 선거운동을 한 사람은 2년 이하의 징역 또는 2천만원 이하의 벌금에 처하도록 규정하고 있다(§66② 4.).
　그러나 어깨띠·윗옷·소품의 규격이나 착용방법에 관하여는 법이나 규칙 어디에서도 정한 바가 없어 본조의 규범력이 의심스러워 보인다. 위탁선거규칙에서 그 규격과 착용방법 또는 이용방법을 정하고 싶어도 법에서 위임의 손길을 내주지 않고 있다.

다만, 통상적인 크기나 규격을 현저하게 벗어나는 어깨띠를 매거나, 윗옷을 입거나, 소품을 지니고 선거운동을 하는 경우에는 본죄의 적용에 어려움이 없을 것으로 보인다.

마. 전화의 통화방법·시간대 위반

위탁선거법에서는 전화통화의 방법 또는 시간대를 위반하여 선거운동을 한 사람은 2년 이하의 징역 또는 2천만원 이하의 벌금에 처하도록 규정하고 있다(§66② 5.).

전화를 이용하여 선거운동을 하는 때에 자동송신장치를 활용하는 등 후보자와 선거인이 직접 통화하지 않는 방법으로 하거나, 오후 10시부터 다음날 오전 7시까지 야간시간대에 통화하거나 문자메시지를 보낸 경우에 본죄가 성립되는 것으로 보인다.

다만, 문자메시지의 방법으로 문자 외의 음성·화상·동영상 등을 전송하는 행위는 위탁선거법에 따라 허용된 선거운동 방법이 아니므로,164) 법에서 허용된 방법 외의 선거운동을 처벌하는 규정(§66② 1.)을 적용하는 것이 타당해 보인다.

바. 소견발표회 방해

위탁선거법에서는 소견발표회를 방해하거나 질서를 문란하게 하는 사람에게 투표관리관 등이 제지를 명하였으나 그 명령에 불응한 사람은 2년 이하의 징역 또는 2천만원 이하의 벌금에 처

---

164) 위탁선거법 제28조제2호에서 문자의 범위에 음성·화상·동영상을 제외하고 있으므로, 문자메시지에 사진이나 동영상을 탑재할 경우 이는 위탁선거법에 따른 문자메시지가 아니어서 금지된 방법의 선거운동이 되기 때문이다.

하도록 규정하고 있다(§66② 7의2.).

본죄는 총회 또는 대의원회의 방법으로 조합장을 선출하는 경우 개최하는 후보자 소견발표회에서 이를 방해하거나 질서를 문란하게 하는 사람이 있어 투표관리관 또는 그가 지정하는 사람이 이를 제지하였으나 불응하는 때에 성립된다.

투표관리관 또는 그가 지정하는 사람의 제지명령에 불응한 경우 일단 본죄가 성립하고, 위반자를 소견발표회장 밖으로 퇴장시켰는지는 본죄 성립에 아무런 영향이 없는 것으로 보인다.

사. 축·부의금품 제공시 명의표시 위반

위탁선거법은 조합의 경비로 관혼상제의식 등 경조사에 축·부의금을 제공하는 때에 해당 조합의 경비임을 명기하지 않고 제공한 사람은 2년 이하의 징역 또는 2천만원 이하의 벌금에 처하도록 규정하고 있다(§66② 9.).

참고적으로 위탁선거법은 조합의 경비로 축·부의금품을 제공하는 경우 조합장의 직명 또는 성명을 밝히거나 그가 하는 것으로 추정할 수 있는 방법으로 제공하는 때에는 기부행위로 간주한다(§36). 조합의 경비로 축·부의금품 제공시 기부행위로 간주되는 경우 벌칙의 적용에 관해서는 제5장 제1절 '6. 현직 조합장의 기부행위 상시제한'을 참고하기 바란다.

4. 선거범죄신고자 누설죄

위탁선거법에서는 누구든지 보호되고 있는 선거범죄신고자라는 사정을 알면서 그 인적사항 또는 신고자임을 알 수 있는 사실을 다른 사람에게 알려주거나 공개 또는 보도한 사람은 2년 이하의 징역 또는 2천만원 이하의 벌금에 처하도록 선거범죄신고자 누설죄를 규정하고 있다(§66② 13.).

여기에서 보호되고 있는 선거범죄신고자란 관계 법령에 따라 조서 기타 서류에 선거범죄신고자의 인적사항의 기재가 생략되고 신원관리카드에 그 인적사항이 등재된 선거범죄신고자를 말한다(특정범죄신고자 등 보호법 §7).

따라서 선거범죄 신고를 접수하여 수사한 경찰이 조서 기타 서류에 신고자의 인적사항 기재를 생략하고 선거범죄신고자 신원관리카드에 등재하는 등 특정범죄신고자 등 보호법에 따라 필요한 보호조치를 취하지 않은 경우 그 신고자는 법률상 보호되는 선거범죄신고자에 해당하지 않는다.165)

---

165) 대법원 2006. 5. 25. 선고 2005도2049 판결

제7장

선거관리 위탁과
위반행위 조사

　2015년 제1회 동시조합장선거를 실시한 이래 2023년 3월까지 총 3회의 선거를 실시하면서 조합장선거의 투명성과 공정성이 강화됨에 따라 선거결과에 대한 다툼도 사라져 이제 법적 평화가 안착되고 있다.

　그러나 금품선거가 여전히 조합 주변을 배회하는 엄중한 현실에서 선거를 자율적으로 관리하겠다는 희망은 요원한 꿈이다. 조합장선거에서 사적자치의 회복은 금품선거의 근절이 필요조건이기 때문이다.

　이 장에서는 조합장선거 위탁관리의 주요 쟁점, 선거범죄 조사와 피조사자의 권리, 위반행위 신고자 포상과 보호에 관하여 살펴본다.

제1절

조합장선거의 의무적 위탁관리

1. 조합장선거의 위탁관리 배경

2000년 이후 선거관리위원회가 공직선거의 공정한 관리를 통하여 축적한 국민적 신뢰와 권위를 민간영역의 선거관리에 활용하기 시작하여 조합장선거, 재개발조합 임원선거, 체육회장선거까지 관할 선거관리위원회가 위탁 관리하도록 제도화되었다.

조합장선거를 의무적으로 관할 선거관리위원회에 위탁하도록 조합의 자율성을 제한한 이유가 조합의 자체적인 선거관리 역량에 대한 의심은 아니다. 불공정한 선거에 따른 기득권의 제도화와 이로 인한 부정의 고착이 조합 운영의 불투명성과 부실화의 근본 원인이라는 점을 입법권자가 지목하고 있었다는 사실은 굳이 국회의 속기록을 찾아보지 않아도 넉넉히 알 수 있다.

심지어 조합장선거의 부정과 부패가 오히려 공직선거에까지 전이되어 금품기대심리를 조장하고 선거의 불가매수성을 위협하는 지경에 이르자 입법권자의 최후의 결단은 조합장선거 관리의

-343-

사적자치에 대한 제한이었다.

　본래 공공단체의 선거는 사적자치의 원칙이 적용되는 영역으로서 공직선거가 추구하는 가치와 다소 거리가 있다. 그러나 법적 분쟁과 사회갈등을 예방하기 위한 목적에서 선거관리위원회, 정부 주무부처, 조합 중앙회 등 3자의 이해관계가 맞아떨어진 것이 조합장선거에서 의무적 위탁관리의 도입 배경으로 보인다.

　선거관리위원회의 입장에서는 공공단체 선거의 선거인이 공직선거의 선거인과 중첩되므로, 생활주변 선거의 정화를 통하여 공직선거를 투명하고 공정하게 관리하기 위한 토대를 강화하기 위한 전략의 일환으로 조합장선거의 수탁관리를 받아들였다.

　반면, 농림축산식품부, 해양수산부 등 정부 주무부처는 소관 조합의 선거부정과 부패구조의 악순환에 따른 사회적 비난과 감독 소홀에 대한 비판에서 벗어나고자 하였고, 해당 조합의 입장에서는 선거부정과 부실운영에 대한 사회적 압력을 덜고 선출된 대표자의 정당성과 조합운영의 투명성을 확보하여 조합 발전의 새로운 동력으로 삼고자 위탁관리를 수용한 것으로 보인다.

　2010년 위탁선거의 도입 초기에는 아파트 동대표선거까지 위탁관리를 수용한 사례도 있으나, 최근에는 공공성이 강한 단체의 선거만 위탁관리를 수용하고 있다. 이제 2025년 3월 5일에는 새마을금고법에 따른 금고의 이사장선거도 동시조합장선거와 동일한 방식으로 실시될 예정이다.

　참고적으로 2023년 10월 19일 시행된 개정 신용협동조합법은 자산 1천억원 이상을 보유한 지역 신용협동조합 이사장선거의 관리를 의무적으로 관할 선거관리위원회에 위탁하도록 하고, 2025년 11월 12일에 동시선거를 실시하도록 하였다. 다만, 2025

년 11월에 실시하는 제1회 동시이사장선거에는 일부의[1] 지역신용협동조합만 참여한다. 실질적인 전국동시선거는 2029년 11월 14일에 실시하는 제2회 동시이사장선거부터 시작될 것이다.

2. 조합장선거의 위탁관리 범위

농협법·수협법 및 산림조합법은 조합장을 조합원이 총회 또는 총회 외에서 투표로 직접 선출하거나 대의원회가 선출하는 경우 정관으로 정하는 바에 따라 해당 조합장선거의 관리를 관할 선거관리위원회에 위탁하도록 강행규정만을 두고 있을 뿐, 정작 그 위탁의 범위에 관하여는 명시적으로 정한 바가 없다.[2] 반면에 위탁선거법은 위탁의 성격을 불문하고 관할 선거관리위원회가 관리하는 사무의 범위를 다음과 같이 명확하게 한정하고 있다(§7).

첫째, 선거관리 전반에 관한 사무. 다만, 선거인명부의 작성 및 확정에 관한 사무는 제외한다.

둘째, 선거참여·투표절차, 그 밖에 위탁선거 홍보에 관한 사무

셋째, 위탁선거 위반행위에 대한 단속과 조사에 관한 사무

여기에서 선거인명부의 작성 및 확정에 관한 사무를 위탁사무의 범위에서 제외한 이유는 선거인명부 생성에 필요한 기초자료인 조합원명부를 해당 조합이 관리하고 있기 때문이다. 조합원의 신상에 관한 정보는 민감한 개인정보이고, 조합원가입시 제공

---

[1] 2023년 10월 19일부터 2023년 11월 21일 사이에 이사장의 임기가 개시된 소수의 지역신협만 2025년 11월에 실시하는 동시이사장선거에 참여한다.

[2] 농협법 제51조제4항·제107조제1항·제112조제1항, 수협법 제54조제2항·제108조·제113조, 산림조합법 제40조의3제2항 참조.

346

한 개인정보를 선거관리를 위하여 관할 선거관리위원회에 제공하는 부분까지 명시적 또는 추정적으로 동의한 것으로 보기 어렵다.

따라서 위탁선거에서 정보주체의 권리를 존중하고 개인정보의 목적외 이용·제공 제한을 규정한 개인정보 보호법의 입법취지를 살리기 위해서라도 선거인명부는 해당 조합이 작성하는 것이 논리필연적 결론이다. 오래전부터 공직선거에 적용해온 방식이다.

3. 조합장선거의 관할 선거관리위원회

조합장선거를 수탁하여 관리하는 관할 선거관리위원회는 해당 조합의 주된 사무소 소재지를 관할하는 구·시·군선거관리위원회가 된다. 후보자등록신청 수리, 투표와 개표 관리, 당선인 결정에 이르기까지 조합장선거에 관한 일련의 선거관리 업무는 모두 해당 구·시·군선거관리위원회가 전속 관할하게 된다.

구·시·군선거관리위원회의 위원은 선거권이 있고 당원이 아닌 사람 중에서 국회 교섭단체를 구성한 정당이 추천한 사람 각 1명과 법관·교육자 또는 학식과 덕망을 갖춘 사람 6인을 시·도선거관리위원회가 위촉한다. 구·시·군선거관리위원회 위원장은 지방법원 또는 지원의 부장판사 등 현직 판사가 관행적으로 호선互選[3)되고 있다.

---

3) 호선이란 선거권을 행사하는 모든 구성원이 별도의 후보자 등록절차 없이 대표자로 선출될 수 있는 선거방식을 의미한다. 대표적인 예가 교황 선출방식인 콘클라베를 들 수 있다. 국회의장과 지방의회의장 선거방식도 호선의 일종이다.

구·시·군선거관리위원회마다 사무국 또는 사무과를 설치하여 선거담당관 또는 선거계, 지도담당관 또는 지도계를 두고 있다. 구·시·군선거관리위원회에 근무하는 직원의 수는 관할 지역의 주민수에 따라 통상 6명에서 13명 정도의 인원이 근무하고 있다. 직원들은 모두 국가공무원 신분으로서 임용 절차와 방법, 복무와 보수 등에 관하여 국가공무원법의 적용을 받는다.

선거법을 준수하면 그들은 공정선거의 무료 법률고문이 되어 친절한 안내자가 되지만, 법을 위반하는 순간 그들은 자유롭고 정의로운 선거의 수호자로 변신하므로 이제는 조사자와 피조사자의 불편한 관계로 조우해야 한다. 이것은 잘못된 만남이다.

조합장선거 위탁관리의 주요쟁점

1. 선거관리위원회 조사·단속활동의 범위

가. 조합법령 위반행위

위탁선거법은 '이 법 또는 위탁선거와 관련하여 다른 법령을 위반한 행위'를 '위탁선거 위반행위'로 정의하고(§7 3.), 선거관리위원회 위원과 직원에게 위탁선거 위반행위에 대한 조사권을 부여하고 있으므로(§73), 조합장선거와 관련한 농협법·수협법 및 산림조합법의 제한·금지규정을 위반하거나 벌칙에 저촉되는 행위도 관할 선거관리위원회의 조사·단속활동의 범위에 속한다.

이 경우 위탁선거법의 선거범죄와 상상적 경합관계에 있는 농협법·수협법 및 산림조합법의 모든 범죄는 위탁선거범죄이기도 하므로, 관할 선거관리위원회의 위원과 직원의 조사·단속활동의 대상이 된다는 점에는 의문의 여지가 전혀 없다.

한편, 조합법에서만 규정된 선거 관련 범죄, 예컨대 선거인명

부에 오를 자격이 있는지를 묻지 않고 선거운동 목적으로 조합원
에 대한 금품제공 행위를 처벌하는 조합원매수죄,4) 선거운동 목
적이 없어도 후보자 또는 후보자가 되려는 사람을 헐뜯는 행위를
처벌하는 후보자비방죄,5) 조합의 선거관리를 위하여 자체적으로
설치·운영하는 선거관리위원회의 업무를 방해하는 선거관리 침
해죄는6) 조합법에 고유한 범죄이지만 조합장선거와 관련한 범죄
라면, 해당 범죄혐의에 관해서는 관할 선거관리위원회의 위원과
직원이 조사권을 행사할 수 있다.

다만, 농협법·수협법 및 산림조합법의 각 공직선거 관여 금
지조항을(§7②)7) 위반한 행위는 조합장선거와 무관하게 공직선거
법을 위반한 행위이므로 위탁선거법에 따른 조사권은 행사할 수
없다. 이는 공직선거법에 따른 선거범죄 조사권이 적용되어야 할
영역이다. 늑대를 피하려다 호랑이를 만나는 격이다.

나. 정관 등 자치규범 위반행위

위탁선거법에서는 정관, 규약, 규정, 준칙, 그 밖에 위탁단체

---

4) 농협법 제50조제1항제1호 및 제172조제1항제2호 참조.

5) 농협법 제50조제3항·제172조제3항, 수협법 제53조제3항·제178조제4항, 산림조
   합법 제40조제3항·제132조제3항 참조.

6) 농협법 제50조제10항·제172조제2항제3호, 수협법 제53조제7항·제178조제4항,
   산림조합법 제40조제7항·제132조제2항제1호 참조.

7) **제7조(공직선거 관여 금지)** ① 조합, 제112조의3에 따른 조합공동사업법인, 제
   138조에 따른 품목조합연합회(이하 "조합등"이라 한다) 및 중앙회는 공직선거에
   서 특정 정당을 지지하거나 특정인을 당선되도록 하거나 당선되지 아니하도록
   하는 행위를 하여서는 아니 된다.
   ② 누구든지 조합등과 중앙회를 이용하여 제1항에 따른 행위를 하여서는 아니
   된다.

의 조직과 활동을 규율하는 자치규범을 총칭하여 '정관등'이라 약칭하고 있고(§3 8.), '이 법 또는 위탁선거와 관련하여 다른 법령(해당 정관등을 포함한다)을 위반한 행위'를 '위탁선거 위반행위'로 정의하고 있다(§7 3.). 아울러 위탁선거 위반행위에 대한 정의에서 '이하 같다'라고 규정하고 있으므로, 위탁선거 위반행위에 정관과 규약 등 자치규범을 위반한 행위가 포함되는 것으로 정의한 해당 규정의 효력은 위탁선거법 전체에 미친다.

위탁선거법은 관할 선거관리위원회의 위원과 직원에게 위탁선거 위반행위에 대한 조사권을 부여하고 있으므로, 해당 규정은 조합장선거를 수탁하여 관리하는 관할 선거관리위원회의 위원과 직원이 위탁선거법 위반행위뿐만 아니라 조합법과 정관의 선거에 관한 규정 위반은 물론이고 임원선거규정 또는 임원선거규약 위반행위까지 조사 또는 단속할 수 있다는 의미이다(§73).

아울러 관할 선거관리위원회의 위원과 직원은 직무수행 중 위탁선거 위반행위를 발견한 때에는 중지·경고 또는 시정명령을 해야 하고(위탁선거법 §72①), 위탁선거 위반행위가 선거의 공정을 현저하게 해치는 것으로 인정되거나 중지·경고 또는 시정명령을 이행하지 않는 경우 관할 선거관리위원회는 수사기관에 고발 또는 수사의뢰 조치를 할 수 있다(위탁선거법 §72②).

물론 죄형법정주의 원칙에 따라 고발 또는 수사의뢰 조치는 내부규범까지 포괄하는 모든 위탁선거 위반행위가 아니라 위탁선거법이나 조합법의 선거와 관련된 벌칙 중 형벌에 해당하는 범죄만을 대상으로 한정해야 할 것이다.

자치법규 위반행위는 범죄가 아니므로 비록 사법적 조치는 불가능하지만, 관할 선거관리위원회는 정관이나 규약을 위반한

행위에 대해서도 중지·경고 또는 시정명령을 할 수 있으므로, 일
종의 위축효과chilling effect를 통하여 정관과 선거규약의 규범력
을 확보하고 공정한 선거를 실현할 수 있으리라 본다.

조합의 정관이나 임원선거규정 또는 임원선거규약은 자치규
범이므로 그 특성상 외부인에게는 효력이 미치지 않고, 내부 구
성원이라도 자치규범 위반에 대하여는 징계를 넘어서는 벌칙을
부과할 수는 없다. 그러나 위탁선거법에 자치규범 위반행위에 대
한 조사·단속권이 명시되었으므로 임직원과 조합원 등 해당 조
합 내부 구성원의 위탁선거 위반행위는 상당 부분 억제가 가능할
것이다.

2. 위탁선거법규와 상충되는 조합규범의 효력

가. 위탁선거법규와 상충되는 조합법령

우리는 입법자의 무오류성無誤謬性을 믿어서는 안 된다. 2024
년 8월 1일 현재 대한민국에서 시행되고 있는 법률의 숫자가
1,620건이나 되는데, 그 많은 법률간 상호 모순·저촉됨이 없이
규범조화적으로 전체 법체계의 완결성을 유지하는 것이 오히려
불가능에 가까운 입법적 과제이기 때문이다. 이에 따라 해석론에
서는 법률간 상호 모순·저촉되거나 충돌되는 경우 상위법 우선
의 원칙, 특별법 우선의 원칙, 신법 우선의 원칙을 적용하여 법의
해석과 집행에 구체적 타당성을 확보하고 있다.

일반적으로 특별법이 일반법에 우선하고 신법이 구법에 우선

한다는 원칙은 동일한 형식의 성문법규인 법률이 상호 모순·저촉되는 경우에 적용된다. 이때 법률이 상호 모순·저촉되는지는 법률의 입법목적, 규정사항 및 적용범위 등을 종합적으로 검토하여 판단하여야 한다.[8] 이러한 측면에서 법률의 총칙 부분에 두는 다른 법률과의 관계에 관한 규정은 일반법과 특별법과의 관계는 물론이고 관련된 여러 개의 법률간 적용의 우선순위에 관한 사항을 정한 것으로서 법률의 해석·집행상의 모순이나 저촉을 방지하는 데 중요한 역할을 한다.

다른 법률과의 관계에서 해당 법률을 우선 적용한다는 규정을 둔 경우에는 해당 법률이 다른 법률에 대하여 특별법적 성격을 가진다는 것을 의미한다.[9] 반면에 다른 법률에 특별한 규정이 있는 경우 다른 법률을 우선적으로 적용한다는 규정을 둔 경우에는 해당 법률이 일반법적인 성격을 가지고 있다는 것을 뜻한다.

위탁선거법은 공공단체의 위탁선거에 관하여 다른 법률에 우선하여 해당 법률이 우선 적용됨을 밝히고 있는데(§5), 이는 위탁선거에 관한 다른 선거 관련 법률과의 지위에서 위탁선거법이 특별법적 성격을 가진다는 점을 명확히 한 것으로 보인다.

따라서 위탁선거법이 적용되는 선거에서 위탁선거법과 상충되는 모든 위탁단체 개별 법률의 선거 관련 규정은 위탁선거법과 저촉되는 범위에서 그 효력을 잃는다. 이 점에 있어서는 농협법·수협법 및 산림조합법도 결코 예외가 될 수 없다.

예컨대, 농협법·수협법 및 산림조합법에서는 총회·대의원회 등 선출방법을 불문하고 임원선거의 후보자는 도로·시장 등

---

8) 대법원 2016. 11. 25. 선고 2014도14166 판결
9) 국회 법제실 2022. 10.『법제 이론과 실제』273쪽 참조.

농림축산식품부령 또는 해양수산부령으로 정하는 다수인이 왕래하거나 모이는 공개된 장소에서의 지지를 호소하거나 명함을 배부하는 방법으로 선거운동을 할 수 있도록 규정하고 있다.[10]

그러나 위탁선거법은 대의원회에서 조합장을 선출하는 경우 해당 선거운동 방법을 허용하지 않는다(§24③ 3.).[11] 결국 농협법·수협법 및 산림조합법의 해당 규정은 조합장선거를 제외한 일반 임원선거에 한정하여 규범력을 가지게 된다.

나. 위탁선거규칙에 저촉되는 자치규범

(1) 중앙선거관리위원회 규칙의 성격

중앙선거관리위원회는 헌법적 근거에 따라 위임입법권을 보유하고 있으므로 법령의 범위에서 선거관리·국민투표관리 또는 정당사무에 관한 규칙을 제정할 수 있고, 법률에 저촉되지 않는 범위에서 내부규율에 관한 규칙을 제정할 수 있다(헌법 §114⑥).

한편, 위탁선거법은 위탁선거의 관리에 관하여 해당 법률의 시행에 필요한 사항은 중앙선거관리위원회규칙으로 정하도록 포괄적으로 위임하고 있다(§79).

일반적으로 알려져 있는 규칙의 의미는 지방자치단체장이 발하는 행정규칙으로서 법규성이 인정되지 않는다. 그러나 명칭 여하를 불문하고 중앙선거관리위원회, 대법원, 헌법재판소 등 헌법

---

10) 농협법 제50조제4항제5호, 수협법 제53조제8항제3호, 산림조합법 제40조제8항 제3호 참조.
11) 대의원회는 그 구성원이 평소 지면이나 친교가 있는 사람들이기에 명함을 배부하거나 지지를 호소하는 방법의 선거운동을 금지하는 것으로 보인다.

354

기관이 헌법상 위임입법권에 근거하여 제정한 규칙은 법규명령으로서[12] 대통령령과 동일한 효력을 보유하고 있다.

이에 따라 중앙선거관리위원회 규칙은 대외적으로 일반 국민을 기속하고 법원의 재판규범이 된다. 중앙선거관리위원회가 제정한 규칙의 법규성에 관하여는 학설과 판례가 일치되어 이견이 없다.[13] 중앙선거관리위원회가 위탁선거법에서 위임한 사항과 위탁선거 관리에 필요한 사항을 정하기 위해 제정한 위탁선거규칙은 법규명령으로서 위임명령[14]과 집행명령[15]의 성격이 혼재되어 있다.

(2) 위탁선거규칙에 저촉되는 정관·규정의 효력

정관은 법인의 조직과 활동에 관하여 단체 스스로가 자율적으로 정한 최고最高의 규범이지만, 자치법규라는 태생적 한계상 내부적으로만 효력을 가질 뿐 대외적으로 제3자를 구속할 수 없는 것이 원칙이다. 그 형성과정과 효력 발생의 요건에 있어서도 법규명령과는 차이가 크다[16].

법령의 내용이 강행규정인 경우 공공단체의 정관으로 달리 변경하여 규정할 수 없다는 점은 상식의 영역에 속한다. 따라서 정관이 법령의 강행규정을 위반한 경우에는 해당 정관은 무효일

---

12) 법규명령이란 일반적·추상적 규정으로서 법규의 성질을 가지는 것을 말한다. 법규란 국민과 행정권을 구속하고 법원의 재판규범이 되는 성문규범을 총칭하는 개념이다.
13) 대법원 1996. 7. 12. 선고 96우16 판결, 헌법재판소 2000. 6. 29. 선고 2000헌마325 결정, 헌법재판소 2015. 4. 30. 선고 2013헌바55 결정 참조.
14) 위임명령이란 법률보충명령으로서 법률의 개별적 위임의 범위에서 국민을 대상으로 권리를 창설하거나 의무를 설정할 수 있다.
15) 집행명령이란 법률의 명시적·개별적 위임이 없더라도 직권에 의하여 법률의 시행에 필요한 사항을 정하는 위임입법을 말한다.
16) 헌법재판소 2019. 5. 30. 선고 2018헌가12 결정

것이다. 그러나 일부 규정에만 무효 사유가 존재하는 경우에는 해당 정관 전체가 당연히 무효로 되는 것은 아니다[17].

따라서 위탁선거와 관련하여 조합이 정한 자치규범의 내용이 위탁선거규칙과 상충된다면 그 상충되는 범위에서 자치규범의 해당 규정은 효력을 상실하는 것으로 보아야 한다.

반면에 법령이 임의규정인 경우 공공단체는 사회통념상 현저히 타당성을 잃은 것이 아니라면 임의규정과 달리 규정할 수 있으며, 이 경우에는 법령의 임의규정보다 해당 단체의 정관이 우선적으로 적용된다[18]. 예컨대, 조합법은 조합원의 자격에 관한 구체적인 기준을 정관에 위임하였으므로, 조합장선거에 관한 위탁선거법의 제한·금지규정과 벌칙을 해석할 때 조합원의 자격과 신분에 관해서는 정관의 내용을 기초로 삼아야 한다.[19]

3. 두 개의 선거관리위원회

농협법에 따른 지역농협은 임원선거를 공정하게 관리하기 위하여 조합선거관리위원회를 구성·운영해야 한다(§51①).[20] 조합선거관리위원회는 이사회가 임직원을 제외한 조합원과 선거의 경험이 풍부한 사람 중에서 위촉하는 7명 이상의 위원으로 구성한다. 그 밖에 조합선거관리위원회의 기능과 운영에 필요한 사항은

---

17) 대법원 1994. 10. 25. 선고 93다50635 판결
18) 대법원 2007. 7. 24. 선고 2006마635 결정
19) 대법원 2009. 3. 26. 선고 2008도10138 판결
20) 농협법에 따른 조합선거관리위원회의 구성·운영기간에 제한이 없으므로, 해당 선거관리위원회는 조합의 상설기구로 볼 수 있다.

정관으로 정한다. 해당 규정은 지역축협과 품목조합에서 준용하고, 수협법과 산림조합법에서도 유사하게 규정하고 있다.[21]

지역농협 정관례는 조합선거관리위원회의 위원수를 7명 이상 15명 이내에서 조합 실정에 따라 정하도록 하고, 위원의 위촉기간은 위촉일부터 2년간으로 하며, 위원회에 위원장과 부위원장 각 1명을 두되, 위원 중에서 호선하도록 규정하고 있다.[22]

조합선거관리위원회에 위원장을 보좌하여 위원회의 사무를 처리하기 위하여 간사를 두되, 간사는 위원장이 조합의 직원 중에서 위촉한다. 선거기간 중 위원장은 조합의 직원 중에서 종사원을 위촉한다.[23] 조합선거관리위원회의 직무범위는 임원후보자의 자격심사, 선거인명부의 확정, 선거인자격 이의신청에 대한 판정, 선거관련 분쟁조정, 선거운동방법 위반여부의 조사 · 조치, 투표소 · 개표소의 설치 등 선거에 관한 전반적인 사항이다.[24]

그러나 조합장선거를 실시하는 경우에는 위탁선거법규가 우선 적용되므로, 지역농협의 정관례에서 규정한 대부분의 직무가 관할 선거관리위원회에 이관되어 실제 조합선거관리위원회의 직무는 사실상 아래의 업무에 한정되는 것으로 보인다.

① 선거인명부의 확정
② 선거인 자격 이의신청에 대한 판정

---

21) 농협법 제107조제1항 · 제112조제1항, 수협법 제54조제1항 및 제108조 · 제113조, 산림조합법 제40조의3제1항 참조. 다만, 농협법은 조합 선거관리위원회의 기능과 운영에 필요한 사항을 조합의 정관으로 정하도록 위임하였으나, 수협법과 산림조합법은 이를 대통령령에 위임한 점에 차이가 있다.
22) 지역농협 정관례 제66조제2항부터 제4항까지의 규정 참조.
23) 지역농협 정관례 제67조제2항 및 제3항 참조.
24) 지역농협 정관례 제67조제1항 참조.

③ 선거관련 분쟁 조정

④ 선거홍보 및 선거운동 계도에 관한 사항

⑤ 기타 위원장이 필요하다고 인정하는 사항

지역농협 정관례에서 정하고 있는 이와 같은 내용은 지역축협 정관례와 품목조합 정관례에서도 동일하게 규정하고 있다.[25] 한편, 수협법에 따른 조합은 임원선거규정에서, 산림조합법에 따른 산림조합의 경우 임원선거규약에서 지역농협 정관례와 유사한 내용을 규정하고 있다.

다만, 조합선거관리위원회 위원의 정수는 농협법에 따른 조합과 달리 수협의 임원선거규정에서는 5명에서 7명으로, 산림조합의 임원선거규약에서는 5명으로 한다.[26] 특히 산림조합의 임원선거규약에서 위원은 공직선거 등의 선거관리전문가 중에서 위촉하되, 조합원이 아닌 선거관리전문가 중에서 1명 이상을 위원으로 위촉하도록 규정한 점이 특징이다.[27]

4. 위탁관리 소요예산과 집행의 통제

가. 소요예산 규모

조합장선거의 위탁관리에 필요한 경비는 원인자 부담의 원칙을 적용하여 해당 조합이 부담한다. 다만, 위탁선거 사무의 지도·감독 등 통일적인 업무수행을 위하여 필요한 경비는 정책적으

---

25) 지역축협 정관례 제66조·제67조, 품목조합 정관례 제66조·제67조 참조.

26) 수협 임원선거규정 제100조·제101조, 산림조합 임원선거규약 제5조·제6조 참조.

27) 산림조합 임원선거규약 제5조제3항 참조.

로 국가가 부담한다(위탁선거법 §78③).

위탁선거 관리비용 중 선거 준비 및 관리에 필요한 경비는 선거기간개시일 전 60일까지, 계도·홍보에 필요한 경비와 위반행위 조사·단속에 필요한 경비는 위탁신청을 한 날부터 10일까지 관할 선거관리위원회에 납부해야 한다(위탁선거법 §78①).

조합장선거에서 선거관리 경비는 투표소와 개표소 설치·운영비용, 투표안내문과 선거공보 발송비용, 투표사무원과 개표사무원 수당과 식비, 후보자측의 투표참관인과 개표참관인 수당과 식비, 공명선거지원단 운영비용 등이 대부분을 차지한다.

동시조합장선거에서 조합별 평균부담액은 2,500만원 정도이다.[28] 선거관리 비용의 독립변수인 확정된 선거인 수가 조합별 평균 1,500명 정도로 비교적 소규모이기 때문이다.[29] 투표와 개표관리에 소요되는 비용은 선거인 수가 상당히 증가하더라고 규모의 경제가 형성되어 그 비용이 체감된다.

그러나 모든 선거인을 대상으로 후보자의 선거공보와 투표안내문 발송에 소요되는 비용[30]만큼은 절감의 여지가 없다. 따라서 관할 선거관리위원회에 선거의 위탁 여부를 불문하고 조합장선거에서 직선제 선출방식을 적용하는 이상 간접선거 방식에 비하여 선거관리비용의 증가는 불가피한 측면이 있다.

---

28) 2023년 3월 8일 실시한 제3회 동시조합장선거에서 집행액을 기준으로 조합별 평균 선거관리비용은 2,440만원 정도이다. 중앙선거관리위원회 2023. 8.『제3회 전국동시조합장선거총람』53쪽·56쪽 참조.

29) 제3회 동시조합장선거에서 1,347개의 조합이 참여하였고, 총 조합원수는 2,584,134명이었다. 확정된 선거인수는 2,029,558명으로 총 조합원수 대비 78.5% 정도이다. 중앙선거관리위원회 앞의 책 129쪽 참조.

30) 후보자가 제출한 선거공보는 선거인명부 확정 후 2일까지 투표안내문과 동봉하여 모든 선거인에게 발송한다. 위탁선거법 제25조 및 제43조 참조.

나. 예산 집행에 대한 통제

관할 선거관리위원회는 선거일 후 30일까지 위탁단체로부터 납부받은 선거관리 경비를 해당 조합에 정산·반환해야 한다. 이 때 선거관리위원회는 성질별·세목별·항목별 위탁선거경비 집행 내역을 조합에 통지해야 하고, 이를 접수한 조합은 그 내역을 조합원들에게 공개할 수 있다(위탁선거규칙 §44②).

한편, 구·시·군선거관리위원회는 선거관리경비 출납계산서를 작성하여 중앙선거관리위원회에 제출해야 하고, 중앙선거관리위원회는 위탁선거관리 경비에 대한 회계검사를 실시하여 집행의 합목적성과 타당성을 검증한다(위탁선거규칙 §46①).

중앙선거관리위원회는 위탁선거 관리경비에 관한 결산개요, 사업설명자료, 성질별·세목별 집행내역 등 결산서를 다음 연도 4월까지 국회 소관 상임위원회에31) 제출하여 위탁선거관리 경비 집행의 투명성을 담보하고 있다(위탁선거규칙 §46③).

---

31) 중앙선거관리위원회의 국회 소관 상임위원회는 행정안전위원회이다.

위반행위 조사와 미란다원칙 준수

1. 선거관리위원회에 조사권을 부여한 취지

대의민주정치의 기능적인 출발은 주권자의 의사가 굴절 없이 대의기관의 구성에 반영됨으로써 대의기관의 정책결정이 국민의 뜻에 따라 이루어지는 데 있으므로, 공정한 선거의 정착을 통한 대의민주주의의 실현이라는 헌법적 과제는 우리 헌법질서의 가장 중추적인 과제의 하나이다.[32)]

선거관리위원회의 본질적 기능은 선거의 공정한 관리 등 행정기능임에도 불구하고, 위탁선거법은 공직선거법과 마찬가지로 그 효과적인 기능수행과 집행의 실효성을 확보하기 위한 수단으로 선거관리위원회의 위원과 직원에게 위탁선거 위반행위에 대한 조사권을 부여하고 있다.

일단 선거범죄가 발생하면 사후적 처벌만으로는 이미 침해된 선거의 공정을 회복하기 어렵다. 그렇기 때문에 선거현장에서 위

---

32) 헌법재판소 2019. 9. 26. 선고 2016헌바381 결정

법상태를 신속하게 제거하고, 위법행위의 확산을 방지하는 한편, 불법행위로 인한 득표상의 이익을 박탈하여 선거의 공정을 회복하기 위한 버팀목이자 제도적 안전판으로 삼기 위하여 위탁선거법은 선거관리위원회 위원과 직원에게 위탁선거 위반행위에 대한 조사권을 부여한 것이다.

우리의 형사사법 체계상 경찰 등 수사기관에서 선거범죄를 단속할 수 있음에도 불구하고 선거관리위원회의 위원과 직원에게 따로 조사권을 부여한 취지는 기관의 독립성과 정치적 중립성이 고도로 보장되는 것을 토대로 그 조사·단속활동에 공정성을 담보할 수 있기 때문이다.

과일나무의 개화가 그렇듯 민주주의 꽃 또한 저절로 피어나지 않는다. 따스한 햇살과 신선한 바람을 쏘이고, 물과 거름을 주면서 병균과 해충을 막아내야만 비로소 꽃을 피우고 열매를 맺는다.

2. 위탁선거 위반행위 조사권 행사의 주체

위탁선거 위반행위를 조사할 수 있는 권한을 가진 사람은 선거관리위원회의 위원과 직원이다. 선거관리위원회의 위원이 비상근 명예직이라는 점을 고려한다면 실질적으로 조사권을 행사하는 주체는 대체로 선거관리위원회 소속 전임 공무원들이다.

공직선거법과는 달리 위탁선거법에서는 읍·면·동선거관리위원회를 명시적으로 제외하지 않고 있는데, 이는 입법오류로 보인다. 읍·면·동선거관리위원회에는 지방자치단체 소속 공무원을 간사 · 서기로 위촉하여[33] 선거공보 · 투표안내문 발송이나 투표관리 업무를 수행하고 있기 때문이다.

한편, 위탁선거법은 위탁선거 위반행위의 예방 및 감시 · 단속활동을 위하여 관할 선거관리위원회가 공공단체로부터 선거의 위탁관리를 신청받거나 위탁받아 관리하기로 결정하여 통지한 날부터 선거일까지 중립적이고 공정한 사람으로 구성된 공정선거지원단을 둘 수 있도록 규정하고 있다(§10①).

공정선거지원단은 위탁선거 위반행위에 대하여 관할 선거관리위원회의 지휘를 받아 사전안내 · 예방 및 감시 · 단속 · 조사활동을 할 수 있지만(§10②), 독자적인 판단이나 독립적인 의사로 위탁선거 위반행위에 대한 조사권을 행사할 수는 없다.

3. 위탁선거 위반행위 조사권의 주요내용

가. 위반행위 중지 · 경고 및 시정명령권

선거관리위원회의 위원 · 직원이 직무수행 중에 위탁선거 위반행위를 발견한 때에는 중지 · 경고 또는 시정명령을 해야 한다(위탁선거법 §72①). 조직법규인 선거관리위원회법에서도 각급 선거관리위원회의 위원 · 직원이 선거법 위반행위를 발견한 경우 중지 · 경고, 시정명령을 할 수 있도록 규정하고 있다(§14의2). 그러나 법률의 입법연혁적 측면에서 살펴볼 때 이러한 권한이 위탁선거 위반행위에도 적용되는 것으로 보기 어렵기 때문에 위탁선거

---

33) 우리나라의 읍 · 면 · 동수는 3,500여 개인 반면, 선거관리위원회의 직업 공무원수는 총 3천여 명에 불과하다.

법에서 이와 동일한 내용을 직접 규정한 것으로 보인다.

위탁선거법에서 관할 선거관리위원회의 위원과 직원에게 위반행위에 대한 중지·경고 및 시정명령권을 부여한 취지는 조사권 행사의 근본 목적이 위반자에 대한 사후적 처벌보다 위법행위의 사전적 억제를 통하여 선거의 자유와 공정을 확보하기 위한 것이라는 점을 상징적으로 드러내는 것으로 보인다.

관할 선거관리위원회의 위원 또는 직원이 위탁선거 위반행위를 발견한 때에는 중지·경고 또는 시정명령을 하도록 법적 의무가 부과되었기 때문에 이를 적정하게 행사하지 않으면 직무유기가 성립될 수 있고, 무리하게 행사하면 직권남용죄에 해당할 수 있다(형법 §122·§123). 공직자가 재직 또는 재임 중 항시 마주하게 되는 양날의 칼이다. 선거에서 후보자 또는 후보자가 되려는 사람들만 교도소의 담장 위를 걷고 있는 것이 아니다.

나. 질문·조사권

위탁선거법은 위탁선거 위반행위 가능성이 있다고 인정되는 경우 선거관리위원회의 위원과 직원이 해당 장소에 출입하거나 관계자에게 동행 또는 출석을 요구하여 질문·조사할 수 있도록 규정하고 있다(§73①·④). 질문·조사권은 실체적 진실을 발견하고 범죄혐의를 명백히 하기 위하여 관계인에게 질문하거나 추궁할 수 있는 권한으로서 선거관리위원회의 위원과 직원이 행하는 조사활동의 중심을 이루는 권한이다.

다만, 질문·조사권도 형사소송법에 따른 피의자 진술과[34]

---

34) **형사소송법 제200조(피의자의 출석요구)** 검사 또는 사법경찰관은 수사에 필요한

마찬가지로 피조사자의 진술을 강제할 수 없으므로, 질문·조사에 불응하는 사람을 처벌할 수 없다. 선거관리위원회 위원이나 직원의 질문·조사권은 선거범죄의 혐의가 있는 장소에 한정되지 않고 관계자에 대한 동행 또는 출석을 요구하여 질문하거나, 직접 방문하여 조사하거나, 서면답변을 요구하는 방식으로도 행사할 수 있다.

한편, 질문·조사의 상대방이 되는 관계인이란 해당 혐의사실을 알거나 알고 있을 것으로 보이는 사람과 그 혐의사실과 관련된 자료를 소지한 사람을 모두 포함한다. 따라서 해당 혐의자 본인도 관계인의 범위에서 제외되는 것은 아니다.[35]

다. 자료제출 요구권

위탁선거법은 선거관리위원회의 위원·직원이 현행범의 신고를 받거나 위탁선거 위반행위 가능성이 있다고 인정되는 경우에는 관계인에게 조사에 필요한 자료의 제출을 요구할 수 있도록 규정하고 있다(§73①). 자료제출 요구권은 선거범죄에 관하여 전문성을 가지고 있는 선거관리위원회 위원·직원으로 하여금 이를 조사할 수 있는 법적 근거를 명확히 함과 아울러 그 단속활동의 신속성, 효율성, 실효성을 확보하기 위한 권한이다.[36]

위탁선거법, 형사소송법 등에서 진술과 자료를 구별하고 있고, '진술'의 사전적 의미는 개인의 생각이나 지식, 경험사실을

때에는 피의자의 출석을 요구하여 진술을 들을 수 있다.

35) 대법원 2001. 7. 13. 선고 2001도16 판결

36) 헌법재판소 2019. 9. 26. 선고 2016헌바381 결정

정신작용의 일환인 언어를 통하여 표출하는 것인 반면, '자료'의 사전적 의미는 조사의 바탕이 되는 재료인 점에 차이가 있다.

질문·조사권과 마찬가지로 반드시 해당 장소에 출입한 경우에 한하여 자료제출을 요구할 수 있는 것은 아니므로 장소출입과 별도로 자료제출을 요구할 수도 있다(위탁선거규칙 §35④).

자료제출 요구는 공문서에 의한 방법으로 하는 것이 타당하겠지만, 판례는 위탁선거 위반행위 조사의 형편상 현장에서 말로 요구하거나, 전화로 요구하는 것도 자료제출 요구의 적법한 방법으로 인정하고 있다.[37]

한편, 위탁선거법은 자료제출요구에 불응할 경우 형벌을 적용하여 처벌함으로써 사실상 자료제출을 강제하고 있다(§66 12.). 따라서 선거관리위원회 위원이나 직원이 자료의 소유·점유자의 의사에 반하여 물리력을 행사하는 등의 방법으로 자료를 강제적으로 취득하는 행위는 원칙적으로 허용되지 않는다. 이것은 영장주의가 적용되는 수사기관의 압수에 해당하기 때문이다.

자료제출요구에 따라 제출해야 하는 대상은 조사의 바탕이 되는 자료를 사실적 상태 그대로 제출하는 것을 의미하고, 자료제출요구가 실질적으로 관계자 등의 진술을 요구하는 때에는 진술거부권에 대한 침해가 되어 허용되지 않는다.

다만, 혐의사실에 관련된 자료인 한 반드시 기존에 작성되어 있는 자료에 한정되는 것은 아니다.[38] 예컨대, 제출을 요구받은 자료의 대상이 문자메시지 전송용 전화번호, 문자메시지 전송에

---

37) 부산지법 2017. 6. 16. 선고 2016고합683, 706(병합) 판결, 광주지법 해남지원 2007. 1. 10. 선고 2006고합48 판결
38) 부산지법 2014. 10. 17. 선고 2014고합473 판결

이용한 인터넷 문자메시지 발송사이트의 명칭과 URL주소인 경우, 판례는 해당 자료가 통상적인 선거운동과 관련하여 생성·보존·관리되는 자료이므로 이는 위반행위 조사의 바탕이 되는 재료에 불과할 뿐 진술에 해당하지 않는 것으로 보았다.[39]

자료제출요구에 불응하거나 허위의 자료를 제출한 경우에는 위탁선거법의 형벌이 적용되어 2년 이하의 징역이나 2천만원 이하의 벌금으로 처벌된다(§66. 12.). 여기에서 자료제출 요구에 불응한 사람이란 해당 자료를 소지하고 있었음에도 불구하고 이를 제출하지 않은 사람을 말한다.[40]

판례에 따르면, 조합장선거의 입후보예정자가 3회에 걸쳐 총 2,838통의 연하장을 발송한 행위에 대하여 선거관리위원회 직원이 선거법 위반행위에 관한 혐의를 갖고 그 입후보예정자에게 해당 연하장 발송에 관한 우편물 영수증 제출을 요구한 사례가 있었다. 이에 해당 입후보예정자는 347통의 연하장을 발송한 성명불상자의 영수증을 구하여 그 영수증을 마치 자신이 발송한 연하장의 영수증인 것처럼 선거관리위원회에 제출함에 따라 허위자료제출로 처벌받았다.[41]

그 밖에 선거관리위원회 직원이 직접 들고 온 자료제출 독촉장의 수령을 거부한 사람,[42] 선거관리위원회의 자료제출 요구가 부당하다고 판단하여 거부 소명서를 제출한 후 해당 자료를 제출하지 않은 사람도 모두 유죄의 판결문은 받았다.[43]

---

39) 부산지법 2014. 10. 17. 선고 2014고합473 판결
40) 대법원 2001. 7. 13. 선고 2001도16 판결
41) 대법원 2021. 2. 2. 선고 2020도17313 판결
42) 광주지법 2003. 1. 30. 선고 2002고합528 판결
43) 전주지법 2009. 11. 5. 선고 2009고합154 판결

라. 장소출입권

위탁선거법은 선거관리위원회 위원·직원이 현행범의 신고를 받거나 위탁선거 위반행위 가능성이 있다고 인정되는 경우 그 장소에 출입하여 조사권을 행사할 수 있도록 규정하고 있다(§73①). 장소출입권은 영장주의 원칙의 예외로서 관계인의 의사에 상관없이 범죄의 혐의가 있는 장소에 진입할 수 있는 권한이다.[44]

이 경우 관계인의 거부나 방해가 있을 경우 물리력을 행사하여 이를 진압하고 강제로 출입할 수 있는지가 쟁점이 된다. 장소출입권을 행정상 즉시강제로 보는 견해나 영장주의의 예외로서 관계인의 의사에 상관없이 출입할 권한이라고 보는 판례의 태도[45]에 따르면 강제적인 출입도 가능하다고 볼 여지는 있다.

그러나 선거관리위원회의 조사권은 그 본질이 행정조사의 일종으로서 물리력 행사의 명시적 근거가 없는 점, 물리력까지 활용하여 장소에 출입할 경우 기본권 침해의 소지가 큰 점, 출입방해 행위는 위탁선거범죄로 처벌되는 점[46] 등에 비추어 보면 직접적인 물리력의 행사는 지극히 신중하여야 할 것이다.[47]

헌법재판소도 행정상 즉시강제는 행정상의 장해가 목전에 급박하고, 다른 수단으로는 행정목적을 달성할 수 없는 경우여야 하며, 이러한 경우에도 그 행사는 필요 최소한에 그쳐야 하는 조

---

44) 대법원 2008. 11. 13. 선고 2008도6228 판결
45) 헌법재판소 2002. 10. 31. 선고 2000헌가12 결정
46) 위탁선거법 제66조제2항제12호는 선거관리위원회 위원·직원의 장소출입을 방해할 경우 2년 이하의 징역이나 2천만원 이하의 벌금에 처하도록 규정하고 있다.
47) 선거관리위원회의 조사는 수사기관의 수사와는 구분이 되고 행정목적의 범위에서 허용되는 것이므로 원칙적으로 강제조사는 인정되지 않는다. 대검찰청 2020. 3.『공직선거법 벌칙해설』제10개정판 166쪽 참조.

368

리상의 한계에 기속된다고 판시한 바 있다.[48]

결국 장소출입을 방해하거나 거부할 경우 물리력을 행사할 지는 해당 사안의 긴급성과 시급성, 해당 위반행위가 선거에 미치는 영향의 정도, 다른 대체수단의 존재 여부, 증거의 인멸이나 소실의 가능성, 출입방해의 목적과 동원된 수단 등을 종합적으로 고려하여 구체적 사안마다 개별적으로 판단할 수밖에 없을 것이다.

한편, 장소출입권에 기하여 출입할 수 있는 장소적 범위에 관해서는 범죄현장에 한하여 증거물 수거가 가능한 점, 영장주의의 예외규정으로서 엄격한 해석을 요한다는 점 등을 고려하면 범행의 혐의가 있는 현장으로 한정하여야 할 것이다.[49]

선거관리위원회 위원이나 직원이 범죄의 혐의가 있는 장소에 출입하는 경우 관계인에게 그 신분을 표시하는 증표를 제시하고 소속과 성명을 밝히고 그 목적과 이유를 설명하여야 한다(위탁선거법 §73⑤). 만일 관계인이 증표제시를 요구하지 않았거나, 해당 장소에 출입하려는 사람이 선거관리위원회 위원·직원이라는 사실을 이미 알고 있더라도 이러한 절차적 요건은 반드시 준수되어야 한다.[50]

이상의 실체적·절차적 요건 중 어느 하나라도 갖추지 못한 경우에는 선거관리위원회 위원이나 직원에게 해당 장소에 적법하게 출입할 권한이 인정되지 않으므로, 관계인이 장소출입 요구에 불응하여도 출입방해죄가 성립되지 않는다.[51]

48) 헌법재판소 2002. 10. 31. 선고 2000헌가12 결정
49) 대검찰청 앞의 책 768~770쪽 참조.
50) 대법원 2008. 11. 13. 선고 2008도6228 판결

마. 증거물품 수거권

위탁선거법에서 선거관리위원회 위원·직원은 위탁선거 위반 행위에 사용된 증거물품으로서 증거인멸의 우려가 있다고 인정되는 때에는 조사에 필요한 범위에서 위탁선거 위반행위 현장에서 이를 수거할 수 있도록 규정하고 있다(§73② 전단).

선거관리위원회의 위원이나 직원이 위탁선거 위반행위에 사용된 증거물품을 수거한 때에는 그 목록 2부를 작성하여 1부는 해당 물품을 소유·점유 또는 관리하는 사람에게 교부하고, 나머지 1부는 관할 선거관리위원회에 제출하여야 한다(위탁선거규칙 §35⑤).

수거한 증거물품은 그와 관련된 범죄혐의에 대하여 고발 또는 수사의뢰 조치를 한 때에는 관계 수사기관에 송부하고, 경고·주의 등 자체 종결한 경우에는 그 소유·점유·관리하는 사람에게 지체 없이 반환하여야 한다(위탁선거법 §73② 후단).

위탁선거 위반행위에 사용된 증거물품은 해석상 선거범죄에 직접 사용된 물품뿐만 아니라 범죄의 실행과 밀접한 관계가 있는 행위에 사용된 물건을 포함하는 것으로 보인다.

'증거인멸의 우려가 있다고 인정되는 때'란 증거를 은닉·위조·변조 등의 방법으로 증거의 현출이나 그 효능 또는 가치를 멸실·감소시킬 개연성이 높은 상황을 의미하므로, 현장에서의 자료제출 요구나 추후 수사기관의 압수·수색 등 다른 수단에 의할 경우 목적달성이 현저히 곤란하거나 증거인멸의 우려가 있는 경우에 한정하여 증거물품을 수거해야 할 것이다.

---

51) 대법원 2008. 11. 13. 선고 2008도6228 판결

'조사에 필요한 범위'란 해당 위탁선거 위반행위를 조사하기 위하여 증거물품의 수거가 범죄의 실체적 진실을 밝히는 목적달성에 필요최소한의 범위에서 이루어져야 하고, 비례의 원칙을 준수하여 관계인의 재산권 침해를 최소화하여야 한다는 의미이다.

관계인이 증거물품의 수거를 방해할 경우 물리력을 행사하여 강제로 수거할 수 있는지가 쟁점이 되는 바, 이 또한 장소출입권의 물리력 행사의 예와 같이 엄격한 요건하에서 행사하되, 그 행사의 정도는 조리상의 한계를 준수해야 할 것이다.

바. 동행 · 출석요구권

위탁선거법에서 선거관리위원회의 위원 · 직원은 위탁선거 위반행위에 관하여 관계자에게 질문 · 조사하기 위하여 필요하다고 인정되는 경우 선거관리위원회에 동행 또는 출석할 것을 요구할 수 있도록 규정하고 있다(§73④). 다만, 선거기간 중 후보자에게는 동행 또는 출석을 요구할 수 없다.

동행 · 출석요구권은 선거범죄의 억제와 확산방지를 위해 신속한 조사의 필요성이 인정되고, 조직적이고 다수인 관련성이라는 선거범죄의 특성상 제한된 선거관리위원회 인력으로는 방문조사가 불가능한 현실적 한계 등을 고려하여 부여된 권한이다.

따라서 질문 · 조사의 필요성이 인정되는 이상 그 실효성을 확보하기 위한 수단으로서 동행 · 출석요구권을 인정한 것은 실로 자연스럽다. 선거관리위원회 위원 · 직원이 관계자에게 동행을 요구하는 때에는 말로 할 수 있으며, 출석을 요구하는 때에는 서면으로 해야 한다.

현행범인 또는 준현행범인에 해당하는 관계자에게 동행을 요구하는 때에는 정당한 사유 없이 동행요구에 응하지 않으면 과태료에 처할 수 있음을 알려야 한다(위탁선거규칙 §35⑥).

동행·출석요구는 관계인에 대한 질문·조사를 전제로 행사되는 것이고, 진술거부권은 헌법상 보장된 권리이기 때문에 동행·출석요구에 응할지는 전적으로 당사자의 임의적 의사에 맡겨져야 한다. 결코 당사자의 의사에 반하여 동행이나 출석을 강요해서는 안 된다. 동행·출석 요구에 불응할 경우 과태료를 부과할 수 있을 뿐이다.

동행의 임의성은 동행의 시간과 장소, 동행의 방법과 동행 거부의사의 유무, 동행 이후의 조사방법과 피조사자의 퇴거의사 유무 등 여러 사정을 종합하여 객관적으로 판단해야 한다.[52]

4. 위탁선거 위반행위 조사권 행사의 요건

가. 위탁선거 위반행위 가능성이 있는 경우

위탁선거법은 위탁선거 위반행위에 대한 조사권을 규정하면서 '위탁선거 위반행위의 가능성이 있다고 인정되는 경우' 선거관리위원회의 위원·직원에게 조사권을 행사할 수 있도록 규정하고 있다(§73① 1.). 거듭 강조하지만, 위탁선거 위반행위에는 조합법의 선거 관련 제한·금지 규정 또는 벌칙에 해당하거나, 해당 조합의 정관이나 규약을 위반한 행위까지 포함된다. 위탁선

---

52) 대법원 1993. 11. 23. 선고 93다35155 판결

372

거 위반행위에 대한 정의규정53)의 효력 때문이다.

여기에서 '위탁선거 위반행위의 가능성이 있다고 인정되는 경우'란 조사자의 주관적 판단으로 족하고 객관적 혐의까지 요구하는 것은 아니다. 따라서 조사 착수시점에서 위탁선거 위반행위의 의심을 갖기에 상당한 이유가 있는 것으로 인정되는 이상, 나중에 위탁선거 위반행위에 해당하지 않는 것으로 밝혀지더라도 선거관리위원회 위원이나 직원의 조사권 행사는 정당하다.

판례는 후보자가 되려는 사람의 이례적인 연하장 발송에 대하여 선거관리위원회 직원이 사전선거운동에 해당한다는 혐의를 갖기에 상당한 이유가 있는 것으로 인정하고, 그와 같은 이유가 있는 이상 추후 선거범죄에 해당하지 않더라도 당사자에게 선거관리위원회 직원의 자료제출 요구에 응할 의무가 있다고 보았다.54)

나. 후보자의 소명이 이유 있는 경우

위탁선거법은 '후보자가 제기한 위탁선거 위반행위의 가능성이 있다는 소명이 이유 있다고 인정되는 경우'에도 조사권을 행사할 수 있도록 규정하고 있다(§73① 2.). 공직선거법은 후보자 등이 선거관리위원회에 범죄의 혐의를 제기하는 때에는 그 소명자료를 첨부하여 서면으로 하도록 요구하고 있으나(공직선거관리규칙 §146의2①), 위탁선거법에서는 이러한 부담을 지우지 않는다.

---

53) **제7조(위탁선거의 관리 범위)** 관할위원회가 관리하는 위탁선거 사무의 범위는 다음 각 호와 같다. 1.·2. (생략) 3. 위탁선거 위반행위[이 법 또는 위탁선거와 관련하여 다른 법령(해당 정관등을 포함한다)을 위반한 행위를 말한다. 이하 같다]에 대한 단속과 조사에 관한 사무
54) 대법원 2003. 1. 10. 선고 2002도5981 판결

결국 위탁선거에서는 후보자뿐만 아니라 누구든지 방법을 불문하고 관할 선거관리위원회에 소명자료 첨부의 부담이 없이 위탁선거 위반행위를 신고할 수 있고, 이 경우 선거관리위원회 위원과 직원의 조사권 행사의 요건은 모두 '위탁선거 위반행위의 가능성이 있다고 인정되는 경우'로 수렴된다.

다. 현행범의 신고를 받은 경우

위탁선거법은 '현행범의 신고를 받은 경우' 선거관리위원회의 위원·직원이 조사권을 행사할 수 있도록 규정하고 있다(§73① 3.). 현행범의 신고는 신고내용의 진실여부를 가리지 않는다. 다만, 현행범의 신고를 받은 경우라도 위탁선거에 관한 범죄가 아니거나, 위탁선거에 관한 범죄라도 범죄의 혐의가 전혀 인정되지 않으면 조사권을 행사할 수 있는 현행범의 신고라 볼 수 없다.

예컨대, 농협의 임직원이 사업목적 외에 자금을 사용하거나 대출하는 행위는 농협법에 따른 범죄일 뿐[55] 위탁선거에 관한 범죄가 아니므로, 그 현행범의 신고가 있더라도 선거관리위원회 위원이나 직원이 조사권을 행사할 수 없다.

현행범이란 범죄를 실행 중이거나 실행 직후인 사람, 범인으로 호창되어 추적되고 있는 사람, 장물이나 범죄에 사용되었다고 인정함에 충분한 흉기 기타의 물건을 소지하고 있는 사람, 신체 또는 의복류에 현저한 증적이 있는 사람 등을 말한다(형사소송법 §211).

판례는 '범죄의 실행행위를 종료한 직후'를 범죄행위를 실행

---

55) 농업협동조합법 제170조제1항제1호 참조.

하여 끝마친 순간 또는 이에 아주 접착된 시간적 단계를 의미하는 것으로 해석하여, 이에 해당하는 사람은 시간적으로나 장소적으로 보았을 때 방금 범죄를 실행한 범인이라는 점에 관한 죄증이 명백히 존재하는 것으로 인정되는 경우에만 현행범인으로 볼 수 있다고 판시하였다.[56]

위탁선거 위반행위의 혐의가 인정되는 경우 신고 당시 현행범이면 족하고, 선거관리위원회의 위원이나 직원이 현장에 도착한 때까지 범죄의 실행 중이거나 실행 직후일 것을 요하지 않으므로, 일단 현행범의 신고가 있었다면 범인이 현장을 이탈하였더라도 해당 위원회의 위원과 직원은 그 장소에 출입하여 조사권을 행사할 수 있다.

5. 위반행위 조사시 미란다원칙 준수

가. 미란다원칙의 내용

위탁선거법은 선거관리위원회 위원·직원이 범죄의 혐의가 있는 장소에 출입하거나 질문·조사 또는 자료제출을 요구하는 때에는 관계인에게 그 신분을 표시하는 증표를 제시하며 소속과 성명을 밝히고 그 목적과 이유를 설명하도록 선거관리위원회 위원과 직원에게 미란다원칙 준수의무를 규정하고 있다(§73⑤).

이 경우 위원·직원의 신분을 표시하는 증표는 위원신분증이나 공무원증으로 갈음할 수 있다(위탁선거규칙 §35⑧). 위원이나

---

56) 대법원 1991. 9. 24. 선고 91도1314 판결

직원이 범죄의 혐의가 있는 장소에 출입하여 관계인에게 자료제
출을 요구하는 때에는 정당한 사유 없이 출입을 방해하거나 자료
의 제출요구에 불응하거나 허위의 자료를 제출하는 경우에는 위
탁선거법에 따라 처벌받을 수 있음을 알려야 한다(위탁선거규칙
§35①).

본조항은 선거범죄 조사와 관련하여 피조사자의 사생활의 비
밀과 자유, 개인정보 자기결정권, 재산권 등이 침해되지 않도록
보호하기 위한 규정이므로, 선거관리위원회 위원이나 직원이 관
계인에게 사전에 설명해야 할 조사의 목적과 이유에는 조사할 범
죄혐의의 요지, 조사가 필요한 이유뿐만 아니라 관계인의 진술을
기록 또는 녹음·녹화한다는 사실도 포함하여 알려야 한다.

이상과 같은 실체적·절차적 요건을 모두 갖추어야만 정당한
조사권의 행사로 인정될 수 있어 수집된 자료의 증거능력을 보호
할 수 있다. 반면에 조사권 행사에 불응하거나 저항하면 자료제
출 거부죄 또는 출입방해죄 등을 적용하여 처벌할 수 있다.[57]

나. 미란다원칙의 보완 필요성

2013년 8월 13일 개정된 공직선거법은 피조사자의 기본권을
두텁게 보호하기 위하여 선거관리위원회의 위원이나 직원이 조사
권을 행사할 때에는 피조사자에게 진술거부권과 변호인의 조력을
받을 권리를 미리 알리도록 미란다원칙을 확장한 바 있으나(§272
의2⑦), 위탁선거법은 이를 수용하는 데 아직 머뭇거리고 있다.

과거 판례는 공직선거법에서 피조사자에 대한 진술거부권 고

---

57) 대법원 2008. 11. 13. 선고 2008도6228 판결

지 규정이 신설되기 전 선거관리위원회 직원이 선거범죄 조사를 하면서 미리 진술거부권을 고지하지 않은 사안에 대하여 조사절차의 위법성이 없다고 보아 그 과정에서 선거관리위원회 직원이 작성한 문답서의 증거능력을 인정한 바 있다.[58]

당시에는 피조사자에게 진술거부권을 고지해야 할 법률상 의무가 없었던 시기였으므로, 해당 판결은 수집된 증거물이 위법수집증거에 해당하지 않음을 밝혔을 뿐, 결코 피조사자의 방어권 행사와 국민의 기본권 보장에 소홀해도 무방하다는 취지가 아니다.

진술거부권과 변호인의 조력을 받을 권리가 국민의 기본적 권리인 이상, 그 고지에 관하여 공직선거법 위반혐의에 따른 피조사자와 위탁선거법 위반혐의에 따른 피조사자를 차별하는 것은 헌법상 평등권을 침해하여 위헌 소지도 있다고 본다.

따라서 이와 같은 문제는 위탁선거법의 개정을 기다릴 필요 없이 위탁선거 위반행위를 조사할 경우 상대방에게 진술거부권과 변호인의 조력을 받을 권리가 있다는 점을 미리 알리도록 우선 실무적 관행으로 수용할 필요가 있다.

위탁선거법 개정 전이라도 우선 위탁선거규칙을 개정하여 이를 반영하는 방법도 합리적이라 생각한다. 선거관리위원회가 자유선거의 영혼이자 공정선거의 심장이 되어야 한다는 것은 주권자가 우리 헌법에 깊이 새겨놓은 문장이기 때문이다.

아울러 진술거부권은 헌법상 권리이고($\S12$②), 진술거부권을 고지받을 권리는 헌법에서 도출되는 권리이므로, 국회가 위탁선

---

58) 대법원 2014. 1. 16. 선고 2013도5441 판결

거법을 제정하면서 진술거부권 고지규정을 두지 않은 것은 입법 상의 과오라는 주장[59]도 깊이 음미할 필요가 있다.

국민의 기본권인 참정권을 수호해야 하는 헌법기관이 이를 핑계로 국민의 다른 기본권을 침해하는 것은 일종의 자기부정이 될 수 있다. 국가는 국민의 기본권을 보호해야 할 무한한 책무를 지고 있으므로, 어느 국가기관이든 이를 부인하는 순간 그것은 이미 정상적인 국가의 모습이 아니기 때문이다.

---

59) 이용복 2022. 10. 『위탁선거법강의』 박영사 454쪽 참조.

1. 위법한 조사 거부권

선거관리위원회의 위원과 직원은 위탁선거 위반행위에 대한 조사권을 보유하고 있으므로, 누구든지 위반혐의가 있는 장소에 위원이나 직원의 출입을 방해해서는 안 되고, 위원 또는 직원으로부터 질문·조사를 받거나 자료의 제출을 요구받은 사람은 이에 따라야 한다(위탁선거법 §73③).

이 경우 위탁선거 위반행위에 대한 조사권의 행사가 적법한 공무집행인 경우에 한정하여 이를 방해하였을 때 조사방해죄가 성립할 수 있다. 여기서 적법한 공무집행이란 그 행위가 공무원의 추상적 권한에 속할 뿐만 아니라 구체적으로도 그 권한 내에 있어야 하고 직무행위로서 중요한 방식을 갖추어야 한다.[60]

공무원의 추상적인 권한에 속하는 공무집행이 적법한지는 행위 당시의 구체적 상황에 기초하여 객관적·합리적으로 판단해야

---

60) 대법원 2021. 9. 16. 선고 2015도12632 판결

한다.[61] 이러한 기준을 위탁선거범죄 조사에 적용할 경우 조사권 행사의 주체는 선거관리위원회의 위원과 직원에 한정되고, 조사권 행사의 요건으로서 위탁선거 위반행위에 대한 혐의가 있어야 하며, 그 조사권을 행사하는 때에는 미란다원칙을 준수해야 한다는 논리필연적 결론이 도출된다.

예컨대, 투표소에서 질서문란행위 같은 범죄가 발생한 경우에도 투표관리관은 조사권을 행사할 수 없고, 선거관리위원회 위원이나 직원이 조합법의 금융 관련 범죄혐의를 인지하였더라도 이는 위탁선거 위반행위가 아니므로 조사권을 행사할 수 없다. 당연히 관계인에게는 조사에 응할 의무가 없으므로 이를 거부할 수 있다.

특히 선거관리위원회 위원이나 직원이 미란다원칙을 준수하지 않은 경우, 즉 선거관리위원회 위원이나 직원이 장소에 출입하거나 질문·조사·자료의 제출을 요구하는 때에 관계인에게 그 신분을 표시하는 증표를 제시하며 소속과 성명을 밝히고 그 목적과 이유를 설명하지 않은 경우에는 자료제출을 거부하거나 선거범죄 현장에 출입을 방해하더라도 범죄가 성립되지 않는다.

이상과 같은 실체적·절차적 요건을 모두 갖추지 못한 경우 정당한 조사권의 행사로 보기 어려워 이에 불응하거나 저항하여도 출입방해죄 등의 범죄가 성립되지 않음은 물론이고,[62] 확보한 증거물은 위법수집증거 배제의 법칙에 따라 증거로 할 수 없다.

---

61) 대법원 2013. 8. 23. 선고 2011도4763 판결
62) 대법원 2008. 11. 13. 선고 2008도6228 판결

2. 불리한 진술 거부권

진술거부권의 보호대상이 되는 '진술'이란 언어적 표출, 즉 개인의 생각이나 지식, 경험사실을 정신작용의 일환인 언어를 통하여 표출하는 것을 의미한다.[63] 우리 헌법은 '모든 국민은 고문을 받지 아니하며, 형사상 자기에게 불리한 진술을 강요당하지 아니한다'고 규정하여 진술거부권을 국민의 기본적 권리로 보장하고 있다(§12②). 이는 형사책임과 관련하여 비인간적인 자백의 강요와 고문을 근절하고 인간의 존엄성과 가치를 보장하려는 데 근본적인 취지가 있다.[64]

우리 헌법이 이와 같이 진술거부권을 국민의 기본적 권리로 보장하는 것은, 실체적 진실발견이나 사회정의의 실현이라는 국가이익보다 피고인 또는 피의자의 인권을 우선적으로 보호하겠다는 뜻을 분명히 밝히고 있다는 점에 큰 의의가 있는 것으로 보인다.

헌법재판소는 이와 같은 진술거부권은 형사절차뿐만 아니라 행정절차나 국회의 조사절차 등에서도 보장되며, 피의자나 피고인으로서 현재 수사 또는 공판절차에 계속 중인 사람뿐만 아니라 장차 피의자나 피고인이 될 사람에게도 보장된다고 판시한 바 있다.[65] 따라서 선거관리위원회의 조사과정에서도 피조사자의 진술 내용이 자기의 형사책임과 관련되는 것일 때에는 당연히 그 진술

---

63) 헌법재판소 2005. 12. 22. 선고 2004헌바25 결정
64) 대법원 2014. 1. 16. 선고 2013도5441 판결
65) 헌법재판소 1997. 3. 27. 선고 96헌가11 결정

을 강요당하지 않을 권리가 인정되는 것으로 보아야 한다.

여기에서 우리는 최근의 형사소송법의 개정방향이 피의자의 권리를 강화하면서 헌법의 기본권을 점점 더 구체화하는 추세를 확인할 수 있다. 아울러 행정조사는 형사소송법의 개정취지를 수용하여 피조사자의 권리를 더욱 확대하는 경향을 목격할 수 있다.

형사소송법은 점점 헌법화되어 권리장전으로 진화되고 있고, 이러한 경향은 다시 행정조사에도 영향을 미쳐 결국 공권력의 행사로부터 국민의 기본권을 더욱 두텁게 보호하려는 것이다. 여기에서 우리는 민주공화국이 전진하는 모습을 본다.

3. 변호인의 조력을 받을 권리

변호인의 조력을 받을 권리란, 국가권력의 일방적인 형벌권 행사에 대항하여 자신에게 부여된 헌법상, 소송법상의 권리를 효율적이고 독립적으로 행사하기 위하여 변호인의 도움을 얻을 수 있는 피의자 또는 피고인의 권리를 말한다.[66]

우리 헌법은 '누구든지 체포 또는 구속을 당한 때에는 즉시 변호인의 조력을 받을 권리를 가진다'고 규정하여 변호인의 조력을 받을 권리를 명문화하고 있다(§12④ 본문). 문제는 이러한 변호인의 조력을 받을 권리가 과연 행정조사 절차의 피조사자에게도 인정되는가 하는 점이다.

과거 학설과 판례에서 논란이 되었던 이러한 문제는 2007년 5월 17일 행정조사기본법이[67] 제정·공포되면서 입법적으로 해

---

66) 헌법재판소 2004. 9. 23. 선고 2000헌마138 결정

결되었다. 해당 법률에서 '조사대상자는 법률·회계 등에 대하여 전문지식이 있는 관계 전문가로 하여금 행정조사를 받는 과정에 입회하게 하거나 의견을 진술하게 할 수 있다'고 규정하여 행정조사의 피조사자에게도 변호인의 조력을 받을 권리가 있음을 입법적으로 명확하게 확인하였기 때문이다(행정조사기본법 §23②).

다만, 행정조사기본법이 적용되지 않는 선거범죄 조사의[68] 경우 2013년 8월 13일 공직선거법의 개정에 따라 조사절차에서 피조사자에게 변호인의 조력을 받을 권리가 있음을 알릴 의무와 변호인의 조사참여 및 의견진술권을 신설하였다(공직선거법 §272의2⑧).

변호인의 조력권이 본래 형사절차에서 피고인이나 피의자의 인권을 보장하려는데 그 제도도입의 취지가 있었으나,[69] 행정조사의 피조사자에게도 해당 권리가 전면적으로 확대 적용된 점을 고려하면, 위탁선거 위반행위의 피조사에게도 당연히 변호인의 조력을 받을 권리가 인정된다고 보아야 할 것이다.

한편, 변호인의 조력을 받을 권리도 다른 기본권과 조화를 이루어야 하므로 위법한 조력을 받을 권리까지도 보장하는 것은 아니다. 판례는 피의자 신문에 입회한 변호인이 신문을 방해하거나 수사기밀을 누설하는 등의 경우에는 해당 변호인의 참여를 제한할 수 있다고 보았다.[70]

---

67) 행정조사기본법은 행정조사에 관한 기본원칙, 조사 절차와 방법 등에 관한 공통사항을 규정함으로써 행정의 공정성·투명성 및 효율성을 높이고, 국민의 권익을 보호함을 목적으로 제정되었다. 행정조사기본법 제1조 참조.

68) 행정조사에 관하여 다른 법률에 특별한 규정이 있는 경우에는 행정조사기본법의 적용에 예외를 두고 있다. 행정조사기본법 제3조제1항 참조.

69) 헌법재판소 2004. 9. 23. 선고 2000헌마138 결정

따라서 조사 중 입회한 변호인이 피조사자를 대신하여 직접 답변하거나, 특정 답변을 유도하거나, 진술번복을 유도하는 등 조사를 방해하거나, 조사내용을 녹음·녹취하는 등 조사기밀을 누설하거나, 다른 관계인과의 담합 우려가 있는 경우에는 해당 변호인의 참여를 제한하는 것이 타당할 것이다.

4. 위법수집증거의 배제

가. 위법수집증거 배제법칙의 의의

헌법과 형사소송법이 정한 절차에 따르지 않고 수집한 증거는 기본적 인권 보장을 위해 마련된 적법한 절차에 따르지 않은 것으로서 원칙적으로 유죄 인정의 증거로 삼을 수 없다.

판례는 수사기관의 위법한 압수수색을 억제하고 재발을 방지하는 가장 효과적이고 확실한 대응책은 위법한 압수수색을 통하여 수집한 증거는 물론 이를 기초로 획득한 2차 증거도 유죄 인정의 증거로 삼을 수 없도록 하는 것이라 힘주어 판시하였다.[71]

입법권자는 오랜 기간의 논의를 토대로 2007년 6월 1일 형사송법을 개정하여 '적법한 절차에 의하지 아니하고 수집한 증거는 증거로 할 수 없다'는 위법수집증거의 배제 원칙을 전면적으로 수용하였다(형사소송법 §308의2). 이는 세계 최초로 위법수집증거 배제의 원칙을 입법적으로 명문화하였다는 점에 큰 의의가 있다.

---

70) 대법원 2005. 5. 9. 선고 2004모24 판결
71) 대법원 2007. 11. 15. 선고 2007도3061 판결

이러한 입법추세의 핵심은 형사절차에 요구되는 위법수집증거 배제의 법칙이 행정조사의 일종인 위탁선거범죄 조사절차에도 광범위하게 적용된다는 점이다.

판례도 선거관리위원회의 설치목적, 선거범죄에 대한 조사권한, 고발 또는 수사의뢰 조치를 하는 경우 수사자료를 함께 송부하는 점 등을 종합적으로 고려하면, 비록 선거관리위원회가 수사기관은 아니지만 수사에 준하는 조사권한을 보유한 기관으로서 선거범죄를 조사하거나 증거를 수집하는 활동을 하는 때에는 당연히 적법절차를 준수하여야 할 의무가 있다고 강조한다.[72]

조사권을 포함하여 어떠한 공권력도 결코 국민을 배반할 수 없다. 국민주권의 원리를 부인하지 못하는 한 국민은 공권력의 영원한 어머니이기 때문이다. 현대사회에서 민주공화국을 수호하는 비결은 과거의 비극적 사례처럼 쿠데타나 폭력혁명을 진압하기 위한 비장한 투쟁이 아니다. 이제는 일상의 영역에서 적법절차의 준수만으로도 충분할 수 있다. ·

나. 위법수집증거로 판단한 사례

(1) 일시적으로 현출된 자료 압수

2007년 6월 1일 위법수집증거 배제의 원칙을 명시적으로 수용한 개정 형사소송법[73]이 공포되기 전까지 우리나라의 대법원 판례는 비진술증거인 증거물의 압수에 관해서 '압수물은 압수절

---

72) 대전고법 2021. 9. 10. 선고 2021노103 판결
73) **형사소송법 제308조의2(위법수집증거의 배제)** 적법한 절차에 따르지 아니하고 수집한 증거는 증거로 할 수 없다.

차가 위법하더라도 물건 자체의 성질·형상에 변경을 가져오는 것은 아니어서 그 형태 등에 관한 증거가치에는 변함이 없으므로 증거능력이 있다'는 소위 '성질형상 불변론'에 터잡아 적정절차의 원리보다 실체진실주의를 더욱 강조하는 입장을 취하여 왔다.[74]

위법수집증거 배제의 원칙을 수용한 개정 형사소송법이 공포된 후 그 시행을 앞두고[75] 대법원은 2007년 11월 15일 제주도지사선거와 관련한 선거법 위반 재판에서 종전의 판례를 변경하여 비진술증거인 증거물에 대하여도 위법수집증거 배제의 법칙을 전면적으로 수용하기에 이르렀다.[76]

당시 사건에서 대법원이 위법수집증거로 판단하고 압수물의 증거능력을 부인한 핵심적 이유는, 원래 도지사 집무실에 보관 중이던 업무일지를 도지사를 보좌하는 공무원이 압수수색이 진행 중이던 비서실에 일시적으로 가져온 경우, 이는 영장에 기재된 압수대상인 비서실에 보관 중인 물건이 아니라 일시적으로 비서실에 현출된 물건이므로 이를 압수한 것은 위법하다는 것이었다.

이에 따라 공무원 선거개입의 핵심증거로서 공소유지의 종합선물세트인 업무일지와 이를 토대로 수집한 2차 증거까지 모두 증거능력이 부인되었다. 판례변경에 따라 인권보호는 확대되었고, 중립의무를 위반하고 선거에 개입한 공무원들은 면죄부를 받았다.

---

74) 대법원 1968. 9. 17. 선고 68도932 판결, 대법원 2006. 7. 27. 선고 2006도3194 판결
75) 위법수집증거 배제법칙을 신설하고, 재판에 공판중심주의를 도입하며, 재정신청을 전면적으로 확대하는 것을 주요 내용으로 하는 개정 형사소송법은 2007년 6월 1일 공포되고 2008년 1월 1일부터 시행되었다.
76) 대법원 2007. 11. 15. 선고 2007도3061 판결

해당 사안은 선거범죄 수사에서도 실체적 진실발견을 통하여 사법정의와 선거의 공정을 구현하는 것보다 적법절차의 준수를 통한 인권의 보호가 우선적 가치라는 것을 법원이 명확히 밝혔다는 점에 그 의의가 있는 것으로 보인다.

(2) 녹음 미고지 후 수집한 녹음파일

선거관리위원회 위원·직원이 위탁선거 위반행위의 혐의가 있는 장소에 출입하거나 위탁선거 위반행위와 관련하여 질문·조사하거나 자료의 제출을 요구하는 경우에는 관계인에게 그 신분을 표시하는 증표를 제시하며 소속과 성명을 밝히고 그 목적과 이유를 설명해야 한다(위탁선거법 §73⑤).

판례는 해당 규정을 선거범죄 조사와 관련하여 조사를 받는 관계인의 사생활의 비밀과 자유 내지 자신에 대한 정보를 결정할 자유와 재산권 등이 침해되지 않도록 하기 위한 절차적 규정이므로, 선거관리위원회 직원이 관계인에게 사전에 설명할 '조사의 목적과 이유'에는 조사할 선거범죄 혐의의 요지, 관계인에 대한 조사가 필요한 이유뿐만 아니라 관계인의 진술을 기록 또는 녹음·녹화한다는 점도 포함된다고 판시하고 있다.[77]

입법자가 미처 인쇄하지 못한 문장을 법원이 찾아낸 것이다. 만일 선거관리위원회의 위원과 직원이 관계인에게 녹음된다는 사실을 미리 알려 주지 않고 그의 진술을 녹음하였다면, 그와 같은 조사절차에 의하여 수집한 녹음파일은 형사소송법에서 정하는 소위 '적법한 절차에 따르지 아니하고 수집한 증거'에 해당하여 원칙적으로 유죄의 증거로 쓸 수 없다.[78]

---

77) 대법원 2014. 10. 15. 선고 2011도3509 판결

이에 따라 조합장선거의 후보자가 조합원에게 금품을 제공하였다는 혐의를 조사하던 선거관리위원회 직원이 피조사자에게 그 진술을 녹음한다는 사실을 알리지 않고 녹음한 후 그 녹음파일과 녹취록을 핵심증거로 공소를 유지했던 사안에 대하여, 법원은 그 녹음파일 내지 녹취록은 적법한 절차에 따르지 않고 수집한 증거에 해당하므로 증거능력이 없다고 판시하였다.

이에 더하여 법원은 위법하게 수집된 1차 증거인 녹음파일과 녹취록을 기초로 수집된 2차적 증거로서 다른 참고인에 대한 검찰의 진술조서 역시 증거능력을 부인하여 조합장선거의 후보자가 조합원에게 선거운동과 관련한 금품을 제공하였다는 공소사실에 대하여 무죄를 선고하였다.79) 이후 검사의 상고를 대법원이 기각함으로써 원심 판결이 확정되었다.

(3) 핸드폰에서 발견한 별도의 혐의

2020년 제21대 국회의원 총선거를 앞둔 시점에서 오전에 출마 기자회견을 한 예비후보자가 당일 오후 지지자 모임을 공지하고 실제 모임에 참석한 사람들에게 치킨과 맥주를 제공한 혐의에 대하여 선거관리위원회 직원이 해당 예비후보자를 소환하여 문답조사를 하던 중 피조사자의 핸드폰을 임의제출받아 디지털 포렌식을 하게 되었다.

선거관리위원회 직원이 문답조사와 병행하여 해당 예비후보자의 핸드폰에 대한 디지털 포렌식을 완료한 결과, 사건 당일 오전의 기자회견과 오후의 모임에서 치킨과 맥주를 제공한 일련의

---

78) 대법원 2014. 10. 15. 선고 2011도3509 판결
79) 광주지법 2011. 2. 24. 선고 2010노2684 판결

388

행위가 사전선거운동과 기부행위 위반죄에 해당된다는 증거를 확보하였고, 그 과정에서 우연히 자원봉사자들에게 금품을 제공한 정황이 담겨있는 문자메시지를 추가로 발견하게 되었다.

이에 선거관리위원회는 사전선거운동과 기부행위 위반에 대하여는 검찰에 고발조치를 하고 우연히 발견한 자원봉사자 매수혐의는 부가적으로 수사의뢰를 하였다. 문제는 검찰에서 선거관리위원회가 고발한 기부행위위반죄와 더불어 수사의뢰한 매수죄도 함께 공소를 유지하면서 불거지게 되었다.

해당 사안에 대하여 법원은 선거관리위원회의 조사과정에서 휴대폰 및 이에 저장된 전자정보를 임의제출한 제출자에게는 제출할 자료의 범위를 결정할 권리가 있다고 보면서, 해당 조사직원은 임의제출자가 제출 동의를 한 핸드폰에 내장된 전자정보 전체가 아니라 내장된 정보 중 조사하는 사건과 관련성이 있는 정보만을 선별하여 수집할 권한이 있다고 보았다.[80]

구체적으로 설명하자면, 법원은 선거범죄 조사권은 범죄의 혐의가 있는 경우에 한하여 행사할 수 있는 것이고, 자원봉사자 매수혐의는 핸드폰 저장정보에서 기자회견 및 치킨과 맥주모임에 관한 증거를 탐색하는 과정에서 우연히 발견된 경우에 불과하여 핸드폰 제출요구 당시에 선거관리위원회 직원에게 자원봉사자 매수혐의가 형성되었다고 볼 수 없으므로, 해당 직원은 매수죄와 관련된 자료제출 요구권을 행사할 수 없는 것으로 판단한 것이다.

한편, 내부지침을[81] 어기고 해당 선거관리위원회가 자원봉사

---

80) 대전고법 2021. 9. 10. 선고 2021노103 판결
81) 중앙선거관리위원회 훈령인 디지털 증거 및 전자게시물 정보의 수집·분석·관

자에 대한 매수혐의가 포함된 전자정보를 보관하던 중 법원의 압수영장에 의하여 이를 검사에게 제출하게 되었다. 이에 대하여 법원은 압수영장에 의하여 검찰이 해당 전자정보를 점유할 수 있는 권한을 갖게 된 것일 뿐, 해당 전자정보는 당초 선거관리위원회가 위법하게 수집한 증거라는 본질에 변함이 없다고 보았다.

선거관리위원회가 위법하게 수집한 증거에 대하여 법원의 압수영장을 받아 압수하기만 하면 그 위법상태가 제거된다고 볼 경우 헌법과 형사소송법이 정하고 있는 적법절차의 원리가 심각하게 침해될 우려가 있다고 판단하였기 때문이다. 이 사안은 검사가 상고하였으나 대법원이 이를 기각하여 원심이 확정되었다.[82]

이에 따라 해당 선거관리위원회가 수사의뢰한 매수죄의 공소사실에 대하여는 위법수집증거 배제법칙에 따라 무죄가 확정되었지만, 해당 선거관리위원회가 고발조치한 기부행위는 공소가 유지되어 치킨과 맥주모임에 참석한 사람 3명의 회비 각 1만원씩 총 3만원을 부담한 사람과 4명의 회비 4만원을 대신 내준 예비후보자의 회계책임자는 유죄판결을 피하지 못하였고, 해당 예비후보자는 소속 정당으로부터 자격을 박탈당하였다.

(4) 조사공무원이 증거형성에 가담

2012년 4월 실시된 제19대 총선에서 당선된 사람이 선거운동을 도와준 고향 후배를 국회의원 지역사무실에 유급사무원으로 채용한 것처럼 위장하여 급여 명목으로 해당 후배의 계좌에 선거

리 등에 관한 규정 제19조제2항은 선거관리위원회가 수집·분석한 디지털 증거가 불필요하게 되었을 경우에는 지체 없이 이를 폐기하도록 규정하고 있다.

82) 대법원 2021. 12. 30. 선고 2021도13149 판결

운동과 관련한 금전을 입금하였다.

선거운동 대가를 지급받은 해당 후배가 포상금을 기대하며 선거관리위원회에 이를 신고하였으나, 선거관리위원회의 조사직원은 계좌로 입금된 돈이 선거운동의 대가로 지급된 것임을 입증할 직접증거가 없는 것으로 판단하였다. 이에 선거관리위원회 조사직원은 신고자로 하여금 당선자에게 전화를 걸어 신고자의 계좌에 입금된 금전이 선거운동의 대가로 지급된 것이라는 사실을 확인하는 내용으로 통화를 하고 이를 녹음하여 제출하도록 요구하였다.

문제는 선거관리위원회 직원이 단순히 신고자가 보관하고 있는 증거의 제출을 요구한 것이 아니라 당선인에게 어떠한 질문을 하여 혐의사실 입증에 필요한 진술을 유도할 것인지, 그리고 당선인으로부터 이끌어내야 할 진술의 구체적 내용과 진술번복에 대비하여 주의하여야 할 점 등을 신고자에게 상세히 설명한 점이다. 신고자는 실제 선거관리위원회 직원의 지시에 따라 당선자에게 전화를 걸고 이를 녹음하여 선거관리위원회에 제출하였다.

해당 사안에 대하여 1심 법원은 선거관리위원회 직원의 이러한 행위는 조사기관이 사실상 범죄 혐의에 대한 증거를 스스로 만들어 낸 것과 마찬가지이므로 행정조사 또는 준수사기관으로서 선거관리위원회의 직무범위를 일탈한 것이라 평가하면서 신고자가 제출한 녹음파일의 증거능력을 부인하였다.[83]

2심 법원 또한 이러한 행위는 행정조사기관이 피조사자를 이용하여 사실상 압수수색 또는 감청의 효과를 달성하는 셈이고 나

---

83) 수원지법 2012. 12. 5. 선고 2012고합971-1(분리) 판결

아가 헌법상의 영장주의를 잠탈하는 결과로 이어지는 것이므로
그 증거능력을 인정하기 어렵다고 판단하였다.[84] 그나마 위안이
되는 점은 오염되지 않은 다른 증거들에 터 잡아 해당 국회의원
에게 300만원의 벌금형이 확정되어 당선이 무효로 된 점이다.

---

84) 서울고법 2013. 5. 2. 선고 2013노120 판결

위탁선거 위반행위 신고 · 고소 · 고발

1. 위탁선거 위반행위 조사 · 수사기관

가. 조사 · 수사기관

선거범죄에 관하여 조사 또는 수사할 수 있는 기관을 살펴보면 우선적으로 검찰, 경찰, 그리고 선거관리위원회를 고려할 수 있을 것이다. 검찰의 경우 검사의 정원 2,292명[85]에 더하여 6,200여 명의 검찰수사관이 수사를 담당하고 있고, 경찰은 14만여 명의 정원 중 국가수사본부 소속 35,000여 명이 수사를 담당하는 것으로 알려져 있다. 선거관리위원회는 전체 3,000여 명의 정원 중 대략 1,000여 명 정도가 조사 · 단속 업무를 담당하고 있다.

검찰의 경우 2022년 검찰청법 개정에 따라 검찰과 경찰의 수사권이 조정됨으로써 검사가 수사를 개시할 수 있는 범죄가 한정되었다. 검찰청법의 위임에 따른 검사의 수사개시 범죄 범위에

---

85) **검사정원법 제1조(검사의 정원)** 「검찰청법」 제36조제1항에 따라 검사의 정원을 2,292명으로 한다.

관한 규정은 정치 또는 선거와 관련하여 검사가 수사를 개시할 수 있는 부패범죄로 공직선거법의 공무원 선거개입 범죄와 기부행위위반죄,[86] 정당법의 당대표 경선 등의 매수죄, 정치자금법의 각종 제한규정위반죄, 각종 의무규정위반죄 및 선거비용 관련 범죄를 열거하고 있다(검사의 수사개시 범죄 범위에 관한 규정 §2 1., 별표 1).

개정된 대통령령에 따라 검사는 위탁선거범죄에 대한 수사를 개시할 권한이 없으므로, 위탁선거 위반행위를 조사 또는 수사할 수 있는 기관은 선거관리위원회와 경찰로 그 범위가 압축된다.

나. 신고 대상기관

경찰과 선거관리위원회는 설립목적과 추구하는 가치가 서로 다르고, 기관 구성에 있어서도 중립성과 공정성 확보에 상당한 차이가 있으며, 취급하는 범죄의 범위와 업무수행 방식에도 큰 차이가 있다. 따라서 위탁선거 위반행위 신고에 대한 처리방식에 있어서도 기관간 상당한 차이를 보일 수밖에 없다.

결국 위탁선거 위반행위를 신고하거나 고소 또는 고발하려는 사람은 이러한 기관의 특성과 위반행위의 유형을 종합적으로 고려하여 대상기관을 선택하는 것이 합리적일 것이다. 만일 같은 사안을 경찰과 선거관리위원회에 중첩하여 신고한 경우 선거관리위원회는 그 내용을 경찰에 이첩하고 사안을 종결한다.

---

86) 선거범죄 중 가장 가벌성이 높은 것으로 평가할 수 있는 매수죄와 정치자금범죄 중 가장 가벌성이 높은 정치자금 부정수수죄가 검사의 수사개시 대상 범죄에서 제외된 것은 다소 의외로 보인다.

선거관리위원회가 조사를 통하여 범죄의 혐의를 적발하고 검찰이나 경찰에 고발 또는 수사의뢰 조치를 하는 경우 그 조치의 형사소송법적 효과는 피고발인에 대한 공소유지를 통하여 사법정의를 실현해 달라거나, 범죄혐의에 대한 강제수사권 발동을 촉구하여 실체적 진실을 밝혀 달라는 의사표시이다.

그러므로 이미 수사기관에도 선거관리위원회와 동일한 내용의 신고나 고소 또는 고발이 접수된 경우 해당 선거관리위원회가 별도로 신고내용 등을 조사할 실익이 없다. 또한 경찰이 수사중인 사안에 대하여 선거관리위원회도 조사에 착수한다면 여러 기관의 중복조사에 따른 비효율은 물론이고 피조사자에 대한 과도한 기본권 침해의 우려도 있다.

다만, 위탁선거범죄를 신고하는 경우 어느 기관에 신고하든 모두 자수자의 특례가 적용되고 범죄신고자로 보호를 받는 점은 동일하다. 기관별 포상금 지급만 차이가 있을 뿐이다.

2. 경찰에 신고할 경우의 장점

선거관리위원회가 비록 전국적 조직이기는 하지만, 직원 수는 각 구·시·군마다 6명 내지 13명 정도에 불과하므로 대규모 또는 다수인이 가담한 범죄를 현장에서 진압하기에는 어려움이 있다.

따라서 상대방 후보자나 그 지지자들에 의하여 대규모 선거운동 방해행위가 발생한 경우 피해의 확산을 방지하고 현장에서 이를 진압하기 위해서는 경찰이 보유한 압도적인 물리력의 행사가 필요할 것이다. 또한 광범위한 선거인을 대상으로 조직적인 매수행위가 현재 이루어지고 있는 상황이라면 범인의 체포와 증거확보를 위한 압수수색 등 강제수사가 시급하게 요구된다.

이러한 경우에는 경찰에 신고하여 즉각적으로 전방위적인 강제수사에 착수하는 방법이 선거범죄의 진압과 확산방지를 위한 효율적인 대응방안으로 보인다. 만일, 경찰에 신고한 위탁선거범죄를 경찰이 부적절하게 처리하는 경우, 예컨대 신고한 위탁선거범죄 수사에 관한 직무를 유기하거나 직권을 남용하는 경우에는 그 사실을 따로 검찰에 신고하는 방안도 검토할 수 있을 것으로 보인다.

위탁선거범죄 자체는 검사의 수사개시 대상 범죄가 아니지만, 검찰청법에 따라 경찰공무원이 범한 범죄에 대하여는 검사가 수사를 개시할 수 있기 때문이다.[87]

3. 선거관리위원회에 신고할 경우의 장점

선거관리위원회는 선거와 국민투표의 공정한 관리를 위하여 설치된 헌법상 독립기관이다. 시·도선거관리위원회 이하의 조직은 위원의 구성방식부터 이해 당사자인 정당에서 추천한 사람이 위원으로 참여하여 직무수행의 공정성과 투명성을 담보하고 있다.

또한 1963년 기관 창설 이래 60년 이상 선거법을 운용해 오면서 누적된 높은 수준의 전문성도 갖추었다. 따라서 선거관리위

---

87) 검찰청법 제4조제1항은 검사의 직무와 권한을 규정하면서 검사가 수사를 개시할 수 있는 범죄의 범위에 경찰공무원이 범한 범죄를 열거하고 있다.

원회는 다중의 위력을 발휘하는 선거관리 침해와 선거의 자유 방해 같은 폭력적인 질서문란 상황에 관해서는 효과적인 대응에 어려움이 있으나, 그 나머지 영역에서는 위탁선거 위반행위를 효율적으로 억제하며 공정한 심판으로서의 책무를 다할 수 있다.

특히 정관이나 선거규약 같은 자치법규 위반행위에도 절제된 조사권을 행사하고 경고·주의 등 적절한 행정조치나 중지·시정명령을 통하여 위탁선거 위반행위를 억제하고 공정한 선거를 수호할 수 있으리라 본다.

정관이나 선거규약 등 자치법규를 위반한 사안에 대하여 범죄혐의를 전제로 하는 경찰의 수사권은 발동되지 않는다. 강제수사는 오히려 범죄가 될 수 있다. 그러나 자치법규 위반행위에도 조사권을 행사하여 적절한 조치를 취해야 하는 것이 관할 선거관리위원회의 법률상 의무이다. 만일 위탁선거 위반행위를 묵인하거나 방치할 경우에는 오히려 선거무효의 원인이 될 수 있다.

선거관리위원회 위원과 직원은 어느 공직보다 높은 수준의 청렴성과 도덕성을 갖추고 있는 것으로 평가받아 왔다. 공공기관을 대상으로 청렴도나 신뢰도 조사를 할 때마다 선거관리위원회의 순위는 언제나 한 손의 손가락만으로도 충분히 꼽을 수 있었다.

최근 선거관리위원회가 공정성 시비나 사전투표 정책실패로 신뢰의 위기를 겪고 있으나, 이는 고위 정책결정권자에게 책임이 있는 것으로서 일선 선거관리위원회의 직원들에게는 아무런 고의 과실이 없다. 절대로 그들에 대한 신뢰를 거두어서는 안 된다.

2022년 3월 9일 실시한 제20대 대통령선거의 사전투표소에서 소쿠리를 들이밀거나, 2024년 4월 10일 실시한 제22대 국회의원선거의 투표소에 대파를 들이지 못하게 막은 것은 모두 그들의 뜻이 아니다. 공정선거의 수호자를 자처하는 그들은 상급기관의 정책실패로 자부심과 긍지에 큰 상처를 입고 절치부심하며 지금 명예회복을 벼르고 있다.

4. 사안별 신고 · 고소 · 고발 대상기관

가. 현행범의 경우

형사소송법에 따라 현행범인은 누구든지 영장 없이 체포할 수 있다(§212). 다만, 검사 또는 경찰이 아닌 사람이 현행범인을 체포한 때에는 즉시 검사 또는 경찰에게 인도해야 한다(형사소송법 §213①). 위탁선거 위반행위자 중 선거범죄를 범한 사람의 저항이 완강하여 현행범으로 체포할 수 없거나 그 밖의 사유로 체포가 곤란한 경우에는 바로 경찰에 신고하는 것이 최선이다.

비록 선거관리위원회가 조사권을 보유하고는 있지만, 물리적 강제력을 행사할 수 있는 수사권이 아니기 때문에 테이저건 · 가스총 · 수갑 등 범죄자를 진압할 수 있는 장비가 전혀 없다. 설사 체포하더라도 즉시 경찰에 인도해야 한다.

실무적으로 다수인이 가담한 소요 또는 폭행 등의 방법으로 선거방해가 이루어지는 현장에서 관할 선거관리위원회에 현행범의 신고가 접수된 경우 해당 선거관리위원회는 경찰에 협조를 요청하여 함께 대응하는 것이 일반적이다.

나. 즉각적인 강제수사가 필요한 경우

범행 종료 후 증거를 인멸하거나 범행에 관한 진술에 관하여 담합의 우려가 있는 경우에도 즉각적인 압수수색을 통하여 증거확보가 필요할 것이므로, 이 경우에도 곧바로 경찰에 범죄신고를 하는 것이 실체적 진실발견과 사법정의 실현에 도움이 될 것이다. 이때 신고의 내용과 선거의 정황에 따라 경찰에서 압수수색의 필요성을 판단하게 될 것이다.

만일 관할 선거관리위원회에 신고를 하게 되면 고발장 또는 수사의뢰서 작성과 결재 등 내부적 의사결정 과정에 상당한 시간이 소요되므로 위탁선거범죄를 범한 사람에게 증거인멸에 필요한 시간을 벌어주는 셈이 된다.

다. 적극적으로 처벌을 원하는 경우

조합장선거와 관련된 죄를 범한 사람이 반성하지 않고 피해자에게 대한 배상도 거부하여 피해회복이 전혀 이루어지지 않는 경우에는 경찰에 고소를 해야 나중에 해당 사안이 기소되지 않더라도 형사소송법에 따른 재정신청 제도를[88] 활용하여 불기소 처분이 정당한지 한 번 더 다투어 볼 기회가 있다.

공직선거법에서는 매수죄, 기부행위위반죄, 허위사실 공표죄,

---

88) **형사소송법 제260조(재정신청)** ① 고소권자로서 고소를 한 자(「형법」 제123조부터 제126조까지의 죄에 대하여는 고발을 한 자를 포함한다. 이하 이 조에서 같다)는 검사로부터 공소를 제기하지 아니한다는 통지를 받은 때에는 그 검사 소속의 지방검찰청 소재지를 관할하는 고등법원(이하 "관할 고등법원"이라 한다)에 그 당부에 관한 재정을 신청할 수 있다. 다만, 「형법」 제126조의 죄에 대하여는 피공표자의 명시한 의사에 반하여 재정을 신청할 수 없다.

선거의 자유 방해죄 등 중요 선거범죄에 대하여 고발을 한 선거관
리위원회에 재정신청권을 부여하고 있으나(§273①), 위탁선거법은
선거관리위원회의 고발사건에 재정신청권을 인정하지 않는다.

따라서 선거관리위원회에 위탁선거범죄를 신고하고 관할 선
거관리위원회가 이를 조사하여 고발조치를 하였으나, 검사가 해
당 사건을 기소하지 않은 경우 선거관리위원회로서는 검찰항고
외에는 더 이상 추가적인 조치를 할 수 없다.

그러나 고소권자로서 고소를 한 사람은 형사소송법의 일반조
항에 따라 누구든지 검사의 불기소 처분에 대하여 재정신청을 할
수 있으므로, 피해자가 관할 선거관리위원회에 위탁선거범죄를
신고한 경우 선거관리위원회의 고발조치를 기다려 경찰에 고소함
으로써 검찰이 불기소 처분을 할 경우 그에 대한 불복절차로서
재정신청을 활용할 수 있을 것이다.

라. 자치법규를 위반하거나 가벼운 범죄

조합장선거에서 농협법·수협법 및 산림조합법이나 위탁선
거법을 위반한 경우는 물론이고 정관이나 임원선거규약 등 자치
규범을 위반하여 선거의 자유와 공정이 현저하게 침해된 경우에
도 선거무효의 사유가 될 수 있다. 그러나 농협법·수협법 및 산
림조합법이나 위탁선거법에서 범죄로 규정되지 않은 행위, 즉 정
관이나 임원선거규약 등 자치규범 위반행위는 범죄가 아니므로
사적자치私的自治의 원칙상 경찰은 개입할 수도 또 개입해서도
안 된다.

따라서 정관이나 임원선거규약 등 자치규범 위반행위에 대하

여는 오직 관할 선거관리위원회에 신고하여 행위의 중단·시정명령, 경고 또는 주의조치 등 행정지도를 통하여 위탁선거 위반행위를 억제하는 것이 현실적이고 효율적인 대응방법이 될 것이다.

아울러 경고나 주의조치 등 행정조치로 종결될 정도의 경미한 위탁선거 위반행위에 대하여는 강제수사의 공권력보다는 관할 선거관리위원회에 신고하여 행위자의 경각심을 고취하고 추가적인 위반행위를 방지하는 것이 위반행위 억제와 선거의 후유증을 최소화하기 위한 합리적 방법으로 보인다.

마. 예비·음모 또는 미수단계의 경우

예비豫備·음모陰謀란 특정 범죄를 저지를 것을 계획하거나 그 범죄를 저지를 것을 준비하는 것을 말하고, 범죄의 실행에 착수하였지만 그 행위를 끝내지 못했거나 결과가 발생하지 않은 경우를 미수未遂라 한다. 예비·음모는 형법의 일반원칙에 따라 법률에 특별한 규정이 없는 한 벌하지 않고,[89] 미수범을 처벌할 경우에는 해당 죄에서 정한다.[90]

그러나 위탁선거법의 벌칙에서는 예비·음모나 미수범을 처벌하는 규정이 없으므로, 그 단계의 위탁선거 위반행위를 경찰에 신고하더라도 강제수사권은 발동할 수 없다.

한편, 공직선거법은 선거관리위원회 위원과 직원에게 선거의 자유와 공정을 현저하게 해할 우려가 있는 위법행위가 눈앞에 행

---

89) **형법 제28조(음모, 예비)** 범죄의 음모 또는 예비행위가 실행의 착수에 이르지 아니한 때에는 법률에 특별한 규정이 없는 한 벌하지 아니한다.

90) **형법 제29조(미수범의 처벌)** 미수범을 처벌할 죄는 각칙의 해당 죄에서 정한다.

하여지고 있거나, 행하여질 것이 명백하다고 인정되는 경우에는 그 현장에서 행위의 중단 또는 예방에 필요한 조치를 할 수 있도록 예방조치권을 부여하고 있다(§272의2⑤). 비록 위탁선거법에는 이러한 권한이 명시되지 않았지만, 조합장선거에서 선거관리위원회 직원이 이와 동일한 상황을 마주하게 된다면 해당 직원은 주저하지 않고 현장에서 위법행위를 제지할 가능이 높다.

역설적으로 공직선거법에서 예방조치권이 명문화된 이유가 법적 근거가 없던 시기에도 선거관리위원회 직원들이 예비·음모 또는 미수에 해당하는 행위를 현장에서 제지하는 등 적극적으로 개입하여 위법행위를 억제하여왔기 때문에 입법권자의 응원과 격려를 통하여 예방조치권이 제도적으로 수용된 것이다.

조심스럽지만, 예비·음모 또는 미수단계의 위탁선거 위반행위에 대하여는 관할 선거관리위원회에 신고를 권해 본다.

바. 신고 포상금을 원하는 경우

동시조합장선거에서 선거관리위원회가 인지하기 전에 위탁선거 위반행위를 신고한 사람에게는 최대 3억원까지 포상금이 지급된다.[91] 신고 형식은 단순한 신고이든, 금전을 받은 사람이 자신의 범죄를 신고하는 자수이든, 위탁선거 위반행위를 한 사람을 처벌하여 달라는 의사표시인 고소나 고발을 가리지 않는다.

신고대상 행위가 범죄인지 행정질서벌인 과태료 부과대상인지를 구분하지 않고, 정관이나 선거규약 위반행위도 포상금 지급대상이 된다. 다만, 신고, 고소 또는 고발한 사람이 피신고인 등

---

91) 위탁선거법 제76조, 위탁선거규칙 제37조제1항 참조.

상대방과 대립하는 이해관계를 가진 사람, 예컨대 후보자와 그 가족이 상대방 후보자의 위탁선거 위반행위를 신고하거나, 고소 또는 고발한 경우에는 포상금 지급이 제한될 수 있다.

위탁선거 위반행위에 대한 신고포상금 제도는 당사자간 은밀하게 이루어지는 금품수수 행위를 적발하기 위해 도입된 제도이므로, 제도도입의 취지에 반하여 경쟁 후보자에 대한 모함이나 정략으로 악용되어서는 안 되기 때문이다.

참고적으로 위탁선거 위반행위를 경찰에 신고한 경우에는 포상금이 지급되지 않는다. 간첩신고를 제외하고는 포상금 지급에 정부의 인심이 후했던 적이 없다.

사. 위탁신청전 위법행위

위탁선거법은 농협법·수협법 및 산림조합법에 따른 조합장선거에서 사전선거운동과 매수 및 기부행위가 금지되고, 선거운동을 목적으로 후보자 또는 후보자가 되려는 사람과 그 가족을 비방하거나 그들에 관하여 허위사실을 공표할 수 없다.

특히 현직 조합장에게는 기부행위가 상시제한되며, 조합의 경비로 경조사에 축의·부의금품을 제공하는 경우 명의표시가 제한된다. 아울러 조합의 임직원에게는 지위를 이용하여 선거운동을 하거나 선거운동의 기획에 참여하거나 그 기획의 실시에 관여하는 행위가 금지된다. 모두 기간의 제한 없이 언제든지 성립할 수 있는 위탁선거범죄이다.

문제는 이러한 위탁선거범죄가 발생한 경우 관할 선거관리위원회의 조사권은 원칙적으로 위탁관리가 확정되어야 행사할 수 있다는 점이다. 조합의 합병이나 해산 등의 사유로 예기치 않게 선거를 실시하지 못하는 상황이 발생할 수도 있기 때문이다.

위탁선거법은 동시조합장선거에서 개별 조합으로부터 별도의 신청이 없더라도 임기만료일전 180일에 관할 선거관리위원회에 위탁한 것으로 간주한다(§8 1.). 동시조합장선거의 위탁신청 간주시점인 임기만료일전 180일이 도래하면 관할 선거관리위원회는 그 전의 기부행위 위반[92] 등 위탁선거 위반행위도 함께 조사할 수 있고, 선거종료 후에도 공소시효가 완성되기 전까지는 사후매수나 선거일 후 답례금지 규정을 위반하지는 않는지 살펴본다.

따라서 위탁신청 간주시점 즉 임기만료일전 180일 전까지는 농협법·수협법 및 산림조합법 위반행위와 위탁선거법 위반행위는 중앙선거관리위원회의 선거관리 정책의 변경[93] 등 특별한 사정이 없는 한 관할 선거관리위원회가 개입하지 않을 가능성이 높으므로, 해당 위반행위는 사안의 시급성이나 중대성을 고려하여 우선 관할 경찰서에 신고하는 것이 적절해 보인다.

---

92) 2024년 1월 30일 위탁선거법의 개정에 따라 기부행위 제한기간이 종전의 임기만료일전 180일에서 임기만료일전 1년부터로 확장되었다. 위탁선거법 제34조제1호 참조.

93) 동시조합장선거의 기부행위 제한기간이 임기만료일전 1년부터로 확장됨에 따라 관할 선거관리위원회의 조기 개입 필요성은 인정되나, 동시조합장선거 9개월 전에 동시지방선거를 실시하는 점을 고려하면 기대하기 어렵다.

위탁선거 위반행위 신고자 포상과 보호

1. 위탁선거 위반행위 신고자 포상

가. 포상금 지급제도의 취지

위탁선거법은 선거관리위원회가 인지하기 전에 위탁선거 위반행위 신고를 한 사람에게 중앙선거관리위원회규칙으로 정하는 바에 따라 관할 선거관리위원회가 포상금을 지급할 수 있도록 규정하고 있다(§76). 포상금 지급 요건이 위탁선거 위반행위이므로 위탁선거법의 벌칙에 규정된 형벌이나 과태료에 해당하는 행위를 신고한 사람은 물론이고, 조합법에 규정된 선거범죄와 정관이나 규약 위반행위를 신고한 사람도 모두 포상금 지급대상이 된다.

위탁선거법의 신고자 포상금 지급제도는 당사자간 은밀하게 이루어지는 위탁선거 위반행위의 신고를 유도하기 위한 목적으로 도입되었다. 포상금은 선거관리위원회에 신고한 경우로 한정되므로, 경찰이나 검찰에 신고한 경우에는 그 지급대상이 아니다. 위

탁선거에서도 자유롭고 정의로운 선거질서를 수호할 책무는 우선
적으로 관할 선거관리위원회에 부과되어 있기 때문이다.

나. 위탁선거법의 포상금

동시조합장선거에서 선거관리위원회가 인지하기 전에 위탁
선거 위반행위를 신고한 사람에게는 관할 선거관리위원회가 최대
3억원의 포상금을 지급할 수 있다(위탁선거법 §76, 위탁선거규칙
§37).

위탁선거 위반행위의 범주에는 위탁선거법뿐만 아니라 각 개
별 법률에 규정된 선거와 관련한 위반행위는 물론이고 심지어 정
관등의 위반행위까지 포함된다(위탁선거법 §7 3.). 여기에서 '정관
등'이란 위탁단체의 정관, 규약, 규정, 준칙은 물론이고 그 밖에
위탁단체의 조직 및 활동 등을 규율하는 자치규범을 포괄하는 개
념이기 때문이다(위탁선거법 §3 8.).

다. 농협법 · 수협법 · 산림조합법에 따른 포상금

농협법은 공직선거 관여 범죄, 농협의 임원선거와 관련한 범
죄 또는 기부행위가 제한되는 사람으로부터 금품을 제공받아 50
배 과태료에 처해지는 위법행위에 대하여 해당 조합이나 조합선
거관리위원회가 알기 전에 그 사실을 신고한 사람에게 포상금을
지급할 수 있도록 규정하고 있다(§176①).

이 경우 포상금의 상한액 · 지급기준 및 포상 방법은 농림축
산식품부령으로 정하도록 하여 해당 시행규칙에서는 선거와 관련

406

하여 지급할 수 있는 조합별 포상금의 총액은 3천만원으로,[94] 1건당 지급할 수 있는 포상금의 상한액은 1천만원으로 하였다(§11①). 이 경우 포상금은 해당 농협이 부담하되, 중앙회는 조합이 부담해야 하는 포상금의 일부를 지원할 수 있다.[95] 그 밖에 포상금의 지급기준, 포상 방법, 포상금심사위원회의 설치·운영, 포상금의 반환 등에 관하여는 공직선거관리규칙의 관련 조항을 준용하도록 하였다(농업협동조합법 시행규칙 §11②).

한편, 수협법과 산림조합법에서도 농협법과 동일한 포상금 지급제도를 규정하면서[96] 포상금 지급기준, 포상금 심의 및 포상 방법 등 구체적인 내용은 수협 임원선거규정과 산림조합 임원선거규약에서 각각 정하고 있다. 이에 따라 수협법에 따른 신고 포상금 상한액은 500만원으로 정하고 있으나(수협 임원선거규정 §106①), 산림조합법에 따른 포상금 상한액은 산림조합 임원선거규약에 명시적으로 정하지 않은 것으로 보인다.[97]

라. 관할 선거관리위원회의 포상금 지급방법

신고자에 대한 포상은 시·도선거관리위원회에 설치된 포상금심사위원회의 의결을 거쳐 관할 선거관리위원회 위원장이 한

---

94) 농협 중앙회장선거의 경우 해당 선거에서 지급할 수 있는 포상금의 총액은 5천만원으로서 조합장선거보다 2천만원이 증액된다. 그러나 선거의 중요성이나 중앙회의 재정규모에 비추어 과연 적정한 금액인지 의문이 든다. 이 경우에도 1건당 지급할 수 있는 포상금의 상한액은 1천만원으로 조합장선거와 동일하다. 농업협동조합법 시행규칙 제11조제1항제2호 참조.
95) 농업협동조합법 시행규칙 제11조제1항 각 호 외의 부분 후단 참조.
96) 수협법 제182조, 산림조합법 제136조 참조.
97) 산림조합 임원선거규약 제83조제4항부터 제6항까지의 규정 참조.

다. 이 경우 포상금의 상한은 3억원으로[98] 하고, 신고자의 신원을 보호하기 위하여 포상대상자를 익명으로도 할 수 있다(위탁선거규칙 §37①).

하나의 사건에 신고자가 2명 이상인 경우 포상금심사위원회가 결정한 포상금을 그 공로를 참작하여 배분·지급한다. 다만, 포상금을 지급 받을 사람들이 배분에 관하여 미리 합의하여 지급을 신청한 경우에는 그 합의내용에 따라 포상금을 지급한다.[99]

2. 포상금 반환의 요건과 절차

가. 포상금 반환요건

관할 선거관리위원회가 포상금을 지급한 후 다음 중 어느 하나에 해당하는 사유가 있으면 그 포상금의 지급결정을 취소한다(위탁선거법 §76②).[100]

① 담합 등 거짓의 방법으로 신고한 사실이 발견된 경우
② 사법경찰관의 불송치결정이나 검사의 불기소처분이 있는 경우[101]
③ 무죄의 판결이 확정된 경우

위탁선거법에서 공직선거법의 입법례에 따라 포상금 반환제도를 신설한 것은 선거부패를 근절하고 당사자간 은밀하게 이루

---

98) 동시조합장선거만 3억원일 뿐, 개별 조합장선거에서는 최대 1억원이다.
99) 위탁선거규칙 제37제2항, 공직선거관리규칙 제143조의4제6항 참조.
100) 포상금 반환제도는 2024년 1월 30일 위탁선거법의 개정으로 도입되었다.
101) 혐의없음 또는 죄가안됨을 말한다. 위탁선거규칙 제37조제3항 참조.

어지는 매수 및 기부행위의 신고를 유도하기 위하여 도입한 포상금 지급제도의 입법취지와 모순되는 것으로 보인다.

사견으로는 당초 제도도입의 취지를 살리려면 선거관리의 제3자인 경찰·검찰이나 법원의 사후적인 판단보다 당초 포상금을 수령한 신고자의 신뢰를 더 두텁게 보호해야 한다고 본다. 아울러 당초 포상금을 지급하였던 관할 선거관리위원회에 대한 국민적 신뢰의 확보도 입법자가 추구해야 할 중대한 공익에 해당한다.

게다가 자치법규 위반행위 신고자에게 지급한 포상금의 경우 형사사법 시스템과 무관하므로 포상금 반환제도가 적용될 수 없다는 점을 고려하면 형평성의 측면에서도 더욱 문제가 있다.

나. 포상금 반환절차

관할 선거관리위원회가 포상금 지급결정을 취소한 때에는 해당 신고자에게 그 취소 사실과 지급받은 포상금에 해당하는 금액을 반환할 것을 통지해야 하고, 해당 신고자는 그 통지를 받은 날부터 30일 이내에 해당 금액을 관할 선거관리위원회에 납부해야 한다(위탁선거법 §76③).

포상금 반환을 통지받은 사람이 납부기한까지 반환하지 않는 경우 관할 선거관리위원회는 신고자의 주소지를 관할하는 세무서장에게 징수를 위탁하여 국세강제징수의 예에 따라 징수한다(위탁선거법 §76④). 동시조합장선거에서 포상금 예산은 조합과 중앙회가 똑같이 나누어 부담하지만(위탁선거법 §78②), 그 반환금은 국고에 귀속되어 조합이나 중앙회로 돌아가지 않는다.

3. 위탁선거범죄 신고자 보호

가. 제도의 개요

위탁선거범죄의 근절을 위해서는 자수자에 대한 형의 필요적 감면이나 신고자에 대한 포상금 지급만으로는 그 실효성 확보에 한계가 있다. 중대한 선거범죄는 그 성질상 후보자와 밀접한 유대를 맺고 있는 그 주변 인물들 사이에서 은밀하게 이루어지기 때문에 밀고자, 배신자라는 비난이 두려워 신고나 자수를 꺼리기 때문이다.

이에 따라 후보자와 공범관계 등 위탁선거 범죄를 잘 알고 있는 사람이 안심하고 신고하여 선거범죄 적발에 협조할 수 있도록 그 신원을 보호할 필요가 있다. 위탁선거범죄 신고자 보호제도는 선거범죄를 근절하기 위한 제도적 완성으로서 그 마지막 퍼즐 조각을 맞춘 것으로 평가할 수 있다.

위탁선거범죄에 관한 신고·진정·고소·고발 등 조사 또는 수사단서를 제공하거나, 진술 또는 증언을 하거나, 자료를 제출하거나, 범인 검거를 위한 제보를 하거나, 범인 검거활동을 한 사람이 그와 관련하여 피해를 입거나 입을 우려가 있다고 인정할 만한 상당한 이유가 있는 경우에는 특정범죄신고자 등 보호법의 관련 규정을 준용하여 선거관리위원회의 조사과정과 형사절차에서 그 신원을 보호한다(위탁선거법 §75①).

여기에서 '피해를 입거나 입을 우려가 있다고 인정할 만한 상당한 이유'란 범죄신고와 관련하여 생명 또는 신체에 대한 위해나 재산에 대한 피해를 입거나 입을 우려가 있다고 인정하기에 충분한 정도까지를 요구하는 것이 아니다.

예컨대, 신고자가 위탁선거범죄의 용의자로 신고한 사람이나 그 측근이 신고자와 같은 지역에 거주하면서 조우할 가능성이 있는 경우는 물론이고, 같은 지역에 거주하는 지역주민들로부터 신고자로 낙인 찍힐 가능성이 있는 경우 등 널리 일상생활에서 겪게 되는 불편함까지도 그 '상당한 이유'에 포함된다.[102]

나. 신고자의 범위

위탁선거법의 신고자 보호규정은 포상금 지급대상자와 달리 신고자의 범위를 위탁선거법에 규정된 범죄로 한정함에 따라 50배 과태료에 해당하는 위법행위를 신고한 사람을 보호대상에서 제외하고 있다. 다행히 위탁선거규칙에서 50배 과태료 부과대상자가 자수한 경우 관할 선거관리위원회는 선거범죄 신고자 보호규정에 따라 보호하도록 규정하여 법의 공백을 적절히 메우고 있다(§34⑥). 이 경우 포상금도 지급한다.

여기에서 보호되고 있는 위탁선거범죄 신고자란 특정범죄신고자 등 보호법에 따라 조서 기타 서류에 신고자의 인적사항기재가 생략되고 신원관리카드에 그 인적사항이 등재된 신고자를 말한다(§7). 따라서 위탁선거범죄 신고자로 보호를 받으려면 신고자라는 실질과 인적사항의 기재를 생략하고 신원관리카드에 등재되는 등 형식적 요건을 모두 갖추어야 한다.[103]

---

102) 대전고법 2015. 7. 6. 선고 2015노158 판결
103) 대법원 2006. 5. 25. 선고 2005도2049 판결

　　그러므로 관할 선거관리위원회나 수사기관에 위탁선거범죄를 신고하는 사람은 담당 공무원에게 관계법령에 따른 신고자 보호요건을 갖추어 달라고 적극적으로 요구할 필요가 있다.

다. 신고자 공개 금지 및 불이익 처우 금지

　　누구든지 보호되고 있는 위탁선거범죄 신고자라는 사실을 알면서 그 인적사항 또는 신고자임을 알 수 있는 사실을 다른 사람에게 알려주거나 공개하거나 보도하는 경우 위탁선거법의 각종 제한규정 위반죄가 적용되어 2년 이하의 징역 또는 2천만원 이하의 벌금에 처해질 수 있다(§66 13., §75②).

　　또한 위탁선거범죄 신고자를 고용하고 있는 사람이나 고용주를 위하여 근로자에 관한 업무를 행하는 사람은 피고용자가 범죄신고를 하였다는 이유로 해고 기타 불이익한 처우를 해서는 안 된다(특정범죄신고자 등 보호법 §5).

4. 조사와 형사절차에서 신고자 보호 방법

가. 선거관리위원회 조사과정의 보호

　　관할 선거관리위원회의 위원·직원이 선거범죄신고와 관련하여 문답서·확인서 그 밖의 서류를 작성하는 경우 위탁선거범죄에 관한 신고·진술·증언 그 밖의 자료제출 행위 등을 한 사람의 성명·주소·연령·직업 등 신원을 알 수 있는 사항의 전부 또는 일부를 기재하지 않을 수 있다(위탁선거규칙 §36①).

아울러 위탁선거범죄에 관한 신고·진술·증언 그 밖의 자료 제출행위 등을 한 사람은 관할 선거관리위원회 위원·직원의 승인을 받아 문답서 등에 인적사항의 전부 또는 일부를 기재하지 않을 수 있다(위탁선거규칙 §36②). 관할 선거관리위원회 위원·직원은 문답서 등에 기재하지 않은 신고자의 인적사항을 신원관리카드에 등재해야 하고, 관할 선거관리위원회가 고발 또는 수사의뢰를 하는 때에는 조사서류와 별도로 신원관리카드를 봉인하여 조사기록과 함께 관할 경찰관서에 제출해야 한다.

나. 수사절차에서의 보호

특정범죄신고자 등 보호법은 검사[104] 또는 사법경찰관이 범죄신고와 관련하여 조서 등을 작성할 때 신고자나 그 친족 등이 보복을 당할 우려가 있는 경우에는 그 취지를 조서 등에 기재하고 범죄신고자의 성명·연령·주소·직업 등 신원을 알 수 있는 사항의 전부 또는 일부를 기재하지 않도록 규정하고 있다(§7①).

범죄신고자나 그 법정대리인은 검사 또는 사법경찰관에게 신고자 보호에 따른 조치를 하도록 신청할 수 있다. 이 경우 검사 또는 사법경찰관은 특별한 사유가 없으면 그 조치를 해야 한다(특정범죄신고자 등 보호법 §7⑥). 사법경찰관이 조서 등에 범죄신

---

[104] 2022년 검경 수사권 조정을 위한 검찰청법과 대통령령인 검사의 수사개시 범죄 범위에 관한 규정의 개정에 따라 조합법의 선거범죄와 위탁선거범죄는 검사의 수사개시 대상 범죄에서 제외되었다. 그러나 기소독점주의 원칙에 따라 검사는 여전히 공소장 작성과 공판에 참여하게 되므로, 검사를 범죄신고자 보호의 주체로 적시한 것으로 보인다.

고자의 인적사항의 전부 또는 일부를 기재하지 않는 경우에는 즉시 검사에게 보고해야 하고, 검사 또는 사법경찰관은 조서 등에 기재하지 않은 인적사항을 신원관리카드에 등재해야 한다(특정범죄신고자 등 보호법 §7②·③). 조서 등에 범죄신고자의 성명을 기재하지 않은 경우 신고자의 서명은 가명으로, 간인과 날인은 무인으로 하게 한다. 이 경우 가명으로 된 서명은 본명의 서명과 동일한 효력이 있다(특정범죄신고자 등 보호법 §7④).

검사 또는 경찰서장은 범죄신고자나 그 친족이 보복을 당할 우려가 있는 경우에는 일정 기간 해당 검찰청 또는 경찰서 소속 공무원으로 하여금 신변안전을 위하여 필요한 조치를 하게 하거나 대상자의 주거지 또는 현재지現在地를 관할하는 경찰서장에게 신변안전조치105)를 하도록 요청할 수 있다.

이 경우 요청을 받은 경찰서장은 특별한 사유가 없으면 즉시 신변안전조치를 해야 한다(특정범죄신고자 등 보호법 §13①). 아울러 범죄신고자나 그 법정대리인 또는 친족은 재판장·검사 또는 주거지나 현재지를 관할하는 경찰서장에게 신변안전조치를 신청할 수 있다(특정범죄신고자 등 보호법 §13③).

다. 재판단계의 보호

신고자에 대하여 증인신문을 하는 경우 판사는 직권 또는 검사의 신청에 따라 그 과정을 영상물로 촬영할 것을 명할 수 있다.

---

105) 신변안전조치의 종류는 일정기간 특정시설에서 보호, 일정기간 신변경호, 신고자의 주거에 대한 주기적 순찰이나 폐쇄회로 텔레비전의 설치 등 주거에 대한 보호가 있다. 특정범죄신고자 등 보호법 제13조의2 참조.

이 경우 촬영한 영상물에 수록된 신고자의 진술은 증거로 할 수 있다(특정범죄신고자 등 보호법 §10).

법원이 조서 등에 인적사항의 기재를 생략한 범죄신고자를 증인으로 소환할 때에는 검사에게 소환장을 송달하도록 하여 증인소환에 특례를 두고 있다(특정범죄신고자 등 보호법 §11①).

재판장 또는 판사는 소환된 증인의 인적사항이 신원확인 · 증인선서 · 증언 등 증인신문의 모든 과정에서 공개되지 않도록 해야 한다(특정범죄신고자 등 보호법 §11③). 이 경우 소환된 증인의 신원확인은 검사가 제시하는 신원관리카드에 의한다. 공판조서에 인적 사항을 기재하지 않는 경우 재판장 또는 판사는 범죄신고자로 하여금 선서서에 가명으로 서명 · 무인하게 해야 한다. 이 경우 가명으로 된 서명은 본명의 서명과 동일한 효력이 있다(특정범죄신고자 등 보호법 §11④).

증인으로 소환받은 범죄신고자가 피해를 당할 우려가 있는 경우 재판장과 판사는 직권 또는 해당 범죄신고자의 신청에 따라 피고인이나 방청인을 퇴정시키거나 공개법정 외의 장소에서 증인신문을 할 수 있다(특정범죄신고자 등 보호법 §11⑥).

한편, 범죄신고를 함으로써 그와 관련된 자신의 범죄가 발견된 경우 그 범죄신고자에 대하여는 형을 감경 또는 면제할 수 있다(특정범죄신고자 등 보호법 §16).

제8장

특별 형사제도와 과태료 특례

　조합장선거에서 매수, 허위사실 공표 등 위법한 선거운동을 억제하고 선거의 공정성을 확보해야만 선출된 대표자는 다수의 지지와 깨끗한 선거에 따른 정당성을 기초로 강력한 리더십을 발휘할 수 있다.

　위탁선거법과 조합법은 선거결과를 안정시키기 위한 단기의 공소시효, 피선거권 보호를 위한 형의 분리선고, 선거범죄 억제를 위한 자수자 특례 등 특별 형사제도를 두고 과태료에도 특례를 규정하고 있다.

　이 장에서는 위탁선거법과 조합법에 규정된 특별 형사제도, 당선무효 제도 및 과태료 부과 · 징수에 관한 특례를 살펴보기로 한다.

선거범죄에 관한 단기의 공소시효

1. 조합장선거의 선거범죄 공소시효

　　조합장선거에서 선거범죄의 공소시효에 관해서는 농협법·수협법·산림조합법 및 위탁선거법이 모두 선거일 후 6개월을 경과함으로써 완성되도록 동일한 기간으로 규정하고 있다. 이 경우 선거일 후에 이루어진 범죄의 공소시효 또한 모두 그 행위를 한 날부터 6개월을 경과함으로써 완성되도록 하고, 범인이 도피하거나 범인이 공범 또는 범죄의 증명에 필요한 참고인을 도피시킨 경우에는 그 시효를 3년으로 연장한다.[1]

　　공소시효는 원칙적으로 범죄행위가 종료한 때로부터 진행하여 법정형에 따라 정해진 일정 기간의 경과로 완성된다. 대부분 선거 관련 법률에서 공소시효의 진행을 선거일부터 기산하도록 규정하고 있다. 그 취지는 해당 선거와 관련하여 선거일까지 발

---

　1) 농협법 제172조제4항, 수협법 제178조제5항, 산림조합법 제132조제4항, 위탁선거법 제71조 참조.

418

생한 범죄에 대하여는 범행시기가 언제인지를 묻지 않고 공소시효의 진행을 정지하였다가 선거일 후에 일괄하여 진행되도록 하려는 데 있다.[2]

2. 단기의 공소시효를 둔 취지

공소시효는 범죄 성립시부터 기산하여 국가의 형벌권을 행사할 수 있는 기한을 의미한다. 범인의 장기간 도피생활에 따른 고통과 반성을 고려하고, 세월의 경과에 따라 증인의 기억이 흐려지거나 심지어 사망할 가능성도 있으며, 증거가 유실됨에 따라 현실적으로 범죄입증이 곤란한 점 등을 고려한 것이다.

형사소송법은 공소시효의 기간을 장기 10년 미만의 징역 또는 금고에 해당하는 범죄는 7년, 장기 5년 미만의 징역이나 금고 또는 벌금에 해당하는 범죄는 5년으로 각각 달리 정하고 있다.

그러나 선거범죄에 관하여는 공직선거법과 위탁선거법을 비롯하여 농협법·수협법·산림조합법 등 개별 법률에서 짧은 공소시효를 규정하여 선거의 결과를 조속히 확정하고 당선인 지위의 불안정성을 제거하여 직무에 전념할 수 있도록 배려하고 있다.

다만, 공소시효가 단기임을 악용하여 중요 참고인을 도피시킨 경우에는 공소시효를 3년으로 연장하고, 선거일이 상당히 지난 후에 선거운동의 대가를 제공하는 등 사후매수에 대하여는 행위 시점을 공소시효 기산일로 하여 선거부정을 억제하고 있다.

---

2) 대법원 2012. 10. 11. 선고 2011도17404 판결

3. 공소시효 기산 기준일

'해당 선거일'이란 선거범죄와 직접 관련된 선거의 투표일을 말한다. 따라서 지난 선거와 다음 선거의 중간에 범행이 이루어진 경우 그 선거범죄가 범행 전후의 어느 선거와 관련하여 행하여진 것인지에 따라 공소시효의 기산일을 판단한다.[3]

'선거일 후'란 선거일 다음 날부터를 의미하고, '선거일 후 행하여진 범죄'란 선거일 후에 행하여진 일체의 선거범죄를 의미한다. 따라서 선거일부터 10개월이 지난 후에 이미 실시된 선거의 선거운동 관련 대가를 지급한 경우에는 그 대가 지급 행위가 있는 날부터 6개월까지 기소가 가능하다.[4]

4. 도피한 경우 공소시효의 연장

범인이 스스로 도피하거나 공범이나 참고인을 도피시킨 경우에는 공소시효가 3년으로 연장된다. 다만, 공범이나 참고인이 범인과 공모함이 없이 자발적 의사에 따라 도피한 경우에는 공소시효가 연장되지 않는다.

'범인'이란 실제로 범행을 한 사람으로서 수사기관에 의하여 범인으로 지목되어 수사의 대상이 된 사람을 의미하므로 반드시 피의자로 입건된 사람임을 요하지 않는다.

---

3) 대법원 2006. 8. 25. 선고 2006도3026 판결
4) 대검찰청 2020. 3.『공직선거법 벌칙해설』제10개정판 158쪽 참조.

'범인이 도피한 때'란 주관적으로 범인에게 수사기관의 검거
·추적으로부터 벗어나려는 도피의사가 있어야 하고, 객관적으로
는 수사기관의 검거·추적이 불가능한 도피상태에 있어야 한다.

따라서 범인에게 도피의사가 인정되지 않는 경우는 물론이
고, 범인의 인적사항이 불명이거나, 수사기관이 범인의 소재를
알지 못하거나, 범인이 단순히 수사기관의 소환에 응하지 않고
있을 뿐 강제수사가 가능한 경우에는 도피상태라 볼 수 없어 공
소시효가 정지되지 않는다.[5]

'공범'이란 공동정범, 교사범, 방조범을 말하고, 참고인은 피
의자가 아닌 사람으로서 수사상 필요에 따라 일정한 장소에 출
석요구를 받은 사람을 의미한다. 다만, 참고인은 아직 그와 같은
출석요구를 받지 않았더라도 향후 선거범죄의 증명에 필요하여
출석요구를 받을 것으로 예상되는 제3자가 포함된다는 견해[6]도
있다.

'도피시킨 때'란 형법의 범인도피죄에서 말하는 '도피하게 하
는 행위'와 같은 의미로 해석된다(§151).[7] 이는 범인 은닉 이외의
방법으로 범인에 대한 수사, 재판, 형의 집행 등 형사사법의 작용
을 곤란하게 하거나 불가능하게 하는 일체의 행위를 말하는 것으
로서 그 수단과 방법에는 아무런 제한이 없다.

판례는 범인이 아닌 자가 수사기관에 범인임을 자처하고 허
위사실을 진술함에 따라 수사에 혼선을 주어 진범의 체포와 발견
에 지장을 초래한 행위도 범인도피죄에 해당한다고 보았다.[8]

---

5) 대법원 2010. 5. 13. 선고 2010도1386 판결
6) 황정근 2005. 2. 10. 『선거부정방지법』 제2판 법영사 74쪽 참조
7) 대법원 2000. 11. 24. 선고 2000도4078 판결

5. 공소시효의 정지

공소시효는 공소의 제기로 진행이 정지되고 공소기각 또는 관할위반의 재판이 확정된 때로부터 다시 진행된다(형사소송법 §253①). 고소권자로서 고소를 한 사람이 검사의 불기소처분에 불복하여 재정신청을 한 경우에는 그 때부터 고등법원의 재정결정이 확정될 때까지 공소시효의 진행이 정지된다(형사소송법 §262의4①).

공범의 1인에 대한 공소시효의 정지는 다른 공범자에 대하여도 효력이 미치고, 해당 사건의 재판이 확정된 때부터 다시 공소시효가 진행된다(형사소송법 §253②).

공소장 변경이 있는 경우 공소시효는 당초의 공소제기 시점을 기준으로 판단한다.[9] 공소장 변경은 공소사실의 동일성을 해하지 않는 범위에서 적용법조만 달리하기 때문이다. 예컨대, 공소장일본주의 위반으로 공소기각 판결이 확정된 후 동일한 공소사실에 적용법조만 변경하여 다시 기소된 사안의 경우 그 공소시효는 당초의 공소가 제기된 때부터 공소기각의 재판이 확정된 때까지 정지된 것으로 본다.[10]

한편, 범인이 형사처분을 면할 목적으로 국외에 있는 경우 그 기간동안 공소시효가 정지된다(형사소송법 §253③). 해당 조항의 입법 취지는 범인이 우리나라의 사법권이 미치지 못하는 외국

---

8) 대법원 2000. 11. 24. 선고 2000도4078 판결
9) 대법원 2002. 1. 22. 선고 2001도4014 판결
10) 광주고법 2017. 9. 15. 선고 (전주)2017노89 판결

에 도피의 수단으로 체류한 경우에 그 기간은 공소시효가 진행되는 것을 저지하여 형벌권을 적정하게 행사하기 위한 것이다.[11]

　따라서 범인이 외국으로 도피한 경우 위탁선거법에 형사소송법상의 공소시효 정지에 관한 규정을 명시적으로 배제하는 규정을 두고 있지 않으므로, 조합장선거에서 선거범죄를 범한 사람이 외국으로 도피한 경우 외국에 체류하는 동안 그 공소시효가 정지되는 것으로 보아야 할 것이다.[12]

---

11) 대법원 2022. 9. 29. 선고 2020도13547 판결
12) 대검찰청 앞의 책 161쪽 참조.

당선무효와 형의 분리선고

1. 당선무효 제도의 취지

위탁선거법은 공공단체의 선거가 깨끗하고 공정하게 치러지도록 함으로써 공공단체 등의 건전한 발전과 민주사회 발전에 기여함을 목적으로 한다. 따라서 위법한 방법으로 당선인의 지위를 취득한 사람이 있다면 당연히 그 지위를 박탈하여 이익을 향유할 수 없도록 하는 것이 위탁선거법의 입법취지에 부합될 것이다.

아울러 선거에서 당선인의 배우자나 그의 직계존비속이 저지른 매수와 기부행위는 전적으로 후보자의 당선을 위한 행위이므로, 해당 후보자를 공범으로 형사처벌은 못하더라도 그 당선을 무효로 하여 불법행위에 따른 이익을 박탈하는 것이 바람직할 것이다.

헌법재판소는 배우자의 선거범죄로 인한 당선무효 규정에 대하여 배우자가 죄를 저질렀다는 이유만으로 후보자에게 불이익을 주는 연좌제가 아니라 후보자와 불가분의 선거운명공동체를 형성

하여 활동한 배우자의 실질적 지위와 역할을 근거로 후보자에게 연대책임을 부여한 것으로 보았다.[13]

2. 선거범죄로 인한 당선무효의 요건

가. 당선인 본인의 선거범죄

위탁선거법은 당선인이 위탁선거에서 해당 법률에 규정된 죄를 범하여 징역형 또는 100만원 이상의 벌금형을 선고받은 때에는 그 당선을 무효로 하도록 규정하고 있다(§70 1.).

한편, 농협법은 당선인이 공직선거에 관여하거나 농협법의 선거에 관한 규정을[14] 위반하여 징역형 또는 100만원 이상의 벌금형을 선고받은 때에는 해당 선거의 당선을 무효로 하도록 규정하고 있다(§173① 1.). 수협법과 산림조합법에서도 당선인 본인의 선거범죄로 인한 당선무효에 관하여 농협법과 동일하게 규정하고 있다.[15]

당선무효 제도에서 당선인은 관할 선거관리위원회가 당선인으로 결정한 사람을 말하므로, 당선인의 임기가 개시된 후에도 법원의 판결 등으로 당선무효 사유가 발생하면 그 지위가 박탈되어 재선거의 실시사유가 된다.

---

13) 헌법재판소 2005. 12. 22. 선고 2005헌마19 결정
14) 농협법 제7조제2항, 제50조·제50조의2·제50조의3 및 해당 규정을 준용하는 제107조제1항·제112조제1항을 말한다.
15) 수협법 제179조제1항제1호, 산림조합법 제133조제1항제1호 참조.

나. 당선인 가족의 선거범죄

위탁선거법은 당선인의 배우자나 직계존비속이 해당 선거에서 매수죄 또는 기부행위 위반죄를 저질러 징역형 또는 300만원 이상의 벌금형을 선고받은 때에도 당선을 무효로 한다(§70 2.). 선거에서 당선인의 배우자와 가족이 저지른 매수와 기부행위는 전적으로 후보자의 당선을 위한 행위로서 총체적으로는 후보자의 의사지배 하에서 이루어진 것으로 보기 때문에 해당 후보자의 당선을 무효로 하는 것이다. 다만, 다른 사람의 유도 또는 도발에 의하여 해당 당선인의 당선을 무효로 하는 죄를 범한 때에는 예외로 한다(위탁선거법 §70 2. 단서).

농협법은 당선인의 배우자나 직계 존속비속이 해당 선거에서 농협법의 선거범죄 중 매수죄 또는 기부행위 위반죄를 범하여 징역형 또는 300만원 이상의 벌금형을 선고받은 때에는 해당 선거의 당선을 무효로 하도록 규정하고 있다(§173① 2. 본문). 다만, 다른 사람의 유도 또는 도발에 의하여 해당 당선인의 당선을 무효로 하기 위하여 죄를 범한 경우에는 예외로 한다(농협법 §173① 2. 단서).

한편, 수협법과 산림조합법에서도 당선인 가족의 선거범죄로 인한 당선무효에 관하여 농협법과 동일하게 규정하고 있다.[16]

---

16) 수협법 제179조제1항제2호, 산림조합법 제133조제1항제2호 참조.

426

3. 당선무효 범죄와 일반범죄의 분리선고

가. 분리선고의 입법취지

판결이 확정되지 않은 여러 개의 죄를 동시에 판결하는 때에는 경합범 처벌에 관한 형법의 일반원칙에 따라 처벌해야 하므로, 선거범죄와 일반범죄의 실체적 경합범을 병합하여 심리하는 때에 같은 종류의 형인 경우 가장 무거운 죄에 정한 형의 장기 또는 다액多額에 그 2분의 1까지 가중한다(형법 §38① 2.).

이와 같이 경합범을 병합하여 심리하게 되면, 임원 자격제한의 기준이 되어야 할 선거범죄의 죄질이나 법익침해의 정도와 무관하게 일반범죄의 가벌성이 선고형에 큰 영향을 줄 수 있다.

이를 방지하기 위하여 경합범 처벌례에 관한 일반조항의 적용을 배척하고 피선거권이 제한되는 범죄는 일반범죄와 분리 심리하여 형을 따로 선고할 필요가 있다.[17] 선거범죄가 경미하여 그것만으로 처벌될 경우 소액의 벌금형에 그칠 사안이 다른 범죄와 경합범으로 함께 처벌되면 100만원 이상의 벌금형이 선고되어 당선이 무효로 되고 장기간 피선거권이 박탈될 수 있기 때문이다.

이러한 문제는 당선인의 배우자나 직계존비속이 해당 당선인의 당선무효에 해당하는 매수죄나 기부행위 위반죄를 범하고 다른 범죄와 함께 기소되어 실체적 경합범으로 병합하여 심리하는 경우에도 동일하게 발생한다. 당선무효 대상 범죄가 아닌 일반범죄의 가벌성이 높으면 당선무효를 초래할 수 있기 때문이다.[18]

17) 대법원 2004. 2. 13. 선고 2003도3090 판결

법원의 심리에 효율을 기하고 피고인에 대한 과중한 처벌을 회피하기 위하여 적용하는 병합심리 제도가 선거범의 재판에서는 피선거권 제한과 당선무효라는 형벌 외의 제재로 인하여 입법자가 미처 의도하지 않는 결과를 초래하는 것이다.

그럼에도 불구하고 경합범으로 기소된 여러 개의 죄에 대하여 형법 일반원칙의 적용을 배제하고 따로 형을 선고하려면 처벌하는 법률에 그 예외를 인정한 명문의 규정이 있어야 한다.[19]

현행 공직선거법에서 선거범과 다른 죄의 경합범에 대하여는 이를 분리 심리하여 따로 선고하도록 규정한(§18③) 이래 최근에는 농협법·수협법 및 산림조합법은 물론, 새마을금고법 등 유사 법제에도 분리선고제도가 수용되었다.

나. 신분별 분리선고 대상 범죄

(1) 누구든지

위탁선거법은 경합범의 분리선고에 관하여 아무런 근거가 없다. 그러나 농협법은 지역농협의 임원선거에서 위탁선거법 및 농협법의 선거범죄와 다른 죄의 경합범에 대해서는 이를 분리 선고하도록 규정하고 있다(농협법 §49의2①). 해당 규정은 조합선거의 모든 피고인에게 적용되는 일반규정이다.

---

18) 선거인 1~2명에게 조촐한 식사를 제공하던 중 단속활동에 나선 선거관리위원회 직원과 실랑이가 벌어져 해당 직원을 폭행하여 기부행위위반죄와 선거관리침해죄가 실체적 경합범으로 병합된 경우를 상상해 보라. 선거관리침해죄는 법정형의 벌금형 하한이 1천만원 이상이므로, 특별한 사정이 없는 한 당선무효와 피선거권 박탈을 피하기 어렵다.

19) 대법원 2011. 8. 18. 선고 2011도6311 판결

여기에서 분리선고의 대상으로 규정된 죄는 모두 100만원 이상의 벌금형으로도 4년간 피선거권이 제한되는 범죄들이다.[20] 구체적으로는 공직선거에 관여하거나 농협법의 선거에 관한 규정을 위반한 범죄, 위탁선거법의 전체 범죄가 이에 해당한다.

이러한 분리선고 규정은 지역축협과 품목조합의 임원선거에 준용하고 있고, 수협법과 산림조합법에서도 같은 내용을 규정하고 있다. 다만, 수협법과 산림조합법에서는 벌금형으로 피선거권이 제한되는 성폭력 범죄도 해당 범죄와 다른 죄의 경합범에 대하여 분리선고를 추가하고 있는 점이 특색이다.[21]

농협법·수협법 및 산림조합법의 분리선고 제도는 선거범죄에 대한 분리선고 제도가 없었던 구 새마을금고법 관련 조항에 대한 헌법불합치결정[22]의 취지를 반영하여 도입되었다. 헌법불합치결정의 이유는 분리선고 규정을 두지 않아 선고형 전부를 선거범죄에 대한 형으로 의제함에 따라 과잉금지원칙에 반하여 임원이 되려는 사람의 직업선택의 자유를 침해한다고 보았다.

(2) 당선인의 가족

위탁선거법에서는 당선인의 배우자나 직계존비속이 해당 선

---

20) 당선인에게 100만원 이상의 벌금형이 확정되면 당선이 무효로 되고, 그 날부터 5년간 피선거권이 제한된다. 농협법 제49조제1항제9호 참조.
21) 농협법 제107조제1항·제112조제1항, 수협법 제51조의2제1호, 산림조합법 제39조의2제1호 참조.
22) 헌법재판소 2014. 9. 25. 선고 2013헌바208 결정 참조. 해당 사안은 2012년 2월 서울지역에서 실시된 새마을금고 이사장선거에서 당선자가 회원에게 양주와 와인을 제공하고, 전임 이사장의 재임 중 12억원의 적자를 냈다고 명예를 훼손함에 따라 새마을금고법의 매수죄와 형법상 명예훼손죄의 경합범으로 벌금 200만원을 선고받자 헌법소원을 청구한 사건이다.

거에서 매수죄 또는 기부행위 위반죄로 징역형 또는 300만원 이상의 벌금형을 선고받은 때에는 당선을 무효로 하는 규정을 두면서(§70 2.), 정작 가족의 당선무효 대상 범죄와 다른 범죄의 경합범에 대하여는 이를 분리선고하는 규정이 없다.

다행스럽게도 농협법은 지역농협의 임원선거에서 후보자의 직계 존속·비속이나 배우자가 범한 농협법과 위탁선거법의 매수죄 또는 기부행위위반죄와 다른 죄의 경합범으로 징역형 또는 300만원 이상의 벌금형을 선고하는 경우에는 이를 분리하여 선고하도록 규정하고 있다(농협법 §49의2②). 법체계의 완성도 측면에서는 농협법 해당 규정의 입법례를 전범典範으로 꼽을 만하다.

이와 같이 당선인 가족의 당선무효 대상 범죄와 다른 범죄의 경합범에 대한 분리선고는 농협법에 따른 지역축협과 품목조합에서 준용하고 있고, 수협법과 산림조합법에서도 사실상 이와 동일한 내용을 규정하고 있다.[23]

4. 분리선고에 따른 공판절차

벌금형만으로 선거권이 제한되는 선거범죄 등과 다른 범죄의 경합범의 분리심리를 위한 공판절차의 진행은 사건기록을 분리할 필요가 없이 처음 공판기일에 선거범을 다른 죄와 분리심리할 것을 결정·고지하고 별도의 공판조서를 작성하여 진행한다.

판결은 특별한 사정이 없는 한 하나의 판결문으로 선고하되,

---

23) 농협법 제107조제1항·제112조제1항, 수협법 제51조의2제2호, 산림조합법 제39조의2제2호참조.

형만을 분리하여 선거범죄 등에 대한 형벌과 그 밖의 죄에 대한 형벌로 나누어 정하면 된다. 만일 공소사실에 불명확한 점이 있어 선거범죄 등과 다른 죄가 형법 일반원칙의 적용을 받는 경합범으로 기소되어 있는지 분명하지 않다면, 법원은 그 불명확한 점에 관하여 석명釋明을 구하는 등의 방법으로 공소사실을 특정한 후 사건을 선거범죄 등과 다른 죄로 분리하여 심리한다.[24]

5. 형의 분리선고에 관한 주요쟁점

가. 선거범과 상상적 경합범의 처리

선거범과 상상적 경합관계에 있는 다른 범죄에 대하여는 형법의 일반원칙에 따라 그 중 가장 무거운 죄에 정한 형으로 처벌해야 하고(형법 §40), 이때 처벌받는 가장 무거운 죄가 선거범인지를 묻지 않고 선거범과 상상적 경합관계에 있는 모든 죄는 통틀어 선거범으로 취급한다.[25]

예컨대, 다른 사람의 자동차 운전면허증을 제시하여 그 사람의 성명을 사칭하는 방법으로 투표하려는 경우, 이는 형법상 공문서부정행사죄(§230)와 위탁선거법상 사위투표죄(§64)의 상상적 경합이 성립되므로 이를 선거범으로 취급하는 것이다.[26] 이 경우 100만원 이상의 벌금형이 확정되면 당선이 무효로 되고, 4년간 임원선거의 피선거권이 박탈된다.

---

24) 대법원 1999. 4. 23. 선고 99도636 판결
25) 대법원 1999. 4. 23. 선고 99도636 판결
26) 서울고법 2015. 2. 11. 선고 2014노3562 판결

나. 명시적 근거 없이 분리선고 가능 여부

선거범과 다른 죄의 경합범에 대한 분리 선고제도가 도입되기 전 구 농업협동조합법이 적용된 선거범죄 재판에서 법원은 농협의 임원선거에서도 선거범이 아닌 다른 죄가 선거범의 양형에 영향을 미치는 것을 최소화할 필요가 있다는 점은 인정하였다.

그러나 이를 위하여 형법의 경합범 처벌에 관한 일반원칙의 적용을 배제하고 선거범이 아닌 다른 죄를 분리 심리하여 따로 선고하도록 할 것인지는 법원의 해석의 영역이 아니라 입법자의 결단에 따라 해결되어야 할 사안으로 보았다.27)

이러한 측면에서 수협중앙회장선거에서 형의 분리 선고제도를 두지 않은 부분은28) 단순한 형평성 차원을 넘어 위헌성 논란이 제기될 수 있으므로 헌법합치적 입법개선이 시급하다고 본다.

---

27) 대법원 2004. 4. 9. 선고 2004도606 판결
28) 수협법 제51조의2에서 지구별수협에 관한 형의 분리 선고를 규정하고, 제108조에서 업종별수협에, 제113조에서 가공수협에 각각 이를 준용하고 있으나, 농협중앙회 및 산림중앙회와 달리 수협중앙회는 분리 선고를 준용하지 않는다. 농협법 제161조, 수협법 제168조, 산림조합법 제122조 참조.

제3절

기소 · 판결의 통지와 신속한 재판

1. 위탁선거범 기소·판결의 통지

위탁선거에 관한 범죄로 당선인, 후보자, 후보자의 배우자 및 직계존비속을 기소한 경우 검사는 관할 선거관리위원회에 그 사실을 통지해야 한다(위탁선거법 §70의2①).

이와 같이 검사의 기소처분을 관할 선거관리위원회에 통지하도록 의무를 부과한 것은 해당 선거관리위원회가 향후 당선무효에 따른 재선거를 미리 대비할 수 있도록 하기 위한 취지로 보인다.[29] 기소처분에 따른 통지대상 신분의 범위가 위탁선거범죄로 인한 당선무효에 해당하는 사람들이고, 일반인을 기소한 경우에는 검사의 통지의무가 없기 때문이다.

아울러 위탁선거범죄에 대하여 확정판결을 내린 재판장은 그 판결서 등본을 관할 선거관리위원회에 송부해야 한다(위탁선거법 §70의2②). 이는 당선무효에 따른 재선거 실시사유를 확정하고,

---

29) 대검찰청 앞의 책 157쪽 참조.

신고자 포상금 반환, 50배 과태료 부과 등 관할 선거관리위원회
의 조사·단속업무 처리에 적정을 기하기 위한 조치로 보인다.

2. 위탁선거범에 대한 신속한 재판

위탁선거범죄를 범한 사람과 그 공범에 관한 재판은 다른 재
판에 우선하여 신속히 해야 하며, 그 판결의 선고는 제1심에서는
공소가 제기된 날부터 6개월 이내에, 제2심 및 제3심에서는 전심
의 판결의 선고가 있은 날부터 각각 3개월 이내에 하도록 노력해
야 한다(위탁선거법 §71의2).

선거범에 대한 재판을 신속히 진행하도록 법원에 의무를 부
과한 것은 선거에 관한 분쟁을 조기에 해결하고 불법행위로 취득
한 당선인의 지위를 조속히 박탈하기 위한 목적으로 2024년 1월
30일 위탁선거법의 개정에 따라 도입되었다.

당초 국회 행정안전위원회의 법안심사 과정에서는 공소가 제
기된 날부터 6개월 이내에, 전심의 판결선고가 있은 날부터 3개
월 이내에 반드시 판결을 선고하도록 강행규정을 두었으나, 법제
사법위원회의 체계·자구심사 과정에서 법원행정처가 위탁선거범
의 재판에 강행규정을 둘 경우 다른 사건의 재판을 지연시킬 우
려가 있어 그 필요성을 면밀하게 검토할 필요가 있다는 의견을[30]
제시함에 따라 권고규정으로 완화되어 입법되었다.

참고적으로 판례는 법원이 공직선거법의 선거범에 대한 재판
의 강행규정을 준수하기 위하여 선고기일을 염두에 두고 공판기

---

30) 2024. 1. 8. 국회 법제사법위원회 회의록 53쪽·65쪽 및 66쪽 참조.

일을 정하여 진행하였더라도 검사의 공소유지와 피고인의 방어권
행사에 실질적인 지장을 초래하지 않는 범위에서 이루어졌다면
이를 자의적인 재판진행이라 할 수 없다고 보았다.[31]

---

31) 대법원 2002. 6. 25. 선고 2002도45 판결

자수자에 대한 특례

1. 자수자 특례규정의 입법취지

자수는 범죄를 스스로 뉘우치고 개전改悛의 정情을 표시하는 것이므로 비난가능성이 약하고, 자수를 하면 수사가 용이할 뿐만 아니라 국가의 형벌권을 정확하게 행사할 수 있어 죄 없는 사람에 대한 처벌을 방지할 수 있다.[32]

다만, 자수의 효과 중 비난가능성이 약한 측면을 중시할 것인지 아니면 국가 형벌권 행사의 적정성 확보라는 측면을 더 중시할 것인지에 따라 형법이나 개별 법률에서 자수에 대하여 형을 감면하는 정도를 각각 달리 정하고 있다.

형법은 죄를 지은 후 수사기관에 자수한 경우 형을 감경하거나 면제할 수 있도록 형의 임의적 감면을 규정하여(§52①) 형의 감경 또는 면제가 전적으로 재판부의 재량에 맡겨져 있으나, 위탁선거법과 농협법·수협법 및 산림조합법은 선거에서 금품 등을

---

32) 대법원 1997. 3. 20. 선고 96도1167 전원합의체 판결

받은 죄를 지은 후 자수한 사람에게는 반드시 형을 감경 또는 면제하도록 필요적 감면을 규정하고 있는 점에 특징이 있다.

선거범죄자에 대한 자수자 특례규정은 매수행위나 기부행위가 당사자 사이에 은밀하게 이루어져 단속이 어렵다는 점을 고려하여 금품이나 이익을 제공받은 상대방으로 하여금 이의 신고를 유도함으로써 매수행위와 기부행위를 보다 효과적으로 단속하기 위하여 도입된 것이다.[33]

따라서 선거 관계법의 자수자에 대한 형의 필요적 감면제도는 금품 제공자를 효과적으로 처벌하기 위한 것이 주된 목적으로서 자수에 따른 비난가능성이 약하다는 측면보다는 선거범죄를 근절하기 위한 국가 형벌권 행사의 적정성 확보라는 측면에 더 무게를 둔 것으로 보인다.

참고적으로 선거범죄를 범한 사람이 자수한 경우에는 선거범죄 신고자로 보호되고, 그 자수시점이 관할 선거관리위원회가 인지하기 전이라면 포상금도 지급한다(위탁선거법 §75·§76).

2. 개별 법률의 자수자 특례규정

가. 위탁선거법

위탁선거법에서는 모든 범죄의 자수자에게 특례를 적용하는 것이 아니라 매수 및 이해유도죄나 기부행위 위반죄를 범한 사람 중 금전·물품이나 그 밖의 이익 등을 받거나 받기로 승낙한 사

---

33) 한원도 1996. 2. 『공직선거및선거부정방지법 축조해설』 법전출판사 685쪽 참조.

람이 자수한 경우에만 필요적으로 그 형을 감경 또는 면제한다.

다만, 후보자나 그 가족이 자수하거나 거짓의 방법으로 이익 등을 받거나 받기로 승낙한 사람이 자수한 경우에는 자수자의 특례를 적용하지 않는다(위탁선거법 §74①).

후보자나 그 가족이 상대 후보자로부터 매수를 받고 자수한 경우에는 경쟁 후보자에 대한 처벌이나 당선무효를 유도하는 행위로 악용될 우려가 있고, 거짓의 방법으로 금품 또는 이익을 받거나 받기로 승낙한 사람이 자수한 경우에는 그 진정성을 담보하기 어렵기 때문이다.[34]

후보자나 그 가족이 자수를 하는 경우 비록 위탁선거법의 특례를 적용받지는 못하지만, 형법의 일반원칙에 따라 임의적으로 그 형을 감면받을 수 있다. 기부행위를 하거나, 매수행위를 하거나, 허위사실을 공표하거나, 후보자를 비방하거나, 선거관리를 방해하는 등 위탁선거법에 따른 자수자 특례가 적용되지 않는 사람이 자수한 경우에도 또한 같다.

나. 농협법 · 수협법 · 산림조합법

농협법은 위탁선거법과 동일하게 임원선거와 관련하여 해당 법률의 매수죄 또는 기부행위 위반죄를 범한 사람 중 금전 · 물품 · 향응, 그 밖의 재산상의 이익 또는 공사의 직을 제공받거나 받기로 승낙한 사람이 자수한 때에는 그 형 또는 과태료를 감경 또

---

34) 1994년 3월 16일 제정된 공직선거 및 선거부정방지법은 당초 금품을 받은 사람이 자수한 경우에는 그 형을 면제하도록 규정하였으나, 필요적 면제에 따른 부작용이 지적되자 2000년 2월 16일 필요적 감경 또는 면제로 관련 규정을 개정하였다. 입법권자는 자수를 배신자의 언어로 오독한 것이다.

는 면제하도록 규정하고 있다(§177①). 수협법과 산림조합법에서
도 농협법과 동일하게 자수자에 대한 형 또는 과태료의 필요적
감면을 규정하고 있다.[35]

농협법·수협법 및 산림조합법에 따른 자수는 위탁선거법에
따른 자수와 달리 후보자나 그 가족이 상대 후보자로부터 매수나
기부행위를 받고 자수한 경우에도 특례적용을 배제하지 않는다.

물론 거짓의 방법으로 금품 또는 이익을 받거나 받기로 승낙
한 사람이 자수한 경우에는 실체적 진실발견이나 국가 형벌권의
적정한 행사에 기여한 점이 없으므로 법규에 명시적 규정을 두지
않았더라도 자수자의 특례를 적용해서는 안 될 것이다.

3. 형의 감면대상 자수의 요건

가. 자수의 정의

자수란 범인이 자발적으로 자신의 범죄사실을 수사기관에 신
고하여 그 소추를 구하는 의사표시를 말한다. 자수의 시기에 관
하여 아무런 제한을 두고 있지 않으므로 범죄가 발각된 후에도
범인이 체포 전에 자발적으로 자기의 범죄사실을 수사기관에 신
고한 경우에는 이를 자수로 본다.[36]

또한 자수는 자발적이어야 하므로 수사기관의 피의자 신문
또는 조사에 응하여 자신의 범죄사실을 진술하는 것은 자백일 뿐

---

35) 수협법 제183조제1항, 산림조합법 제137조제1항 참조.
36) 대법원 1997. 3. 20. 선고 96도1167 전원합의체 판결

자수에는 해당하지 않는다. 예컨대, 국립과학수사연구소의 분석 결과 등을 토대로 피의자의 여죄를 추궁하자 해당 피의자가 다른 범죄사실을 자백한 경우에는 이를 자수로 보지 않는다.[37]

일단 자수가 성립된 이상 자수의 효력은 확정적으로 발생한다. 따라서 자수한 범인이 나중에 진술을 번복하거나 범행을 부인하더라도 일단 발생한 자수의 효력은 소멸되지 않는다.[38]

한편, 선거관리위원회가 수사기관은 아니지만, 선거범죄를 범한 사람이 선거관리위원회에 자신의 범죄를 신고한 경우 해당 선거관리위원회가 이를 관계 수사기관에 통보한 때에는 적법한 자수로 인정한다.

나. 자수시점에 대한 판단

자수는 범인이 수사기관에 의사표시를 함으로써 성립하기 때문에 내심적 의사만으로는 인정될 수 없고 그 의사가 외부로 표시되어야 한다. 원칙적으로 매수죄나 기부행위 위반죄를 범한 사람 중 금품 또는 이익을 받거나 받기로 승낙한 사람이 경찰이나 검찰 등 수사기관에 자신의 범죄사실을 알린 때가 자수시점이다.

그러나 위탁선거법과 농협법·수협법·산림조합법에서는 선거관리위원회에 자신의 범죄사실을 신고하고 선거관리위원회가 수사기관에 이를 통보한 때에는 자수시점을 소급하여 선거관리위원회에 신고한 시점을 자수한 때로 본다.[39]

---

37) 대법원 2006. 9. 22. 선고 2006도4883 판결
38) 대법원 2004. 10. 14. 선고 2003도3133 판결
39) 위탁선거법 제74조제2항, 농협법 제177조제2항, 수협법 제183조제2항, 산림조합법 제137조제2항 참조.

440

여기에서 선거관리위원회의 개념은 법률에 따라 차이가 있다. 예컨대, 위탁선거법의 선거관리위원회는 관할 선거관리위원회를 의미하지만, 농협법·수협법 및 산림조합법의 선거관리위원회는 각각 해당 법률에 따른 선거관리위원회를 지칭하므로, 조합선거관리위원회가 포함되는 것으로 보인다.

4. 자수의 요건에 대한 판단기준

자수는 본래의 죄에 관하여 신고해야만 형의 감면대상인 자수로 인정받을 수 있다. 판례는 수사기관에 뇌물수수의 범죄사실을 신고하였으나, 그 수뢰액을 실제보다 적게 신고함으로써 적용법조와 법정형이 달라지게 된 경우에는 비록 자수 당시의 신고가 자발적이라 하더라도 본래의 죄에 관하여 신고한 것이 아니므로 자수로 인정하지 않았다.[40]

해당 판례에 따르면 위탁선거에서 100만원을 초과하는 금품을 제공받아 기부행위 위반죄의 형벌이 적용되어야 하는 사람이 과태료 부과대상인 100만원 이하의 금품을 받았다고 거짓으로 자수한 경우 법리적으로 복잡한 상황이 발생할 것으로 보인다.

받은 금액을 실제보다 적게 신고함으로써 위탁선거법에 따른 기부행위 위반죄가(§59) 아니라 50배 과태료 부과대상으로(§68③) 적용법조와 법정형이 모두 달라지게 되었으므로 본래의 죄에 관

---

40) 대법원 2004. 6. 24. 선고 2004도2003 판결. 이 사안은 실제 5천만원의 뇌물을 받았으나, 수사망이 좁혀오자 특정범죄 가중처벌법 적용에 따른 중형을 피하고자 3천만원의 뇌물을 받았다고 축소하여 자수한 사안이다.

하여 자수한 것이 아니기 때문이다.

　사견으로는 자수자 특례제도의 입법취지를 고려하고 금품 제
공자를 적발하여 처벌하는데 기여한 공로를 참작한다면, 이를 필
요적 면제가 적용되는 자수로 인정하는 것이 타당해 보인다. 물
론 해당 자수자는 선거범죄 신고에 따른 포상금 지급 대상자이
고, 아울러 선거범죄 신고자로서 그 신원을 보호해야 한다는 점
에는 이론의 여지가 없을 것이다.

위탁선거법의 과태료 특례

1. 위탁선거법의 과태료 처분

가. 과태료 처분대상

과태료는 형벌과 더불어 벌칙의 일종이다. 조합장선거에 적용되는 위탁선거법의 과태료는 총 4가지뿐이다. 구체적으로는 살펴보면 다음과 같다.[41]

첫째, 위탁선거범죄의 현행범 또는 준현행범[42]으로서 선거범

---

41) 농협법·수협법 및 산림조합법에서도 기부행위가 제한되는 사람으로부터 금품 등을 제공받은 사람에게 50배 과태료를 부과할 수 있도록 규정하고 있으나, 조합장선거에서는 위탁선거법에 따른 과태료가 우선 적용되므로 설명을 생략한다. 과태료 부과권자도 중앙선거관리위원회, 농림축산식품부장관, 해양수산부장관, 산림청장 또는 시·도지사로 일관성이 없다. 농협법 제174조제4항, 수협법 제180조제3항, 산림조합법 제134조제4항 참조.

42) 형사소송법 제211조에 따른 현행범인과 준현행범인을 말한다. 범죄를 실행하고 있거나 실행하고 난 직후의 사람, 장물이나 범죄에 사용되었다고 인정하기에 충분한 흉기나 물건을 소지하고 있거나, 신체나 의복류에 증거가 될 만한 뚜렷한 흔적이 있는 사람을 현행범 또는 준현행범이라 한다.

죄의 조사를 위한 관할 선거관리위원회 위원·직원의 동행요구에 응하지 않은 사람에게는 매회 300만원의 과태료를 부과한다(위탁선거법 §68①, 위탁선거규칙 §34①).

둘째, 기부행위가 제한된 사람으로부터 100만원 이하의 금품이나 재산상의 이익을 제공받은 사람에게는 그 제공받은 금액 또는 가액의 10배 이상 50배 이하에 상당하는 금액의 과태료를 부과하되, 그 상한액은 3천만원으로 한다(위탁선거법 §68③). 50배 과태료의 부과요건과 감경 또는 면제 등에 관해서는 제2장 '기부행위 제한과 50배 과태료'를 참고하기 바란다.

셋째, 관할 선거관리위원회 위원·직원의 위탁선거 위반행위 조사를 위한 출석요구에 정당한 사유 없이 응하지 않은 사람 중 당사자에게는 매회 100만원, 관계인에게는 매회 50만원의 과태료를 부과한다(위탁선거법 §68② 2., 위탁선거규칙 §34①). 이 경우 위탁선거 위반행위에는 자치규범 위반행위가 포함되므로, 정관이나 규약을 위반한 사람이 출석요구에 불응할 경우 얼핏 과태료를 부과할 수 있는 것처럼 보인다. 그러나 자치규범의 효력은 내부에만 미치므로, 비조합원에게 특정 조합의 규범 위반을 이유로 출석을 요구하는 행위 자체가 허용될 수 없을 것이다. 당연히 국가의 일반통치권에 기초한 벌칙으로서 과태료는 부과될 수 없다.

넷째, 인터넷 홈페이지의 게시판·대화방 등에 위탁선거법에 위반되는 정보가 게시되어 관할 선거관리위원회가 해당 인터넷 홈페이지의 운영자 등에게 해당 정보의 삭제를 요청하였으나, 정해진 기한까지 이행하지 않은 때에는 50만원의 과태료를 부과하고, 이행기한을 초과하는 매 1일마다 10만원씩을 가산하여 과태료를 부과한다(위탁선거법 §68② 1., 위탁선거규칙 §34①).

나. 과태료 부과액의 가중과 감경

관할 선거관리위원회가 과태료 처분을 하는 때에는 위반행위의 동기와 그 결과, 위탁선거에 미치는 영향, 위반기간과 위반의 정도 등을 참작하여 부과 기준금액의 2분의 1의 범위에서 과태료를 경감하거나 가중할 수 있다. 다만, 과태료를 가중하는 경우에도 1회 부과액은 법정 상한액을 넘을 수 없다(위탁선거규칙 §34②).

2. 과태료 부과·징수 특례규정의 취지

과태료에 관한 총칙법인 질서위반행위규제법은 과태료의 부과·징수, 재판 및 집행 등의 절차에 관한 다른 법률의 규정 중 질서위반행위규제법에 저촉되는 것은 해당 법률이 정한 바에 따르도록 하여 질서위반행위규제법이 과태료에 관한 일반법이면서도 특별법과 유사하게 우선 적용됨을 밝히고 있다(§5).

따라서 개별 법률에서 과태료의 부과·징수에 관한 규범을 형성하는 때에는 가급적 총칙법인 질서위반행위규제법을 존중하여 과태료에 관해서도 통일적인 법질서를 형성하는 것이 바람직할 것이다. 그러나 짧은 선거기간 중 다수인이 연루되어 집중적으로 발생하는 위반행위에 대하여 통상적인 방법으로는 효과적인 대응이 어려울 것이므로, 위탁선거법에 질서위반행위규제법의 과태료 부과·징수에 관한 특례를 두어 효율적으로 위법행위를 억제하고 확산을 방지하여 공정한 선거질서를 담보할 필요성도 긴

요하다.

　이에 따라 위탁선거법은 질서위반행위규제법에도 불구하고
과태료 부과전 사전통지에 따른 의견 제출 기간, 과태료 처분에
불복이 있는 당사자의 이의제기 기간, 당사자의 이의제기시 과태
료 부과처분의 효력, 기한 내 미납부시 과태료 중가산금의 적용
과 징수위탁 등에 관하여 특칙을 두고 있다(§68⑤).

3. 위탁선거법의 과태료 부과·징수 절차

가. 사전통지·의견제출

　관할 선거관리위원회가 과태료를 부과하려는 경우 미리 당사
자에게 통지해야 하고, 당사자는 부과권자로부터 사전통지를 받
은 날부터 3일까지 의견을 제출해야 한다(위탁선거법 §68⑤ 1.).

　질서위반행위규제법은 10일 이상 의견제출 기간을 보장함에
반하여(§16①), 위탁선거법은 그 기간을 3일로 단축한 것이다. 지
정된 기일까지 의견제출이 없는 경우 의견이 없는 것으로 간주하
고, 당사자가 제출한 의견에 이유가 있으면 과태료를 부과하지
않거나 통지한 내용을 변경할 수 있다(질서위반행위규제법 §16).

　당사자가 의견제출 기한 내에 과태료를 자진하여 납부하는
경우에는 부과될 금액의 100분의 20의 범위에서 과태료를 감경
할 수 있다(질서위반행위규제법 §18).

나. 과태료의 부과

관할 선거관리위원회가 과태료 처분을 하는 때에는 해당 위반행위의 동기와 그 결과, 선거에 미치는 영향, 위반기간 및 위반정도 등을 고려하여 과태료 부과 기준금액의 2분의 1의 범위에서 이를 경감하거나 가중할 수 있다. 이 경우 1회 부과액은 법에서 정한 과태료의 상한액을 넘을 수 없다(위탁선거규칙 §34②).

과태료를 부과하는 경우 당사자의 성명과 주소, 과태료 부과의 원인이 되는 사실, 과태료 금액과 적용 법령, 과태료를 부과하는 행정기관의 명칭과 주소, 과태료 납부기한과 납부 방법, 미납부시 불이익이 부과될 수 있다는 사실, 이의제기 기간과 방법, 그 밖에 과태료 부과에 관하여 필요한 사항을 모두 서면에 기재해야 한다.[43]

만일 관계법령에 규정된 사항을 기재하지 않고 과태료 납부고지서에 과태료액과 납부기한, 납부장소 등 일부만을 기재하여 통보하였다면 적법한 과태료 처분이 아니다.[44] 당연히 그 처분의 효력이 인정될 수 없어 과태료 납부의무 또한 발생하지 않는다.

다. 이의제기와 법원의 과태료 재판

과태료 처분에 불복하는 당사자는 과태료 부과 통지를 받은 날부터 20일 이내에 관할 선거관리위원회에 서면으로 이의를 제기할 수 있다(위탁선거법 §68⑤ 2.). 이는 질서위반행위규제법의

---

43) 질서위반행위규제법 제17조제2항, 질서위반행위규제법 시행령 제4조 참조.
44) 대법원 1992. 11. 13. 선고 92누1285 판결

이의제기기한인 60일보다 대폭 단축한 기간이다. 이의신청기간을 넘긴 경우 과태료 처분은 확정되어 더 이상 다툴 수 없다.[45]

통상적으로 질서위반행위규제법에 따른 과태료 부과처분은 당사자의 이의제기가 있는 경우 그 효력을 상실하지만(§20②), 위탁선거법에 따른 과태료 부과처분은 이의제기가 있더라도 법원의 판결이 선고될 때까지는 그 처분의 효력이나 집행 또는 절차의 속행에 아무런 영향을 주지 않는다(§68⑤ 2.).

과태료 처분을 받은 당사자가 이의를 제기한 경우 관할 선거관리위원회는 지체없이 그 사실을 관할 법원에 통보하고(위탁선거법 §68⑤ 4.), 과태료 부과처분의 당부는 최종적으로 질서위반행위규제법에 따른 법원의 재판에 의하여 결정된다.

관할 선거관리위원회가 위탁선거법에 따라 부과한 과태료는 비록 행정처분과 유사하게 당사자의 이의제기가 있더라도 그 처분의 효력이나 절차의 속행에 영향을 받지는 않지만, 그 처분의 당부는 행정소송법이 아니라 질서위반행위규제법이 정한 절차에 따른다는 점에서 해당 과태료 부과처분을 행정처분으로 볼 수는 없다.[46]

라. 과태료의 징수 위탁

당사자가 납부기한까지 과태료를 납부하지 않은 경우 질서위반행위규제법은 체납된 과태료에 대하여 100분의 3에 상당하는

---

45) 대법원 1982. 7. 22. 선고 82마337 판결
46) 대법원 1993. 11. 23. 선고 93누16833 판결 참조. 질서위반행위규제법이 제정되기 전까지 과태료 부과처분에 대한 재판은 그 심리에 대심구조가 형성되지 않는 비송사건절차법에 따랐다.

가산금을 더하지만(§24), 위탁선거법은 체납된 과태료의 100분의 5에 상당하는 가산금을 더한다.

질서위반행위규제법에 따른 과태료는 납부기한이 경과한 날부터 60개월을 한도로 매 1개월마다 체납된 과태료의 1천분의 12에 상당하는 중가산금을 가산하여 행정청이 직접 징수한다. 그러나 위탁선거법에 따른 과태료는 당사자가 납부기한까지 과태료를 납부하지 않은 경우 중가산금을 적용하지 않되, 선거관리위원회가 관할 세무서장에게 징수를 위탁하여 그 세무서장이 국세 체납처분의 예에 따라 징수하도록 중가산금과 과태료 징수의 특례를 규정하고 있다(위탁선거법 §68⑤ 3.).

관할 선거관리위원회는 과태료의 부과·징수를 위하여 필요한 때에는 관계 행정기관, 지방자치단체 등 공공기관의 장에게 자료 또는 정보의 제공을 요청할 수 있으며, 그 요청을 받은 공공기관의 장은 특별한 사정이 없는 한 이에 따라야 한다(질서위반행위규제법 §23).

과태료제도가 비범죄화이론의 영향을 받아 경미범죄의 수사와 재판에 따른 형사사법 시스템의 부하를 경감시키고 전과자의 양산을 방지하는 등 긍정적 효과도 무시할 수 없다.

그러나 기부를 받은 사람에 대한 50배 과태료 등 과태료 부과제도가 입법자에게 선거법 위반행위를 억제하기 위한 효율적인 정책수단으로 인식되면서 공직선거법, 위탁선거법 등 선거 관련 법률에 경쟁적으로 도입된 점은 시사하는 바가 적지 않다.

제9장

조합장선거에 관한
다툼과 그 절차

　선거결과에 이의가 있는 후보자와 선거인은 관할 선거관리위원회 또는 주무장관에게 이의를 제기하거나 법원에 소송을 제기할 수 있다. 이에 관한 절차와 방법은 이의제기의 원인에 따라 각각 다르다.

　원칙적으로 선거의 효력이나 당선의 효력에 관한 이의제기는 해당 조합에 해야 하지만, 투표의 효력에 대한 이의제기는 관할 선거관리위원회의 상급기관인 시·도 선거관리위원회에 해야 한다.

　이 장에서는 조합장선거의 효력이나 당선의 효력을 둘러싼 다툼의 형식과 이를 해결하기 위한 절차와 방법을 알아보기로 한다.

선거관리위원회 · 조합에 대한 이의제기

1. 선거관리위원회에 대한 이의제기

가. 이의제기의 요건

조합장선거에서 후보자와 선거인은 선거사무 관리집행의 하자 또는 투표의 효력에 대하여 관할 선거관리위원회의 직근 상급 선거관리위원회에 이의를 제기할 수 있다(위탁선거법 §55 단서). 이 경우 선거 또는 당선의 효력에 대한 이의제기는 해당 조합에 해야 한다(위탁선거법 §55 본문).

선거관리 집행의 하자에 관한 이의제기는 그 사유가 발생한 날부터, 투표의 효력에 관한 이의제기는 선거일부터 각각 5일 이내에 서면으로 해야 한다(위탁선거규칙 §32). 선거결과를 조속히 확정하기 위하여 짧은 제기기한을 정한 취지로 보인다.

후보자와 선거인이라면 누구든지 이의제기를 할 수 있고, 이의제기에 따른 별도의 수수료는 부과되지 않는다. 이의제기서에

는 이의제기자의 인적사항, 이의제기의 내용과 그 사유를 적고
그 밖에 이의제기의 내용을 증명할 수 있는 자료를 첨부한다.

나. 이의제기의 대상

조합장선거에서 선거 또는 당선의 효력에 대한 이의제기는
해당 조합에 해야 하므로, 후보자나 선거인이 시·도선거관리위
원회에 이의제기를 할 수 있는 대상은 관할 선거관리위원회가 수
탁한 위탁선거 사무의 관리집행의 하자 또는 투표의 효력에 한정
된다(위탁선거법 §55).

해당 규정은 관할 선거관리위원회에 대한 일종의 면책조항으
로서 관할 선거관리위원회의 위탁관리 범위에 속하지 않거나 그
범위에 속하더라도 선거 전체의 효력이나 당선의 효력에 관하여
는 해당 조합장선거를 수탁관리한 관할 선거관리위원회에 이의를
제기할 수 없다는 의미이다.

투표의 효력이란 개별 투표지의 효력뿐만 아니라 모든 투표
지의 효력까지를 의미하며, 선거결과에 영향을 미칠 수 있다고
보는 경우 해당 선거관리위원회는 전체 투표지의 재검표를 요구
하는 이의제기도 수용하여 검증하여 주고 있다.[1]

그러나 선거인명부 작성·열람, 선거인명부에 대한 이의신청
및 그 결정에 대한 사항, 후보자의 피선거권에 관한 사항, 자격
이 없는 사람의 선거인명부 등재, 자격이 있는 사람의 선거인명

---

1) 중앙선거관리위원회, 2015. 7.『제1회 전국동시조합장선거총람』114쪽, 2019. 7.
『제2회 전국동시조합장선거총람』99쪽, 2023. 8.『제3회 전국동시조합장선거총
람』89쪽 참조.

부 누락에 관한 사항은 해당 조합의 자율성이 보장되어야 하는 영역으로서 위탁관리의 대상이 아니므로,[2] 이에 관하여는 시·도선거관리위원회에 이의를 제기할 수 있다.

2. 선거관리위원회의 이의제기 심리방법

조합장선거에서 위탁선거 사무에 관한 관리집행의 하자 또는 투표의 효력에 관하여 후보자나 선거인의 이의제기를 접수한 시·도선거관리위원회는 그 날부터 10일 이내에 이의제기에 대한 결정을 해야 하며, 그 결정 내용을 지체 없이 이의제기자와 관할 선거관리위원회에 통지해야 한다(위탁선거규칙 §32).

이의제기를 처리하는 시·도선거관리위원회는 관할 선거관리위원회의 당초 처분의 내용과 근거, 그리고 처분 경위와 이의제기 내용의 타당성 여부를 심리한다. 이의제기의 심리는 법적으로 공개된 장소를 요구하거나 당사자의 참여를 보장하도록 의무화하는 등 엄격한 요건을 두지는 않고 있다.

실무적으로는 이의제기자, 당선인, 관할 선거관리위원회 등 이해 당사자를 참여시킨 가운데 사실상 선거소청에 준하는 방법으로 공개검증을 실시하는 등 이의제기 처리의 투명성과 공정성을 담보할 수 있는 방법을 적용하고 있다.[3] 이의제기 심리에 소요되는 비용은 그 결과에 관계없이 해당 조합이 부담한다.[4]

---

2) 중앙선거관리위원회, 2019. 7.『제2회 전국동시조합장선거총람 98쪽, 2023. 8.『제3회 전국동시조합장선거총람』88쪽 참조.
3) 중앙선거관리위원회 2015. 7.『제1회 전국동시조합장선거총람 』114쪽, 2019. 7.『제2회 전국동시조합장선거총람』100쪽 참조.

3. 선거관리위원회의 이의제기 심리결과

그동안 구·시·군선거관리위원회가 농업협동조합 등 조합장
선거를 위탁관리하면서 선거사무 관리집행의 하자를 이유로 한
이의제기는 2019년 실시한 제2회 동시조합장선거에서 2건, 2023
년 실시한 제3회 동시조합장선거에서 1건 등 총 3건이 있었다.

이의제기의 내용으로 겸업관계 미해소에 따른 후보자등록 처
리의 부적정, 당선인의 피선거권 보유 흠결 또는 개표관리의 하
자 등을 주장하였으나, 각 시·도선거관리위원회가 이를 심리한
결과 모두 각하 또는 기각으로 결정한 바 있다.

투표의 효력에 관해서는 2015년 3월 실시한 제1회 동시조합
장선거에서 1,326개의 조합이 선거에 참여하여 총 5건의 이의가
제기되어 4건이 기각되고 1건은 인용되었다.[5] 이의제기가 인용
된 사안의 실제 투표지와 기표문양은 아래와 같다.

1	이	성	탁	
2	홍	우	준	

당초 관할 선거관리위원회는 개표과정에서 위의 표를 '어느
란에 표를 한 것인지 식별할 수 없는 것'(공직선거법 §179① 4.)으

---

4) 중앙선거관리위원회 2022. 12. 『위탁선거 절차사무편람』 9쪽 참조.
5) 인용된 사례는 제주시 관내 조합장선거에 관한 사안이다. 선거관리위원회가 조
   합장선거를 의무적으로 수탁관리한 이래 이의제기가 인용된 유일한 사례다.

로 판단하여 무효로 처리하였다. 개표결과를 집계한 결과 두 후
보자의 득표수가 같은 것으로 확인되어 관할 선거관리위원회는
연장자인 2번 후보자를 당선인으로 결정한 바 있다.[6]

그러나 낙선한 1번 후보자가 상급 선거관리위원회에 이의를
제기하였고, 해당 상급 선거관리위원회가 이를 심리한 결과 그
이의제기를 인용하여 해당 투표지를 1번 후보자에게 유효한 것
으로 판정하였다. 그 한표의 차이로 같은 득표수일 경우에 적용
되는 장유유서의 미덕이 힘을 쓰지 못하고 당락이 바뀌었다.

투표의 효력판단에 관한 이러한 에피소드는 이제 더 이상 발
생하지 않는다. 2015년 제1회 동시조합장선거 실시 후, 중앙선거
관리위원회가 공직선거관리규칙의 투표용지의 서식을 개정하여
후보자란 사이에 기표용구의 바깥지름보다 더 넓은 여백을 둠으
로써 경계선 기표를 원천적으로 방지하였기 때문이다.

한편, 2019년 제2회 동시조합장선거에서 3건의 이의제기가
있었으나 모두 기각되었고[7], 2023년 제3회 동시조합장선거에서
는 총 4건의 이의가 제기되었으나 이 또한 모두 기각되었다.

특히 2023년 실시한 제3회 동시조합장선거의 이의제기 4건
중 2건은 당선자와 낙선자의 표차가 1표였음에도 불구하고[8] 시·
도선거관리위원회의 검증결과 당락에 변동이 없었다.

---

6) 농업협동조합법 제41조제2항제2호 참조. 공직선거에서도 대통령선거를 제외하
   고는 후보자의 득표수가 같을 경우 연장자를 당선인으로 결정한다.
7) 중앙선거관리위원회 2019. 7.『제2회 전국동시조합장선거총람』98~100쪽 참조.
8) 2023. 3. 8. 실시한 제3회 동시조합장선거에서는 최다 득표자가 2명이어서 연장
   자를 당선인으로 결정한 조합이 2개, 당선자와 낙선자의 표차가 1표인 조합이 6
   개, 표차가 5표 이내인 조합은 총 20개였다. 중앙선거관리위원회 2023. 8.『제3
   회 전국동시조합장선거총람』379쪽 참조.

456

4. 해당 조합에 대한 이의제기

위탁선거법은 위탁선거에서 선거 또는 당선의 효력에 대한 이의제기를 해당 위탁단체에 하도록 규정하고 있을 뿐(§55), 구체적인 절차와 방법에 관하여는 정한 바가 없다. 해당 위탁단체의 자율성이 보장되어 스스로 내부규범으로 정할 일이다.

한편, 농협법에 따른 지역농협은 임원선거를 공정하게 관리하기 위하여 조합선거관리위원회를 구성·운영해야 한다(§51①). 해당 규정은 지역축협과 품목조합에서도 준용하고, 수협법에 따른 조합과 산림조합법에 따른 조합에도 임원선거의 공정한 관리를 위하여 선거관리위원회 설치를 의무화하고 있다.[9]

지역농협 정관례에서 조합선거관리위원회는 임원후보자의 자격심사, 선거인자격 이의신청에 대한 판정, 그 밖에 선거와 관련한 분쟁 조정 등의 직무를 수행하도록 관장사무의 범위를 광범위하게 규정하고 있다(§67①).[10] 그러나 시·도선거관리위원회에 이의를 제기해야 하는 사항을 조합선거관리위원회에 이의제기를 하는 것은 부적절한 것으로 보인다.

아울러 농협법에서 조합원은 선거일부터 1개월 이내에 조합원 300인 또는 100분의 5 이상의 동의를 받아 선거에 따른 당선

---

9) 농협법 제107조제1항·제112조제1항, 수협법 제54조제1항, 산림조합법 제40조의 3제1항 참조.

10) 이러한 내용은 지역축협과 품목조합의 정관례에서도 공통적으로 발견된다. 다만, 수협 임원선거규정에서는 조합선거관리위원회를 상설기구로 설치하면서도 그 직무범위에 조합장선거를 제외하고 있고(§100①), 산림조합 임원선거규약에서는 선거관리위원회를 한시적 기구로 설치하되, 그 직무범위는 지역농협 정관례와 유사한 내용으로 정하고 있다(§5·§6).

의 취소 또는 무효 확인을 농림축산식품부장관에게 청구하거나
이를 청구하는 소訴를 제기할 수 있도록 법령에서 특별한 절차를
규정하고 있으므로(§33① 본문), 선거 전체의 효력이나 당선의 효
력에 대한 판정은 조합선거관리위원회의 권한 밖에 속하는 사항
으로서 해당 조합의 선거관리위원회에 이의를 제기하는 것도 적
절하지 않은 것으로 보인다.

주무부처에 선거무효 · 당선취소 청구

1. 농협법에 따른 조합장선거

농협법에 따른 지역농협의 조합원은 임원선거가 법령, 법령에 따른 행정처분 또는 정관에 위반된 것을 이유로 농림축산식품부장관에게 당선의 취소 또는 무효 확인을 청구할 수 있다(농협법 §33①). 해당 규정은 농협법에 따른 지역축협과 품목조합에서도 준용하고 있다(농협법 §107① · §112①).

조합원이 농림축산식품부장관에게 당선의 취소 또는 무효 확인을 청구하는 경우에는 선거일부터 1개월 이내에 하되, 조합원 300인 이상 또는 전체 조합원 100분의 5 이상의 동의를 받아야 한다(농협법 §33② 전단). 이 경우 취소청구서 또는 무효확인청구서에는 청구의 취지 · 이유 및 위반되었다고 주장하는 규정을 명기明記하고 선거록 사본과 사실관계를 증명할 수 있는 서류를 첨부해야 한다(농협법 시행규칙 §6).

당선의 취소 또는 무효 확인 청구를 접수한 농림축산식품부

장관은 청구를 받은 날부터 3개월 이내에 그 조치결과를 청구인
에게 알려야 한다(농협법 §33② 후단). 다만, 조합원의 청구와 동
일한 취지의 소송이 법원에 제기된 사실을 알았을 때에는 그렇지
않다(농협법 §33① 단서). 입법자의 의도를 명확히 알기 어렵지만,
청구에 대한 심의 자체를 중단하라는 의미로 읽힌다. 합리적이고
효율적인 분쟁해결을 위함이다. 조합의 정관례도 같은 취지로 보
인다.[11]

　　참고적으로 위탁선거에 관하여 상급 선거관리위원회를 판정
기관으로 하는 이의제기는 그 자격을 선거인으로 한정하고 있지
만(위탁선거규칙 §32①), 당선의 취소 또는 무효 확인을 주무장관
에게 청구하거나 법원에 소송을 제기하는 경우에는 모든 조합원
에게 청구인적격 또는 원고적격을 인정하는 점이 이색적이다.

2. 수협법에 따른 조합장선거

　　수협법에 따른 지구별수협의 조합원은 임원선거가 법령, 법
령에 따른 처분 또는 정관에 위반된 것을 이유로 당선의 취소 또
는 무효 확인을 해양수산부장관에게 청구할 수 있다(수협법 §35
①). 이 경우 그 청구는 선거일부터 1개월 이내에 하되, 조합원
10분의 1 이상의 동의를 받아야 한다(수협법 §35② 전단).

　　해당 규정은 수협법에 따른 업종별수협과 가공수협에서도 준
용하고 있다(수협법 §108·§113). 해양수산부장관이 당선의 취소
또는 무효 확인의 청구를 받은 때에는 그 날부터 3개월 이내에

---

11) 지역농협정관례·지역축협정관례·품목조합정관례 각 제42조제1항 단서 참조.

처리 결과를 해당 청구인에게 알려야 한다(수협법 §35② 후단).

수협조합장선거에서 당선의 취소 또는 무효 확인을 청구하는 경우 농협조합장선거에 비하여 조합원의 동의비율을 높게 요구하는 점이 특징이다. 다만, 조합원의 청구와 동일한 취지의 소송이 법원에 제기된 사실을 알았을 때 심의중단에 관해서는 언급이 없다.

3. 산림조합장선거

산림조합법에 따른 조합의 조합원은 임원선거가 법령, 법령에 따른 행정처분 또는 정관에 위반된 것을 이유로 당선의 취소 또는 무효확인을 시·도지사에게 청구할 수 있다(산림조합법 §30①). 이 경우 그 청구는 선거일부터 1개월 이내에 하되, 조합원 300인 이상 또는 조합원 100분의 5 이상의 동의를 받아야 한다.

산림조합장선거는 농협조합장선거나 수협조합장선거와 달리 당선의 취소나 무효 확인의 청구를 정부의 소관부처 장관이 아니라 관할 지방자치단체의 장을 대상으로 한다는 점에 특색이 있다. 조합의 설립 인가권자가 시·도지사인 점을 고려한 것으로 보인다.[12]

산림조합장선거에서 관할 시·도지사는 쟁송판정기관이 되어 해당 청구를 받은 날부터 3개월 이내에 이에 대한 조치결과를 청

---

12) 산림조합 중앙회장선거에서 당선의 취소나 무효 확인을 청구할 경우에는 그 쟁송판정기관이 산림청장으로 바뀐다. 산림조합 중앙회의 설립 인가권자가 산림청장이기 때문인 것으로 보인다. 산림조합법 제122조 참조.

구인에게 알려야 한다(산림조합법 §30②). 다만, 조합원의 청구와 동일한 취지의 소송이 법원에 제기된 사실을 알았을 때 심의의 중단이나 결과통지의 생략 등에 관해서는 따로 언급이 없다.

이 경우 명문규정이 없더라도 합리적이고 효율적인 분쟁 해결을 위하여 당연히 심의를 중단해야 할 것이다. 다만, 이러한 절차가 실제 작동된 사례는 잔솔밭에서 바늘 찾기보다 더 어려운 것으로 보인다.

조합장 선거소송의 쟁점과 판결례

1. 당선취소 · 선거무효 소송의 제소기한과 절차

　농협법 · 수협법 및 산림조합법에 따른 조합의 조합원은 조합 장선거 등 임원선거가 법령, 법령에 따른 행정처분 또는 정관에 위반된 것을 이유로 법원에 당선의 취소 또는 무효 확인을 청구 하는 소訴를 제기할 수 있다.[13]

　이 경우에는 주무장관이나 시 · 도지사에게 당선의 취소 또는 무효 확인을 청구할 때와는 달리 일정 수 또는 일정 비율 이상 조합원의 동의를 받을 필요가 없다.

　조합 임원선거의 소송에 관하여는 상법상 주주총회의 효력을 다투는 규정이 준용된다.[14] 상법의 관련 규정을 준용함에 따른 법률효과는 소를 제기할 수 있는 기간을 선거일부터 2월 이내로

---

13) 농협법 제33조제1항 · 제107조제1항 · 제112조제1항, 수협법 제35조제1항 · 제108 조 · 제113조, 산림조합법 제30조제1항 참조.

14) 농협법 제33조제3항 · 제107조제1항 · 제112조제1항, 수협법 제35조제3항 · 제108 조 · 제113조, 산림조합법 제30조제3항 참조.

제한하는 점과 판결의 효력이 당사자뿐만 아니라 제3자에게도 미치는 대세적 효력에 있는 것으로 보인다.[15]

2. 선거쟁송의 주요 쟁점

가. 등록무효결정의 성격

조합으로부터 선거관리를 수탁받은 관할 선거관리위원회가 행하는 후보자 등록무효 결정이나 당선인 결정이 행정처분에 해당하는지가 조합장선거에 관한 소송에서 재판의 전제가 될 수 있다. 만일 관할 선거관리위원회의 결정이 사법상의 행위라면 민사소송법의 경로를 따라 분쟁을 해결해야 하지만, 행정처분이라면 행정소송법의 경로를 좇아 분쟁을 해결해야 하기 때문이다.

행정행위란 원칙적으로 행정청의 공법상 행위로서 특정 사항에 대하여 법규에 의한 권리의 설정 또는 의무의 부담을 명하거나 기타 법률상 효과를 발생하게 하는 것으로 일반 국민의 권리의무에 직접 영향을 미치는 행위를 말한다.

그러나 농협법·수협법 및 산림조합법에 따른 조합은 개별 법률에 따라 설립된 법인으로서 원칙적으로 사법인私法人이고, 조합장선거는 해당 법률과 단체의 정관에 따라 자신들의 대표자를 선출하는 행위이므로, 비록 국가기관인 관할 선거관리위원회가 해당 선거를 위탁받아 관리하였더라도 이를 공법상 행위로 보기 어렵다.

---

15) 상법 제190조 본문 및 제376조제1항·제2항 참조.

　이를테면 위탁선거에서 관할 선거관리위원회가 후보자의 등록을 무효로 결정하는 것은 개별 법령과 해당 단체의 정관에 따라 피선거권이 없다고 판단되는 후보자에 대하여 후보자의 지위를 박탈하는 행위로서 해당 후보자의 권리 의무에 직접 영향을 미치는 행위라는 점은 틀림이 없다. 그러나 이는 어디까지나 사법인私法人인 해당 단체 내부의 피선거권 제한에 관한 사항을 관할 선거관리위원회가 위탁받아 단순히 집행한 행위에 불과하다.

　따라서 단체 내부의 사법상 행위를 선거관리위원회가 위탁받아 행사하였다고 하여 이러한 행위를 공법상의 행위로 보는 것은 무리가 있다.16) 아울러 헌법기관인 관할 선거관리위원회가 위탁선거법에 따라 선거관리를 수탁하였다는 사실만으로 본래 사법상의 행위가 공법상의 행위로 전환되는 것으로도 볼 수 없다.

　이러한 법리는 투표의 효력에 대한 이의제기에 따라 직근 상급 선거관리위원회가 내린 결정에 대하여도 동일하게 적용되는 것으로 보인다. 다만, 수협중앙회 상임감사 선거에 출마한 후보자가 선거권자 99명 중 39명에게 금품 등을 제공하고 차점자와 근소한 표 차로 당선되자 해양수산부장관이 해당 상임감사의 당선을 취소함에 따라 이를 행정소송으로 다툰 사례가 있다.17)

　참고적으로 행정소송은 개인의 권리구제보다 법치국가의 원리에서 요청되는 행정의 적법성 확보가 더 큰 목적이기 때문에 그 심리방법에서 직권심리를 가미하고 있으므로, 처분권주의가 적용되는 민사소송에 비하여 조합원과 낙선 후보자의 권리구제에 보다 실효성이 있는 방법으로 평가할 수 있을 것이다.18)

---

16) 부산고법 2020. 5. 14. 선고 (창원)2019나13158 판결
17) 대법원 2007. 7. 13. 선고 2005두13797 판결

나. 선거관리위원회의 피고 적격

2019년 3월 13일 실시한 제2회 전국동시조합장선거에서 경남지역의 조합장선거에 후보자로 등록한 사람을 대상으로 관할 선거관리위원회가 조합에 피선거권 결격사유를 조회한 결과, 해당 조합이 특정 후보자가 500만원 이상의 채무를 6개월을 초과하여 연체한 사람으로서 결격사유에 해당한다고 회신하자 관할 선거관리위원회는 해당 후보자의 등록을 무효로 결정한 바 있었다.

이에 등록이 무효로 된 후보자는 법원에 관할 선거관리위원회 위원장을 피고로 하여 주위적 청구로 해당 조합장선거의 등록무효결정 처분이 무효임을 확인하고, 예비적 청구로 후보자 등록무효결정 처분의 취소를 구하는 행정소송을 제기하였다.

그러나 법원은 관할 선거관리위원회가 위탁선거에 관한 소송에서 피고적격이 없다며 원고의 청구를 모두 각하하였다. 각하판결의 주된 이유로서 법원은 관할 선거관리위원회가 해당 조합장선거의 일부 사무를 담당할 뿐이므로 위탁선거가 종료된 후에까지 선거관리위원회로 하여금 소송의 당사자가 되어 등록무효결정의 당부를 다투도록 하는 것이 적절치 않다고 보았다.[19]

해당 사안은 선거 또는 당선의 효력에 대한 이의제기는 해당 위탁단체에 하도록 규정한[20] 위탁선거법의 명문규정을(§55) 판결로 확인하였다는 점에 의의가 있다.

---

18) **행정소송법 제26조(직권심리)** 법원은 필요하다고 인정할 때에는 직권으로 증거조사를 할 수 있고, 당사자가 주장하지 아니한 사실에 대하여도 판단할 수 있다.

19) 창원지법 2019. 11. 14. 선고 2019구합512213 판결

20) 이와 유사한 입법례는 선거관리위원회가 위탁하여 관리하는 당내경선에서도 찾아볼 수 있다. 공직선거법 제57조의7 참조.

466

다. 선거종료전 소송제기 가능 여부

선거는 선거인명부 작성과 확정, 후보자 등록, 선거운동, 투표 및 개표 등의 절차를 거쳐 당선인 결정이라는 선거결과를 형성하는 것이 목적이므로, 선거관리를 위하여 행하여지는 개별적인 행위는 그 자체가 각각의 독립적인 법률효과를 발생시키는 것을 목적으로 하는 것이 아니라 선거의 궁극적 목적 달성을 위하여 연속적 또는 단계적으로 이루어지는 일련의 과정 중 일부로 보아야 한다.

따라서 선거절차가 진행되는 중간에 후보자등록 등 개별 행위의 효력을 별도로 다툴 수 있게 하거나 가처분을 허용한다면, 선거의 절차 진행이 중단되어 선거의 목적달성에 심각한 지장을 초래하게 될 것이다. 그러므로 선거의 본질적 성격상 개별적 행위에 대한 다툼을 허용하는 것보다는 당선인 결정까지 일련의 모든 과정이 완전 종료된 후 일괄하여 선거의 효력이나 당선의 효력을 다툴 수 있도록 하는 것이 더 합리적이다.

공직선거에서 선거쟁송에 관한 판례는 선거종료전 선거관리기관의 개개의 행위를 대상으로 하는 쟁송은 허용될 수 없고, 설사 선거전에 선거관리기관의 어떤 개별적인 위법행위가 있더라도 이에 대하여는 선거종료 후에 선거무효 소송으로만 그 시정을 구할 수 있을 뿐이고 이에 대하여 곧바로 소송을 제기할 수 없다고 판시하고 있다.21)

이러한 법리는 특별한 사정이 없는 한 위탁선거의 선거쟁송에도 동일하게 적용되는 것으로 보인다. 다만, 과거 일부 판례는

21) 대법원 1989. 2. 28. 선고 88두8 결정

공직선거의 쟁송에 적용되는 법리는 농업협동조합법에 의한 당선무효확인의 소에 적용될 수 없다고 판시한 사례가 있다.

그러나 이는 선거전 개별적인 행위를 포착하여 다툴 수 있다는 취지가 아니라, 조합장선거에서는 공직선거와 달리 조합선거관리위원회가 후보자 등 제3자에 의한 선거과정상의 위법행위에 대하여 적절한 시정조치를 취함이 없이 묵인·방치하는 등 그 책임을 돌릴 만한 사유가 없더라도 선거무효 확인의 소가 인용될 수 있다는 점을 명확히 밝힌 것으로 보인다.[22]

라. 선거 후 개별 행위에 대한 소송 가능 여부

법원에 처분의 무효 확인 또는 취소를 구하는 소송은 위법한 처분에 의하여 발생한 위법상태를 배제하여 원상으로 회복시키고 그 처분으로 침해받은 권리와 이익을 보호하거나 구제하려는 소송이므로, 처분이 무효임을 확인하거나 처분을 취소하더라도 그 목적을 달성할 수 없는 경우에는 소의 이익이 인정될 수 없다.

조합장선거에서 이미 당선인이 결정되고 해당 선거가 완전 종료된 상황에서 후보자 등록무효 결정의 취소를 구하는 소송이 제기된 경우에는 비록 원고의 청구가 인용되더라도 후보자의 지위 회복에 아무런 의미가 없으므로, 소송을 통하여 구제하거나 회복할 법률상 이익 또한 존재하지 않는다. 이 경우에는 본안을 들여다볼 필요조차 없이 각하 대상으로 보인다.

---

22) 대법원 2003. 12. 26. 선고 2003다11837 판결 참조. 해당 사건은 조합장선거에서 상대 후보자를 비방하는 유인물을 전 조합원에게 발송한 후보자가 2%의 득표차로 당선되자 법원이 해당 선거를 무효로 판결한 사례이다.

따라서 당선인이 결정되고 선거가 종료된 이상 선거 절차의 위법을 주장하려면 후보자등록 등 개별적인 선거관리 행위의 효력을 다투기보다는 집합적 합성행위인 선거 자체의 효력을 다투는 것이 권리구제의 측면에서 보다 효과적이다.

마. 선거쟁송 제기시 유의사항

선거는 적법하게 실시되었으나, 관할 선거관리위원회가 투표의 효력 판단에 오류를 범하였거나 후보자별 득표집계에 착오를 일으킨 것으로 의심되어 선거결과를 수긍하기 어려운 때에는 상급선거관리위원회에 이의를 제기하는 것이 소송경제적 측면에서나 권리구제의 실효성 측면에서도 가장 확실한 방법이다.

후보자의 이의제기에 따라 상급 선거관리위원회가 투표지에 대한 검증을 실시한 결과 당초 관할 선거관리위원회의 투표의 효력 판단에 오류가 있어 다수득표자를 당선인으로 결정하지 않은 사실이 확인된 때에는 따로 선거를 실시할 필요가 없이 상급 선거관리위원회의 검증결과를 통보받은 관할 선거관리위원회가 정당한 다수득표자를 당선인으로 재결정하기 때문이다.

투표의 효력판단이나 후보자별 득표 집계에 관한 오류를 이유로 법원에 소송을 제기한 경우에도 법원의 검증을 통하여 다수득표자가 변경된 경우, 즉 원고의 청구가 인용된 경우에는 다시 선거를 치를 필요가 없이 판결문 등본을 송부받은 관할 선거관리위원회가 당선인을 재결정함으로써 권리를 구제하고 분쟁을 합리적으로 종결할 수 있다.

따라서 법원에 소송을 제기하거나 조합 선거관리위원회에 이의를 제기할 경우 청구취지를 정확하게 기재해야 한다. 만일 근소표차로 낙선한 후보자가 청구취지로 선거무효를 주장한다면, 그 청구가 인용되더라도 선거 자체의 효력이 무효가 되므로 해당 선거에서 자신이 당선인으로 결정될 수 있는 기회까지 함께 소멸되기 때문이다.

가장 합리적 방안은 주위적으로 투표의 효력판단이나 후보자별 득표수 집계의 오류를 청구원인으로 하여 당선무효 소송을 제기하면서 투표지에 대한 검증을 신청하고, 주위적 청구가 인용되지 않을 경우를 대비하여 예비적 청구로 당선인의 위법행위나 선거인명부 작성과 확정에 관한 위법 등을 청구원인으로 선거무효를 주장하는 것이 적절한 방법일 것이다.

결론적으로 근소 표차로 낙선한 후보자가 선거결과에 승복하지 못하여 소송을 제기하는 경우 함부로 선거무효를 주장해서는 안 될 일이다. 목욕물을 버린다고 아기까지 함께 쏟아 버리는 어리석음이다.

3. 당선무효 또는 선거무효 판결의 요건

가. 선거에 관한 규정을 위반한 경우

선거에 관한 법령이나 정관 또는 선거규정 등 내부규범을 위반한 경우 기본적으로 선거무효의 요건이 된다. 여기에서 위반의 주체는 원칙적으로 선거관리기관이다. 선거관리 집행의 권한과 책임이 있기 때문이다. 예컨대, 자격이 없는 사람의 후보자 등록신청을 수리하거나, 정당한 자격이 있는 사람의 후보자등록신청을 거부하거나, 결격사유가 발견된 후보자의 자격을 박탈하지 않고 선거를 진행한 경우에는 선거무효의 사유가 될 수 있다.

또한 관할 선거관리위원회가 일부 선거인에게 선거공보를 발송하지 않거나, 투표용지에 후보자의 성명이나 기호를 틀리게 인쇄하거나, 투표 또는 개표관리 과정에 후보자측의 참관을 보장하지 않은 경우에도 선거무효의 사유가 될 수 있다.

특히 유의할 부분은 위탁선거 위반행위에 대한 공정한 조사·단속의 의무가 있는 관할 선거관리위원회가 후보자 또는 제3자의 불법선거운동 등 위탁선거 위반행위를 묵인 또는 방치하거나 불공정한 조사를 한 경우에도 선거에 관한 규정 위반으로 선거무효 청구가 인용될 수 있다는 점이다.

검찰이나 경찰이 선거사범에 대한 수사를 미적거리거나 편파적인 수사를 하거나, 부당하게 불기소 처분을 하더라도 선거무효의 사유는 아니다. 그들에게는 자유롭고 정의로운 선거질서를 수호할 헌법적 책무도 없거니와 검찰청법이나 형사소송법이 선거에 관한 규정도 아니기 때문이다. 모름지기 심판이 되어 경기장에 선 사람은 호루라기에 실린 헌법적 무게를 인식해야 한다.

나. 규정 위반이 선거결과에 영향을 미친 경우

농협법·수협법 및 산림조합법은 선거의 효력이나 당선의 효력에 이의가 있는 사람이 법원에 소송을 제기할 수 있다고 규정하고 있을 뿐, 구체적으로 어떤 경우에 선거 또는 당선의 효력을 무효로 할 수 있는지에 관해서는 명시적인 언급이 없다.

선거는 후보자등록부터 당선인 결정에 이르기까지 일련의 행위의 집합으로서 선거권자의 집단적 의사표시의 결과이므로, 개별적인 행정행위와 달리 그 법적 안정성이 특히 강하게 요구된다. 따라서 선거에 관한 규정을 위반하였더라도 그 규정 위반이 없는 경우와 결과가 같다면 재선거를 실시하는 것은 사회경제적 손실만 초래할 뿐이다.

이를테면 선거결과에 아무런 영향을 미칠 수 없는 경미한 법률 위반을 이유로 선거나 당선의 효력을 무효로 한다면, 당선이 무효로 되는 당사자뿐만 아니라 해당 후보자를 선출한 선거인의 권리까지 함께 침해되는 것으로 평가할 수 있다.

따라서 선거나 당선의 효력을 무효로 하기 위해서는 먼저 선거에 관한 규정에 위반된 사실이 있어야 하고, 다음으로 그 규정 위반이 실제 선거의 결과에 영향을 미쳤음이 인정되어야 한다. 선거의 결과에 영향을 미쳤음을 판단하는 대표적인 기준이 바로 당선자와 낙선자의 표 차이다. 큰 표차로 당락이 결정된 경우 경미한 위법행위는 선거결과에 영향을 미칠 수 없겠지만, 근소한 표차라면 경미한 위법행위로도 선거결과에 영향을 미칠 수 있다.

예컨대, 자격이 없는 조합원 10명을 선거인명부에 등재한 후 실시한 선거에서 당선자와 낙선자의 표차가 20표를 넘는다면, 비록 자격이 없는 사람들을 선거인명부에 올린 위법이 있으나 그 10명의 투표 전체를 당선자의 득표에서 공제하고 이를 전부 낙선자의 득표에 더하더라도 다수득표자가 바뀔 가능성이 전혀 없다.

이 경우에는 비록 선거에 관한 규정을 위반한 사실이 명확하지만, 다른 특별한 사정이 없다면 해당 선거와 당선인 결정의 효력이 부인否認되어서는 안 될 것이다.

실제 공직선거에서도 후보자 중 1인이 피선거권에 결격사유가 있었음에도 해당 후보자의 등록을 무효로 결정하지 아니한 채투·개표가 이루어졌으나, 그 후보자의 득표수를 다른 낙선 후보자에 모두 가산하더라도 당선인의 득표수에 미달하는 사안에서 비록 선거관리위원회의 관리·집행상의 위법이 존재하긴 하였지만, 그 위법이 선거의 결과에까지 영향을 미쳤다고 볼 수 없다는 이유로 선거무효 청구를 기각한 사례가 있다.[23]

한편, 2005년 2월 25일 실시된 수협중앙회 상임감사 선거에서 특정 후보자가 선거권자인 조합장 39명에게 금품을 제공한 후 결선투표까지 가는 접전 끝에 선거인 총 99명 가운데 53표를 얻고 경쟁 후보자보다 7표를 더 득표하여 당선되었으나, 해양수산부 장관이 그 당선을 취소하자 해당 당선인이 법원에 당선취소 처분의 취소를 청구하는 소송을 제기한 사례가 있었다.

해당 사안에서 법원은 후보자가 법령 등이 정한 선거운동의 제한사항에 위반한 사유가 있는 경우 그 사유만으로 곧바로 해당 선거가 법령에 위반되었다고 할 수 없지만, 이와 같은 법령 등에 위반된 선거운동으로 선거인들의 자유로운 판단에 의한 투표를 방해하여 선거의 기본이념인 선거의 자유와 공정을 현저히 침해하고 그로 인하여 선거의 결과에 영향을 미쳤다고 인정될 때에는 해당 선거가 법령 등에 위반된 경우에 해당한다고 보아 해양수산부 장관의 당선취소 처분이 정당하다고 보았다.[24]

---

23) 대법원 1996. 11. 22. 선고 96수59 판결
24) 대법원 2007. 7. 13. 선고 2005두13797 판결

다. 중대한 위법행위로 선거의 공정을 침해한 경우

당선된 후보자가 선거운동 과정에서 위법행위를 하였더라도 이를 선거무효의 사유로 삼기 위해서는 후보자의 위법행위의 정도가 중대하여 선거결과에 영향을 미쳤다고 인정되어야 한다.

특히 당선무효 소송은 선거가 하자 없이 적법하고 유효하게 실시된 것을 전제로 선거관리위원회의 당선인 결정만이 위법하다고 그 효력을 다투는 소송이므로, 당선인이 선거운동 과정에서 위법행위를 한 경우 이는 당사자가 형사상 처벌대상이 될 뿐이고 당선인의 위법행위 자체를 당선무효의 사유로 삼을 수 없다.[25]

한편, 선거무효 청구가 인용되기 위해서는 원칙적으로 관할 선거관리위원회가 후보자의 위법행위에 대하여 이를 시정하기 위한 적절한 조치를 취함이 없이 묵인·방치하는 등 그 책임을 돌릴 만한 선거사무 관리집행의 하자가 있어야 한다.

그러나 위법한 선거운동으로 선거인들의 자유로운 판단에 의한 투표를 방해하여 선거의 자유와 공정을 현저히 침해하고 그로 인하여 선거의 결과에 영향을 미쳤다고 인정될 때에는 그 선거와 이를 기초로 한 당선인 결정을 무효로 한다.[26]

다시 말하면, 중대한 위법행위로 선거의 자유와 공정이 현저하게 침해된 경우에는, 선거관리위원회가 후보자나 제3자에 의한 위법행위에 대하여 적절한 시정조치를 취함이 없이 묵인·방치하는 등 그 책임을 돌릴 만한 사유가 따로 있어야만 반드시 그 선거의 무효를 결정할 수 있는 것이 아니라는 뜻이다.

25) 대법원 1993. 5. 11. 선고 92수150 판결
26) 대법원 2003. 12. 26. 선고 2003다11837 판결

이 경우 당선자와 낙선자의 표 차이가 상당하더라도 중대한 위법행위가 전방위적으로 광범위하게 자행되어 선거의 자유와 공정의 이념이 현저하게 침해되고 선거결과에 영향을 미친 경우에는 해당 선거의 효력을 무효로 한다. 이러한 법리는 20여 년 전부터 공직선거법의 선거무효소송에 적용되어 왔다.

예컨대, 2000년 4월 13일 실시한 제16대 총선의 서울 구로지역선거에서 해당 선거구에 영업기반을 둔 대기업 계열사와 그 임직원들을 동원한 조직적이고 체계적인 불법선거운동이 자행된 사례가 있었다. 물론 관할 선거관리위원회는 수십 건의 고발 또는 수사의뢰 조치를 하면서 단속활동에 전력을 다하였다.

선거종료 후 낙선자가 제기한 선거무효 소송을 심리한 대법원은 불법선거운동 방법이 회사조직을 이용한 조직적·체계적인 것으로서 동원된 인원과 그들이 상대한 유권자의 수, 제공한 향응 규모가 광범위하고 위반의 정도가 심히 중대하여 선거의 공정을 현저히 저해하고 선거결과에 영향을 미쳤을 가능성이 있다고 판단하여 해당 선거를 무효로 판결한 바 있다.[27]

본래 선거무효의 원인으로 삼을 수 있는 선거에 관한 규정 위반의 주체는 선거관리위원회이지만, 해당 판례는 위법행위에 대한 선거관리위원회의 묵인 또는 방치가 없었더라도 위법행위가 선거구 전역에 걸쳐 조직적으로 자행된 경우에는 선거의 자유와 공정이 현저하게 침해된 것이므로 관할 선거관리위원회에 상징적인 책임을 물어 선거를 무효화한 최초의 사례이다.

해당 사안은 판결 당시 선거무효 소송의 피고였던 구로구선

---

27) 대법원 2001. 7. 13. 선고 2000수216 판결

거관리위원회와 대기업 임원 출신 당선자에게 당혹스러움을 안겨
주었지만, 이제 이러한 선거무효의 법리는 조합장선거에도 적용
되는 것으로서 모든 선거의 적법성과 유효성을 판정하는 일반화
된 원칙이자 보편적 기준으로 수용되었다.

4. 당선무효와 선거무효 판결 사례

가. 위법홍보물 배부

2001년 12월 14일 실시한 경북지역의 농협조합장선거에서
선거일 1주일 전 상대방 후보자에 대한 허위 내지 비방의 유인물
을 전체 조합원에게 발송한 후보자가 근소한 표차[28]로 당선되자
이에 낙선자가 소송을 제기하기에 이르렀다.

이에 법원은 유인물의 내용, 발송일과 투표일 사이의 시간적
간격과 상대방 후보자의 효과적인 대응방법의 유무, 해당 선거에
서 허용된 선거운동의 방법, 후보자간 득표차 등을 고려하여 해
당 조합장선거를 무효로 판결하였다.[29]

해당 사건에서 판례는 공직선거법에서는 선거무효소송과 당
선무효소송을 나누어 원고·피고 적격, 선거·당선 무효 사유, 소
송 제기기한 등을 따로 규정하고 있어, 공직선거법의 소송에 관한
법리는 상법상 주주총회결의무효확인의소에 관한 규정이 준용되
는 조합장선거의 당선무효확인의 소에 적용될 수 없다고 보았다.

---

28) 유효투표수 1,024표 중 당선자가 522표, 낙선자가 502표를 얻은 사안이다.
29) 대법원 2003. 12. 26. 선고 2003다11837 판결

따라서 조합장선거에서 후보자 등이 당선을 목적으로 허위사실을 공표하는 등 선거절차에서 법령에 위반한 사유가 있는 경우 그 사정만으로 해당 선거의 당선이 무효로 되는 것은 아니다. 그러나 이와 같은 위법한 선거운동으로 조합원들의 자유로운 판단에 의한 투표를 방해하여 선거의 기본이념인 선거의 자유와 공정을 현저히 침해하고 그로 인하여 선거결과에 영향을 미쳤다고 인정될 때에는 그 선거의 효력과 당선인 결정은 무효라고 본 것이다.

나. 유사학력 게재

2020년 1월 7일 실시한 지방체육회장선거에서 경영대학원 최고경영자과정을 이수한 후보자가 후보자등록신청서의 학력란에 '경영대학원 수료'라고 기재하였다. 이에 상대방 후보자가 지방체육회 선거관리위원회에 이의를 신청하였고, 해당 선거관리위원회는 체육회장선거에서는 공직선거와 달리 정규학력만을 표기하도록 의무화되지 않았기 때문에 무방하다는 결정을 하였다.

선거결과 총 316명의 선거인 중 297명이 투표에 참여하였고, 유사학력을 게재한 후보자가 139표를 득표하여 당선되었으나, 122표를 득표하여 낙선한 후보자가 당선인 결정이 무효임을 주장하며 법원에 소송을 제기하자, 법원은 당선인이 후보자등록신청서의 학력란에 유사학력을 적은 것은 거짓으로서 선거의 공정을 훼손하고 선거결과에 영향을 미쳤다고 보아 해당 선거와 이를 기초로 한 당선인 결정을 모두 무효로 판결하였다.[30]

---

30) 울산지법 2020. 9. 9. 선고 2020가합10349 판결

법원은 그 판단이유로 낙선자와 불과 17표(득표율 차이는 6%가 된다)의 차이로 당선된 점, 선거인에게 오인을 불러일으킬 만한 충분한 소지가 있는 학력 기재에 대하여 관대한 용인이 이루어질 수는 없는 점, 상당한 수준의 청렴성과 도덕성이 요구되는 후보자로서 그 등록사항에 대한 허위 기재는 선거인들에 대한 신뢰를 저버리는 비난가능성이 높은 행위로 볼 수 있다는 점 등을 들었다.

헌법재판소도 비정규학력 게재를 허용할 경우 유권자들이 후보자의 학력을 과대평가하고 공정한 판단을 흐릴 수 있어 이에 관한 규제가 헌법에 위반되지 않는다고 판시한 바 있다.[31]

다. 이익제공의 의사표시

2015년 12월 11일 실시한 모 새마을금고 이사장선거에서 투표 직전 실시된 소견발표 중 후보자가 "제가 당선이 된다면 이 연봉의 50%, 5천만원을 1년에 꼭 대의원 여러분에게 쓰겠습니다. 박수 한 번 쳐주십시오"라고 발언하였다.

곧이어 선거인 131명이 투표한 결과, 해당 발언을 한 후보자가 70표, 상대방 후보자가 60표를 얻자 금고선거관리위원회가 문제의 발언을 한 다수득표자를 당선인으로 결정하였다.

이에 낙선자는 당선자의 발언이 새마을금고법과 정관 및 임원선거규약에 위반된다는 이유로 금고 선거관리위원회에 이의신청을 하였고, 해당 선거관리위원회가 2015년 12월 16일 임원선거규약에 따라 당선무효를 결정하자 당선인이 법원에 당선자 지위

---

31) 헌법재판소 2000. 11. 30. 선고 99헌바95 결정

478

확인 소송을 제기하였다.

　법원은 이 사건 발언이 금고 전체 회원의 복지를 위하여 보수의 50%를 사용하겠다는 것이 아니라 이사장 선거에 투표권을 가진 대의원 130명에게 이를 사용하겠다는 것으로서 금품, 향응, 그 밖의 재산상의 이익제공의 의사표시에 해당한다며, 해당 발언이 약 4,400여명 전체 회원들의 복지를 위하여 급여 중 일부를 사용하겠다는 의미로 해석될 여지는 없다고 보았다.

　이에 따라 법원은 낙선자와 표차가 10표에 불과하고, 해당 발언에 따른 대의원 1인당 금품제공 의사표시 금액은 약 38만원에 이르며, 해당 발언은 위법한 선거운동으로서 그 정도가 중하여 선거의 자유와 공정을 현저히 침해하고 선거결과에 영향을 미쳤다고 판단하여 당선무효를 확정하였다.[32]

라. 선량한 풍속에 반하는 행위

　1994년 8월 3일 엽연초생산협동조합의 조합장선거에서 2명이 후보자로 등록하여 선거인 68명 모두가 투표한 결과 유효투표수 68표 중 35표를 얻은 후보자가 당선되었다. 이에 33표를 얻은 낙선자는 선거과정에서 당선자가 3인의 선거인을 매수하였다는 위법행위를 이유로 법원에 당선무효 확인의 소송을 제기하였다.

　법원은 임원선거에서 금품제공시 당선을 무효로 한다는 규정이 없더라도 당선을 목적으로 선거인들에게 금품을 제공한 행위는 선량한 풍속 기타 사회질서에 반하는 행위로 판시하였다. 아울러 해당 법원은 당선인과 차순위 후보자의 득표 차에 비추어

32) 부산고법 2017. 4. 13. 선고 2016나57079 판결

보면 당선인의 금품제공 행위는 선거결과에도 영향을 미쳤으므로
해당 조합장 선거와 이를 기초로 한 당선인 결정을 모두 무효로
판결한 바 있다.33)

　　조합장선거에서 위탁선거법과 조합법의 선거 관련 규정 또는
정관이나 선거규정 등 자치규범의 명시적 규정에 위반되지 않았
더라도 선량한 풍속 기타 사회질서에 반하는 방법으로 선거운동
을 하였다면 당선이 되더라도 이를 무효로 한다는 의미이다.

　　앞에서 살펴보았듯 선거관리위원회가 조합장선거를 위탁관
리한 이후 관할 선거관리위원회의 위법한 관리집행을 이유로 법
원에서 선거무효나 당선무효 청구가 인용된 사례는 찾아보기 어
렵다. 법원에서 간혹 선거무효 또는 당선무효 판결이 나오는데,
그 원인은 주로 당선자의 피선거권의 흠결이나 선거인명부 부실
작성, 또는 후보자측의 선거인 매수 등 위법선거운동과 관련한
내용이다.

　　이 또한 선거를 위탁받아 관리하는 선거관리위원회가 감당해
야 할 무게로서 그 결과책임으로부터 결코 자유로울 수 없다.

마. 무자격 조합원의 선거참여

　　2012년 실시한 대전지역의 조합장선거에서 최다 득표자가
618표, 차순위자가 298표를 득표함에 따라 해당 선거관리위원회
가 다수득표자를 당선인으로 결정하였으나, 법원은 당선자와 차
점자간 득표차보다 많은 361명의 무자격 조합원이 선거에 참여하
여 선거의 공정성·투명성 및 객관성을 해하고 선거결과에 영향

---

33) 대법원 1996. 6. 25. 선고 95다50196 판결

480

을 미쳤다고 보아 해당 선거를 무효로 판결하였다.[34]

　아울러 2019년 실시한 여주지역의 조합장선거에서도 당선인과 차순위자의 득표차가 37표로 집계되었으나, 조합원 자격이 없는 59명이 선거인으로 참여한 사실이 확인되어 법원은 해당 조합장선거에서 당선의 효력을 무효로 판결한 사례도 있다.[35]

　위의 사례에서 살펴보듯 선거에 참여한 무자격 조합원의 수가 당선자와 낙선자의 표차보다 큰 경우에는 당선무효 또는 선거무효 판결을 피하기 어렵다. 특히 당선자와 낙선자의 표차가 선거에 참여한 무자격 조합원 수의 2배를 넘지 못한다면 선거무효 또는 당선무효 판결의 개연성이 아주 높다고 보아야 할 것이다.

---

34) 대전지방법원 2013. 6. 13. 선고 2012가합6350 판결
35) 수원지방법원 여주지원 2020. 1. 15. 선고 2019가합10728 판결

제10장

중앙회장선거의 절차와 방법

    농협법·수협법 및 산림조합법에 따른 조합들은 각각 회원이 되어 회원조합의 공동이익 증진과 회원조합의 건전한 발전을 도모하는 것을 목적으로 그 중앙회를 설립할 수 있다.

    각 조합의 중앙회장을 선출하기 위한 선거도 개별 조합법과 위탁선거법에 따라 의무적으로 중앙선거관리위원회에 위탁해야 하고, 그 선거에는 위탁선거법에 따른 선거규제가 전면적으로 적용된다.

    이 장에서는 농협중앙회·수협중앙회 및 산림중앙회 회장선거의 선거권과 피선거권, 선거절차, 선거운동 방법 등에 관하여 살펴본다.

중앙회장선거에 조합장 선거규정 준용

1. 조합장선거의 피선거권 등 준용

농협법·수협법 및 산림조합법에 따른 중앙회장선거에서 선거운동과 투표 및 개표의 절차와 방법에 관해서는 위탁선거법이 우선하여 적용되지만, 위탁선거법과 저촉되지 않는 범위에서 각 개별 법률의 선거에 관한 규정도 함께 적용된다.

농협법·수협법 및 산림조합법은 중앙회장선거의 피선거권과 선거규제 등에 관하여 지역농협·지구별수협 및 산림조합의 임원선거에 관한 규정을 각각 준용하고 있다.[1] 여기에서는 농협법에 따른 중앙회장선거를 중심으로 지역농협의 조합장선거에서 임원의 결격사유와 겸직금지 등에 관한 규정이 중앙회장선거에서 준용되는 부분을 중심으로 설명하고자 한다.

농협법에 따른 중앙회장선거에서 지역농협의 조합장선거에 관한 규정을 준용하는 부분은 다음과 같다(§161). 이 경우 제한·

---

1) 농협법 제161조, 수협법 제168조, 산림조합법 제122조 참조.

금지에 관한 규정을 준용하는 때에는 그 벌칙도 함께 준용한다.[2]

① 제49조 임원의 결격사유. 다만, 출자좌수를 규정한 제1항제10호와 사업이용실적을 규정한 제1항제12호는 제외한다.

② 제49조의2의 형의 분리 선고[3]

③ 제50조 선거운동의 제한. 다만, 선거운동 방법을 규정한 제4항, 선거운동의 세부적인 방법을 농림축산식품부령으로 위임한 제5항, 이사회에서 조합장 선출시 선거운동을 금지한 제6항, 선거운동기간을 정한 제7항은 제외한다.[4]

④ 제50조의2 기부행위의 제한. 다만, 조합장의 재임 중 기부행위를 상시 금지한 제6항은 제외한다.

⑤ 제51조 조합선거관리위원회의 구성·운영

⑥ 제52조 임직원의 겸직 금지

중앙회에 지역농협에 관한 규정을 준용하는 경우 "지역농협" 또는 "조합"은 "중앙회"로, "조합장"은 "회장" 또는 "중앙회장"으로, "조합원"은 "회원"으로 보고, "조합선거관리위원회"는 "중앙회선거관리위원회"로 보면 무난할 것이다(농협법 §161).

---

2) 농협법 제172조제1항 제2호·제3호, 제172조제2항 제1호·제3호, 제172조제3항 참조.
3) 피선거권이 제한되거나 당선무효에 해당하는 범죄가 일반범죄와 경합범으로 기소된 경우 이를 분리하여 선고하는 것을 말한다.
4) 농협법의 중앙회 부분에서 해당 조항을 준용하지 않는 것은 중앙회장선거에 위탁선거법이 우선 적용되는 점을 고려한 것으로 보인다. 다만, 수협법과 산림조합법에서는 관련 조항에 대한 준용을 배제하지 않는다.

2. 조합장선거의 벌칙 준용

가. 조합장선거 매수죄의 준용

농협법은 지역농협의 임원선거에서 선거운동 목적으로 조합원이나5) 그 가족6) 또는 조합원이나 그 가족이 설립·운영하고 있는 기관·단체·시설에 금품·향응, 그 밖의 재산상의 이익이나 공사公私의 직職을 제공하는 행위를 금지한다(§50①).

중앙회장선거에서는 지역농협의 임원선거에 적용되는 매수죄를 준용하면서 조합원을 회원으로 보고, 지역농협·지역축협 및 품목조합의 조합장은 중앙회의 회원이므로, 이들은 중앙회장선거의 선거인으로서 매수죄의 객체가 된다.

따라서 중앙회장선거에서 선거인인 조합장과 그 가족, 그리고 그들이 운영하는 기관·단체·시설에 선거운동 목적으로 재산상의 이익 또는 공사의 직을 제공하면 매수죄가 성립된다.

결과적으로 농협법에 따른 중앙회장선거에서 매수죄는 조합원을 대상으로 성립하는 조합장선거의 매수죄와 달리 선거인 신분을 기준으로 매수행위를 처벌하는 수협법·산림조합법 및 위탁선거법에 따른 매수죄의 일반적인 구성요건에 수렴된다.

---

5) 농협법의 매수죄와 기부행위 위반죄에서 조합원은 조합에 가입신청을 한 사람을 포함하는 개념이다.
6) 농협법·수협법 및 산림조합법의 중앙회장선거에서 가족이란 회원의 배우자, 회원 또는 그 배우자의 직계존비속과 형제자매, 회원의 직계존비속 및 형제자매의 배우자를 말한다.

나. 조합장선거 기타 범죄의 준용

위탁선거법의 제한·금지규정과는 별개의 문제로서 농협법에서 지역농협의 임원선거에 관한 규정을 중앙회장선거에 준용하는 부분도 따로 살펴볼 필요가 있다. 대표적인 규정으로는 선거운동 목적이 없어도 성립되는 후보자비방죄와(농협법 §50③ · §172③) 조합에서 자체적으로 설치한 선거관리위원회의 직무수행을 방해하는 선거관리침해죄가(농협법 §50⑩ · §172② 3.) 있다.

중앙회에서도 해당 규정을 준용하고 있으므로(농협법 §161), 중앙회장선거의 후보자에 대한 비방행위는 선거운동 목적이 없더라도 농협법에 따른 후보자비방죄로 처벌할 수 있다. 여기에서 후보자의 범위에는 당연히 후보자가 되려는 사람이 포함된다.[7]

참고적으로 후보자 비방에 선거운동 목적이 가미되어 있다면 행위양태에 따라 위탁선거법에 따른 허위사실공표죄(§61②) 또는 후보자비방죄가(§62) 적용될 수도 있다. 그러나 선거운동 목적이 없는 비방이라면, 위탁선거법의 후보자비방죄나 허위사실공표죄는 중립을 지키며 개입하지 못한다. 이러한 행위는 단순 명예훼손에 가깝기 때문에 행위양태에 따라 형법상 명예훼손죄나 정보통신망법에 따른 사이버 명예훼손죄의 성립 여부만 다투어 볼 수 있을 뿐이다.

한편, 중앙회가 지역농협의 임원선거에 관한 규정을 준용하는 경우 '조합선거관리위원회'는 '중앙회선거관리위원회'로 보므로(농협법 §161), 중앙회장선거를 실시하기 위하여 중앙회에 설치된 선거관리위원회의 업무를 방해한 경우 농협법에 따른 선거관

---

7) 농협법 제50조제3항, 위탁선거법 제61조제1항 및 제62조 참조.

리침해죄가 성립된다. 형법상 업무방해죄(§314)도 적용될 수 있을 것이다.

농협법에 고유한 선거범죄도 위탁선거법의 관련 규정에 따라 위탁선거 위반행위로 정의되고(위탁선거법 §7 3.),[8] 위탁선거 위반행위라면 관할 선거관리위원회인 중앙선거관리위원회의 위원이나 직원이 조사권을 행사하여 그 위반행위를 억제할 수 있으므로, 농협의 중앙회장선거에서도 위탁선거법 위반행위뿐만 아니라 조합법의 선거와 관련된 범죄도 진압할 수 있다.

---

8) 위탁선거법 제7조제3호는 위탁선거 위반행위의 범주에 해당 법률 또는 위탁선거와 관련하여 개별 법령을 위반한 행위를 포함하고 있다. 아무리 강조해도 지나치지 않을 만큼 중요한 내용이다.

중앙회장선거의 피선거권

1. 농협중앙회장선거

가. 적극적 요건

위탁선거법은 농협법에 따른 중앙회장(이하 '농협중앙회장'이라 한다) 선거에서 후보자의 피선거권에 관해서는 사적자치私的自治를 존중하여 중앙회에 관한 조직법령 또는 정관 등 자치규범에서 정한 바에 따르도록 규정하고 있다(위탁선거법 §12).

농협법은 농협중앙회장선거의 피선거권에 관한 적극적 요건으로서 중앙회 회원조합의 조합원일 것을 요구하고 있다(§130① 전단). 중앙회장의 출마자격으로 굳이 회원조합의 조합장이나 임원 신분을 요구하지 않는다.

그 밖에 농협중앙회장선거의 피선거권에 관해서는 지역농협 임원선거의 관련 규정을 준용하고 있으나(농협법 §161), 소극적 요건인 결격사유만을 그대로 준용하고 있을 뿐, 적극적 요건인 출좌자수 유지조항이나 사업이용실적은9) 준용대상에서 제외하고 있다. 따라서 실적이 없더라도 결격사유가 없으면 중앙회장선거에 출마할 수 있다.

나. 소극적 요건: 결격사유

농협중앙회장선거의 피선거권 결격사유는 지역농협 조합장선거의 피선거권 결격사유에 관한 규정을 준용하므로(농협법 §161) 제1장 제3절의 '피선거권 결격사유 : 소극적 요건'과 같다.

다만, 농협중앙회 정관에서는 총회 또는 대의원회에서 해임의결된 사람으로서 그 날부터 4년이 경과되지 않은 사람을 임원의 결격사유에 추가하고 있으므로(§60① 11.), 이에 해당하는 사람도 농협중앙회장선거에 출마할 수 없다.

아울러 지역농협에서 겸직자를 임원의 결격사유로 정한 예와 같이 농협중앙회 정관에서 다음에 해당하는 사람은 임기만료일 90일 전까지10) 그 직을 사직해야만 농협중앙회장선거에 출마할 수 있도록 규정하고 있다(§74② 2.).

① 중앙회 또는 회원의 상임임원(조합장은 제외한다)·직원
② 중앙회 또는 회원의 자회사11) 및 본회 또는 회원의 출연으로 운영되는 관계법인의 상근 임직원
③ 조합감사위원장

---

9) 농협법 제49조제1항 제10호 및 제12호를 말한다.
10) 중앙회장의 임기만료 외의 사유로 실시하는 선거에서는 후보자등록일 전일까지 사직하면 된다. 농협중앙회정관 제74조제2항제2호 단서 참조.
11) 여기에서 자회사의 범위에는 농협경제지주회사와 농협금융지주회사의 자회사가 포함된다. 농협중앙회정관 제74조제2항제2호 본문 참조.

④ 공무원[12]

한편, 중앙회의 비상임임원·조합감사위원 및 중앙회의 자회사의 비상근임원은 후보자등록일 전일까지 그 직을 사직해야만 중앙회장선거에 출마할 수 있다(농협중앙회정관 §74② 3.).

2. 수협·산림조합 중앙회장선거

가. 적극적 요건

수협법에 따른 조합의 중앙회장(이하 '수협중앙회장'이라 한다) 선거에서 후보자의 피선거권에 관한 적극적 요건 역시 농협중앙회장과 동일하게 회원조합의 조합원일 것을 요구한다(§134①).

산림조합법에 따른 조합의 중앙회장(이하 '산림중앙회장'이라 한다) 선거에서도 후보자의 피선거권에 관한 적극적 요건으로서 회원조합의 조합원일 것을 요구하고 있다(§104①).

다만, 산림중앙회장선거의 경우 산림조합의 임원 결격사유에 관한 규정을 준용하면서 정관으로 정하는 사업이용실적을 제외하되, 2년 이상 납입출자 요건은 임원의 결격사유에 포함하면서 그 적용 범위를 좁혀 산림중앙회장처럼 회원의 조합원 자격을 요구하는 임원에[13] 한정하도록 규정하고 있다(산림조합법 §122).

---

12) 여기에서 공무원의 범위에는 선거에 의하여 취임하는 공무원을 제외한다. 농협중앙회정관 제74조제2항제2호 본문 참조.

13) 산림조합법 제122조는 산림중앙회에 같은 법 제39조제1항에 따른 산림조합의 임원 결격사유를 준용하면서 일정한 납입출자를 임원의 자격요건으로 정하고 있는 같은 항 제11호는 회원의 조합원이어야 하는 중앙회의 임원에 대하여만 준용하도록 규정하고 있다. 산림중앙회장은 회원조합의 조합원을 자격요건으로 하

나. 소극적 요건 : 결격사유

(1) 수협중앙회장선거

수협중앙회장선거의 피선거권 결격사유는 지구별수협의 임원 결격사유에 관한 규정을 준용하므로(수협법 §168), 해당 결격사유는 제1장 제3절의 '피선거권 결격사유 : 소극적 요건'과 같다.

다만, 수협중앙회장의 피선거권으로서 겸직 제한에 관해서는 지구별수협과 달리 그 요건을 강화하여 다음에 해당하는 사람은 임기만료일 60일 전까지 그 직을 사직해야만 중앙회장선거의 후보자로 등록할 수 있다(수협중앙회 임원선거규정 §5② 2. 본문).

① 중앙회의 지도경제사업대표이사·감사위원장·상임이사·조합 감사위원장 · 직원[14]

② 중앙회의 자회사[15] 및 본회의 출연으로 운영되는 관계법 인의 상근 임직원

③ 공무원. 단, 선거에 의하여 취임하는 공무원을 제외한다.

한편, 수협중앙회의 비상임임원 · 조합감사위원, 회원조합장 및 중앙회 자회사의 비상임임원은 수협중앙회장선거의 후보자등록일 전일까지 그 직을 사직해야만 후보자로 등록할 수 있다. 이 경우 비상임임원에 회장을 제외하고,[16] 조합감사위원에 그 위원장은 제외한다(수협중앙회 임원선거규정 §5② 2.).

므로, 산림중앙회장선거에서는 납입출자 요건이 적용되는 것으로 보인다.

14) 수협중앙회 정관 제76조제1항에서는 중앙회장이 해당 중앙회의 감사위원 또는 직원을 겸직할 수 없도록 규정하고 있다.

15) 상법 제342조의2에 따른 자회사를 말한다. 이하 이 절에서 같다.

16) 2024. 8. 1. 현재 중앙회장 중에서 연임할 수 있는 사람은 산림중앙회장뿐이다. 수협법 제134조제5항, 산림조합법 제104조제4항, 농협법 제130조제5항 참조.

(2) 산림중앙회장선거

산림중앙회장선거의 피선거권 결격사유도 산림조합의 임원 결격사유에 관한 규정을 준용하므로(산림조합법 §122), 해당 결격 사유는 제1장 제3절의 '피선거권 결격사유 : 소극적 요건'과 같다.

다만, 산림중앙회장의 겸직에 관하여는 산림조합과 유사한 제한을 두어 다음에 해당하는 사람은 임기만료일 90일 전까지[17] 그 직을 사직해야만 중앙회장선거의 후보자로 등록할 수 있다(산림중앙회 임원선거규약 §11 2. 본문).

① 중앙회의 감사위원장·사업대표이사·조합감사위원장·직원

② 조합장을 제외한 조합의 상근임원과 직원

③ 중앙회 자회사의 상근임직원

④ 공무원. 단, 선거에 따라 취임하는 공무원을 제외한다.

한편, 중앙회의 비상임임원(회장은 제외한다), 조합감사위원, 회원조합장 및 중앙회 자회사의 비상임임원은 후보자등록신청 전날까지 그 직을 사직해야 중앙회장선거의 후보자로 등록할 수 있다(산림중앙회 임원선거규약 §11 3.).

---

17) 수협중앙회장 또는 산림중앙회장의 재·보궐선거에서는 후보자등록일 전일까지 사직하면 된다. 수협중앙회 임원선거규정 제5조제2항제2호 단서, 산림중앙회 임원선거규약 제11조제2호 단서 참조.

중앙회장선거의 선거절차

1. 선거일 결정 · 공고

가. 선거일 결정

농협법·수협법 및 산림조합법에 따른 중앙회장선거도 개별
조합법과 위탁선거법에 따라 각각 관할 선거관리위원회에 의무적
으로 위탁해야 한다.[18] 이 경우 중앙회장선거의 관할 선거관리위
원회는 중앙선거관리위원회가 되고, 선거일은 중앙선거관리위원
회가 해당 중앙회와 협의하여 정한다(위탁선거법 §14②).

참고적으로 위탁선거법은 관할구역에서 공직선거 또는 국민
투표가 실시되는 때에는 해당 공직선거 등의 선거일 또는 투표일
전 30일부터 선거일 또는 투표일 후 20일까지의 기간에[19] 속한

---

18) 농협법 제130조제8항, 수협법 제134조제7항, 산림조합법 제104조제7항, 위탁선
거법 제4조제1호 참조. 각 중앙회 정관에서도 이를 예정하고 있다. 농협중앙회
정관 제71조제10항 등 참조.

19) 다만, 임기만료에 따른 동시지방선거에서는 그 제한기간이 확장되어 선거일 전
60일부터 선거일 후 20일까지의 기간에 위탁선거를 실시하지 못한다. 지방선거

날은 선거일로 정할 수 없도록 규정하고 있다(§14③ 본문).

중앙회장선거에서는 임기만료에 따른 선거, 대통령의 궐위로 인한 선거, 국민투표 등 전국적 범위에서 실시되는 선거 또는 투표에 한정하여 해당 규정을 적용하는 것이 타당할 것이다.

나. 선거일 공고

위탁선거법에서 개별적으로 실시되는 조합장선거의 선거일은 관할 선거관리위원회가 선거인명부작성개시일 전일까지 공고하도록 규정하고 있지만(§14⑥). 중앙회장선거에서는 예비후보자 등록신청 개시일전 10일까지 공고해야 한다.[20] 다만, 중앙회장의 궐위로 인한 보궐선거와 당선무효 등에 따른 재선거에서는 위탁관리 신청을 한 날부터 5일 이내에 공고해야 한다(위탁선거규칙 §6의2 1.). 농협중앙회정관에서는 관할 선거관리위원회가 선거공고를 하는 때에 다음 사항을 함께 공고하도록 규정하고 있다(§75).

① 선거하여야 할 임원
② 선거인
③ 선거일시 및 장소
④ 피선거권자
⑤ 후보자등록접수장소
⑥ 후보자등록기간
⑦ 기타 필요한 사항

관리에 따른 관할 선거관리위원회의 과도한 업무부하를 고려한 조치이다. 위탁선거법 제14조제3항 단서 참조.

20) 중앙회장선거에서도 선거기간개시일전 30일부터 예비후보자 등록을 하고 제한적인 방법으로 선거운동을 할 수 있기 때문이다.

수협중앙회 임원선거규정(§13②)과 산림중앙회 임원선거규약 (§13)에서도 선거일 등의 공고에 관하여 이와 유사한 내용을 담고 있다. 다만, 산림중앙회 임원선거규정은 선거운동 방법까지 공고 하도록 규정하고 있는 점이 특색이다.

2. 후보자 등록신청

가. 후보자 등록신청 서류

(1) 공통적인 제출서류

중앙회장선거에서 후보자가 되려는 사람은 선거기간개시일 전 2일부터 2일 동안 다음 서류를 첨부하여 중앙선거관리위원회 에 등록신청을 해야 한다(위탁선거법 §18① · ②). 후보자등록신청 서는 공휴일에도 매일 오전 9시부터 오후 6시까지 접수한다.

① 후보자등록신청서

② 해당 법령이나 정관등에 따른 피선거권에 관한 증명 서류

③ 기탁금[21]

④ 범죄경력[22]

⑤ 그 밖에 해당 법령이나 정관등에 따른 후보자등록신청에

---

[21] 기탁금은 개별 법령이나 정관 또는 임원선거규정 등에서 요구하는 경우에 납부 하는데, 현재로서는 농협중앙회장선거 · 수협중앙회장선거 및 산림중앙회장선거 에서 기탁금 납부를 요구하는 규정은 보이지 않는다.

[22] 2024년 1월 30일 위탁선거법의 개정에 따라 후보자가 되려는 사람은 선거기간개 시일 전 60일부터 본인의 범죄경력을 국가경찰관서의 장에게 조회할 수 있으며, 해당 국가경찰관서의 장은 지체 없이 그 범죄경력을 회보回報해야 한다. 회보받 은 범죄경력은 후보자등록신청시 제출한다. 위탁선거법 제18조제4항 참조.

필요한 서류 등

농협·수협 및 산림조합의 중앙회는 각각 후보자등록신청개시일 전 30일까지 ②와 ⑤에 해당하는 서류의 목록을 중앙선거관리위원회에 제출해야 한다. 다만, 재선거와 보궐선거에서는 위탁신청을 할 때에 그 신청서와 함께 제출한다(위탁선거규칙 §9②).

중앙선거관리위원회가 후보자등록신청을 접수한 때에는 즉시 이를 수리한다. 다만, 피선거권에 관한 증명서류를 갖추지 않은 등록신청은 수리하지 않는다.

한편, 위탁선거법에서 후보자로 등록한 사람은 선거기간개시일 전일까지 예비후보자를 겸하는 것으로 보는데(§24의2⑧), 후보자로 등록한 사람은 선거운동기간 전에도 예비후보자에게 허용된 제한된 방법의 선거운동을 할 수 있다는 의미이다.

(2) 농협중앙회장선거의 추가제출 서류

중앙회장선거에서 후보자등록신청시 공통적으로 제출하는 서류 외에 농협중앙회장선거에서 추가적으로 제출해야 하는 서류로는 퇴직증명서와[23] 채무의 연체유무 확인서가 있다(농협중앙회정관 §78① 및 별표).

그 밖에 농협중앙회장선거에서 '해당 법령이나 정관등에 따른 피선거권에 관한 증명 서류'로서 회원 조합장 추천서가 있다. 농협중앙회장선거에서 후보자등록을 하려는 사람은 중앙선거관리위원회가 검인·교부하는 추천서에 회원 조합장 50인 이상 100

---

23) 퇴직증명서는 농협중앙회장선거에 출마하기 위하여 임기만료일 90일 전까지 사직해야 하는 사람이 제출한다. 중앙회의 상임 임직원과 조합감사위원장, 중앙회 관계법인의 상근 임직원 등이 그 대상이다.

인 이하의 자필 기명날인 또는 서명을 받아 후보자등록신청서에 첨부해야 한다(농협중앙회 정관 §77②).

　　회원 조합장의 추천은 3개 도 이상에 걸쳐 받아야 한다.[24] 이 경우 검인되지 않은 추천서에 추천을 받거나 상한수를 넘어 추천을 받아서는 안 된다. 조합장은 1인의 후보자를 추천할 수 있으며, 2인 이상의 후보자를 추천한 때에는 먼저 등록신청한 후보자에 대한 추천만을 유효로 한다(농협중앙회 정관 §77③·④).

　　참고적으로 2024년 1월 25일 실시한 제25회 농협중앙회장선거에서 중앙선거관리위원회는 피선거권 증명에 관한 필수서류로 가족관계증명서, 조합원증명서, 채무의 연체유무확인서, 퇴직증명서를 공고하였고, 최종학력증명서, 인영신고서, 이력서, 최근 3개월 이내 촬영된 사진은 관리상 필요서류로 공고한 바 있다.

(3) 수협 · 산림조합 중앙회장선거의 추가제출 서류

　　수협중앙회장선거와 산림중앙회장선거의 후보자가 되려는 사람은 후보자등록 신청시 피선거권에 관한 증명서류로 비경업사실 확인서, 채무의 연체유무 확인서, 퇴직증명서, 조합원 원장 사본, 회원 조합장 추천서를 첨부해야 한다.[25]

　　회원 조합장 추천서는 수협중앙회장선거에서 5명 이상 7명 이하의 조합장에게, 산림중앙회장선거에서는 7명 이상 14명 이하의 조합장에게 각각 자필 기명날인 또는 서명을 받아 후보자등록 신청서에 첨부해야 한다. 이 경우 미검인 추천서를 사용하거나,

---

24) 서울특별시와 광역시도 각각 하나의 도로 본다.
25) 수협중앙회 임원선거규정 제15제1항 및 별표 1, 산림중앙회 임원선거규약 제16조제1항 및 별표 참조.

498

상한을 초과하여 추천을 받거나, 중복추천시의 처리방법은 농협 중앙회장선거의 회원 조합장 추천예와 같다.26)

나. 후보자의 피선거권 조사

중앙선거관리위원회는 후보자등록마감 후에 후보자의 피선거권에 관한 조사를 해야 하며,27) 그 조사를 의뢰받은 기관 또는 단체는 지체 없이 그 사실을 확인하여 중앙선거관리위원회에 회보回報해야 한다(위탁선거법 §18⑤).

한편, 중앙선거관리위원회는 중앙회장선거의 후보자가 제출한 범죄경력에 대하여 그 확인이 필요하다고 인정되는 경우에는 후보자등록마감 후 지체 없이 해당 중앙회의 주된 사무소 소재지를 관할하는 검찰청의 장에게 해당 후보자의 범죄경력을 조회할 수 있고, 해당 검찰청의 장은 그 범죄경력의 진위여부를 지체 없이 중앙선거관리위원회에 회보해야 한다(위탁선거법 §18⑥).

다. 후보자 등록무효와 사퇴

중앙회장선거의 후보자등록 후 피선거권에 결격사유가 확인되거나, 피선거권에 관한 증명서류가 제출되지 않은 것이 발견된 때에는 중앙선거관리위원회가 해당 후보자의 등록을 무효로 한다

---

26) 다만, 수협중앙회는 임원선거규정 제15조제4항에서 후보자 추천의 취소 또는 변경은 후보자등록에 영향을 미치지 않는다는 보완규정을 두고 있다.
27) 중앙회장의 결격사유인 징계경력, 채무의 연체 여부 등은 해당 중앙회에 확인하고, 피한정후견인, 파산선고를 받고 복권되지 않은 사람에 해당하는지는 후보자의 등록기준지를 관할하는 구·시·읍·면의 장에게 조회한다.

(위탁선거법 §19① 1.·2.).

또한 2024년 1월 30일 위탁선거법의 개정에 따라 후보자가 범죄경력을 게재하지 않은 선거공보를 제출하거나 범죄경력에 관한 서류를 별도로 제출하지 않은 것이 발견된 때에도 해당 후보자의 등록을 무효로 한다(위탁선거법 §19① 3.).

중앙선거관리위원회가 후보자등록을 무효로 한 때에는 지체 없이 해당 후보자와 중앙회에 등록무효 사유를 명시하여 그 사실을 알려야 한다(위탁선거법 §19②).

한편, 후보자가 사퇴하려는 때에는 자신이 직접 중앙선거관리위원회에 가서 서면으로 신고해야 한다. 후보자가 등록·사퇴·사망하거나 등록이 무효로 된 경우 중앙선거관리위원회는 지체 없이 그 사실을 공고해야 한다(위탁선거법 §20·§21).

3. 선거인명부 작성

가. 중앙회장선거의 선거권자

농협중앙회장선거의 선거권자는 중앙회의 회원이다. 법률상 중앙회의 회원은 지역조합, 품목조합 및 품목조합연합회이다(농협법 §115①). 농협중앙회정관에서는 이를 구체화하여 지역농협·지역축협·품목조합의 조합장과 품목조합연합회의 회장을 농협중앙회장선거의 선거인으로 규정하고 있다(§66① 단서).

수협중앙회장선거의 선거권자도 중앙회의 회원으로서 지구별수협, 업종별수협 및 가공수협을 그 회원으로 한다(수협법

§118). 수협중앙회 임원선거규정에서는 회원조합장이 중앙회 임원선거의 선거권을 가진다고 규정하고 있다(§4①).

산림조합중앙회장의 선거권자도 회원인 지역조합과 전문조합으로 한다(산림조합법 §89①). 산림중앙회 임원선거규약에서는 회원이 중앙회 임원선거의 선거권을 가진다고 규정하고 있다(§4①).

나. 선거인명부 작성과 검증

중앙회장선거의 선거인명부작성기간과 선거인명부확정일은 중앙선거관리위원회가 해당 중앙회와 협의하여 정한다(위탁선거법 §15① 본문). 참고적으로 조합장선거에서는 선거일 전 19일부터 5일 이내에 선거인명부를 작성하고, 그 선거인명부는 선거일 전 10일에 확정되지만, 위탁선거법에서는 조합장선거와 중앙회장선거를 명확하게 구분하고 있으므로[28] 조합장선거의 해당 규정이 중앙회장선거에는 적용되지 않는다.

중앙회가 선거인명부를 작성한 때에는 즉시 그 등본 1통을, 선거인명부가 확정된 때에는 지체 없이 확정된 선거인명부 등본 1통을 각각 중앙선거관리위원회에 송부해야 한다.

그 밖에 명부 열람 및 이의신청과 결정, 선거인명부 사본의 교부신청 등에 관하여는 동시조합장선거의 절차 및 방법과 같으므로, 자세한 내용은 제2장 제2절 '선거인명부 작성·검증과 사본 교부'를 참고하기 바란다.

---

28) 위탁선거법 제13조제1항, 제24조제3항 등 참조.

4. 투표방법과 당선인 결정

가. 농협중앙회장선거에 가중투표 적용

위탁선거법에서 투표는 평등선거 원칙의 수적 평등을 지향하여 선거인 1명마다 각 1표를 행사하는 1인 1표주의를 원칙으로 한다(§39③ 본문). 다만, 개별 법령이나 정관 등 내부규범에서 정하는 사람이 법인을 대표하여 투표권을 행사하는 경우에는 위탁선거법도 1인 1표제의 예외를 인정하고 있다(§39③ 단서).

실제 농협법에서 농협중앙회장선거의 회원은 대통령령으로 정하는 기준에 따라 투표권을 차등하여 2표까지[29] 행사할 수 있도록 규정하고 있고(농협법 §130① 후단), 농협법 시행령에서는 이를 구체화하여 조합원 수가 3천명 미만인 조합 또는 연합회는 1표, 조합원 수가 3천명 이상인 조합은 2표를 행사할 수 있도록 가중투표권[30] 제도를 규정하고 있다(§11의8①).

이에 따라 농협중앙회장선거의 투표소에서는 선거인에 따라 투표용지 교부매수가 달라지는 이례적인 상황이[31] 연출된다.

[29] 본래 중앙회 총회에서 일반적인 의결권 행사기준은 조합원 수 2천명 미만인 조합 또는 연합회는 1표, 2천명 이상 3천명 미만은 2표, 3천명 이상인 조합은 3표로 차등을 두고 있으나, 중앙회장선거에서는 그 기준을 완화한 것이다. 농협법 제112조제5항, 농협법 시행령 제11조의4제1항 참조.

[30] 일부 언론에서는 이를 부가의결권이라 지칭하기도 한다. 농협법과 중앙회정관에서 의결권과 선거권을 명확히 구분하는 점에 비추어 중앙회장선거에서 부가의결권이라는 명칭은 적절하지 않은 것으로 보인다. 농업협동조합법 제26조·제27조제1항, 중앙회정관 제22조제3항, 제67조 등 참조.

[31] 2024년 1월 25일 실시한 제25대 농협중앙회장선거에서 선거권을 보유한 1,111개의 회원조합 중 가중투표권을 행사한 회원조합은 전체의 약 13%에 해당하는 144개 조합으로 알려졌다. 이 경우 선거인수를 1,255명으로 환산하여 당선인 결

반면, 수협법·산림조합법과 해당 중앙회의 내부규범에서는 회원에게 차등하여 선거권을 부여하는 사례가 없다.[32]

그 밖에 중앙회장선거에서 투표·개표의 절차와 방법은 총회에서 조합장을 선출하는 것과 유사하므로 자세한 내용은 제2장 제6절 '총회·대의원회 조합장 선출의 특례'를 참고하기 바란다.

나. 결선투표제의 보편적 적용

위탁선거법에서 당선인 결정은 해당 법령이나 정관 등 내부규범이 정하는 바에 따르도록 규정하고 있다(§56). 이에 따라 농협중앙회장선거에서는 투표권 총수의 과반수 투표와 투표자 투표권 총수의 과반수를 득표한 사람을 당선인으로 결정한다(농협중앙회정관 §87①). 가중투표권을 적용하기에 과반수 투표의 기준을 선거인 수가 아니라 투표권 총수를 기준으로 한다.

이 경우 과반수 득표자가 없으면 최다수득표자와 차순위득표자에 대하여, 최다수득표자가 2인 이상이면 그 최다수득표자에 대하여 당선인이 결정될 때까지 재투표를 실시하여 투표권 총수의 과반수 득표자를 당선인으로 결정한다(농협중앙회정관 §87①).

수협중앙회장선거에서도 1차 투표에서 과반수 득표자가 없으면 결선투표를 실시한다. 다만, 결선투표에서도 다수득표자가 2명 이상이면 더 이상 투표를 진행하지 않고 연장자를 당선인으

정에 필요한 과반수 투표여부를 판단한다.
32) 수협중앙회 임원선거규정 제4조제3항과 산림중앙회 임원선거규약 제4조제3항은 중앙회장선거에서 1인 1표제를 규정하고 있다.

로 결정한다(수협중앙회 임원선거규정§33①). 수협중앙회장선거에서 후보자가 1명인 경우에는 찬반투표를 실시하여 선거인의 과반수 투표와 투표자수의 과반수 찬성을 얻은 사람을 당선인으로 결정한다(수협중앙회 임원선거규정 §33②).

산림중앙회장선거에서는 1차 투표에서 과반수 득표자가 없으면 농협중앙회장선거와 동일한 방식으로 결선투표를 실시한다. 등록된 후보자가 1명인 경우에는 투표를 실시하지 않고 그 후보자를 당선인으로 결정한다. 후보자의 등록이 취소되어 등록된 후보자가 1명이 된 경우에도 또한 같다(산림중앙회 임원선거규약 §41③).

5. 선거결과에 대한 불복절차와 방법

가. 농협중앙회장선거

농협법에서 지역농협의 조합원은 임원선거가 법령, 법령에 따른 행정처분 또는 정관에 위반된 것을 이유로 그 의결이나 선거에 따른 당선의 취소 또는 무효 확인을 농림축산식품부장관에게 청구할 수 있도록 규정하면서(§33①), 해당 규정을 농협중앙회에 준용하고 있다(농협법 §161).

이에 따라 농협중앙회의 회원은 선거일부터 1개월 이내에 회원 300인 또는 100분의 5 이상의 동의를 받아 농림축산식품부장관에게 당선의 취소 또는 선거의 무효 확인을 청구할 수 있다(농협법 §33①). 이 경우 취소청구서 또는 무효확인청구서에는 청구의 취지·이유 및 위반되었다고 주장하는 규정을 명기明記하고 선거록 사본과 사실관계를 증명할 수 있는 서류를 첨부해야 한다(농협법 시행규칙 §6).

농림축산식품부장관은 해당 청구서를 받은 날부터 3개월 이내에 이에 대한 조치결과를 청구인에게 알려야 한다(농협법 §33② 후단). 다만, 농림축산식품부장관이 농협중앙회 회원의 청구와 같은 취지의 소송이 법원에 제기된 사실을 알았을 때에는 그렇지 않다(농협법 §33① 단서). 이 또한 조합장선거의 예와 같이 청구에 대한 심의 자체를 중단하라는 취지로 보인다.

한편, 당선의 취소 또는 선거의 무효 확인을 청구하는 소송에 관하여는 상법규정(§376~§381)을 준용하므로, 해당 소송은 선거일로부터 2개월 이내에 제기해야 한다(농협법 §33③·§161).

참고적으로 위탁선거법은 선거 또는 당선의 효력에 대한 이의제기는 해당 위탁단체에 하되, 위탁선거 사무의 관리집행의 하자 또는 투표의 효력에 대한 이의제기는 관할위원회의 직근 상급 선거관리위원회에 하도록 규정하고 있다(§55).

그러나 중앙회장선거에서는 중앙선거관리위원회가 관할 선거관리위원회이므로, 그 상급선거관리위원회가 존재하지 않아 중앙회장선거에서 관리집행의 하자 또는 투표의 효력에 이의가 있으면 법원에 소송을 제기하는 방법으로 다투는 수밖에 없을 것이다.

나. 수협·산림 중앙회장선거

수협법에서 지구별수협의 조합원은 임원선거가 법령, 법령에 따른 처분 또는 정관에 위반된 것을 이유로 해양수산부장관에게

당선의 취소 또는 무효 확인을 청구할 수 있도록 규정하고 있다
(§35①).

수협중앙회도 해당 규정을 준용하고 있으므로(수협법 §168),
수협중앙회의 회원은 중앙회장선거의 선거일부터 1개월 이내에
조합원 10분의 1 이상의 동의를 받아 해양수산부장관에게 당선의
취소 또는 무효 확인을 청구할 수 있다(수협법 §35②).

산림조합법에서도 수협법과 동일하게 조합원이 임원선거에
따른 당선의 취소 또는 무효 확인을 청구하는 절차와 방법을 규
정하고(§30①), 중앙회에서 해당 규정을 준용하고 있다(§122). 이
에 따라 산림중앙회의 회원은 선거일부터 1개월 이내에 조합원
300인 또는 100분의 5 이상의 동의를 받아 산림청장에게 당선의
취소 또는 무효 확인을 청구할 수 있다(산림조합법 §30②).

그 밖에 수협중앙회장선거와 산림중앙회장선거에서 회원이
주무장관에게 당선의 취소 또는 무효확인을 청구하거나 법원에
소송을 제기하는 경우의 절차와 방법은 농협중앙회장선거에서 해
당 사안의 효력을 다투는 것과 같다.

다만, 수협법이나 산림조합법에서는 농협법(§33① 단서)과 달
리 주무장관이나 산림청장이 회원의 청구와 동일한 취지의 소송
이 법원에 제기된 사실을 알게 된 경우 심의의 중단 등에 관한
명시적 규정이 없는데, 개별 법률에서 이에 관한 명시적 규정이
없더라도 해당 사안이 발생한다면 분쟁의 합리적 해결을 위하여
주무장관과 산림청장은 당연히 심의를 중단해야 할 것이다.

중앙회장선거의 선거운동

1. 선거운동에 관한 규제 개요

　　농협법은 중앙회장선거에 관하여 지역농협의 조합장선거에 관한 사항을 준용하면서도(§162) 유독 지역농협의 임원선거에서 선거운동 방법을 제한하는 조항(§50④)과 선거운동기간을 제한하는 조항(§50⑦)을 준용하지 않는다.

　　농협법의 해당 조항에 대한 준용을 배제함에 따라 중앙회장선거에서는 마치 선거운동의 시기와 방법에 아무런 제한을 받지 않고 자유롭게 선거운동을 할 수 있는 것처럼 오인할 가능성이 있다. 그러나 선거운동 방법을 준용하지 않은 이유는 중앙회장선거에 위탁선거법이 우선 적용되기 때문이고, 선거운동기간을 준용하지 않은 이유는 중앙회장선거에 예비후보자 제도를 두어 선거운동기간 전에도 선거운동을 허용하는 한편, 선거일에는 소견발표회 등의 방법으로 선거운동을 할 수 있기 때문이다.[33]

---

33) 법률의 연혁적인 측면에서 살펴볼 때, 2014년 6월 11일 위탁선거법 제정을 앞두고

예컨대, 중앙회장선거의 후보자는 위탁선거법에 따라 예비후보자로 등록하여 선거기간 전에도 전화·문자·SNS 등의 방법으로 선거운동을 할 수 있고, 후보자등록기간 중에는 예비후보자의 방법으로 선거운동을 할 수 있으며, 선거일에도 소견발표회와 문자메시지에 의한 방법으로 선거운동을 할 수 있다.

위탁선거법에서 중앙회장선거에 허용된 선거운동의 구체적인 방법에 관하여는 제2장 제6절 '4. 후보자 소견발표회 개최'와 제3장 제4절 '조합장선거의 선거운동 방법'에 따르고, 중앙회장선거에서 임직원의 선거중립과 제한·금지된 선거운동 방법에 관해서는 제4장 '제한·금지된 선거운동'을 준용한다.

이 경우 "관할 선거관리위원회"는 "중앙선거관리위원회"로, "조합"은 "중앙회"로, "조합장"은 "중앙회장"으로, "조합원"은 "회원"으로, "조합장선거"는 "중앙회장선거"로 대체하면 무난하다.

2. 예비후보자 등록과 선거운동 방법

가. 예비후보자 등록

위탁선거법은 중앙회장선거에 예비후보자제도를 두어 선거운동기간 전에도 제한적인 방법의 선거운동을 허용하고 있다(§24의2). 예비후보자가 되려는 사람은 선거기간[34] 개시일 전 30일부

농협법의 중앙회 관련 규정 전반에 대하여 조문정리가 이루어진 것으로 보인다.

34) 선거기간이란 후보자등록마감일의 다음 날부터 선거일까지를 말한다. 동시조합장선거는 14일로 법정되었지만, 그 밖의 위탁선거는 관할 선거관리위원회가 위탁단체와 협의하여 정한다. 위탁선거법 제13조제2항 참조.

터 중앙선거관리위원회에 예비후보자 등록신청을 할 수 있다. 이 경우 개별 법령이나 정관 등 내부규범에 따른 피선거권에 관한 증명서류를 함께 제출해야 한다.[35]

예비후보자 등록신청을 받은 중앙선거관리위원회는 지체 없이 이를 수리하고 관계기관의 장에게 피선거권에 관한 사항을 조회할 수 있다. 한편, 예비후보자가 사퇴하려면 후보자의 예와 같이 자신이 직접 중앙선거관리위원회에 가서 서면으로 신고해야 한다(위탁선거법 §24의2⑥). 사퇴의사의 진정성을 확인하기 위함이다.

나. 예비후보자의 선거운동 방법

중앙회장선거에서 예비후보자와 그의 선거운동원은[36] 전화, 문자메시지, SNS, 전자우편, 인터넷, 중앙회가 공개한 행사장에서 명함 배부와 지지 호소, 중앙회의 공개행사에서 공약을 발표하는 방법으로 선거운동을 할 수 있다(위탁선거법 §24의2⑦).[37]

구체적으로는 위탁선거법에 따라 전화를 이용하여 선거인과 직접 통화하거나 문자메시지를 보내는 방법으로 선거운동을 할

---

35) 이때 제출된 서류에 변경사항이 없으면 후보자등록시 제출을 생략한다.

36) 예비후보자 또는 후보자가 그의 배우자, 직계존비속 또는 회원 중에서 지정하는 1명을 말한다. 다만, 중앙회의 임원이나 직원을 선거운동원으로 지정할 수는 없다. 위탁단체의 임직원에게는 지위를 이용한 선거운동 등이 금지되기 때문이다. 위탁선거법 제24조제1항 및 제31조 참조.

37) 중앙회장선거에서 예비후보자 제도를 도입한 취지는 후보자간 선거운동의 기회 균등을 보장하기 위한 것보다 선거인의 알권리를 보장하기 위한 목적이 뚜렷해 보인다. 농협중앙회장과 수협중앙회장에게는 중임 또는 연임이 금지되어 있기 때문이다. 헌법재판소도 이러한 측면을 강조한 바 있다. 헌법재판소 2019. 7. 25. 선고 2018헌바85 결정 참조.

수 있고(§28), 인터넷홈페이지, 유튜브, SNS 등 정보통신망을 활용하여 선거운동을 할 수 있으며(§29), 중앙회가 사전에 공개한 행사장에서[38] 명함을 배부하며 지지를 호소하는 방법으로 선거운동을 할 수 있다(§30).

아울러 2024년 1월 30일 위탁선거법의 개정에 따라 예비후보자 본인은 중앙회가 개최하는 공개행사에 방문하여 자신의 정책을 발표할 수 있게 되었다(§30의4). 공개행사에서 정책을 발표하려는 예비후보자는 참석할 공개행사의 일시, 소견발표에 소요되는 시간과 발표 방법 등을 중앙회에 미리 신고해야 한다. 이 경우 중앙회는 정당한 사유 없이 이를 거부할 수 없다.

한편, 중앙회는 예비후보자등록신청개시일 전 5일부터 매주 공개행사의 일시와 소견발표가 가능한 시간 등을[39] 공고해야 한다(§30의4③). 다만, 중앙회의 공개행사가 없는 경우 공고를 생략할 수 있다(위탁선거규칙 §15의7① 단서).

그 밖에 전화를 이용한 선거운동과 정보통신망을 활용한 선거운동 방법에 관한 구체적인 내용은 제3장 제4절 '조합장선거의 선거운동 방법'을 참고하기 바란다. 참고적으로 중앙회의 예비후보자라도 전화를 이용한 선거운동을 하는 때에 휴대전화 가상번호의 활용은 허용되지 않는다. 이것은 오로지 후보자에게만 보장된 권리이기 때문이다(위탁선거법 §30의3).

한편, 중앙회장선거에서 장애인 예비후보자의 경우 그의 활

---

[38] 2024년 1월 25일 실시된 제25회 농협중앙회장선거에서 농협중앙회는 2023년 12월 14일 농협경주교육원에서 중앙회장과 조합장 97명이 참여하는 대도시농축협 기능강화협의회를 해당 장소로 공지한 바 있다.

[39] 행사의 일시와 장소, 참석 예정 인원, 정책 발표시간, 정책발표를 진행할 사회자의 성명과 직위를 공고한다. 위탁선거규칙 별지 제14호의6서식 참조.

동을 보조하기 위하여 배우자, 직계존비속 또는 중앙회의 임직원이 아닌 일반회원 중에서 따로 1명의 활동보조인을 두어 제한적인 방법으로 선거운동을 하게 할 수 있다(위탁선거법 §24의3).

농협법·수협법 및 산림조합법에서는 중앙회장선거의 예비후보자 제도에 관하여 아무런 언급이 없으므로, 중앙회장선거에서 후보자가 되려는 사람의 선거운동의 자유를 확대하고 선거인의 알권리를 보장하기 위하여 도입된 예비후보자와 선거운동원 제도의 규범력은 오로지 위탁선거법으로부터 나온다.

3. 후보자의 선거운동 방법

가. 허용된 선거운동 방법

농협법·수협법 및 산림조합법에 따른 중앙회장선거의 선거운동 방법은 위탁선거법에 따라야 한다(위탁선거법 §5). 위탁선거법에서는 선출방법을 불문하고 중앙회장선거의 선거운동방법을 선거공보, 전화, 정보통신망, 명함 배부와 지지 호소, 중앙회 공개행사에서 정책발표, 소견발표회로 한정하고 있다(§24③ 3.). 후보자에게 어깨띠조차 허용하지 않는 인색함이 옹졸해 보인다.

다만, 2024년 1월 30일 위탁선거법의 개정에 따라 후보자의 선거운동원도 해당 후보자의 선거운동을 할 수 있도록 허용되었다. 장애인 후보자의 경우에는 장애인 예비후보자의 예와 같이 따로 1명의 활동보조인도 둘 수 있다.

중앙회장선거에서 선거공보, 전화·정보통신망을 활용한 선거운동, 명함 배부 및 지지 호소의 방법에 의한 선거운동은 제3장 제4절 '조합장선거의 선거운동 방법'을 참고하고, 선거일의 후보자 소견발표회에 관하여는 제2장 제6절 '총회·대의원회 조합장 선출의 특례'를 참고하기 바란다.

중앙회장선거에 허용된 선거운동 방법 중에서 독특한 점은 선거일 또는 결선투표일에 문자메시지를 전송하는 방법으로 선거운동을 할 수 있다는 점이다(위탁선거법 §24② 1.).[40] 다만, 문자메시지는 전화를 이용한 선거운동 방법의 일환으로 허용되는 것이므로(위탁선거법 §28), 선거일 또는 결선투표일에 카톡, 밴드, 텔레그램, 페이스북, X(과거 트위터) 등 SNS를 활용하여 선거운동을 하는 것은 정보통신망을 활용한 선거운동에 해당하여 위탁선거법에 따라 금지된다는 점을 유념해야 한다.[41]

나. 결선투표시 선거운동 유의사항

위탁선거법은 선거일에 질서가 평온하게 유지되는 가운데 선거인들이 자유롭게 투표에 참여할 수 있도록 원칙적으로 선거운동을 금지하고 있지만(§24② 본문), 중앙회장선거에서 선거일 또는 결선투표일에 후보자가 소견발표회에서 지지를 호소하거나 문자메시지를 전송하는 방법의 선거운동은 예외적으로 허용하고 있

---

40) 위탁선거법뿐만 아니라 공직선거법에서도 선거일에는 선거운동을 금지하는 것이 원칙이다. 선거당일의 평온을 유지하여 질서있게 투표를 진행하기 위함이다. 위탁선거법 제24조제2항 본문, 공직선거법 제59조 본문 참조.

41) 위탁선거법은 플랫폼의 성격과 사용실태를 고려하지 않고 기술구조를 기준으로 규제를 적용한다. 예컨대, 전통적인 전화와 문자메시지를 이용한 선거운동은 제28조에서 규율하는 반면, SNS는 제29조에서 규율한다.

다(§24② 단서). 물론 선거운동원에게는 금지된 행위다.

여기에서 쟁점이 되는 부분은 중앙회장선거의 후보자가 선거일의 1차 투표에서 3위 이하의 득표에 그쳐 결선투표에 탈락한 경우, 해당 탈락자가 결선투표에 진출한 후보자의 선거운동을 위하여 문자메시지를 전송할 수 있는지에 관한 점이다.

그러나 결선투표제가 적용되는 중앙회장선거에서 1차 투표결과의 공표에 따라 결선투표에 진출하지 못한 사람은 그 시점부터 후보자의 지위를 상실한 것이므로, 결선투표에 진출한 후보자의 당선을 위한 선거운동은 허용되지 않는다.[42]

결선투표에서 선거운동을 허용한 취지가 결선투표에 오르지 못한 후보를 지지하였던 선거인들에게 새로운 선택을 위한 판단자료를 제공하기 위하여 선거운동의 기회를 부여한 것이라는 점을 고려하면 결선투표에 진출하지 못한 후보자의 선거운동이 금지된다는 점은 더욱 자명한 것으로 보인다.

---

[42] 헌법재판소 2023. 5. 25. 선고 2021헌바136 결정. 해당 사안은 2016. 1. 12. 실시된 농협중앙회장선거의 후보자가 1차 투표에서 3위에 그쳐 탈락하였으나 결선투표에 오른 후보자의 당선을 위하여 문자메시지를 전송한 행위로 2심에서 벌금 200만원을 선고받자 헌법소원을 청구한 사건이다. 헌법재판소는 해당 청구인을 '후보자가 아닌 자'로 보았다.

중앙회장의 기부행위 상시제한 등

1. 후보자가 되려는 사람의 기부행위 제한

농협법에서는 지역농협 임원선거의 후보자, 그 배우자 및 후보자가 속한 기관·단체·시설이 임기만료일 전 180일부터 선거일까지 조합원이나 그 가족 등에게 금품 또는 재산상 이익을 제공할 수 없도록 기부행위를 제한하고 있다(§50의2①). 여기에서 후보자는 후보자가 되려는 사람을 포함하고, 해당 규정은 중앙회장선거에 준용한다(농협법 §161).

다만, 중앙회장선거에 우선 적용되는 위탁선거법은 조합법의 기부행위 제한기간보다 더 확장하여 임기만료일전 1년부터 선거일까지 기부행위를 제한한다(위탁선거법 §34 1.). 이 경우 위탁선거법은 기부행위의 상대방을 선거인 또는 선거인명부에 오를 자격이 있는 사람을 대상으로 하므로, 중앙회장선거에서 중앙회의 회원인 모든 조합장은 기부행위 제한의 객체가 된다.[43]

---

43) 조합장선거에서는 조합에 가입한 후 6개월이 지나야 선거권이 부여되지만, 중앙

2. 중앙회장의 기부행위 상시제한

농협법은 중앙회장선거의 기부행위 제한과 관련하여 지역농협의 임원선거에 관한 규정을 준용하면서(§161) 재임 중 조합장의 기부행위를 상시 금지하는 규정(§50의2⑥)에 대하여는 그 준용을 배제하고 있다. 해당 규정의 형식과 내용을 얼핏 보면 중앙회장에게는 조합장과 달리 재임 중 회원에 대한 기부행위 상시제한이 적용되지 않는 것으로 오인될 소지가 있다.

그러나 이러한 문제는 위탁선거법에서 조합법에 따른 중앙회장도 재임 중에는 기부행위를 할 수 없도록 규정함에 따라(위탁선거법 §35⑤) 입법론적으로 명확히 해결되었다.[44]

중앙회장의 기부행위에 대한 조합법의 관대함은 위탁선거법이 지키는 공정의 문턱을 결코 넘어서지 못한다. 위탁선거법의 그물은 성긴 듯 보여도 결코 놓치는 법이 없다.

기부행위의 정의와 판단기준, 기부행위로 보지 않는 행위 등에 관하여는 제5장 '기부행위 제한과 50배 과태료'를 참고하기 바란다. 이 경우 "조합"은 "중앙회"로, "조합장"은 "중앙회장"으로, "조합원" 또는 "선거인"은 "회원"으로 대체하면 된다.

참고적으로 중앙회장이 기부행위 상시제한을 위반하여 그로부터 금품 등을 제공받은 사람에게는 형벌은 물론 50배 과태료도 부과되지 않는다(위탁선거법 §68③).

회장선거에서는 회원인 조합장에게 이러한 제한이 없기 때문이다.

44) 수협법에서도 농협법의 예와 같이 중앙회장에게 재임 중 기부행위를 상시 금지하는 규정의 준용을 배제하고 있으나, 산림조합법에서는 조합장은 물론 중앙회장에게도 기부행위를 상시제한하는 규정을 아예 두지 않고 있다.

3. 축·부의금품 명의표시 상시제한

가. 축·부의금품 출처표시 의무

농협법은 중앙회에 관하여 지역농협 임원선거의 기부행위 제한규정을 준용하면서(§161) 지역농협 조합장의 축·부의금품 제공시 명의표시 제한에 관한 규정(§50의3)은 준용하지 않는다.

그러나 이러한 농협법의 선심도 위탁선거법의 검문을 통과하지 못한다. 위탁선거법은 2014년 6월 제정 당시부터 중앙회의 경비로 관혼상제의식이나 그 밖의 경조사에 축·부의금품을 제공하는 경우 중앙회의 경비임을 명기하여 해당 중앙회의 명의로 하도록 제한하여 왔기 때문이다.[45]

여기에서 중앙회 경비로 관혼상제의식이나 그 밖의 경조사에 축·부의금품을 제공하는 경우 축·부의금품의 출처를 명기하지 않은 행위 자체가 형사처벌의 대상이 된다(위탁선거법 §66② 9.).

중앙회의 경비로 축·부의금품을 제공하는 경우 그 명의표시 제한에 관하여 특히 유의할 사항은 기부행위 제한과 달리 그 제공의 상대방이 중앙회의 회원으로 제한되지 않는다는 점이다. 따라서 감독기관이나 협력단체 또는 산하기관 간부의 관혼상제에 축·부의금을 제공하는 때에도 명의표시 제한규정이 적용된다. 선심경영을 방지하기 위한 입법자의 의도이다.

거듭 강조하지만, 해당 규정은 직무상 행위 또는 의례적 행

---

45) 수협중앙회의 경우 농협 중앙회와 동일하게 위탁선거법 제정당시부터 중앙회의 경비로 축·부의금품 제공시 그 명의표시를 제한하여 왔으나, 산림중앙회의 경우에는 2023. 3. 2. 위탁선거법의 개정을 통하여 반영되었다.

516

위에 해당하여 기부행위로 보지 않는 축·부의금품 제공에도 적용되고, 그 제공의 상대방이 중앙회의 회원인지를 묻지 않고 모든 축·부의금품 제공에 적용되는 기부행위 제한의 특별규정이라는 점을 명심해야 한다.[46]

다만, 해당 규정은 중앙회의 경비, 즉 공금으로 축·부의금품을 제공하는 경우에 한정하여 적용되는 규범이므로, 중앙회장이 개인의 경비, 즉 의례적 행위로 축·부의금품을 제공하는 때에는 적용되지 않는다. 물론, 이 경우에도 상대방이 중앙회의 회원이거나 그 회원의 가족이라면 기부행위 제한규정에 위반되지 않도록 의례적 행위의 단가기준을 따라야 한다.

나. 기부행위로 간주되는 행위

위탁선거법은 중앙회의 경비로 축·부의금품을 제공하는 때에 회장의 직명 또는 성명을 밝히거나 그가 하는 것으로 추정할 수 있는 방법으로 제공하는 행위는 기부행위로 간주한다(§36).

여기에서 중앙회장의 직명 또는 성명을 밝히거나 그가 하는 것으로 추정할 수 있는 방법으로 축·부의금품을 제공하는 행위를 기부행위로 보는 것은 입법자의 결단으로부터 나온다. 입법해석의 일종인 간주규정의 효력 때문에 달리 해석할 여지가 없다.

본 규정은 기부행위로 보지 않는 축·부의금품이라도 중앙회장의 명의로 제공되는 한 그 금품제공의 효과가 해당 중앙회장에게 귀속되므로, 그러한 행위를 엄격하게 금지하기 위해 마련된 것이기 때문이다.[47] 따라서 중앙회의 경비로 중앙회장의 명의를

---

46) 대법원 2018. 2. 13. 선고 2017도17594 판결

밝히거나 그 명의를 추정할 수 있는 방법으로 축·부의금품을 제
공하는 것는 제공의 상대방이 회원인지를 묻지 않고 위탁선거법
에 따른 기부행위로 간주하는 것이다(§32).

다. 주체별 중앙회장 명의표시 위반 검토

중앙회의 경비로 축·부의금품을 제공하는 때에 중앙회장의
명의를 표시할 경우, 그러한 행위는 위탁선거법에 따른 기부행위
(§32)로 간주됨에 따라 기부행위 위반죄의 객관적 구성요건 중 객
체, 행위, 결과, 인과관계에 관한 사실관계가 확정된다. 이제 기
부행위 위반죄의 남은 객관적 구성요건이 모두 충족되는지는 제
공의 주체 부분을 살펴보는 것으로 족하다.

첫째, 중앙회장이 직접 제공하는 경우에는 재임 중 기부행위
를 상시 금지하는 위탁선거법의 기부행위 상시제한규정(§35⑤)이
적용되어 기부행위 위반죄가 성립된다(§59). 예외는 없다.

둘째, 중앙회가 제공하는 경우 선결문제로서 중앙회가 기부
행위 제한의 주체인 후보자가 되려는 사람이 속한 단체에 해당하
는지를 먼저 살펴보아야 한다. 그러나 중앙회장의 연임이 금지된
경우 중앙회장은 후보자가 되려는 사람이 아니므로[48] 중앙회 또
한 후보자가 되려는 사람이 속한 단체가 될 수 없다.

---

47) 대법원 2018. 2. 13. 선고 2017도17594 판결
48) 현행법상 농협중앙회장은 중임할 수 없고, 수협중앙회장은 연임할 수 없으므로
본조 위반으로부터 자유롭다. 그러나 산림중앙회장은 한 차례 연임이 가능하므
로 구체적 사안마다 개별적으로 본조 위반 여부를 검토할 필요가 있다. 중앙회
장의 연임에 관하여는 농협법 제130조제5항, 수협법 제134조제5항, 산림조합법
제104조제4항 참조.

이 경우 기부행위 위반죄는 성립되지 않겠지만, 중앙회의 경비로 제공된다는 사실을 명기하지 않았으므로 축·부의금품 출처표기 위반죄는(위탁선거법 §66② 9.) 적용할 수 있을 것이다. 이 부분은 시·도본부가 중앙회를 대신하여 지역 명망가의 관혼상제에 중앙회의 경비로 축·부의금품을 제공하는 경우 특히 유념해야 할 사항으로 보인다. 중앙회장의 직명이나 성명을 밝히는 경우는 물론이고 중앙회장의 명의를 추정할 수 있는 방법으로 제공하는 경우에도 본조 위반이 된다.

마지막으로, 제3자가 제공하는 경우 그 행위가 기부행위 제한기간 중 이루어진 때에 한정하여 기부행위 위반죄의 성립여부를 검토할 수 있을 것이다. 그러나 제3자의 기부행위 위반이 성립하려면 고의 외에 초과주관적 요소로서 '선거에 관하여 후보자를 위하여'라는 구성요건을 두고 있으므로(위탁선거법 §35②), 연임이 금지된 중앙회장은 후보자가 될 수 없어 그를 위한 기부행위 위반 또한 성립될 수 없다.

다만, 이러한 행위 또한 중앙회의 경비로 축·부의금을 제공하면서 중앙회의 경비임을 명기하지 않은 것이므로, 축·부의금품 출처표기 위반죄(위탁선거법 §66② 9.)가 성립되고, 중앙회장과 전달자간 공모관계가 인정된다면 함께 공범으로 처벌될 수 있다.

이제 중앙회의 경비로 축·부의금품을 제공하는 경우 중앙회장의 직명이나 성명은 판타지 소설에 등장하는 어둠의 마법사처럼[49] 그 '이름을 들먹여서는 안 되는 사람'이 되었다.

---

49) 영국 작가 조앤·K·롤링의 원작 해리포터 시리즈에 등장하는 볼드모트를 말한다. 온라인에서 불미스러운 사건에 연루된 사람을 지칭할 때 명예훼손을 회피하기 위한 대명사로 활용하기도 한다.

부록

공공단체등 위탁선거에 관한 법률

[시행 2024. 7. 31.]
중앙선거관리위원회 법제과, 02-3294-8400

제1장 총 칙

제1조(목적) 이 법은 공공단체등의 선거가 깨끗하고 공정하게 이루어지도록 함으로써 공공단체등의 건전한 발전과 민주사회 발전에 기여함을 목적으로 한다.

제2조(기본원칙) 「선거관리위원회법」에 따른 선거관리위원회(이하 "선거관리위원회"라 한다)는 이 법에 따라 공공단체등의 위탁선거를 관리하는 경우 구성원의 자유로운 의사와 민주적인 절차에 따라 공정하게 행하여지도록 하고, 공공단체등의 자율성이 존중되도록 노력하여야 한다.

제3조(정의) 이 법에서 사용하는 용어의 뜻은 다음과 같다.

1. "공공단체등"이란 다음 각 목의 어느 하나에 해당하는 단체를 말한다.

   가. 「농업협동조합법」, 「수산업협동조합법」 및 「산림조합법」에 따른 조합 및 중앙회와 「새마을금고법」에 따른 금고 및 중앙회

   나. 「중소기업협동조합법」에 따른 중소기업중앙회 및 「도시 및 주거환경정비법」에 따른 조합과 조합설립추진위원회

   다. 그 밖의 법령에 따라 임원 등의 선출을 위한 선거의 관리를 선거관리위원회에 위탁하여야 하거나 위탁할 수 있는 단체[「공직선거법」 제57조의4(당내경선사무의 위탁)에 따른 당내경선 또는

「정당법」 제48조의2(당대표경선사무의 위탁)에 따른 당대표경선을 위탁하는 정당을 제외한다]

  라. 그 밖에 가목부터 다목까지의 규정에 준하는 단체로서 임원 등의 선출을 위한 선거의 관리를 선거관리위원회에 위탁하려는 단체

2. "위탁단체"란 임원 등의 선출을 위한 선거의 관리를 선거관리위원회에 위탁하는 공공단체등을 말한다.

3. "관할위원회"란 위탁단체의 주된 사무소 소재지를 관할하는 「선거관리위원회법」에 따른 구ㆍ시ㆍ군선거관리위원회(세종특별자치시선거관리위원회를 포함한다)를 말한다. 다만, 법령에서 관할위원회를 지정하는 경우에는 해당 선거관리위원회를 말한다.

4. "위탁선거"란 관할위원회가 공공단체등으로부터 선거의 관리를 위탁받은 선거를 말한다.

5. "선거인"이란 해당 위탁선거의 선거권이 있는 자로서 선거인명부에 올라 있는 자를 말한다.

6. (생 략)

7. "동시조합장선거"란 「농업협동조합법」, 「수산업협동조합법」 및 「산림조합법」에 따라 관할위원회에 위탁하여 동시에 실시하는 임기만료에 따른 조합장선거를 말하고, "동시이사장선거"란 「새마을금고법」에 따라 관할위원회에 위탁하여 동시에 실시하는 임기만료에 따른 이사장선거를 말한다.

8. "정관등"이란 위탁단체의 정관, 규약, 규정, 준칙, 그 밖에 위탁단체의 조직 및 활동 등을 규율하는 자치규범을 말한다.

제4조(적용 범위) 이 법은 다음 각 호의 위탁선거에 적용한다.

  1. 의무위탁선거: 제3조제1호가목에 해당하는 공공단체등이 위탁하는 선거와 같은 조 제1호다목에 해당하는 공공단체등이 선거관리위원회에 위탁하여야 하는 선거

  2. 임의위탁선거: 제3조제1호나목 및 라목에 해당하는 공공단체등이 위탁하는 선거와 같은 조 제1호다목에 해당하는 공공단체등이 선거관리위원회에 위탁할 수 있는 선거

제5조(다른 법률과의 관계) 이 법은 공공단체등의 위탁선거에 관하여 다른 법률에 우선하여 적용한다.

제6조(선거관리 협조 등) ① 국가기관·지방자치단체·위탁단체 등은 위탁선거의 관리에 관하여 선거관리위원회로부터 인력·시설·장비 등의 협조 요구를 받은 때에는 특별한 사유가 없으면 이에 따라야 한다.

② 중앙행정기관의 장은 위탁선거의 관리에 관한 내용의 법령을 제정·개정 또는 폐지하려는 경우에는 미리 해당 법령안을 중앙선거관리위원회에 보내 그 의견을 들어야 한다. 국회의원이 발의한 위탁선거의 관리에 관한 법률안이 국회 소관 상임위원회 등에 회부된 사실을 통보받은 때에도 또한 같다.

제2장 선거관리의 위탁 등

제7조(위탁선거의 관리 범위) 관할위원회가 관리하는 위탁선거 사무의 범위는 다음 각 호와 같다.

1. 선거관리 전반에 관한 사무. 다만, 선거인명부의 작성 및 확정에 관한 사무는 제외한다.

2. 선거참여·투표절차, 그 밖에 위탁선거의 홍보에 관한 사무

3. 위탁선거 위반행위[이 법 또는 위탁선거와 관련하여 다른 법령(해당 정관등을 포함한다)을 위반한 행위를 말한다. 이하 같다]에 대한 단속과 조사에 관한 사무

제8조(선거관리의 위탁신청) 공공단체등이 임원 등의 선출을 위한 선거의 관리를 위탁하려는 때에는 다음 각 호에 따른 기한까지 관할위원회에 서면으로 신청하여야 한다. 다만, 재선거, 보궐선거, 위탁단체의 설립·분할 또는 합병으로 인한 선거(이하 "보궐선거등"이라 한다)의 경우에는 그 선거의 실시사유가 발생한 날부터 5일까지 신청하여야 한다.

1. 의무위탁선거: 임원 등의 임기만료일 전 180일까지. 이 경우 동시조합장선거 및 동시이사장선거에서는 임기만료일 전 180일에 별도의 신청 없이 위탁한 것으로 본다.

2. 임의위탁선거: 임원 등의 임기만료일 전 90일까지

제10조(공정선거지원단) ① 관할위원회는 위탁선거 위반행위의 예방 및 감시·단속활동을 위하여 선거실시구역·선거인수, 그 밖의 조건을 고려하여 다음 각 호의 기간의 범위에서 중립적이고 공정한 사람으로 구성된 공정선거지원단을 둘 수 있다. 다만, 동시조합장선거 및 동시

이사장선거의 경우에는 임기만료일 전 180일부터 선거일까지 공정선거지원단을 둔다.

1. 의무위탁선거: 제8조에 따라 위탁신청을 받은 날부터 선거일까지
2. 임의위탁선거: 제9조에 따라 위탁받아 관리하기로 결정하여 통지한 날부터 선거일까지

② 공정선거지원단은 위탁선거 위반행위에 대하여 관할위원회의 지휘를 받아 사전안내·예방 및 감시·단속·조사활동을 할 수 있다.

③ 공정선거지원단의 구성·활동방법 및 수당·실비의 지급, 그 밖에 필요한 사항은 중앙선거관리위원회규칙으로 정한다.

제11조(위탁선거의 관리) ① 중앙선거관리위원회는 이 법에 특별한 규정이 있는 경우를 제외하고는 위탁선거 사무를 통할·관리하며, 하급선거관리위원회의 위법·부당한 처분에 대하여 이를 취소하거나 변경할 수 있다.

② 특별시·광역시·도·특별자치도선거관리위원회는 하급선거관리위원회의 위탁선거에 관한 위법·부당한 처분에 대하여 이를 취소하거나 변경할 수 있다.

③ 관할위원회는 선거관리를 위하여 필요하다고 인정하는 경우에는 중앙선거관리위원회규칙으로 정하는 바에 따라 관할위원회가 지정하는 사람 또는 하급선거관리위원회나 다른 구·시·군선거관리위원회로 하여금 위탁선거 사무를 행하게 할 수 있다.

④ 직근 상급선거관리위원회는 관할위원회가 천재지변, 그 밖의 부득이한 사유로 그 기능을 수행할 수 없는 경우에는 위탁선거 사무를 직접 관리하거나 다른 선거관리위원회로 하여금 관할위원회의 기능이 회복될 때까지 대행하게 할 수 있다. 이 경우 다른 선거관리위원회로 하여금 위탁선거 사무를 대행하게 하는 때에는 대행할 업무의 범위도 함께 정하여야 한다.

⑤ 직근 상급선거관리위원회는 제4항에 따라 위탁선거 사무를 직접 관리하거나 대행하게 한 경우에는 해당 선거관리위원회와 업무의 범위를 지체 없이 공고하여야 한다.

제3장 선거권 및 피선거권

제12조(선거권 및 피선거권) 위탁선거에서 선거권 및 피선거권(입후보자격 등 그 명칭에 관계없이 임원 등이 될 수 있는 자격을 말한다. 이하 같다)에 관하여는 해당 법령이나 정관등에 따른다.

제4장 선거기간과 선거일

제13조(선거기간) ① 선거별 선거기간은 다음과 같다.

  1.「농업협동조합법」,「수산업협동조합법」및「산림조합법」에 따른 조합장선거(이하 "조합장선거"라 한다)와「새마을금고법」에 따른 이사장선거(이하 "이사장선거"라 한다): 14일

  2. 제1호에 따른 선거 외의 위탁선거: 관할위원회가 해당 위탁단체와 협의하여 정하는 기간

② "선거기간"이란 후보자등록마감일의 다음 날부터 선거일까지를 말한다.

제14조(선거일) ① 동시조합장선거 및 동시이사장선거의 선거일은 그 임기가 만료되는 해당 연도 3월 중 첫 번째 수요일로 한다.

② 동시조합장선거·동시이사장선거 외의 위탁선거의 선거일은 관할위원회가 해당 위탁단체와 협의하여 정하는 날로 한다.

③ ～ ⑤ (생 략)

⑥ 관할위원회는 선거인명부작성개시일 전일까지 선거일을 공고하여야 한다. 이 경우 동시조합장선거 및 동시이사장선거에서는 선거인명부작성개시일 전일에 선거일을 공고한 것으로 본다.

제5장 선거인명부

제15조(선거인명부의 작성 등) ① 위탁단체는 관할위원회와 협의하여 선거인명부작성기간과 선거인명부확정일을 정하고, 선거인명부를 작성 및 확정하여야 한다. 다만, 조합장선거 및 이사장선거의 경우에는 선거일 전 19일부터 5일 이내에 선거인명부를 작성하여야 하며, 그 선거인명부는 선거일 전 10일에 확정된다.

② 위탁단체는 선거인명부를 작성한 때에는 즉시 그 등본(전산자료 복사본을 포함한다. 이하 이 항에서 같다) 1통을, 선거인명부가 확정된

때에는 지체 없이 확정된 선거인명부 등본 1통을 각각 관할위원회에 송부하여야 한다. 이 경우 둘 이상의 투표소를 설치하는 경우에는 투표소별로 분철하여 선거인명부를 작성·확정하여야 한다.

③ 제2항에도 불구하고 동시조합장선거 또는 동시이사장선거를 실시하는 경우 위탁단체는 중앙선거관리위원회규칙으로 정하는 구역단위로 선거인명부를 작성·확정하여야 하며, 중앙선거관리위원회는 확정된 선거인명부의 전산자료 복사본을 해당 조합 또는 금고로부터 제출받아 전산조직을 이용하여 하나의 선거인명부를 작성한 후 투표소에서 사용하게 할 수 있다. 이 경우 위탁단체는 선거인명부 등본을 제출하지 아니할 수 있다.

④ 위탁단체는 선거인명부작성개시일 전 30일까지(보궐선거등의 경우 그 실시사유가 발생한 날부터 5일까지) 해당 위탁단체의 조합원 자격 등을 확인하여 회원명부(그 명칭에 관계없이 위탁단체가 해당 법령이나 정관등에 따라 작성한 구성원의 명부를 말한다)를 정비하여야 한다.

⑤ 동시조합장선거 및 동시이사장선거를 실시하는 경우 위탁단체는 선거인명부의 작성을 위하여 「주민등록법」 제30조에 따라 주민등록전산정보자료를 이용할 수 있다.

⑥ 선거인명부의 작성·수정 및 확정 사항과 확정된 선거인명부의 오기 등의 통보, 그 밖에 필요한 사항은 중앙선거관리위원회규칙으로 정한다.

제16조(명부 열람 및 이의신청과 결정) ① 위탁단체는 선거인명부를 작성한 때에는 선거인명부작성기간만료일의 다음 날부터 3일간 선거권자가 선거인명부를 열람할 수 있도록 하여야 한다. 이 경우 선거인명부의 열람은 공휴일에도 불구하고 매일 오전 9시부터 오후 6시까지 할 수 있다.

② 선거권자는 누구든지 선거인명부에 누락 또는 오기가 있거나 자격이 없는 선거인이 올라 있다고 인정되면 열람기간 내에 구술 또는 서면으로 해당 위탁단체에 이의를 신청할 수 있다.

③ 위탁단체는 제2항의 이의신청이 있는 경우에는 이의신청을 받은 날의 다음 날까지 이를 심사·결정하되, 그 신청이 이유가 있다고 결정한 때에는 즉시 선거인명부를 정정하고 관할위원회·신청인·관계인

에게 통지하여야 하며, 이유 없다고 결정한 때에는 그 사유를 신청인에게 통지하여야 한다.

제17조(선거인명부 사본의 교부 신청) 후보자는 해당 법령이나 정관등에서 정하는 바에 따라 선거인명부 사본의 교부를 신청할 수 있다.

제6장 후보자

제18조(후보자등록) ① 후보자가 되려는 사람은 선거기간개시일 전 2일부터 2일 동안 관할위원회에 서면으로 후보자등록을 신청하여야 한다. 이 경우 후보자등록신청서의 접수는 공휴일에도 불구하고 매일 오전 9시부터 오후 6시까지로 한다.

② 후보자등록을 신청하는 사람은 다음 각 호의 서류 등을 제출하여야 한다.

 1. 후보자등록신청서
 2. 해당 법령이나 정관등에 따른 피선거권에 관한 증명 서류
 3. 기탁금(해당 법령이나 정관등에서 기탁금을 납부하도록 한 경우에 한정한다)
 4. 그 밖에 해당 법령이나 정관등에 따른 후보자등록신청에 필요한 서류 등

③ 관할위원회가 후보자등록신청을 접수한 때에는 즉시 이를 수리한다. 다만, 제2항제1호부터 제3호까지의 규정에 따른 서류 등을 갖추지 아니한 등록신청은 수리하지 아니한다.

④ 후보자가 되려는 사람은 선거기간개시일 전 60일부터 본인의 범죄경력(해당 법령이나 정관등에서 정하는 범죄경력을 말한다. 이하 같다)을 국가경찰관서의 장에게 조회할 수 있으며, 그 요청을 받은 국가경찰관서의 장은 지체 없이 그 범죄경력을 회보(回報)하여야 한다. 이 경우 회보받은 범죄경력은 후보자등록시 함께 제출하여야 한다.

⑤ 관할위원회는 후보자등록마감 후에 후보자의 피선거권에 관한 조사를 하여야 하며, 그 조사를 의뢰받은 기관 또는 단체는 지체 없이 그 사실을 확인하여 해당 관할위원회에 회보(回報)하여야 한다.

⑥ 관할위원회는 제4항 후단에 따라 제출된 범죄경력에 대하여 그 확인이 필요하다고 인정되는 경우에는 후보자등록마감 후 지체 없이 해

당 위탁단체의 주된 사무소 소재지를 관할하는 검찰청의 장에게 해당 후보자의 범죄경력을 조회할 수 있고, 해당 검찰청의 장은 그 범죄경력의 진위여부를 지체 없이 관할위원회에 회보하여야 한다.

⑦ 후보자등록신청서의 서식, 그 밖에 필요한 사항은 중앙선거관리위원회규칙으로 정한다.

제19조(등록무효) ① 관할위원회는 후보자등록 후에 다음 각 호의 어느 하나에 해당하는 사유가 있는 때에는 그 후보자의 등록은 무효로 한다.

  1. 후보자의 피선거권이 없는 것이 발견된 때

  2. 제18조제2항제1호부터 제3호까지의 규정에 따른 서류 등을 제출하지 아니한 것이 발견된 때

  3. 제25조제2항을 위반하여 범죄경력을 게재하지 아니한 선거공보를 제출하거나 범죄경력에 관한 서류를 별도로 제출하지 아니한 것이 발견된 때

② 관할위원회가 후보자등록을 무효로 한 때에는 지체 없이 그 후보자와 해당 위탁단체에 등록무효의 사유를 명시하여 그 사실을 알려야 한다.

제20조(후보자사퇴의 신고) 후보자가 사퇴하려는 경우에는 자신이 직접 관할위원회에 가서 서면으로 신고하여야 한다.

제21조(후보자등록 등에 관한 공고) 관할위원회는 후보자가 등록·사퇴·사망하거나 등록이 무효로 된 때에는 지체 없이 그 사실을 공고하여야 한다.

제7장 선거운동

제22조(적용 제외) 제3조제1호가목에 해당하는 공공단체등이 위탁하는 선거 외의 위탁선거에는 이 장을 적용하지 아니한다. 다만, 제3조제1호다목에 따라 공공단체등이 임원 등의 선출을 위한 선거의 관리를 위탁하여야 하는 선거(「교육공무원법」 제24조의3에 따른 대학의 장 후보자 추천 선거는 제외한다)에는 제31조부터 제34조까지, 제35조제1항부터 제4항까지, 제37조를 적용한다.

제23조(선거운동의 정의) 이 법에서 "선거운동"이란 당선되거나 되게 하거나 되지 못하게 하기 위한 행위를 말한다. 다만, 다음 각 호의 어느

하나에 해당하는 행위는 선거운동으로 보지 아니한다.

1. 선거에 관한 단순한 의견개진 및 의사표시
2. 입후보와 선거운동을 위한 준비행위

제24조(선거운동의 주체 · 기간 · 방법) ① 후보자와 후보자가 그의 배우자, 직계존비속 또는 해당 위탁단체의 임직원이 아닌 조합원 · 회원 중 지정하는 1명(이하 "후보자등"이라 한다)이 제25조부터 제30조의4까지의 규정에 따라 선거운동을 하는 경우(제30조의4에 따른 방법은 후보자가 하는 경우에 한정한다)를 제외하고는 누구든지 어떠한 방법으로도 선거운동을 할 수 없다.

② 선거운동은 후보자등록마감일의 다음 날부터 선거일 전일까지에 한정하여 할 수 있다. 다만, 다음 각 호의 어느 하나에 해당하는 경우에는 그러하지 아니하다.

1. 제24조제3항제3호에 따른 중앙회장선거의 후보자가 선거일 또는 결선투표일에 제28조제2호에 따른 문자메시지를 전송하는 방법으로 선거운동을 하는 경우
2. 제30조의2에 따라 후보자가 선거일 또는 결선투표일에 자신의 소견을 발표하는 경우

③ 선거별 선거운동방법은 다음 각 호와 같다.

1. 「농업협동조합법」 제45조제5항제1호, 「수산업협동조합법」 제46조제3항제1호 및 「산림조합법」 제35조제4항제1호에 따른 선출방법 중 총회 외에서 선출하는 조합장선거와 「새마을금고법」 제18조제5항에 따라 회원의 투표로 직접 선출하는 이사장선거: 제25조부터 제30조까지, 제30조의3 및 제30조의4의 규정에 따른 방법
2. 「농업협동조합법」 제45조제5항제1호, 「수산업협동조합법」 제46조제3항제1호 및 「산림조합법」 제35조제4항제1호에 따른 선출방법 중 총회에서 선출하는 조합장선거와 「새마을금고법」 제18조제5항 단서에 따라 총회에서 선출하는 이사장선거: 제25조부터 제30조의4까지의 규정에 따른 방법
3. 「농업협동조합법」, 「수산업협동조합법」, 「산림조합법」 및 「새마을금고법」에 따른 중앙회장선거, 「농업협동조합법」 제45조제5항제2호, 「수산업협동조합법」 제46조제3항제2호 및 「산림조합법」 제35

조제4항제2호에 따라 대의원회에서 선출하는 조합장선거 및 「새마을금고법」 제18조제5항 단서에 따라 대의원회에서 선출하는 이사장선거: 제25조 · 제28조 · 제29조 · 제30조 및 제30조의2부터 제30조의4까지에 따른 방법(제30조에 따른 방법은 중앙회장선거에 한정한다)

제24조의2(예비후보자) ① 제24조제3항제1호부터 제3호까지에 따른 선거의 예비후보자가 되려는 사람은 선거기간개시일 전 30일부터 관할위원회에 예비후보자등록을 서면으로 신청하여야 한다.

② 제1항에 따라 예비후보자등록을 신청하는 사람은 해당 법령이나 정관 등에 따른 피선거권에 관한 증명서류를 제출하여야 한다.

③ 제1항에 따른 등록신청을 받은 관할위원회는 이를 지체 없이 수리하여야 한다.

④ 관할위원회는 피선거권을 확인할 필요가 있다고 인정되는 예비후보자에 대하여 관계 기관의 장에게 필요한 사항을 조회할 수 있다. 이 경우 관계 기관의 장은 지체 없이 해당 사항을 조사하여 회보하여야 한다.

⑤ 예비후보자등록 후에 피선거권이 없는 것이 발견된 때에는 그 예비후보자의 등록은 무효로 한다.

⑥ 예비후보자가 사퇴하려는 경우에는 자신이 직접 관할위원회에 가서 서면으로 신고하여야 한다.

⑦ 제24조에도 불구하고 예비후보자와 예비후보자가 그의 배우자, 직계존비속 또는 해당 위탁단체의 임직원이 아닌 조합원 · 회원 중 지정하는 1명(이하 "예비후보자등"이라 한다)은 다음 각 호의 어느 하나에 해당하는 방법으로 선거운동을 할 수 있다.

 1. 제28조 및 제29조에 따른 방법

 2. 제30조에 따른 방법(위탁단체가 사전에 공개한 행사장에서 하는 경우에 한정하며, 제24조제3항제3호에 해당하는 선거의 경우에는 중앙회장선거에 한정한다)

 3. 제30조의4에 따른 방법(예비후보자가 하는 경우에 한정한다)

⑧ 제18조에 따라 후보자로 등록한 사람은 선거기간개시일 전일까지 예비후보자를 겸하는 것으로 본다.

⑨ 예비후보자등록신청서의 서식, 그 밖에 필요한 사항은 중앙선거관리위원회규칙으로 정한다.

제24조의3(활동보조인) ① 중앙선거관리위원회규칙으로 정하는 장애인 예비후보자·후보자는 그의 활동을 보조하기 위하여 배우자, 직계존비속 또는 해당 위탁단체의 임직원이 아닌 조합원·회원 중에서 1명의 활동보조인(이하 "활동보조인"이라 한다)을 둘 수 있다.

② 제1항에 따라 예비후보자·후보자가 활동보조인을 선임하거나 해임하는 때에는 지체 없이 관할위원회에 서면으로 신고하여야 한다.

③ 제24조에도 불구하고 예비후보자·후보자와 함께 다니는 활동보조인은 다음 각 호에 따라 선거운동을 할 수 있다. 이 경우 활동보조인은 관할위원회가 교부하는 표지를 패용하여야 한다.

 1. 예비후보자의 활동보조인: 제24조의2제7항제2호에 해당하는 방법

 2. 후보자의 활동보조인: 선거운동기간 중 제27조(제24조제3항제3호에 해당하는 선거의 경우에는 제외한다) 및 제30조(제24조제3항제3호에 해당하는 선거의 경우에는 중앙회장선거에 한정한다)에 해당하는 방법

④ 예비후보자·후보자는 활동보조인에게 수당과 실비를 지급할 수 있다.

⑤ 활동보조인의 선임·해임 신고서, 표지, 수당과 실비, 그 밖에 필요한 사항은 중앙선거관리위원회규칙으로 정한다.

제25조(선거공보) ① 후보자는 선거운동을 위하여 선거공보 1종을 작성할 수 있다. 이 경우 후보자는 선거인명부확정일 전일까지 관할위원회에 선거공보를 제출하여야 한다.

② 후보자가 제1항에 따라 선거공보를 제출하는 경우에는 중앙선거관리위원회규칙으로 정하는 바에 따라 선거공보에 범죄경력을 게재하여야 하고, 선거공보를 제출하지 아니하는 경우에는 범죄경력에 관한 서류를 별도로 작성하여 제1항에 따른 선거공보의 제출마감일까지 관할위원회에 제출하여야 한다.

③ 관할위원회는 제1항 또는 제2항에 따라 제출된 선거공보 또는 범죄경력에 관한 서류를 선거인명부확정일 후 3일까지 제43조에 따른 투표안내문과 동봉하여 선거인에게 발송하여야 한다.

④ 후보자가 제1항 후단에 따른 기한까지 선거공보 또는 범죄경력에

관한 서류를 제출하지 아니하거나 규격을 넘는 선거공보를 제출한 때에는 그 선거공보는 발송하지 아니한다.

⑤ 제출된 선거공보는 정정 또는 철회할 수 없다. 다만, 오기나 이 법에 위반되는 내용이 게재되었을 경우에는 제출마감일까지 해당 후보자가 정정할 수 있다.

⑥ 후보자 및 선거인은 선거공보의 내용 중 경력·학력·학위·상벌·범죄경력에 관하여 거짓으로 게재되어 있음을 이유로 이의제기를 하는 때에는 관할위원회에 서면으로 하여야 하고, 이의제기를 받은 관할위원회는 후보자와 이의제기자에게 그 증명서류의 제출을 요구할 수 있으며, 그 증명서류의 제출이 없거나 거짓 사실임이 판명된 때에는 그 사실을 공고하여야 한다.

⑦ 관할위원회는 제6항에 따라 허위게재사실을 공고한 때에는 그 공고문 사본 1매를 선거일에 투표소의 입구에 첩부하여야 한다.

⑧ 선거공보의 작성수량·규격·면수·제출, 그 밖에 필요한 사항은 중앙선거관리위원회규칙으로 정한다.

제26조(선거벽보) ① 후보자는 선거운동을 위하여 선거벽보 1종을 작성할 수 있다. 이 경우 후보자는 선거인명부확정일 전일까지 관할위원회에 선거벽보를 제출하여야 한다.

② 관할위원회는 제1항에 따라 제출된 선거벽보를 제출마감일 후 2일까지 해당 위탁단체의 주된 사무소와 지사무소의 건물 또는 게시판 및 위탁단체와 협의한 장소에 첩부하여야 한다.

③ 제25조제4항부터 제7항까지의 규정은 선거벽보에 이를 준용한다. 이 경우 "선거공보"는 "선거벽보"로, "발송"은 "첩부"로, "규격을 넘는"은 "규격을 넘거나 미달하는"으로 본다.

④ 선거벽보의 작성수량·첩부수량·규격·제출, 그 밖에 필요한 사항은 중앙선거관리위원회규칙으로 정한다.

제27조(어깨띠·윗옷·소품) 후보자등은 선거운동기간 중 어깨띠나 윗옷(上衣)을 착용하거나 소품을 이용하여 선거운동을 할 수 있다.

제28조(전화를 이용한 선거운동) 후보자등은 선거운동기간 중 다음 각 호의 어느 하나에 해당하는 방법으로 선거운동을 할 수 있다. 다만, 오후 10시부터 다음 날 오전 7시까지는 그러하지 아니하다.

1. 전화를 이용하여 송화자·수화자 간 직접 통화하는 방법
2. 문자(문자 외의 음성·화상·동영상 등은 제외한다)메시지를 전송하는 방법

제29조(정보통신망을 이용한 선거운동) ① 후보자등은 선거운동기간 중 다음 각 호의 어느 하나에 해당하는 방법으로 선거운동을 할 수 있다.
1. 인터넷 홈페이지의 게시판·대화방 등에 글이나 동영상 등을 게시하는 방법
2. 전자우편(컴퓨터 이용자끼리 네트워크를 통하여 문자·음성·화상 또는 동영상 등의 정보를 주고받는 통신시스템을 말한다)을 전송하는 방법

② 관할위원회는 이 법에 위반되는 정보가 인터넷 홈페이지의 게시판·대화방 등에 게시된 때에는 그 인터넷 홈페이지의 관리자·운영자 또는 「정보통신망 이용촉진 및 정보보호 등에 관한 법률」 제2조(정의)제1항제3호에 따른 정보통신서비스 제공자(이하 이 조에서 "정보통신서비스 제공자"라 한다)에게 해당 정보의 삭제를 요청할 수 있다. 이 경우 그 요청을 받은 인터넷 홈페이지의 관리자·운영자 또는 정보통신서비스 제공자는 지체 없이 이에 따라야 한다.

③ 제2항에 따라 정보가 삭제된 경우 해당 정보를 게시한 사람은 그 정보가 삭제된 날부터 3일 이내에 관할위원회에 서면으로 이의신청을 할 수 있다.

④ 위법한 정보의 게시에 대한 삭제 요청, 이의신청, 그 밖에 필요한 사항은 중앙선거관리위원회규칙으로 정한다.

제30조(명함을 이용한 선거운동) 후보자등은 선거운동기간 중 다수인이 왕래하거나 집합하는 공개된 장소에서 길이 9센티미터 너비 5센티미터 이내의 선거운동을 위한 명함을 선거인에게 직접 주거나 지지를 호소하는 방법으로 선거운동을 할 수 있다. 다만, 중앙선거관리위원회규칙으로 정하는 장소에서는 그러하지 아니하다.

제30조의2(선거일 후보자 소개 및 소견발표) ① 제24조제3항제2호 및 제3호에 따른 조합장선거, 이사장선거 또는 중앙회장선거에서 투표관리관 또는 투표관리관이 지정하는 사람(이하 이 조에서 "투표관리관등"이라 한다)은 선거일 또는 제52조에 따른 결선투표일(제24조제3항제3호에

따른 중앙회장선거에 한정한다)에 투표를 개시하기 전에 투표소 또는 총회나 대의원회가 개최되는 장소(이하 이 조에서 "투표소등"이라 한다)에서 선거인에게 기호순에 따라 각 후보자를 소개하고 후보자로 하여금 조합 또는 금고 운영에 대한 자신의 소견을 발표하게 하여야 한다. 이 경우 발표시간은 후보자마다 10분의 범위에서 동일하게 배정하여야 한다.

② 후보자가 자신의 소견발표 순서가 될 때까지 투표소등에 도착하지 아니한 때에는 소견발표를 포기한 것으로 본다.

③ 투표관리관등은 후보자가 제61조 또는 제62조에 위반되는 발언을 하는 때에는 이의 중지를 명하여야 하고 후보자가 이에 따르지 아니하는 때에는 소견발표를 중지시키는 등 필요한 조치를 취하여야 한다.

④ 투표관리관등은 투표소등에서 후보자가 소견을 발표하는 것을 방해하거나 질서를 문란하게 하는 사람이 있는 때에는 이를 제지하고, 그 명령에 불응하는 때에는 투표소등 밖으로 퇴장시킬 수 있다.

⑤ 제1항에 따른 후보자 소개 및 소견발표 진행, 그 밖에 필요한 사항은 중앙선거관리위원회규칙으로 정한다.

제30조의3(선거운동을 위한 휴대전화 가상번호의 제공) ① 후보자는 제28조에 따른 선거운동을 하기 위하여 해당 위탁단체에 그 구성원의 이동전화번호가 노출되지 아니하도록 생성한 번호(이하 "휴대전화 가상번호"라 한다)를 이동통신사업자로부터 제공받아 후보자에게 제공하여 줄 것을 요청할 수 있다.

② 위탁단체는 제1항에 따른 휴대전화 가상번호 제공 요청이 있는 경우에는 관할위원회를 경유하여 이동통신사업자에게 휴대전화 가상번호를 제공하여 줄 것을 서면(이하 "휴대전화 가상번호 제공 요청서"라 한다)으로 요청하여야 한다.

③ 관할위원회는 해당 휴대전화 가상번호 제공 요청서를 심사한 후 제출받은 날부터 3일 이내에 해당 휴대전화 가상번호 제공 요청서를 이동통신사업자에게 송부하여야 한다.

④ 관할위원회는 휴대전화 가상번호 제공 요청서의 심사를 위하여 필요하다고 판단되는 때에는 해당 위탁단체에 휴대전화 가상번호 제공 요청서의 보완 또는 자료의 제출을 요구할 수 있으며, 그 요구를 받은

위탁단체는 지체 없이 이에 따라야 한다.

⑤ 이동통신사업자가 제2항에 따른 요청을 받은 때에는 그 요청을 받은 날부터 7일 이내에 휴대전화 가상번호 제공 요청서에 따라 휴대전화 가상번호를 생성하여 유효기간을 설정한 다음 관할위원회를 경유하여 해당 위탁단체에 제공하여야 한다.

⑥ 이동통신사업자(그 대표자 및 구성원을 포함한다)가 제5항에 따라 휴대전화 가상번호를 제공할 때에는 다음 각 호의 어느 하나에 해당하는 행위를 하여서는 아니 된다.

1. 휴대전화 가상번호에 유효기간을 설정하지 아니하고 제공하거나 휴대전화 가상번호를 제공하는 날부터 선거일까지의 기간을 초과하는 유효기간을 설정하여 제공하는 행위

2. 휴대전화 가상번호의 제공을 요청한 위탁단체 이외의 자에게 휴대전화 가상번호를 제공하는 행위

⑦ 위탁단체는 제2항에 따라 휴대전화 가상번호 제공 요청을 하기 전에 해당 단체의 구성원에게 위탁선거 후보자의 선거운동을 위하여 본인의 이동전화번호가 후보자에게 휴대전화 가상번호로 제공된다는 사실과 그 제공을 거부할 수 있다는 사실을 알려야 한다. 이 경우 위탁단체는 전단에 따른 고지를 받고 명시적으로 거부의사를 밝힌 구성원의 휴대전화 가상번호를 후보자에게 제공하여서는 아니 된다.

⑧ 위탁단체는 제5항에 따라 제공받은 휴대전화 가상번호를 제1항에 따라 제공을 요청한 후보자 외에 해당 선거의 다른 후보자에게도 제공할 수 있다.

⑨ 위탁단체로부터 휴대전화 가상번호를 제공받은 후보자는 다음 각 호의 어느 하나에 해당하는 행위를 하여서는 아니 된다.

1. 제공받은 휴대전화 가상번호를 제28조에 따른 선거운동 외의 다른 목적으로 사용하는 행위

2. 제공받은 휴대전화 가상번호를 다른 자에게 제공하는 행위

⑩ 휴대전화 가상번호를 제공받은 후보자는 유효기간이 지난 휴대전화 가상번호를 즉시 폐기하여야 한다.

⑪ 이동통신사업자가 제5항에 따라 휴대전화 가상번호를 생성하여 제공하는 데 소요되는 비용은 휴대전화 가상번호의 제공을 요청한 위탁

단체가 부담한다. 이 경우 이동통신사업자는 휴대전화 가상번호 생성·제공에 소요되는 최소한의 비용을 청구하여야 한다.

⑫ 휴대전화 가상번호 제공 요청 방법과 절차, 휴대전화 가상번호의 유효기간 설정, 휴대전화 가상번호 제공 요청서 서식, 그 밖에 필요한 사항은 중앙선거관리위원회규칙으로 정한다.

제30조의4(공개행사에서의 정책 발표) ① 예비후보자와 후보자는 해당 위탁단체가 개최하는 공개행사에 방문하여 자신의 정책을 발표할 수 있다.

② 제1항에 따라 공개행사에서 정책을 발표하려는 예비후보자와 후보자는 참석할 공개행사의 일시, 소견 발표에 소요되는 시간과 발표 방법 등을 해당 위탁단체에 미리 신고하여야 한다. 이 경우 위탁단체는 정당한 사유 없이 이를 거부할 수 없다.

③ 위탁단체는 예비후보자등록신청개시일 전 5일부터 선거일 전일까지 매주 제1항에 따른 공개행사의 일시와 소견 발표가 가능한 시간을 공고하여야 한다.

④ 제2항에 따른 신고 및 제3항에 따른 공고의 절차·방법과 그 밖에 필요한 사항은 중앙선거관리위원회규칙으로 정한다.

제31조(지위를 이용한 선거운동금지 등) 위탁단체의 임직원은 다음 각 호의 어느 하나에 해당하는 행위를 할 수 없다.

1. 지위를 이용하여 선거운동을 하는 행위
2. 지위를 이용하여 선거운동의 기획에 참여하거나 그 기획의 실시에 관여하는 행위
3. 후보자(후보자가 되려는 사람을 포함한다)에 대한 선거권자의 지지도를 조사하거나 이를 발표하는 행위

제32조(기부행위의 정의) 이 법에서 "기부행위"란 다음 각 호의 어느 하나에 해당하는 사람이나 기관·단체·시설을 대상으로 금전·물품 또는 그 밖의 재산상 이익을 제공하거나 그 이익제공의 의사를 표시하거나 그 제공을 약속하는 행위를 말한다.

1. 선거인[선거인명부를 작성하기 전에는 그 선거인명부에 오를 자격이 있는 자(해당 위탁단체에 가입되어 해당 법령이나 정관등에 따라 위탁선거의 선거권이 있는 자 및 해당 위탁단체에 가입 신청을 한 자를 말한다)를 포함한다. 이하 이 조에서 같다]이나 그 가족(선거인의

배우자, 선거인 또는 그 배우자의 직계존비속과 형제자매, 선거인의
직계존비속 및 형제자매의 배우자를 말한다. 이하 같다)

2. 선거인이나 그 가족이 설립·운영하고 있는 기관·단체·시설

제33조(기부행위로 보지 아니하는 행위) ① 다음 각 호의 어느 하나에 해
당하는 행위는 기부행위로 보지 아니한다.

1. 직무상의 행위

   가. 기관·단체·시설(나목에 따른 위탁단체를 제외한다)이 자체사업
   계획과 예산에 따라 의례적인 금전·물품을 그 기관·단체·시설
   의 명의로 제공하는 행위(포상을 포함한다. 이하 나목에서 같다)

   나. 위탁단체가 해당 법령이나 정관등에 따른 사업계획 및 수지예산
   에 따라 집행하는 금전·물품을 그 위탁단체의 명의로 제공하는
   행위

   다. 물품구매·공사·역무의 제공 등에 대한 대가의 제공 또는 부담
   금의 납부 등 채무를 이행하는 행위

   라. 가목부터 다목까지의 규정에 따른 행위 외에 법령에 근거하여
   물품 등을 찬조·출연 또는 제공하는 행위

2. 의례적 행위

   가. 「민법」 제777조(친족의 범위)에 따른 친족(이하 이 조에서 "친
   족"이라 한다)의 관혼상제의식이나 그 밖의 경조사에 축의·부
   의금품을 제공하는 행위

   나. 친족 외의 사람의 관혼상제의식에 통상적인 범위에서 축의·부
   의금품을 제공하거나 주례를 서는 행위

   다. 관혼상제의식이나 그 밖의 경조사에 참석한 하객이나 조객 등에
   게 통상적인 범위에서 음식물 또는 답례품을 제공하는 행위

   라. 소속 기관·단체·시설(위탁단체는 제외한다)의 유급 사무직원이
   나 친족에게 연말·설 또는 추석에 의례적인 선물을 제공하는
   행위

   마. 친목회·향우회·종친회·동창회 등 각종 사교·친목단체 및 사회
   단체의 구성원으로서 그 단체의 정관 등 또는 운영관례상의 의
   무에 기하여 종전의 범위에서 회비를 납부하는 행위

   바. 평소 자신이 다니는 교회·성당·사찰 등에 통상의 예에 따라 헌

금(물품의 제공을 포함한다)하는 행위

3. 「공직선거법」 제112조제2항제3호에 따른 구호적·자선적 행위에 준하는 행위

4. 그 밖에 제1호부터 제3호까지의 어느 하나에 준하는 행위로서 중앙선거관리위원회규칙으로 정하는 행위

② 제1항제1호 각 목 중 위탁단체의 직무상 행위는 해당 법령이나 정관등에 따라 포상하는 경우를 제외하고는 해당 위탁단체의 명의로 하여야 하며, 해당 위탁단체의 대표자의 직명 또는 성명을 밝히거나 그가 하는 것으로 추정할 수 있는 방법으로 제공하는 행위는 기부행위로 본다. 이 경우 다음 각 호의 어느 하나에 해당하는 경우에는 "그가 하는 것으로 추정할 수 있는 방법"에 해당하는 것으로 본다.

1. 종전의 대상·방법·범위·시기 등을 법령 또는 정관등의 제정 또는 개정 없이 확대 변경하는 경우

2. 해당 위탁단체의 대표자의 업적을 홍보하는 등 그를 선전하는 행위가 부가되는 경우

③ 제1항에 따라 통상적인 범위에서 1명에게 제공할 수 있는 축의·부의금품, 음식물, 답례품 및 의례적인 선물의 금액범위는 중앙선거관리위원회규칙으로 정한다.

제34조(기부행위제한기간) 기부행위를 할 수 없는 기간(이하 "기부행위제한기간"이라 한다)은 다음 각 호와 같다.

1. 임기만료에 따른 선거: 임기만료일 전 1년부터 선거일까지

2. 해당 법령이나 정관등에 따른 보궐선거등: 그 선거의 실시 사유가 발생한 날부터 선거일까지

제35조(기부행위제한) ① 후보자(후보자가 되려는 사람을 포함한다. 이하 이 조에서 같다), 후보자의 배우자, 후보자가 속한 기관·단체·시설은 기부행위제한기간 중 기부행위를 할 수 없다.

② 누구든지 기부행위제한기간 중 해당 위탁선거에 관하여 후보자를 위하여 기부행위를 하거나 하게 할 수 없다. 이 경우 후보자의 명의를 밝혀 기부행위를 하거나 후보자가 기부하는 것으로 추정할 수 있는 방법으로 기부행위를 하는 것은 해당 위탁선거에 관하여 후보자를 위한 기부행위로 본다.

③ 누구든지 기부행위제한기간 중 해당 위탁선거에 관하여 제1항 또는 제2항에 규정된 자로부터 기부를 받거나 기부의 의사표시를 승낙할 수 없다.

④ 누구든지 제1항부터 제3항까지 규정된 행위에 관하여 지시·권유·알선 또는 요구할 수 없다.

⑤ 「농업협동조합법」, 「수산업협동조합법」 및 「산림조합법」에 따른 조합장·중앙회장과 「새마을금고법」에 따른 이사장·중앙회장은 재임 중에 기부행위를 할 수 없다.

제36조(조합장 등의 축의·부의금품 제공제한) 「농업협동조합법」, 「수산업협동조합법」, 「산림조합법」에 따른 조합·중앙회 또는 「새마을금고법」에 따른 금고·중앙회(이하 이 조에서 "조합등"이라 한다)의 경비로 관혼상제의식이나 그 밖의 경조사에 축의·부의금품을 제공하는 경우에는 해당 조합등의 경비임을 명기하여 해당 조합등의 명의로 하여야 하며, 해당 조합등의 대표자의 직명 또는 성명을 밝히거나 그가 하는 것으로 추정할 수 있는 방법으로 하는 행위는 기부행위로 본다.

제37조(선거일 후 답례금지) 후보자, 후보자의 배우자, 후보자가 속한 기관·단체·시설은 선거일 후 당선되거나 되지 아니한 데 대하여 선거인에게 축하·위로나 그 밖의 답례를 하기 위하여 다음 각 호의 어느 하나에 해당하는 행위를 할 수 없다.

1. 금전·물품 또는 향응을 제공하는 행위
2. 선거인을 모이게 하여 당선축하회 또는 낙선에 대한 위로회를 개최하는 행위

제38조(호별방문 등의 제한) 누구든지 선거운동을 위하여 선거인(선거인명부작성 전에는 선거인명부에 오를 자격이 있는 자를 포함한다)을 호별로 방문하거나 특정 장소에 모이게 할 수 없다.

제8장 투표 및 개표

제39조(선거방법 등) ① 선거는 투표로 한다.

② 투표는 선거인이 직접 투표용지에 기표(記票)하는 방법으로 한다.

③ 투표는 선거인 1명마다 1표로 한다. 다만, 해당 법령이나 정관등에서 정하는 사람이 법인을 대표하여 행사하는 경우에는 그러하지 아니

하다.

제40조(투표소의 설치 등) ① 관할위원회는 해당 위탁단체와 투표소의 설치수, 설치장소 등을 협의하여 선거일 전일까지 투표소를 설치하여야 한다.

② 관할위원회는 공정하고 중립적인 사람 중에서 투표소마다 투표에 관한 사무를 관리할 투표관리관 1명과 투표사무를 보조할 투표사무원을 위촉하여야 한다.

③ 관할위원회로부터 투표소 설치를 위한 장소 사용 협조 요구를 받은 기관·단체의 장은 정당한 사유가 없으면 이에 따라야 한다.

제41조(동시조합장선거·동시이사장선거의 투표소의 설치 등) ① 동시조합장선거 또는 동시이사장선거를 실시하는 경우 관할위원회는 제40조제1항에도 불구하고 그 관할구역 안의 읍·면[「지방자치법」 제7조(자치구가 아닌 구와 읍·면·동 등의 명칭과 구역)제3항에 따라 행정면을 둔 경우에는 행정면을 말한다]·동(「지방자치법」 제7조제4항에 따라 행정동을 둔 경우에는 행정동을 말한다)마다 1개소씩 투표소를 설치·운영하여야 하며, 감염병 발생 등 부득이한 사유가 있는 경우 중앙선거관리위원회규칙으로 정하는 바에 따라 추가로 투표소를 설치할 수 있다. 다만, 조합 또는 금고의 주된 사무소가 설치되지 아니한 지역 등 중앙선거관리위원회규칙으로 정하는 경우에는 관할위원회가 해당 조합 또는 금고와 협의하여 일부 읍·면·동에 투표소를 설치할 수 있다.

② 동시조합장선거 또는 동시이사장선거에서 선거인은 자신이 올라 있는 선거인명부의 작성 구역단위에 설치된 어느 투표소에서나 투표할 수 있다.

③ 투표관리관은 제2항에 따라 투표하려는 선거인에 대해서는 본인임을 확인할 수 있는 신분증명서를 제시하게 하여 본인여부를 확인한 다음 전자적 방식으로 무인 또는 서명하게 하고, 투표용지 발급기를 이용하여 선거권이 있는 해당 선거의 투표용지를 출력하여 자신의 도장을 찍은 후 선거인에게 교부한다.

④ 중앙선거관리위원회는 2개 이상 조합장선거 또는 2개 이상 이사장선거의 선거권이 있는 선거인이 투표하는 데 지장이 없도록 하고, 같은 사람이 2회 이상 투표를 할 수 없도록 하는 데 필요한 기술적 조

치를 하여야 한다.

⑤ 관할위원회는 섬 또는 산간오지 등에 거주하는 등 부득이한 사유로 투표소에 가기 어려운 선거인에게는 그 의결로 거소투표, 순회투표, 인터넷투표 등 중앙선거관리위원회규칙으로 정하는 방법으로 투표를 하게 할 수 있다. 이 경우 투표방법 등에 관하여는 해당 조합 또는 금고와 협의하여야 한다.

⑥ 제5항에 따른 거소투표, 순회투표, 인터넷투표 등의 대상·절차·기간·방법, 그 밖에 필요한 사항은 중앙선거관리위원회규칙으로 정한다.

제42조(투표용지) ① 투표용지에는 후보자의 기호와 성명을 표시하되, 기호는 후보자의 게재순위에 따라 "1, 2, 3"등으로 표시하고, 성명은 한글로 기재하여야 한다. 다만, 한글로 표시된 성명이 같은 후보자가 있는 경우에는 괄호 속에 한자를 함께 기재한다.

② 관할위원회는 후보자등록마감 후에 후보자 또는 그 대리인의 참여하에 투표용지에 게재할 후보자의 순위를 추첨의 방법으로 정하여야 한다. 다만, 추첨개시시각에 후보자 또는 그 대리인이 참여하지 아니하는 경우에는 관할위원회 위원장이 지정하는 사람이 그 후보자를 대리하여 추첨할 수 있다.

③ 투표용지는 인쇄하거나 투표용지 발급기를 이용하여 출력하는 방법으로 작성할 수 있다.

제43조(투표안내문의 발송) 관할위원회는 선거인의 성명, 선거인명부등재번호, 투표소의 위치, 투표할 수 있는 시간, 투표할 때 가지고 가야 할 지참물, 투표절차, 그 밖에 투표참여를 권유하는 내용 등이 기재된 투표안내문을 선거인명부확정일 후 2일까지 선거인에게 우편으로 발송하여야 한다.

제44조(투표시간) ① 선거별 투표시간은 다음과 같다.

1. 동시조합장선거 및 동시이사장선거: 오전 7시부터 오후 5시까지
2. 제1호에 따른 선거 외의 위탁선거: 관할위원회가 해당 위탁단체와 협의하여 정하는 시간

② 투표를 마감할 때에 투표소에서 투표하기 위하여 대기하고 있는 선거인에게는 번호표를 부여하여 투표하게 한 후에 닫아야 한다.

제45조(투표·개표의 참관) ① 후보자는 해당 위탁단체의 조합원 또는 회

542

원 중에서 투표소마다 2명 이내의 투표참관인을 선정하여 선거일 전 2일까지, 개표소마다 2명 이내의 개표참관인을 선정하여 선거일 전일까지 관할위원회에 서면으로 신고하여야 한다. 이 경우 개표참관인은 투표참관인이 겸임하게 할 수 있다.

② 관할위원회는 제1항에 따라 신고한 투표참관인·개표참관인이 투표 및 개표 상황을 참관하게 하여야 한다.

③ 후보자가 제1항에 따른 투표참관인·개표참관인의 신고를 하지 아니한 때에는 투표·개표 참관을 포기한 것으로 본다.

④ 후보자 또는 후보자의 배우자와 해당 위탁단체의 임직원은 투표참관인·개표참관인이 될 수 없다.

⑤ 제1항에도 불구하고 동시조합장선거 및 동시이사장선거의 투표참관인은 투표소마다 12명으로 하며, 후보자수가 12명을 넘는 경우에는 후보자별로 1명씩 우선 선정한 후 추첨에 따라 12명을 지정하고, 후보자수가 12명에 미달하되 후보자가 선정·신고한 인원수가 12명을 넘는 때에는 후보자별로 1명씩 선정한 자를 우선 지정한 후 나머지 인원은 추첨에 의하여 지정한다.

⑥ 투표참관인·개표참관인의 선정·신고 및 투표참관인 지정의 구체적인 절차·방법, 그 밖에 필요한 사항은 중앙선거관리위원회규칙으로 정한다.

제46조(개표소의 설치 등) ① 관할위원회는 해당 관할구역에 있는 위탁단체의 시설 등에 개표소를 설치하여야 한다. 다만, 섬 또는 산간오지 등의 지역에 투표소를 설치한 경우로서 투표함을 개표소로 이송하기 어려운 부득이한 경우에는 관할위원회의 의결로 해당 투표소에 개표소를 설치할 수 있다.

② 관할위원회는 개표사무를 보조하게 하기 위하여 개표사무를 보조할 능력이 있는 공정하고 중립적인 사람을 개표사무원으로 위촉할 수 있다.

③ 개표사무원은 투표사무원이 겸임하게 할 수 있다.

④ 개표소의 설치를 위한 장소 사용 협조 요구를 받은 위탁단체 등의 장은 정당한 사유가 없으면 이에 따라야 한다.

⑤ 제1항 단서에 따라 투표소에 개표소를 설치하는 경우의 개표 절차, 개표사무원의 위촉, 개표참관, 그 밖에 필요한 사항은 중앙선거관리위

원회규칙으로 정한다.

제47조(개표의 진행) ① 개표는 위탁단체별로 구분하여 투표수를 계산한다.

② 관할위원회는 개표사무를 보조하기 위하여 투표지를 유효별·무효별 또는 후보자별로 구분하거나 계산하는 데 필요한 기계장치 또는 전산조직을 이용할 수 있다.

③ 후보자별 득표수의 공표는 최종 집계되어 관할위원회 위원장이 서명 또는 날인한 개표상황표에 의한다. 이 경우 출석한 관할위원회의 위원 전원은 공표 전에 득표수를 검열하여야 하며, 정당한 사유 없이 개표사무를 지연시키는 위원이 있는 때에는 검열을 포기한 것으로 보고, 개표록에 그 사유를 기재한다.

④ 제11조제3항에 따라 개표사무의 관리를 지정받은 사람 또는 하급선거관리위원회나 다른 구·시·군선거관리위원회는 그 개표결과를 관할위원회에 즉시 송부하여야 하며, 해당 관할위원회는 송부 받은 개표결과를 포함하여 후보자별 득표수를 공표하여야 한다.

⑤ 제4항에 따른 개표결과의 작성·송부, 그 밖에 필요한 사항은 중앙선거관리위원회규칙으로 정한다.

제48조(개표관람) ① 누구든지 관할위원회가 발행하는 관람증을 받아 구획된 장소에서 개표상황을 관람할 수 있다.

② 관할위원회는 투표와 개표를 같은 날 같은 장소에서 실시하는 경우에는 관람증을 발급하지 아니한다. 이 경우 관람인석과 투표 및 개표 장소를 구분하여 관람인이 투표 및 개표 장소에 출입할 수 없도록 하여야 한다.

제49조(투표록·개표록 및 선거록의 작성 등) ① 관할위원회는 투표록, 개표록을 각각 작성하여야 한다. 다만, 투표와 개표를 같은 날 같은 장소에서 실시하는 경우에는 투표 및 개표록을 통합하여 작성할 수 있다.

② 제11조제3항에 따라 관할위원회가 지정하는 사람 등에게 투표사무 또는 개표사무를 관리하게 하는 경우에는 그 지정을 받은 사람 또는 하급선거관리위원회나 다른 구·시·군선거관리위원회는 제1항에 따른 투표록·개표록 또는 투표 및 개표록을 작성하여 지체 없이 관할위원회에 송부하여야 한다.

③ 제2항에 따라 투표록·개표록 또는 투표 및 개표록을 송부받은 관할위원회는 지체 없이 후보자별 득표수를 계산하고 선거록을 작성하여야 한다.

④ 투표록·개표록, 투표 및 개표록과 선거록은 전산조직을 이용하여 작성·보고 또는 송부할 수 있다.

제50조(선거 관계 서류의 보관) 관할위원회는 투표지, 투표록, 개표록, 투표 및 개표록, 선거록, 그 밖에 위탁선거에 관한 모든 서류를 그 당선인의 임기 중 보관하여야 한다. 다만, 중앙선거관리위원회규칙으로 정하는 바에 따라 그 보존기간을 단축할 수 있다.

제51조(「공직선거법」의 준용 등) ① 투표 및 개표의 관리에 관하여는 이 법에 규정된 것을 제외하고는 그 성질에 반하지 아니하는 범위에서 「공직선거법」 제10장(투표) 및 제11장(개표)을 준용한다.

② 임의위탁선거의 투표 및 개표의 절차 등에 관하여는 해당 위탁단체와 협의하여 달리 정할 수 있다.

제52조(결선투표 등) ① 결선투표 실시 여부에 관하여는 해당 법령이나 정관등에 따른다.

② 결선투표일은 관할위원회가 위탁단체와 협의하여 정한다.

③ 제1항에 따른 결선투표는 특별한 사정이 없으면 당초 위탁선거에 사용된 선거인명부를 사용한다.

④ 천재지변이나 그 밖의 부득이한 사유로 선거를 실시할 수 없거나 실시하지 못한 때에는 관할위원회가 해당 위탁단체와 협의하여 선거를 연기하여야 한다. 이 경우 처음부터 선거절차를 다시 진행하여야 하고, 선거일만을 다시 정한 때에는 이미 진행된 선거절차에 이어 계속하여야 한다.

제53조(총회 등에서 선출하는 조합장선거·이사장선거에 관한 특례) ① 동시조합장선거 또는 동시이사장선거를 실시하는 경우 제24조제3항제2호 및 제3호에 따른 조합장선거·이사장선거(이하 이 조에서 "총회 등에서 선출하는 조합장선거 등"이라 한다)의 선거인명부 작성·확정, 투표 및 개표에 관하여는 다음 각 호에 따른다.

  1. 제24조제3항제2호 및 제3호에 따른 조합장선거와 이사장선거에서는 제15조제3항을 적용하지 아니한다.

2. 제41조제1항에도 불구하고 투표소는 선거인이 투표하기 편리한 곳에 1개소를 설치하여야 한다.

3. 제41조제2항에도 불구하고 해당 조합 또는 금고의 선거인은 제2호에 따른 투표소에서 투표하여야 한다.

4. 제44조제1항제1호에도 불구하고 투표시간은 관할위원회가 해당 조합 또는 금고와 협의하여 정하되 투표마감시각은 오후 5시까지로 한다.

5. 결선투표는 제52조제2항에도 불구하고 해당 선거일에 실시하고, 결선투표시간은 관할위원회가 해당 조합 또는 금고와 협의하여 정한다.

6. 그 밖에 투표 및 개표의 절차 등에 관하여 이 법에서 정한 사항을 제외하고는 해당 법령이나 정관등에 따른다.

② 제1항에도 불구하고 관할위원회는 총회 등에서 선출하는 조합장선거 등의 보궐선거등의 투표 및 개표의 절차 등에 관하여 해당 조합 또는 금고와 협의하여 달리 정할 수 있다.

제54조(위탁선거의 동시실시) 관할위원회는 선거일을 같은 날로 정할 수 있는 둘 이상의 선거의 관리를 위탁받기로 결정한 때에는 해당 위탁단체와 협의하여 이들 위탁선거를 동시에 실시할 수 있다.

제55조(위탁선거의 효력 등에 대한 이의제기) 위탁선거에서 선거 또는 당선의 효력에 대한 이의제기는 해당 위탁단체에 하여야 한다. 다만, 위탁선거 사무의 관리집행 상의 하자 또는 투표의 효력에 대한 이의제기는 관할위원회의 직근 상급선거관리위원회에 하여야 한다.

제9장 당선인

제56조(당선인 결정) 당선인 결정은 해당 법령이나 정관등에 따른다.

제10장 벌 칙

제57조(적용 제외) ① 제3조제1호가목에 해당하는 공공단체등이 위탁하는 선거 외의 위탁선거에는 이 장을 적용하지 아니한다. 다만, 제65조, 제66조제12호, 제68조제1항·제2항제2호 및 제4항·제5항은 그러하지 아니하다.

② 제1항 본문에도 불구하고 제3조제1호다목에 따라 공공단체등이 임원 등의 선출을 위한 선거의 관리를 위탁하여야 하는 선거(「교육공무원법」 제24조의3에 따른 대학의 장 후보자 추천 선거는 제외한다)에는 제58조부터 제65조까지, 제66조제8호·제10호·제12호·제13호, 제67조, 제68조제1항, 같은 조 제2항제2호, 같은 조 제3항부터 제5항까지를 적용한다.

제58조(매수 및 이해유도죄) 선거운동을 목적으로 다음 각 호의 어느 하나에 해당하는 행위를 한 자는 3년 이하의 징역 또는 3천만원 이하의 벌금에 처한다.

1. 선거인[선거인명부를 작성하기 전에는 그 선거인명부에 오를 자격이 있는 자(해당 위탁단체에 가입되어 해당 법령이나 정관등에 따라 위탁선거의 선거권이 있는 자 및 해당 위탁단체에 가입 신청을 한 자를 말한다)를 포함한다. 이하 이 조에서 같다]이나 그 가족 또는 선거인이나 그 가족이 설립·운영하고 있는 기관·단체·시설에 대하여 금전·물품·향응이나 그 밖의 재산상 이익이나 공사(公私)의 직을 제공하거나 그 제공의 의사를 표시하거나 그 제공을 약속한 자
2. 후보자가 되지 아니하도록 하거나 후보자가 된 것을 사퇴하게 할 목적으로 후보자가 되려는 사람이나 후보자에게 제1호에 규정된 행위를 한 자
3. 위탁단체의 회원으로 가입하여 특정 후보자에게 투표하게 할 목적으로 위탁단체의 회원이 아닌 자에게 제1호에 규정된 행위를 한 자
4. 제1호부터 제3호까지에 규정된 이익이나 직을 제공받거나 그 제공의 의사표시를 승낙한 자
5. 제1호부터 제4호까지에 규정된 행위에 관하여 지시·권유·알선하거나 요구한 자
6. 후보자등록개시일부터 선거일까지 포장된 선물 또는 돈봉투 등 다수의 선거인(선거인의 가족 또는 선거인이나 그 가족이 설립·운영하고 있는 기관·단체·시설을 포함한다)에게 배부하도록 구분된 형태로 되어 있는 금품을 운반한 자

제59조(기부행위의 금지·제한 등 위반죄) 제35조를 위반한 자(제68조제3

항에 해당하는 자를 제외한다)는 3년 이하의 징역 또는 3천만원 이하의 벌금에 처한다.

제60조(매수 및 이해유도죄 등으로 인한 이익의 몰수) 제58조 또는 제59조의 죄를 범한 자가 받은 이익은 몰수한다. 다만, 그 전부 또는 일부를 몰수할 수 없는 때에는 그 가액을 추징한다.

제61조(허위사실 공표죄) ① 당선되거나 되게 할 목적으로 선거공보나 그 밖의 방법으로 후보자(후보자가 되려는 사람을 포함한다. 이하 이 조에서 같다)에게 유리하도록 후보자, 그의 배우자 또는 직계존비속이나 형제자매에 관하여 허위의 사실을 공표한 자는 3년 이하의 징역 또는 3천만원 이하의 벌금에 처한다.

② 당선되지 못하게 할 목적으로 선거공보나 그 밖의 방법으로 후보자에게 불리하도록 후보자, 그의 배우자 또는 직계존비속이나 형제자매에 관하여 허위의 사실을 공표한 자는 5년 이하의 징역 또는 500만원 이상 5천만원 이하의 벌금에 처한다.

제62조(후보자 등 비방죄) 선거운동을 목적으로 선거공보나 그 밖의 방법으로 공연히 사실을 적시하여 후보자(후보자가 되려는 사람을 포함한다), 그의 배우자 또는 직계존비속이나 형제자매를 비방한 자는 2년 이하의 징역 또는 2천만원 이하의 벌금에 처한다. 다만, 진실한 사실로서 공공의 이익에 관한 때에는 처벌하지 아니한다.

제63조(사위등재죄) ① 거짓의 방법으로 선거인명부에 오르게 한 자는 1년 이하의 징역 또는 1천만원 이하의 벌금에 처한다.

② 선거인명부작성에 관계 있는 자가 선거인명부에 고의로 선거권자를 기재하지 아니하거나 거짓 사실을 기재하거나 하게 한 때에는 3년 이하의 징역 또는 3천만원 이하의 벌금에 처한다.

제64조(사위투표죄) ① 성명을 사칭하거나 신분증명서를 위조 또는 변조하여 사용하거나 그 밖에 거짓의 방법으로 투표하거나 하게 하거나 또는 투표를 하려고 한 자는 1년 이하의 징역 또는 1천만원 이하의 벌금에 처한다.

② 선거관리위원회의 위원·직원·투표관리관 또는 투표사무원이 제1항에 규정된 행위를 하거나 하게 한 때에는 3년 이하의 징역에 처한다.

제65조(선거사무관계자나 시설 등에 대한 폭행·교란죄) 다음 각 호의 어

느 하나에 해당하는 자는 1년 이상 7년 이하의 징역 또는 1천만원 이상 7천만원 이하의 벌금에 처한다.

1. 위탁선거와 관련하여 선거관리위원회의 위원·직원, 공정선거지원단원, 그 밖에 위탁선거 사무에 종사하는 사람을 폭행·협박·유인 또는 불법으로 체포·감금한 자
2. 폭행하거나 협박하여 투표소·개표소 또는 선거관리위원회 사무소를 소요·교란한 자
3. 투표용지·투표지·투표보조용구·전산조직 등 선거관리 및 단속사무와 관련한 시설·설비·장비·서류·인장 또는 선거인명부를 은닉·파손·훼손 또는 탈취한 자

제66조(각종 제한규정 위반죄) ① 다음 각 호의 어느 하나에 해당하는 자는 3년 이하의 징역 또는 3천만원 이하의 벌금에 처한다.

1. 제30조의3제6항제2호를 위반하여 해당 위탁단체 이외의 자에게 휴대전화 가상번호를 제공한 자
2. 제30조의3제7항을 위반하여 명시적으로 거부의사를 밝힌 구성원의 휴대전화 가상번호를 제공한 자
3. 제30조의3제9항제1호를 위반하여 휴대전화 가상번호를 제28조에 따른 선거운동 외의 다른 목적으로 사용한 자
4. 제30조의3제9항제2호를 위반하여 휴대전화 가상번호를 다른 자에게 제공한 자
5. 제30조의3제10항을 위반하여 유효기간이 지난 휴대전화 가상번호를 즉시 폐기하지 아니한 자

② 다음 각 호의 어느 하나에 해당하는 자는 2년 이하의 징역 또는 2천만원 이하의 벌금에 처한다.

1. 제24조를 위반하여 후보자등이 아닌 자가 선거운동을 하거나 제25조부터 제30조의4까지의 규정에 따른 선거운동방법 외의 방법으로 선거운동을 하거나 선거운동기간이 아닌 때에 선거운동을 한 자. 다만, 제24조의2제7항에 따라 선거운동을 한 예비후보자등과 제24조의3제3항에 따라 선거운동을 한 활동보조인은 제외한다.
1의2. 제24조의2제7항을 위반하여 선거운동을 한 자
2. 제25조에 따른 선거공보의 종수·수량·면수 또는 배부방법을 위반

하여 선거운동을 한 자

3. 제26조에 따른 선거벽보의 종수·수량 또는 첩부방법을 위반하여 선거운동을 한 자

4. 제27조를 위반하여 선거운동을 한 자

5. 제28조에 따른 통화방법 또는 시간대를 위반하여 선거운동을 한 자

6. 삭제 <2024. 1. 30.>

7. 제30조에 따른 명함의 규격 또는 배부방법을 위반하여 선거운동을 한 자

7의2. 제30조의2제4항을 위반하여 투표관리관등의 제지명령에 불응한 자

7의3. 제30조의3제6항제1호를 위반하여 휴대전화 가상번호에 유효기간을 설정하지 아니하고 제공하거나 휴대전화 가상번호를 제공하는 날부터 선거일까지의 기간을 초과하는 유효기간을 설정하여 제공한 자

8. 제31조를 위반한 자

9. 제36조를 위반하여 축의·부의금품을 제공한 자

10. 제37조를 위반한 자

11. 제38조를 위반한 자

12. 제73조제3항을 위반하여 출입을 방해하거나 자료제출의 요구에 응하지 아니한 자 또는 허위자료를 제출한 자

13. 제75조제2항을 위반한 자

제67조(양벌규정) 법인 또는 단체의 대표자나 법인 또는 단체의 대리인, 사용인, 그 밖의 종업원이 그 법인 또는 단체의 업무에 관하여 이 법의 위반행위를 하였을 때에는 행위자를 벌하는 외에 그 법인 또는 단체에 대하여도 해당 조문의 벌금형을 과(科)한다. 다만, 그 법인 또는 단체가 그 위반 행위를 방지하기 위하여 해당 업무에 관하여 상당한 주의와 감독을 게을리하지 아니한 경우에는 그러하지 아니하다.

제68조(과태료의 부과·징수 등) ① 「형사소송법」 제211조(현행범인과 준현행범인)에 규정된 현행범인 또는 준현행범인으로서 제73조제4항에 따른 동행요구에 응하지 아니한 자에게는 300만원 이하의 과태료를 부과한다.

② 다음 각 호의 어느 하나에 해당하는 자에게는 100만원 이하의 과

태료를 부과한다.

1. 제29조제2항에 따른 관할위원회의 요청을 이행하지 아니한 자
2. 제73조제4항에 따른 출석요구에 정당한 사유 없이 응하지 아니한 자

③ 제35조제3항을 위반하여 금전·물품이나 그 밖의 재산상 이익을 제공받은 자(그 제공받은 금액 또는 물품의 가액이 100만원을 초과한 자는 제외한다)에게는 그 제공받은 금액이나 가액의 10배 이상 50배 이하에 상당하는 금액의 과태료를 부과하되, 그 상한액은 3천만원으로 한다. 다만, 제공받은 금액 또는 음식물·물품(제공받은 것을 반환할 수 없는 경우에는 그 가액에 상당하는 금액을 말한다) 등을 선거관리위원회에 반환하고 자수한 경우에는 그 과태료를 감경 또는 면제할 수 있다.

④ 과태료는 중앙선거관리위원회규칙으로 정하는 바에 따라 관할위원회(이하 이 조에서 "부과권자"라 한다)가 부과한다. 이 경우 과태료처분대상자가 납부기한까지 납부하지 아니한 때에는 관할세무서장에게 징수를 위탁하고 관할세무서장이 국세체납처분의 예에 따라 이를 징수하여 국가에 납입하여야 한다.

⑤ 이 법에 따른 과태료의 부과·징수 등의 절차에 관하여는 「질서위반행위규제법」 제5조(다른 법률과의 관계)에도 불구하고 다음 각 호에서 정하는 바에 따른다.

1. 당사자[「질서위반행위규제법」 제2조(정의)제3호에 따른 당사자를 말한다. 이하 이 항에서 같다]는 「질서위반행위규제법」 제16조(사전통지 및 의견 제출 등)제1항 전단에도 불구하고 부과권자로부터 사전통지를 받은 날부터 3일까지 의견을 제출하여야 한다.
2. 제4항 전단에 따른 과태료 처분에 불복이 있는 당사자는 「질서위반행위규제법」 제20조(이의제기)제1항 및 제2항에도 불구하고 그 처분의 고지를 받은 날부터 20일 이내에 부과권자에게 이의를 제기하여야 하며, 이 경우 그 이의제기는 과태료 처분의 효력이나 그 집행 또는 절차의 속행에 영향을 주지 아니한다.
3. 「질서위반행위규제법」 제24조(가산금 징수 및 체납처분 등)에도 불구하고 당사자가 납부기한까지 납부하지 아니한 경우 부과권자는 체납된 과태료에 대하여 100분의 5에 상당하는 가산금을 더하

여 관할세무서장에게 징수를 위탁하고, 관할세무서장은 국세 체납 처분의 예에 따라 이를 징수하여 국가에 납입하여야 한다.

4. 「질서위반행위규제법」 제21조(법원에의 통보)제1항 본문에도 불구하고 제4항에 따라 과태료 처분을 받은 당사자가 제2호에 따라 이의를 제기한 경우 부과권자는 지체 없이 관할법원에 그 사실을 통보하여야 한다.

제11장 보 칙

제69조(전자투표 및 개표) ① 관할위원회는 해당 위탁단체와 협의하여 전산조직을 이용하여 투표와 후보자별 득표수의 집계 등을 처리할 수 있는 방법으로 투표 및 개표(이하 이 조에서 "전자투표 및 개표"라 한다)를 실시할 수 있다.

② 관할위원회가 제1항에 따라 전자투표 및 개표를 실시하려는 때에는 이를 지체 없이 공고하고 해당 위탁단체 및 후보자에게 통지하여야 하며, 선거인의 투표에 지장이 없도록 홍보하여야 한다.

③ 전자투표 및 개표를 실시하는 경우 투표 및 개표의 절차·방법, 그 밖에 필요한 사항은 중앙선거관리위원회규칙으로 정한다.

제70조(위탁선거범죄로 인한 당선무효) 다음 각 호의 어느 하나에 해당하는 경우에는 그 당선은 무효로 한다.

1. 당선인이 해당 위탁선거에서 이 법에 규정된 죄를 범하여 징역형 또는 100만원 이상의 벌금형을 선고받은 때

2. 당선인의 배우자나 직계존비속이 해당 위탁선거에서 제58조나 제59조를 위반하여 징역형 또는 300만원 이상의 벌금형을 선고받은 때. 다만, 다른 사람의 유도 또는 도발에 의하여 해당 당선인의 당선을 무효로 되게 하기 위하여 죄를 범한 때에는 그러하지 아니하다.

제70조의2(기소·판결에 관한 통지) ① 위탁선거에 관한 범죄로 당선인, 후보자, 후보자의 배우자 또는 직계존비속을 기소한 때에는 관할위원회에 이를 통지하여야 한다.

② 제58조, 제59조, 제61조부터 제66조까지의 범죄에 대한 확정판결을 행한 재판장은 그 판결서등본을 관할위원회에 송부하여야 한다.

제71조(공소시효) 이 법에 규정한 죄의 공소시효는 해당 선거일 후 6개월
(선거일 후 행하여진 범죄는 그 행위가 있는 날부터 6개월)이 지남으
로써 완성한다. 다만, 범인이 도피한 때나 범인이 공범 또는 범죄의
증명에 필요한 참고인을 도피시킨 때에는 그 기간은 3년으로 한다.

제71조의2(재판기간) 이 법을 위반한 죄를 범한 자와 그 공범에 관한 재
판은 다른 재판에 우선하여 신속히 하여야 하며, 그 판결의 선고는 제
1심에서는 공소가 제기된 날부터 6개월 이내에, 제2심 및 제3심에서는
전심의 판결의 선고가 있은 날부터 각각 3개월 이내에 하도록 노력하
여야 한다.

제72조(위반행위에 대한 중지·경고 등) ① 관할위원회의 위원·직원은
직무수행 중에 위탁선거 위반행위를 발견한 때에는 중지·경고 또는
시정명령을 하여야 한다.

② 관할위원회는 위탁선거 위반행위가 선거의 공정을 현저하게 해치는
것으로 인정되거나 중지·경고 또는 시정명령을 이행하지 아니하는 때
에는 관할수사기관에 수사의뢰 또는 고발할 수 있다.

제73조(위반행위에 대한 조사 등) ① 선거관리위원회의 위원·직원은 위
탁선거 위반행위에 관하여 다음 각 호의 어느 하나에 해당하는 경우
에는 그 장소에 출입하여 관계인에 대하여 질문·조사를 하거나 관련
서류 그 밖의 조사에 필요한 자료의 제출을 요구할 수 있다.

 1. 위탁선거 위반행위의 가능성이 있다고 인정되는 경우
 2. 후보자가 제기한 위탁선거 위반행위의 가능성이 있다는 소명이 이
    유 있다고 인정되는 경우
 3. 현행범의 신고를 받은 경우

② 선거관리위원회의 위원·직원은 위탁선거 위반행위 현장에서 위탁
선거 위반행위에 사용된 증거물품으로서 증거인멸의 우려가 있다고
인정되는 때에는 조사에 필요한 범위에서 현장에서 이를 수거할 수
있다. 이 경우 해당 선거관리위원회의 위원·직원은 수거한 증거물품
을 그 관련된 위탁선거 위반행위에 대하여 고발 또는 수사의뢰한 때
에는 관계 수사기관에 송부하고, 그러하지 아니한 때에는 그 소유·점
유·관리하는 사람에게 지체 없이 반환하여야 한다.

③ 누구든지 제1항에 따른 장소의 출입을 방해하여서는 아니 되며 질

문·조사를 받거나 자료의 제출을 요구받은 사람은 이에 따라야 한다.

④ 선거관리위원회의 위원·직원은 위탁선거 위반행위 조사와 관련하여 관계자에게 질문·조사하기 위하여 필요하다고 인정되는 때에는 선거관리위원회에 동행 또는 출석할 것을 요구할 수 있다. 다만, 선거기간 중 후보자에 대하여는 동행 또는 출석을 요구할 수 없다.

⑤ 선거관리위원회의 위원·직원이 제1항에 따른 장소에 출입하거나 질문·조사·자료의 제출을 요구하는 경우에는 관계인에게 그 신분을 표시하는 증표를 제시하고 소속과 성명을 밝히고 그 목적과 이유를 설명하여야 한다.

⑥ 소명절차·방법, 증거자료의 수거, 증표의 규격, 그 밖에 필요한 사항은 중앙선거관리위원회규칙으로 정한다.

제74조(자수자에 대한 특례) ① 제58조 또는 제59조의 죄를 범한 사람 중 금전·물품이나 그 밖의 이익 등을 받거나 받기로 승낙한 사람이 자수한 때에는 그 형을 감경 또는 면제한다. 다만, 다음 각 호의 어느 하나에 해당하는 사람은 그러하지 아니하다.

 1. 후보자 및 그 배우자

 2. 후보자 또는 그 배우자의 직계존비속 및 형제자매

 3. 후보자의 직계비속 및 형제자매의 배우자

 4. 거짓의 방법으로 이익 등을 받거나 받기로 승낙한 사람

② 제1항의 본문에 규정된 사람이 선거관리위원회에 자신의 해당 범죄사실을 신고하여 선거관리위원회가 관계 수사기관에 이를 통보한 때에는 선거관리위원회에 신고한 때를 자수한 때로 본다.

제75조(위탁선거범죄신고자 등의 보호) ① 이 법에 규정된 범죄에 관한 신고·진정·고소·고발 등 조사 또는 수사단서의 제공, 진술 또는 증언, 그 밖의 자료제출행위 및 범인검거를 위한 제보 또는 검거활동을 한 사람이 그와 관련하여 피해를 입거나 입을 우려가 있다고 인정할 만한 상당한 이유가 있는 경우 해당 범죄에 관한 형사절차 및 관할위원회의 조사과정에서는 「특정범죄신고자 등 보호법」 제5조(불이익처우의 금지)·제7조(인적 사항의 기재 생략)·제9조(신원관리카드의 열람)부터 제12조(소송진행의 협의 등)까지 및 제16조(범죄신고자등에 대한 형의 감면)를 준용한다.

② 누구든지 제1항에 따라 보호되고 있는 범죄신고자 등이라는 정을 알면서 그 인적사항 또는 범죄신고자 등임을 알 수 있는 사실을 다른 사람에게 알려주거나 공개 또는 보도하여서는 아니 된다.

제76조(위탁선거 위반행위 신고자에 대한 포상금 지급) ① 관할위원회는 위탁선거 위반행위에 대하여 선거관리위원회가 인지하기 전에 그 위반행위의 신고를 한 사람에게 포상금을 지급할 수 있다.

② 관할위원회는 제1항에 따라 포상금을 지급한 후 다음 각 호의 어느 하나에 해당하는 사유가 있는 경우에는 그 포상금의 지급결정을 취소한다.

 1. 담합 등 거짓의 방법으로 신고한 사실이 발견된 경우

 2. 사법경찰관의 불송치결정이나 검사의 불기소처분이 있는 경우

 3. 무죄의 판결이 확정된 경우

③ 관할위원회는 제2항에 따라 포상금의 지급결정을 취소한 때에는 해당 신고자에게 그 취소 사실과 지급받은 포상금에 해당하는 금액을 반환할 것을 통지하여야 하며, 해당 신고자는 통지를 받은 날부터 30일 이내에 그 금액을 해당 관할위원회에 납부하여야 한다.

④ 관할위원회는 제3항에 따라 포상금의 반환을 통지받은 해당 신고자가 납부기한까지 반환할 금액을 납부하지 아니한 때에는 해당 신고자의 주소지를 관할하는 세무서장에게 징수를 위탁하고 관할 세무서장이 국세강제징수의 예에 따라 징수한다.

⑤ 제3항 또는 제4항에 따라 납부 또는 징수된 금액은 국가에 귀속된다.

⑥ 포상금의 지급 기준 및 절차, 제2항제2호에 해당하는 불송치결정 또는 불기소처분의 사유, 반환금액의 납부절차, 그 밖에 필요한 사항은 중앙선거관리위원회규칙으로 정한다.

제77조(위탁선거에 관한 신고 등) ① 이 법 또는 이 법의 시행을 위한 중앙선거관리위원회규칙에 따라 선거기간 중 선거관리위원회에 대하여 행하는 신고·신청·제출·보고 등은 이 법에 특별한 규정이 있는 경우를 제외하고는 공휴일에도 불구하고 매일 오전 9시부터 오후 6시까지 하여야 한다.

② 각급선거관리위원회는 이 법 또는 이 법의 시행을 위한 중앙선거관리위원회규칙에 따른 신고·신청·제출·보고 등을 해당 선거관리위

원회가 제공하는 서식에 따라 컴퓨터의 자기디스크나 그 밖에 이와 유사한 매체에 기록하여 제출하게 하거나 해당 선거관리위원회가 지정하는 인터넷 홈페이지에 입력하는 방법으로 제출하게 할 수 있다.

제78조(선거관리경비) ① 위탁선거를 위한 다음 각 호의 경비는 해당 위탁단체가 부담하고 선거의 실시에 지장이 없도록 제1호의 경우에는 선거기간개시일 전 60일(보궐선거등의 경우에는 위탁신청을 한 날부터 10일)까지, 제2호부터 제4호까지의 경우에는 위탁관리 결정의 통지를 받은 날(의무위탁선거의 경우에는 위탁신청을 한 날)부터 10일까지 관할위원회에 납부하여야 한다.

1. 위탁선거의 준비 및 관리에 필요한 경비
2. 위탁선거에 관한 계도·홍보에 필요한 경비
3. 위탁선거 위반행위의 단속 및 조사에 필요한 경비
4. 제79조에 따른 보상을 위한 재해보상준비금

② 동시조합장선거 및 동시이사장선거에서 제76조에 따른 포상금 지급에 필요한 경비는 해당 조합 또는 금고와 그 중앙회가 균분하여 부담하여야 한다.

③ 위탁선거의 관리에 필요한 다음 각 호의 경비는 국가가 부담한다.

1. 위탁선거에 관한 사무편람의 제정·개정에 필요한 경비
2. 그 밖에 위탁선거 사무의 지도·감독 등 통일적인 업무수행을 위하여 필요한 경비

④ 중앙선거관리위원회는 위탁기관의 의견을 들어 선거관리경비 산출기준을 정하고 이를 관할위원회에 통지하여야 하며, 관할위원회는 그 산출기준에 따라 경비를 산출하여야 한다.

⑤ 관할위원회는 제52조에 따른 결선투표가 실시될 경우 그 선거관리경비를 제4항과 별도로 산출하여야 한다.

⑥ 관할위원회는 제4항에 따라 선거관리경비를 산출하는 때에는 예측할 수 없는 경비 또는 불가피한 사유로 산출기준을 초과하는 경비에 충당하기 위하여 산출한 선거관리경비 총액의 100분의 5 범위에서 부가경비를 계상하여야 한다.

⑦ 제1항에 따른 납부금은 체납처분이나 강제집행의 대상이 되지 아니하며 그 경비의 산출기준, 납부절차와 방법, 집행, 검사, 반환, 그

556

밖에 필요한 사항은 중앙선거관리위원회규칙으로 정한다.

제79조(질병·부상 또는 사망에 대한 보상) ① 중앙선거관리위원회는 각급선거관리위원회위원, 투표관리관, 공정선거지원단원, 투표 및 개표사무원(공무원인 자를 제외한다)이 선거기간(공정선거지원단원의 경우 공정선거지원단을 두는 기간을 말한다) 중에 이 법에 따른 선거업무로 인하여 질병·부상 또는 사망한 때에는 보상금을 지급하여야 한다.

② 제1항의 보상금 지급사유가 제3자의 행위로 인하여 발생한 경우에는 중앙선거관리위원회는 이미 지급한 보상금의 지급 범위에서 수급권자가 제3자에 대하여 가지는 손해배상청구권을 취득한다. 다만, 제3자가 공무수행 중의 공무원인 경우에는 손해배상청구권의 전부 또는 일부를 행사하지 아니할 수 있다.

③ 제2항의 경우 보상금의 수급권자가 그 제3자로부터 동일한 사유로 인하여 이미 손해배상을 받은 경우에는 그 배상액의 범위에서 보상금을 지급하지 아니한다.

④ 제1항의 보상금 지급사유가 그 수급권자의 고의 또는 중대한 과실로 인하여 발생한 경우에는 해당 보상금의 전부 또는 일부를 지급하지 아니할 수 있다.

⑤ 보상금의 종류 및 금액, 고의 또는 중대한 과실에 의한 보상금의 감액, 중대한 과실의 적용범위, 그 밖에 필요한 사항은 중앙선거관리위원회규칙으로 정한다.

제80조(선전물의 공익목적 활용 등) ① 각급선거관리위원회는 이 법에 따라 위탁단체 또는 후보자(후보자가 되려는 사람을 포함한다. 이하 이 조에서 같다)가 선거관리위원회에 제출한 벽보·공보 등 각종 인쇄물, 사진, 그 밖의 선전물을 공익을 목적으로 출판·전시하거나 인터넷 홈페이지 게시, 그 밖의 방법으로 활용할 수 있다.

② 제1항에 따라 각급선거관리위원회가 공익을 목적으로 활용하는 위탁단체 또는 후보자의 벽보·공보 등 각종 인쇄물, 사진, 그 밖의 선전물에 대하여는 누구든지 각급선거관리위원회에 대하여 「저작권법」상의 권리를 주장할 수 없다.

제81조(시행규칙) 위탁선거의 관리에 관하여 이 법의 시행을 위하여 필요한 사항은 중앙선거관리위원회규칙으로 정한다.

부　칙 〈법률 제20179호, 2024. 1. 30.〉

제1조(시행일) 이 법은 공포 후 6개월이 경과한 날부터 시행한다. 다만, 제33조의 개정규정은 공포한 날부터 시행한다.

제2조(재판기간에 관한 적용례) 제71조의2의 개정규정은 이 법 시행 이후 최초로 공소가 제기되는 사건의 재판부터 적용한다.

제3조(벌칙에 관한 경과조치) 이 법 시행 전의 행위에 대한 벌칙의 적용은 종전의 규정에 따른다.

제4조(포상금 지급결정 취소 및 반환에 관한 경과조치) 이 법 시행 전의 위탁선거 위반행위 신고로 인하여 제76조제2항 및 제3항의 개정규정에 해당하게 되는 사람은 이 법의 개정규정에도 불구하고 종전의 규정에 따른다.

공공단체등 위탁선거에 관한 규칙

[시행 2024. 7. 31.]

중앙선거관리위원회 법제과, 02-3294-8400

제1조(목적) 이 규칙은 「공공단체등 위탁선거에 관한 법률」에서 위임된 사항과 그 시행에 필요한 사항을 규정함을 목적으로 한다.

제2조(선거관리 협조) 위탁단체는 선거공보의 발송, 선거벽보의 첩부 및 후보자 소견발표의 개최 등에 관하여 관할위원회로부터 인력·시설·장비 등의 협조 요구를 받은 때에는 우선적으로 이에 따라야 한다.

제3조(선거관리의 위탁신청) ① 「공공단체등 위탁선거에 관한 법률」(이하 "법"이라 한다) 제8조에 따른 위탁신청은 별지 제1호서식에 따른다.

② 동시조합장선거 또는 동시이사장선거를 실시하는 경우 관할위원회는 임기만료일 전 200일까지 선거권자의 수, 선거벽보 첩부 예정 수량 및 장소, 정관 및 선거규정 등 선거관리에 필요한 사항을 통보해 줄 것을 위탁단체에 요청할 수 있다. 이 경우 그 요청을 받은 위탁단체는 임기만료일 전 180일에 해당하는 날의 다음 날까지 서면으로 해당 사항을 관할위원회에 통보해야 한다.

③ 합병·해산 등 법령이나 정관 또는 규약 등이 정하는 바에 따라 위탁선거를 실시하지 아니할 사유가 발생한 경우에는 해당 위탁단체는 지체 없이 합병 관련 등기서 사본, 합병·해산 관련 총회 의결록 또는 인가서의 사본, 그 밖에 그 사유를 증명할 수 있는 서류를 첨부하여 서면으로 그 사유를 관할위원회에 통보하여야 한다.

제4조(정관등에 관한 의견표시) 관할위원회는 위탁단체의 정관등에 규정

된 선거에 관한 규정이 위탁선거를 관리하는 데 현저하게 불합리하다
고 판단될 때에는 해당 규정을 개정할 것을 권고할 수 있다.

제7조(선거인명부의 작성 · 확정 등) ① 위탁단체가 법 제15조에 따라 선
거인명부를 작성하는 경우에는 그 회원명부(그 명칭에 관계없이 위탁
단체가 해당 법령이나 정관등에 따라 작성한 구성원의 명부를 말한다)
에 따라 엄정히 조사·작성하여야 한다.

② 선거인명부는 별지 제2호서식에 따라 작성하여야 한다.

③ 위탁단체가 법 제15조제2항에 따라 선거인명부 등본을 관할위원회
에 송부할 때에는 그 작성상황 또는 확정상황을 별지 제3호서식 또는
별지 제4호서식에 따라 각각 작성하여 함께 보내야 한다.

④ 하나의 투표소에서 사용하는 선거인명부는 선거권자의 원활한 투표
를 위해 필요한 경우 해당 투표소의 선거권자의 수, 투표시간 및 장소
등을 고려하여 선거인수가 서로 엇비슷하게 분철할 수 있다.

⑤ 동시조합장선거 또는 동시이사장선거를 실시하는 경우 위탁단체는
관할구역의 구(자치구가 아닌 구를 포함한다)·시(구가 설치되지 않은
시를 말한다)·군(이하 이 항에서 "구·시·군"이라 한다) 또는 관할위
원회의 관할구역 단위로 선거인명부를 작성·확정해야 하며, 중앙선거
관리위원회는 법 제15조제3항에 따라 각 위탁단체로부터 제출받은 확
정된 선거인명부의 전산자료 복사본을 이용하여 구·시·군 또는 관할
위원회의 관할구역별로 하나의 선거인명부(이하 "통합선거인명부"라
한다)를 작성해야 한다.

⑥ 관할위원회는 제22조제2항에 따라 투표용지와 투표함을 투표관리
관에게 인계할 때에 확정된 선거인명부를 함께 인계하여야 한다.

제8조(선거인명부의 확정 후 오기사항 등 통보) ① 위탁단체는 선거인명부
확정 후 오기 또는 선거권이 없는 자나 사망한 사람이 있는 것을 발
견한 경우에는 선거일 전일까지 관할위원회에 별지 제5호서식에 따라
그 사실을 통보하고, 이를 통보받은 관할위원회는 선거인명부의 비고
칸에 그 사실을 적어야 한다.

② 관할위원회는 선거인명부를 투표관리관에게 인계한 후에 제1항에
따른 오기 등을 통보받은 경우에는 지체 없이 이를 투표관리관에게
통지하여야 하며, 투표관리관은 그 사실을 선거인명부의 비고칸에 적

어야 한다.

제9조(후보자등록) ① 법 제18조제1항에 따른 후보자등록신청서는 별지 제6호서식에 따른다.

② 위탁단체는 법 제18조제2항제2호 및 제4호에 해당하는 서류 등의 목록을 후보자등록신청개시일 전 30일까지 관할위원회에 제출해야 한다. 다만, 제11조의2제2항에 따라 이미 제출한 서류 목록에 변경이 없는 경우에는 그러하지 않으며 보궐선거등의 경우에는 법 제8조 각 호 외의 부분 단서에 따라 위탁신청을 할 때에 그 신청서와 함께 제출해야 한다.

③ 법 제18조제2항제3호에 따른 기탁금의 납부는 관할위원회가 기탁금의 예치를 위하여 개설한 금융기관(우체국을 포함한다)의 예금계좌에 후보자등록을 신청하는 사람의 명의로 입금하고 해당 금융기관이 발행한 입금표를 제출하는 것으로 한다. 다만, 부득이한 사유가 있는 경우에는 현금(금융기관이 발행한 자기앞수표를 포함한다)으로 납부할 수 있다.

④ 기탁금의 반환 및 귀속에 관하여는 해당 법령이나 정관등에 따른다.

⑤ 관할위원회는 법 제18조제5항에 따른 피선거권(해당 법령이나 정관등에서 정하는 피선거권과 관련된 범죄경력을 포함한다)의 확인을 위하여 필요한 사항을 별지 제7호의2서식에 따라 관계기관의 장(피선거권과 관련된 범죄경력의 경우 해당 위탁단체의 주된 사무소 소재지를 관할하는 검찰청의 장)에게 조회할 수 있다.

⑥ 후보자등록을 신청하는 사람은 법 제24조의2제1항에 따라 예비후보자등록을 신청한 때에 제출한 서류는 제출하지 않을 수 있다. 다만, 그 서류 중 변경 사항이 있는 경우에는 후보자등록을 신청할 때까지 추가하거나 보완해야 한다.

⑦ 후보자가 되려는 사람은 해당 위탁단체에 법 제18조제4항에 따른 범죄경력 조회와 관련된 법령이나 정관등을 요청할 수 있으며, 해당 위탁단체는 지체 없이 이를 제공해야 한다.

⑧ 법 제18조제4항에 따른 범죄경력조회 신청서는 별지 제7호서식에 따르며, 같은 조 제5항 및 제6항에 따른 피선거권 및 범죄경력에 관한 조사·회보는 별지 제7호의2서식에 따른다.

제10조(후보자 등의 인영) 후보자 · 예비후보자가 되려는 사람은 해당 후
보자등록신청서 또는 예비후보자등록신청서에 별지 제8호서식에 따른
각각의 인영을 첨부하여 관할위원회에 제출하여야 한다. 이 경우 후보
자등록신청 시 후보자의 인영을 제출하지 아니한 때에는 제출된 해당
예비후보자의 인영을 후보자의 인영으로 한다.

제11조의2(예비후보자등록) ① 법 제24조의2제1항에 따른 예비후보자등록
신청은 별지 제6호서식에 따른다.

② 위탁단체는 법 제24조의2제2항에 따른 피선거권에 관한 증명서류
의 목록을 예비후보자등록신청개시일 전 30일까지(보궐선거등의 경우
에는 법 제8조 각 호 외의 부분 단서에 따라 위탁신청을 할 때) 관할
위원회에 제출해야 한다. 이 경우 법 제18조제2항제4호에 따른 서류
등의 목록도 함께 제출할 수 있다.

③ 보궐선거등의 경우 법 제24조의2제1항에 따른 예비후보자등록 기
간을 충족하지 못한다고 판단할 때에는 법 제14조제2항에 따른 선거
일을 정한 날부터 예비후보자등록신청을 할 수 있다.

④ 관할위원회는 법 제24조의2제4항에 따른 피선거권(해당 법령이나
정관등에서 정하는 피선거권과 관련된 범죄경력을 포함한다)의 확인을
위하여 필요한 사항을 별지 제7호의2서식에 따라 관계기관의 장(피선
거권과 관련된 범죄경력의 경우 해당 위탁단체의 주된 사무소 소재지
를 관할하는 검찰청의 장)에게 조회할 수 있다.

⑤ 법 제24조의2제6항에 따른 예비후보자의 사퇴신고는 별지 제9호서
식에 따른다.

⑥ 관할위원회는 예비후보자가 등록 · 사퇴 · 사망하거나 등록이 무효로
된 때에는 지체 없이 그 사실을 공고하여야 한다.

⑦ 법 및 이 규칙에 따른 예비후보자등록신청은 일반직 국가공무원의
정상근무일의 오전 9시부터 오후 6시까지 해야 한다. 다만, 예비후보
자등록신청 개시일에는 토요일 또는 공휴일에도 불구하고 오전 9시부
터 오후 6시까지 할 수 있다.

⑧ 해당 위탁단체의 법령이나 정관등에 따른 예비후보자의 기탁금 납
부, 반환 및 귀속에 관하여는 제9조제3항 및 제4항을 준용한다.

제11조의3(선거운동원 및 활동보조인의 선임 신고 등) ① 법 제24조제1항,

제24조의2제7항에 따라 예비후보자 또는 후보자가 그의 배우자, 직계존비속 또는 해당 위탁단체의 임직원이 아닌 조합원·회원 중에서 지정하는 1명(이하 "선거운동원"이라 한다) 또는 법 제24조의3에 따른 활동보조인을 지정·선임·해임 또는 교체한 경우에는 별지 제6호의2서식에 따라 지체 없이 관할위원회에 신고해야 한다. 이 경우 예비후보자가 같은 선거에 후보자등록을 마친 때에는 예비후보자의 선거운동원 또는 활동보조인은 이 조에 따라 신고된 후보자의 선거운동원 또는 활동보조인으로 보아 따로 신고하지 않을 수 있다.

② 선거운동원 또는 활동보조인의 지정·선임 신고는 표지의 교부신청을 겸한 것으로 보며, 표지의 규격 및 게재사항은 별지 제6호의3서식에 따른다.

③ 선거운동원 및 활동보조인은 제2항의 표지를 잘 보이도록 달고 선거운동을 해야 하며, 이를 분실한 때에는 관할위원회에 별지 제6호의4서식에 따라 표지의 재교부를 신청할 수 있다.

④ 법 제24조의3제1항에 따라 활동보조인을 둘 수 있는 장애인 예비후보자·후보자의 범위에 관하여는 「공직선거관리규칙」 제27조의3제1항을 준용하며, 예비후보자·후보자가 활동보조인의 선임신고를 할 때에는 장애인임을 증명할 수 있는 서류 등을 제출해야 한다.

⑤ 법 제24조의3제4항에 따라 활동보조인에게 지급할 수 있는 수당과 실비는 다음 각 호와 같으며, 예비후보자 또는 후보자가 활동보조인에게 식사 또는 교통편의를 제공한 때에는 지급될 실비의 금액에서 그 금액을 공제하고 지급해야 한다.

1. 수당: 1일당 6만원 이내
2. 실비: 「공무원 여비 규정」 별표 2의 제2호에 해당하는 실비

제12조(선거공보) ① 법 제25조제1항에 따른 선거공보의 규격·면수 및 적어야 할 사항은 다음 각 호에 따른다.

1. 규격: 길이 27센티미터 너비 19센티미터 이내
2. 면수: 8면 이내
3. 앞면에 적어야 할 사항: 선거명, 후보자의 기호 및 성명
4. 둘째 면에 적어야 할 사항: 법 제18조제4항에 따라 회보받은 범죄경력. 이 경우 작성은 별지 제11호의2서식에 따른다.

② 선거공보의 작성수량·제출수량은 제3항에 따른 예상 선거인수에 그 100분의 10을 더한 수로 한다. 이 경우 작성·제출할 수량의 단수가 10미만인 때에는 10매로 한다.

③ 위탁단체는 후보자등록신청개시일 전 10일까지 별지 제10호서식에 따라 예상 선거인수를 관할위원회에 통보하여야 한다.

④ 관할위원회는 후보자등록신청개시일 전 5일까지 선거공보의 작성수량·제출수량 및 제출장소를 공고하여야 한다.

⑤ 선거공보등은 별지 제11호서식에 따라 제출해야 한다.

⑥ 후보자가 선거공보 제출수량의 전부 또는 일부를 제출하지 않은 때에는 제출해야 할 수량에서 기존에 제출한 선거공보의 수량을 뺀 수만큼의 범죄경력에 관한 서류를 제출해야 한다. 이 경우 범죄경력에 관한 서류는 제1항제1호에 따른 규격 범위에서 별지 제11호의2서식에 따라 작성해야 하며, 그 소명자료를 함께 게재할 수 있다.

⑦ 후보자가 제출한 선거공보의 수량이 선거인수에 미달하는 경우에는 선거인명부등재순에 따라 제출매수에 달하는 순위자까지 발송하며, 후순위자에게는 범죄경력에 관한 서류를 발송해야 한다.

⑧ 법 제25조제5항에 따라 후보자가 선거공보등을 정정하려는 때에는 별지 제12호서식에 따라 관할위원회에 요청해야 한다.

⑨ 법 제25조제6항에 따른 이의제기는 별지 제13호서식에 따라 해야 하며, 관할위원회로부터 이의제기에 대한 증명서류의 제출을 요구받은 후보자와 이의제기자는 그 요구를 받은 날부터 3일 이내에 관련 증명서류를 제출해야 한다.

⑩ 법 제25조제6항에 따른 이의제기는 선거공보등의 제출·접수 또는 발송의 계속진행에 영향을 주지 아니한다.

제13조(선거벽보) ① 법 제26조제1항에 따른 선거벽보는 길이 53센티미터 너비 38센티미터로 하되, 길이를 상하로 하여 종이로 작성한다.

② 후보자가 제출할 선거벽보의 수량은 제5항에 따라 해당 위탁단체로부터 통보받은 첩부수량에 그 100분의 10을 더한 수로 하고, 후보자가 보완첩부를 위하여 보관할 수량은 제5항에 따라 해당 위탁단체로부터 통보받은 첩부수량의 100분의 30에 해당하는 수로 한다. 이 경우 후보자가 작성할 수 있는 총수량의 단수가 10미만인 때에는 10매로

한다.

③ 후보자가 제출한 선거벽보의 수량이 첩부수량에 미달하는 경우 관할위원회는 제5항에 따라 통보받은 첩부장소 중에서 선거벽보를 첩부하지 아니할 장소를 지정한다.

④ 후보자는 관할위원회가 첩부한 선거벽보가 오손되거나 훼손되어 보완첩부하려는 때에는 제5항에 따라 공고된 수량의 범위에서 그 선거벽보 위에 덧붙여야 한다.

⑤ 제12조제3항부터 제5항까지 및 제8항부터 제10항까지의 규정은 선거벽보에 이를 준용한다. 이 경우 "예상 선거인수"는 "선거벽보의 첩부수량 및 첩부장소"로, "선거공보등"은 "선거벽보"로, "작성수량·제출수량"은 "작성수량·제출수량·첩부수량"으로, "발송"은 "첩부"로 본다.

제14조(위법게시물에 대한 삭제요청) ① 관할위원회가 법 제29조제2항에 따라 법에 위반되는 정보의 삭제를 요청할 때에는 다음 각 호의 사항을 기재한 서면[「선거관리위원회 사무관리규칙」 제3조(정의)제5호에 따른 전자문서를 포함한다]으로 한다.

1. 법에 위반되는 정보가 게시된 인터넷 홈페이지의 게시판·대화방 등의 주소
2. 법에 위반되는 정보의 내용
3. 요청근거 및 요청내용
4. 요청사항의 이행기간
5. 불응시 조치사항

② 법 제29조제3항에 따른 이의신청은 별지 제14호서식에 따른다. 이 경우 관할위원회는 이의신청서에 기재사항이나 서명 또는 날인이 누락되었거나 명확하지 아니하다고 인정될 때에는 해당 이의신청인에게 보정기간을 정하여 보정을 요구할 수 있다.

③ 관할위원회는 이의신청이 법 제29조제3항의 이의신청기간을 지난 경우에는 그 이의신청을 각하한다.

④ 관할위원회는 이의신청이 이유 있다고 인정되는 경우에는 해당 인터넷 홈페이지의 관리자·운영자 또는 정보통신서비스 제공자에 대한 법 제29조제2항의 요청을 철회하고 이의신청인에게 그 처리결과를, 이유 없다고 인정되는 경우에는 이를 기각하고 이의신청인에게 그 뜻을

각각 통지하여야 한다.

제15조(명함배부 제한장소) 법 제30조 단서에서 "중앙선거관리위원회규칙으로 정하는 장소"란 다음 각 호의 어느 하나에 해당하는 장소를 말한다.

1. 병원·종교시설·극장의 옥내(대관 등으로 해당 시설이 본래의 용도 외의 용도로 이용되는 경우는 제외한다)
2. 위탁단체의 주된 사무소나 지사무소의 건물의 안

제15조의2(선거일 등 후보자 소개 및 소견발표) ① 관할위원회는 후보자 소견발표(결선투표의 경우를 포함한다) 개시시간·장소 및 발표시간을 정한 후 제18조제1항에 따라 투표소의 명칭과 소재지를 공고할 때 함께 공고하여야 한다. 이 경우 선거일 또는 결선투표일이나 투표소가 변경되는 등 부득이한 사유로 소견발표 일시 또는 장소를 변경한 때에는 지체 없이 그 사실을 공고하고 후보자와 위탁단체에 통지하여야 한다.

② 관할위원회와 투표관리관은 선거일 또는 결선투표일 전일까지 후보자 소견발표에 필요한 설비를 하여야 한다.

③ 법 제30조의2제1항에 따라 투표관리관이 후보자를 소개할 사람을 지정하는 경우에는 위탁단체의 구성원이 아닌 사람 중에서 공정한 사람으로 선정하여야 한다.

④ 법 제30조의2제1항에 따라 후보자를 소개할 때에는 해당 후보자의 소견발표 순서에 그 기호, 성명 및 경력을 소개하는 방법으로 한다. 이 경우 경력은 해당 후보자의 후보자등록신청서에 기재된 경력에 따른다.

⑤ 후보자가 소견발표를 하는 장소에는 특정 후보자를 지지·추천하거나 반대하는 내용의 시설물·인쇄물, 그 밖의 선전물을 설치·게시 또는 첩부할 수 없다.

⑥ 그 밖에 후보자 소견발표의 실시에 관하여 필요한 사항은 중앙선거관리위원회 위원장이 정한다.

제15조의3(선거운동을 위한 휴대전화 가상번호의 제공 요청) ① 법 제30조의3에 따른 관할위원회는 다음 각 호와 같다.

1. 법 제3조제1호가목에 따른 중앙회가 위탁한 선거: 중앙선거관리위원회

2. 법 제3조제1호가목에 따른 조합 및 금고가 위탁한 선거: 특별시·광역시·도·특별자치도(이하 "시·도"라 한다)선거관리위원회

② 법 제30조의3제1항, 제2항 또는 제8항에 따른 휴대전화 가상번호 제공 요청서는 별지 제14호의2서식에 따른다.

제15조의4(구성원에 대한 고지 등) ① 위탁단체는 선거인명부작성개시일 전 30일까지(보궐선거등의 경우 그 선거의 실시사유가 발생한 날부터 5일까지) 해당 위탁단체의 구성원에게 법 제30조의3제7항에 따른 사실을 다음 각 호의 방법 중 둘 이상의 방법으로 알려야 한다.

1. 해당 위탁단체의 인터넷 홈페이지 또는 애플리케이션에 게시
2. 전자우편 발송
3. 문자메시지 발송

② 본인의 이동전화번호가 후보자에게 가상번호로 제공되는 것을 거부하려는 사람은 제1항에 따른 고지를 받은 날부터 선거인명부작성개시일 전일까지 해당 위탁단체에 명시적으로 그 의사를 표시해야 한다.

③ 제2항에 따른 거부의 의사표시 방법은 해당 위탁단체가 정하되, 그 의사표시에 소요되는 비용을 제공 거부자가 부담하지 않도록 조치를 해야 한다.

제15조의5(휴대전화 가상번호의 제공) ① 이동통신사업자는 법 제30조의3 제5항에 따라 생성한 휴대전화 가상번호를 별지 제14호의3서식에 따라 전자적 파일로 암호화하여 제공한다.

② 제1항에 따른 휴대전화 가상번호 제공 방식은 제15조의3제1항에 따른 관할위원회와 이동통신사가 협의하여 정한다.

③ 휴대전화 가상번호의 유효기간은 가상번호 제공일부터 선거일 전일까지로 하되, 법 제24조제3항제3호에 따른 중앙회장선거의 경우에는 선거일 또는 결선투표일을 포함한다.

제15조의6(휴대전화 가상번호 사용비용) ① 이동통신사업자는 휴대전화 가상번호 사용비용(휴대전화 가상번호 1개를 1일 동안 사용하는 비용을 기준으로 한다)을 별지 제14호의4서식에 따라 매년 12월 말까지 중앙선거관리위원회에 통보해야 한다.

② 중앙선거관리위원회는 제1항에 따라 통보받은 비용을 별지 제14호의5서식에 따라 지체 없이 공고한다.

③ 이동통신사업자는 휴대전화 가상번호 사용비용·납부방법 등을 해당 이동통신사업자의 인터넷 홈페이지에 게시하는 등 위탁단체가 쉽게 알 수 있도록 필요한 조치를 해야 한다.

④ 이동통신사업자는 휴대전화 가상번호를 생성한 후 그 비용을 해당 위탁단체에 청구할 수 있으며, 해당 위탁단체는 지체 없이 이를 납부해야 한다.

제15조의7(공개행사에서의 정책발표) ① 위탁단체가 법 제30조의4제3항에 따른 공개행사의 일시와 소견발표가 가능한 시간을 공고할 때에는 별지 제14호의6서식에 따라 해당 위탁단체의 인터넷 홈페이지 등에 게시하는 방법으로 한다. 다만, 공개행사가 없는 경우 공고를 생략할 수 있으며, 이미 공고한 내용에 변경사항이 있는 경우에는 지체 없이 변경된 사항을 공고해야 한다.

② 법 제30조의4제1항 및 제2항에 따라 정책발표를 하려는 예비후보자·후보자는 별지 제14호의7서식에 따라 공개행사 전일까지 해당 위탁단체에 신고해야 한다.

③ 위탁단체는 정책발표 순서, 시간 배분, 진행 방법 등을 모든 예비후보자·후보자에게 공평하게 정해야 한다.

제16조(축의·부의금품 등의 금액의 범위) 법 제33조제3항에 따른 금액범위는 다음 각 호와 같다.

1. 법 제33조제1항제2호 나목에 따른 축의·부의금품: 5만원 이내
2. 법 제33조제1항제2호 다목에 따른 음식물: 3만원 이내
3. 법 제33조제1항제2호 다목에 따른 답례품: 1만원 이내
4. 법 제33조제1항제2호 라목에 따른 선물: 3만원 이내

제17조(투표관리관 및 투표사무원) ① 관할위원회는 선거가 있을 때마다 선거일 전 30일(보궐선거등의 경우에는 위탁신청을 받은 날부터 10일)부터 선거일 후 10일까지 투표관리관을 위촉·운영한다.

② 투표관리관은 법규를 준수하고 성실하게 직무를 수행하여야 하며 관할위원회의 지시에 따라야 한다.

③ 투표관리관은 해당 투표소의 투표사무원에 대하여 투표관리사무의 처리에 필요한 지시·감독을 할 수 있다.

④ 관할위원회는 투표소마다 투표사무원 중에서 1명을 미리 지정하여

투표관리관이 유고 또는 그 밖의 사유로 직무를 수행할 수 없게 된 때에 그 직무를 행하게 할 수 있으며, 미리 지정한 투표사무원이 유고 또는 그 밖의 사유로 직무를 수행할 수 없게 된 때에는 투표사무원 중 연장자순에 따라 투표관리관의 직무를 행하게 할 수 있다.

⑤ 관할위원회로부터 투표관리관 또는 투표사무원의 추천을 요청받은 국가기관·지방자치단체, 각급 학교 및 위탁단체의 장은 우선적으로 이에 따라야 한다.

⑥ 투표관리관이 되려는 사람은 별지 제15호서식에 따른 본인승낙서를 제출하여야 한다.

⑦ 관할위원회는 투표관리관이 다음 각 호의 어느 하나에 해당하는 경우에는 해촉할 수 있다.

 1. 법규를 위반하거나 불공정한 행위를 한 경우
 2. 정당한 사유 없이 관할위원회의 지시·명령에 따르지 아니하거나 그 임무를 게을리 한 경우
 3. 건강 또는 그 밖의 사유로 임무를 성실히 수행할 수 없다고 판단 되는 경우

⑧ 관할위원회가 투표관리관을 위촉 또는 해촉한 때에는 지체 없이 이를 공고하고, 그가 소속된 국가기관·지방자치단체, 각급 학교 및 위탁단체의 장에게 통지하여야 한다.

⑨ 투표관리관의 여비는 「선거관리위원회법 시행규칙」 별표 3의 읍·면·동선거관리위원회의 위촉직원과 같은 금액으로 하고, 투표관리관 및 투표사무원의 수당은 같은 규칙 별표 4에 따른다.

제18조(투표소의 설치 등) ① 관할위원회는 법 제40조제1항 또는 제41조 제1항에 따라 투표소를 설치하는 경우에는 선거일 전 10일까지 그 명칭과 소재지를 공고하여야 한다. 다만, 천재지변 또는 그 밖의 부득이한 사유가 있는 경우 이를 변경할 수 있으며, 이 경우에는 즉시 공고하여 선거인에게 알려야 한다.

② 관할위원회와 투표관리관은 선거일 전일까지 투표소에 다음의 설비를 하여야 한다.

 1. 투표참관인의 좌석
 2. 본인여부 확인에 필요한 시설

3. 투표용지 발급 또는 교부에 필요한 시설

4. 투표함

5. 기표소

6. 그 밖의 투표사무에 필요한 시설

③ <삭 제>

④ 동시조합장선거 또는 동시이사장선거에서 다음 각 호에 해당하는 경우 관할위원회는 위탁단체와 협의하여 투표소를 추가로 설치·운영할 수 있다.

 1. 관할구역 안에 「감염병의 예방 및 관리에 관한 법률」에 따른 감염병관리시설 또는 감염병의심자 격리시설이 있는 경우

 2. 천재지변 등 부득이한 사정이 있는 경우

⑤ 관할위원회가 제4항에 따라 추가 투표소 설치를 결정하는 경우에는 그 명칭과 소재지를 지체 없이 공고해야 한다.

⑥ 동시조합장선거 또는 동시이사장선거를 실시하는 경우 관할위원회는 해당 조합 또는 금고와 협의하여 다음 각 호의 어느 하나에 해당하는 읍·면·동에는 투표소를 설치하지 않을 수 있다.

 1. 조합 또는 금고의 주된 사무소나 지사무소(명칭에 관계없이 주된 사무소 외 사무소를 모두 포함한다)가 설치되지 않은 읍·면·동

 2. 후보자등록마감시각에 후보자가 1명이거나 후보자등록마감 후 선거일 투표개시시각전까지 후보자수가 1명이 되어 투표를 실시하지 않기로 한 조합 또는 금고의 주된 사무소가 설치된 읍·면·동

 3. 선거인이 없는 읍·면·동

 4. 그 밖에 천재지변 등 부득이한 사유로 투표소를 설치하지 않기로 한 읍·면·동

⑦ 관할위원회가 제6항에 따라 투표소를 설치하지 않기로 결정하는 경우에는 지체 없이 그 사실을 공고해야 한다.

제19조(잠정투표) ① 동시조합장선거 또는 동시이사장선거에서 투표관리관은 전기통신 장애 또는 그 밖의 부득이한 사유로 해당 투표소에서 통합선거인명부를 사용하여 투표를 할 수 없는 경우에는 투표하러 온 선거인이 자신이 올라 있는 선거인명부의 작성 구역단위에 설치된 다른 투표소에서 투표할 수 있도록 해야 한다.

② 제1항에도 불구하고 선거인이 다른 투표소에 가서 투표할 수 없는 경우에는 관할위원회는 투표관리관으로 하여금 선거인의 본인여부를 확인하고, 그 명단(이하 이 조에서 "잠정투표자명부"라 한다)을 별도로 작성한 다음 선거인에게 투표용지와 별지 제16호양식에 따른 봉투를 교부하여 투표(이하 이 조에서 "잠정투표"라 한다)하게 할 수 있다.

③ 관할위원회는 잠정투표의 실시사유가 해소되면 지체 없이 잠정투표자명부를 통합선거인명부 운용시스템에 전송하고 그 기록을 보관하여야 한다.

④ 다음 각 호의 어느 하나에 해당하는 잠정투표는 무효로 한다.

1. 같은 선거에서 한 사람이 2회 이상 투표를 한 경우 해당 선거에서 본인이 한 모든 투표

2. 선거인명부에 올라 있지 아니한 사람이 한 투표

제20조(거소투표자 · 순회투표자 · 인터넷투표자) ① 동시조합장선거 또는 동시이사장선거에서 법 제41조제5항에 따라 거소투표, 순회투표 또는 인터넷투표(중앙선거관리위원회가 제공하는 정보통신망을 이용한 투표를 말한다. 이하 같다)를 실시하려는 위탁단체는 선거인명부작성기간 개시일 전일까지 관할위원회와 협의하여 거소투표 대상 선거인(이하 "거소투표자"라 한다), 순회투표 대상 선거인(이하 "순회투표자"라 한다) 또는 인터넷투표 대상 선거인(이하 "인터넷투표자"라 한다)을 선정해야 한다.

② 위탁단체는 제1항에 따라 거소투표자, 순회투표자 또는 인터넷투표자로 선정된 선거인에게 그 사실과 투표방법 등을 지체 없이 알려야 한다.

③ 위탁단체는 제1항에 따른 선거인을 선거인명부의 비고칸에 "거소투표자", "순회투표자" 또는 "인터넷투표자"로 적고, 선거인명부작성기간 중 거소투표자명부, 순회투표자명부 또는 인터넷투표자명부를 각각 작성하여 지체 없이 관할위원회에 송부하여야 한다.

제21조(거소투표 · 순회투표 · 인터넷투표) ① 동시조합장선거 또는 동시이사장선거에서 법 제41조제5항에 따라 거소투표를 실시하는 경우 관할위원회는 선거인명부확정일 후 3일까지 거소투표자에게 투표용지와 회송용봉투를 등기우편으로 발송해야 한다. 이 경우 법 제25조에 따라

후보자가 제출한 선거공보등과 법 제43조에 따른 투표안내문을 동봉하여 발송한다.

② 거소투표자는 거소투표를 하여야 한다. 다만, 다음 각 호의 어느 하나에 해당하는 사람은 선거일에 해당 투표소에서 투표할 수 있다.

 1. 거소투표용지가 반송되어 거소투표용지를 송부받지 못한 사람

 2. 거소투표용지를 송부받았으나 거소투표를 하지 못한 사람으로서 선거일에 해당 투표소에서 투표관리관에게 거소투표용지와 회송용 봉투를 반납한 사람

③ 거소투표는 선거일 오후 5시까지 관할위원회에 도착되어야 한다.

④ 동시조합장선거 또는 동시이사장선거에서 법 제41조제5항에 따라 순회투표 또는 인터넷투표를 실시하는 경우 관할위원회는 해당 위탁단체와 협의하여 투표일시, 투표장소, 투표방법 등을 정하고 선거일 전 10일까지 공고해야 한다.

⑤ 관할위원회는 그 소속 위원·직원·선거사무를 처리할 능력이 있는 공정하고 중립적인 사람 중에서 순회투표관리관·순회투표사무원 또는 인터넷투표관리관·인터넷투표사무원을 지정하여 순회투표 또는 인터넷투표를 각각 관리하게 하여야 한다.

⑥ 순회투표자는 순회투표를, 인터넷투표자는 인터넷투표를 하여야 한다. 다만, 순회투표자 또는 인터넷투표자가 투표를 하지 못한 경우에는 선거일에 해당 투표소에서 순회투표 또는 인터넷투표를 하지 않았음을 확인받은 후 투표할 수 있다.

⑦ 그 밖에 거소투표, 순회투표 또는 인터넷투표의 실시에 관하여 필요한 사항은 중앙선거관리위원회 위원장이 정한다.

제22조(투표용지 등) ① 투표용지는 「공직선거관리규칙」별지 제42호서식의(가)를 준용하여 작성한다. 이 경우 정당칸은 작성하지 아니한다.

② 관할위원회는 투표용지 또는 투표용지 발급기를 투표함과 함께 선거일 전일까지 투표관리관에게 인계하여야 한다.

③ 투표관리관이 투표용지에 자신의 도장을 찍는 경우 도장의 날인은 인쇄날인으로 갈음할 수 있다.

제24조(투표참관인·개표참관인) ① 법 제45조제1항에 따른 투표참관인 또는 개표참관인(이하 이 조에서 "참관인"이라 한다)의 신고는 별지

제19호서식에 따른다. 이 경우 동시조합장선거 또는 동시이사장선거에서는 법 같은 조 제5항에 따라 투표참관인을 지정하는 경우의 순위를 적어야 한다.

② 참관인의 선정이 없거나 한 후보자가 선정한 참관인 밖에 없는 때에는 관할위원회가 공정하고 중립적인 사람 중에서 본인의 승낙을 얻어 4명이 될 때까지 선정한 사람을 참관인으로 한다. 이 경우 참관인으로 선정된 사람은 별지 제15호서식에 준하는 본인승낙서를 제출하여야 한다.

③ 참관인의 수당과 식비 등에 관하여는 「공직선거법」 제122조의2제4항 및 「공직선거관리규칙」 제90조ㆍ제103조를 준용한다.

제25조(개표소의 설치 등) ① 관할위원회는 선거일 전 5일까지 개표소의 명칭과 소재지를 공고하여야 한다. 다만, 천재지변 또는 그 밖의 부득이한 사유가 있는 경우 이를 변경할 수 있으며, 이 경우에는 즉시 공고하여야 한다.

② 법 제46조제1항 단서에 따라 투표소에 개표소를 설치할 경우에는 제1항에 따른 공고를 할 때에 이를 함께 공고한다.

③ 관할위원회는 선거일 전일까지 개표소에 다음의 설비를 하여야 한다.

 1. 투표함의 접수에 필요한 시설
 2. 투표함의 개함과 투표지의 점검, 심사ㆍ집계 및 정리 등에 필요한 시설
 3. 관할위원회 위원과 개표참관인의 좌석 및 일반인의 개표관람시설
 4. 그 밖의 개표사무에 필요한 시설

④ <삭 제>

⑤ 개표사무원의 수당은 「선거관리위원회법 시행규칙」 별표 4에 따른다.

⑥ 개표상황표의 표준서식은 「공직선거관리규칙」별지 제54호서식을 준용한다.

제26조(투표소 개표) ① 법 제46조제1항 단서에 따라 투표소에 개표소를 설치할 경우 투표관리관은 해당 개표소의 개표를 총괄 관리하는 책임사무원(이하 "책임사무원"이라 한다)이, 투표사무원 및 투표참관인은 각각 해당 개표소의 개표사무원 및 개표참관인이 된다.

② 책임사무원은 해당 투표소의 투표를 마감한 후 개표소의 개표 절

차에 준하여 개표를 실시하여야 한다. 이 경우 법 제47조제3항에도 불구하고 해당 개표소의 후보자별 득표수의 공표는 책임사무원이 서명 또는 날인한 개표상황표에 의한다.

제27조(거소투표 등의 개표) 제21조에 따른 거소투표·순회투표의 투표함은 개함하여 일반투표함과 혼합하여 개표하고, 인터넷투표의 투표결과는 법 제47조제3항에 따른 후보자별 득표수에 합산한다.

제28조(개표결과의 송부) 법 제11조제3항에 따라 개표의 관리를 지정받은 대행위원회등과 책임사무원은 개표상황표를 작성하여 관할위원회에 모사전송의 방법으로 우선 송부하고, 개표가 종료된 후 그 원본을 송부하여야 한다. 이 경우 책임사무원은 투표지·투표함·투표록, 그 밖의 투표 및 개표에 관한 모든 서류 등을 함께 송부하여야 한다.

제29조(투표록·개표록 및 선거록의 작성) 법 제49조에 따른 투표록·개표록 및 선거록의 표준서식은 「공직선거관리규칙」별지 제53호서식 및 별지 제57호서식의(가)·(나)·(다)를 각각 준용한다.

제30조(투표지 등의 보존기간의 단축) 법 제49조에 따른 투표록·개표록 및 선거록을 제외한 선거 관계 서류 등은 법 제50조 단서에 따라 해당 위탁선거에 관한 소송 등이 제기되지 아니할 것으로 예상되거나 위탁선거에 관한 소송 등이 종료된 때에는 관할위원회의 결정으로 폐기할 수 있다.

제31조(「공직선거관리규칙」의 준용 등) 투표 및 개표의 관리에 관하여는 이 규칙에 규정된 것을 제외하고는 그 성질에 반하지 아니하는 범위에서 「공직선거관리규칙」 제9장(투표) 및 제10장(개표)을 준용한다.

제32조(투표의 효력 등에 관한 이의제기 등) ① 법 제55조 단서에 따른 이의제기를 하려는 해당 위탁선거의 후보자 및 선거인(이하 이 조에서 "이의제기자"라 한다)은 그 사유가 발생한 날(투표의 효력에 관하여는 선거일을 말한다)부터 5일 이내에 별지 제26호서식에 따라 서면으로 하여야 한다.

② 제1항에 따른 이의제기를 접수한 직근 상급선거관리위원회는 이의제기를 접수한 날부터 10일 이내에 그 이의제기에 대한 결정을 하여야 하며, 그 결정 내용을 지체 없이 이의제기자 및 해당 관할위원회에 통지하여야 한다.

제34조(과태료의 부과·징수 등) ① 법 제68조제1항 및 제2항의 위반행위에 대한 과태료 부과기준은 별표 1과 같다.

② 관할위원회는 과태료의 처분을 하는 경우에는 해당 위반행위의 동기와 그 결과 및 위탁선거에 미치는 영향, 위반기간 및 위반정도 등을 고려하여 제1항의 기준금액의 2분의 1의 범위에서 이를 경감하거나 가중할 수 있다. 이 경우 1회 부과액은 법 제68조제1항 및 제2항에 따른 과태료의 상한액을 넘을 수 없다.

③ 법 제68조제3항 본문에 해당하는 사람에 대한 과태료의 부과기준은 별표 2와 같다.

④ 관할위원회는 법 제68조제3항에 따라 과태료를 부과할 때 과태료 처분 대상자가 제공받은 금액 또는 음식물·물품의 가액이 명확하지 아니한 경우에는 통상적인 거래가격 또는 시장가격을 기준으로 과태료를 부과한다.

⑤ 법 제68조제3항 단서에 해당하는 사람에 대한 과태료의 감경 또는 면제의 기준은 다음 각 호에 따른다.

  1. 금품·음식물 등을 제공받은 경위, 자수의 동기와 시기, 금품·음식물 등을 제공한 사람에 대한 조사의 협조 여부와 그 밖의 사항을 고려하여 과태료 부과기준액과 감경기준 등은 별표 3과 같이 한다.

  2. 과태료의 면제

    가. 선거관리위원회와 수사기관이 금품·음식물 등의 제공사실을 알기 전에 선거관리위원회 또는 수사기관에 그 사실을 알려 위탁선거범죄에 관한 조사 또는 수사단서를 제공한 사람

    나. 선거관리위원회와 수사기관이 금품·음식물 등의 제공사실을 알게 된 후에 자수한 사람으로서 금품·음식물 등을 제공한 사람과 제공받은 일시·장소·방법·상황 등을 선거관리위원회 또는 수사기관에 자세하게 알린 사람

⑥ 관할위원회는 제5항에 해당하는 사람을 법 제75조제1항에 따라 보호하여야 하며, 이 조 제5항제2호가목에 해당하는 사람에게는 법 제76조에 따른 포상금을 지급할 수 있다.

⑦ (생 략)

⑧ 법 제68조제4항에 따라 관할위원회가 과태료를 부과하는 경우에는

해당 위반행위를 조사·확인한 후 위반사실·이의제기 방법·이의제기 기한·과태료 부과액 및 납부기한 등을 명시하여 이를 납부할 것을 과태료 처분 대상자에게 통지하여야 한다.

⑨ 제8항에 따라 과태료 처분의 고지를 받은 과태료 처분 대상자는 그 고지를 받은 날부터 20일까지 납부하여야 한다.

⑩ 법 제68조제5항제2호에 따른 이의제기는 별지 제28호서식에 따른다.

⑪ 관할위원회 또는 관할세무서장이 징수한 과태료의 국가에의 납부절차에 관하여는 「국고금 관리법 시행규칙」의 관계규정을 준용한다.

제35조(위반행위에 대한 조사 등) ① 선거관리위원회의 위원·직원(이하 "위원·직원"이라 한다)이 법 제73조제1항에 따른 장소에 출입하여 관계인에 대하여 자료제출을 요구하는 경우 정당한 사유 없이 출입을 방해하거나 자료제출의 요구에 불응하거나 허위자료를 제출할 때에는 법 제66조제2항제12호에 따라 처벌받을 수 있음을 알려야 한다.

② 위원·직원은 조사업무에 필요하다고 인정될 때에는 법 제6조제1항에 따라 경찰공무원·경찰관서의 장이나 행정기관의 장에게 원조를 요구할 수 있다.

③ 위원·직원은 조사업무 수행 중 필요하다고 인정될 때에는 질문답변내용의 기록, 녹음·녹화, 사진촬영, 위탁선거 위반행위와 관련 있는 서류의 복사 또는 수집, 그 밖에 필요한 조치를 취할 수 있다.

④ 위원·직원은 직접 방문하여 조사하는 경우 외에 필요하다고 인정될 때에는 서면답변 또는 자료의 제출을 요구할 수 있다.

⑤ 위원·직원은 법 제73조제2항에 따라 위탁선거 위반행위에 사용된 증거물품을 수거한 경우에는 그 목록 2부를 작성하여 그 중 1부를 해당 물품을 소유·점유 또는 관리하는 자에게 교부하고, 나머지 1부는 관할위원회에 제출하여야 한다.

⑥ 위원·직원이 법 제73조제4항에 따라 관계자에게 동행을 요구할 때에는 구두로 할 수 있으며, 출석을 요구할 때에는 별지 제29호서식에 따른다. 이 경우 「형사소송법」 제211조(현행범인과 준현행범인)에 규정된 현행범인 또는 준현행범인에 해당하는 관계자에게 동행요구를 할 때에는 정당한 사유 없이 동행요구에 응하지 아니하는 경우 법 제68조제1항에 따라 과태료를 부과할 수 있음을 알려야 한다.

⑦ 선거관리위원회는 중앙선거관리위원회 위원장이 정하는 바에 따라 법 제73조제4항에 따른 위탁선거 위반행위 조사와 관련하여 동행 또는 출석한 관계자에게 여비·일당을 지급할 수 있다.

⑧ 법 제73조제5항에 따른 위원·직원의 신분을 표시하는 증표는 별지 제30호양식에 따르되, 선거관리위원회가 발행하는 위원신분증 또는 공무원증으로 갈음할 수 있다.

제36조(위탁선거범죄신고자등의 보호) ① 위원·직원은 위탁선거범죄신고와 관련하여 문답서·확인서, 그 밖의 서류(이하 이 조에서 "문답서등"이라 한다)를 작성하는 경우 위탁선거범죄에 관한 신고·진술·증언, 그 밖의 자료제출행위 등을 한 사람(이하 이 조에서 "위탁선거범죄신고자등"이라 한다)의 성명·연령·주소 및 직업 등 신원을 알 수 있는 사항(이하 이 조에서 "인적사항"이라 한다)의 전부 또는 일부를 기재하지 아니할 수 있다.

② 위탁선거범죄신고자등은 문답서등을 작성하는 경우 위원·직원의 승인을 얻어 인적사항의 전부 또는 일부를 기재하지 아니할 수 있다.

③ 제1항 또는 제2항의 경우 위원·직원은 문답서등에 기재하지 아니한 인적사항을 별지 제31호서식에 따른 위탁선거범죄신고자등 신원관리카드에 등재하여야 한다.

④ 관할위원회가 수사의뢰 또는 고발을 하는 경우에는 조사서류와 별도로 제3항에 따른 신원관리카드를 봉인하여 조사기록과 함께 관할 경찰관서 또는 관할 검찰청에 제출하여야 한다.

제37조(포상금 지급기준 및 포상방법 등) ① 법 제76조에 따른 위탁선거 위반행위 신고자에 대한 포상은 1억원(동시조합장선거 또는 동시이사장선거에서는 3억원)의 범위에서 포상금심사위원회의 의결을 거쳐 관할위원회 위원장이 포상하되, 포상대상자를 익명으로 할 수 있다.

② 포상금의 지급기준·지급절차, 포상금심사위원회의 설치 등에 관하여는 「공직선거관리규칙」 제143조의4(포상금 지급기준 및 포상방법)제2항 및 제4항부터 제7항까지의 규정과 제143조의5(포상금심사위원회의 설치 및 구성)부터 제143조의8(포상금심사위원회의 의견청취 등)까지의 규정을 준용한다.

③ 법 제76조제2항제2호에 따라 포상금의 지급결정을 취소하는 불송

치결정 또는 불기소처분은 다음 각 호와 같다.

1. 혐의없음

2. 죄가안됨

제38조(위탁선거에 관한 신고 등) ① 법 제77조제2항에 따라 신고·신청·제출 및 보고 등을 관할위원회가 제공하는 서식에 따라 컴퓨터의 자기디스크 등에 기록하여 제출하거나 관할위원회가 정하는 인증방식에 따라 인증을 받은 후 관할위원회가 지정하는 인터넷 홈페이지에 입력하는 방법으로 제출하는 경우에는 위탁단체·후보자 또는 신청권자 등의 도장이 찍혀있지 아니하더라도 정당한 도장이 찍힌 신고·신청·제출 및 보고 등으로 본다.

② 법 제77조제2항에 따른 방법으로 신고·신청·제출 및 보고 등을 하는 경우 그 첨부서류는 컴퓨터·스캐너 등 정보처리능력을 가진 장치를 이용하여 전자적인 이미지 형태로 제출하게 할 수 있다.

③ 법 및 이 규칙에 따른 공고는 관할위원회, 위탁단체의 주된 사무소 및 지사무소의 건물 또는 게시판에 첨부하는 것으로 한다.

부   칙 〈제607호, 2024. 7. 18.〉

제1조 (시행일) 이 규칙은 2024년 7월 31일부터 시행한다.

제2조 (구성원에 대한 고지 등에 관한 특례) 제15조의4제1항 및 제2항의 개정규정에도 불구하고 이 규칙 시행 전에 실시사유가 발생한 보궐선거등의 경우 위탁단체는 이 규칙 시행 후 2일까지 법 제30조의3제7항에 따른 사실을 다음 각 호의 방법 중 둘 이상의 방법으로 구성원에게 알려야 하며, 그 고지를 받은 구성원은 본인의 이동전화번호가 후보자에게 가상번호로 제공되는 것을 거부하려는 경우 고지일부터 5일 이내에 해당 위탁단체에 명시적으로 그 의사를 표시해야 한다.

1. 해당 위탁단체의 인터넷 홈페이지 또는 애플리케이션에 게시

2. 전자우편 전송

3. 문자메시지 발송

제3조 (휴대전화 가상번호 사용비용 통보에 관한 특례) 제15조의6제1항의 개정규정에도 불구하고 이동통신사업자는 이 규칙 시행 후 10일 이내에 휴대전화 가상번호 사용비용을 중앙선거관리위원회에 통보해야 한다.

농업협동조합법

[시행 2024. 4. 24.]
농림축산식품부(농업금융정책과) 044) 201-1757

제1장 총칙

제1조(목적) 이 법은 농업인의 자주적인 협동조직을 바탕으로 농업인의 경제적·사회적·문화적 지위를 향상시키고, 농업의 경쟁력 강화를 통하여 농업인의 삶의 질을 높이며, 국민경제의 균형 있는 발전에 이바지함을 목적으로 한다.

제2조(정의) 이 법에서 사용하는 용어의 뜻은 다음과 같다.

1. "조합"이란 지역조합과 품목조합을 말한다.
2. "지역조합"이란 이 법에 따라 설립된 지역농업협동조합과 지역축산업협동조합을 말한다.
3. "품목조합"이란 이 법에 따라 설립된 품목별·업종별 협동조합을 말한다.
4. "중앙회"란 이 법에 따라 설립된 농업협동조합중앙회를 말한다.

제7조(공직선거 관여 금지) ① 조합, 제112조의3에 따른 조합공동사업법인, 제138조에 따른 품목조합연합회(이하 "조합등"이라 한다) 및 중앙회는 공직선거에서 특정 정당을 지지하거나 특정인을 당선되도록 하거나 당선되지 아니하도록 하는 행위를 하여서는 아니 된다.

② 누구든지 조합등과 중앙회를 이용하여 제1항에 따른 행위를 하여서는 아니 된다.

제2장 지역농업협동조합

제19조(조합원의 자격) ① 조합원은 지역농협의 구역에 주소, 거소(居所)나 사업장이 있는 농업인이어야 하며, 둘 이상의 지역농협에 가입할 수 없다.

② 「농어업경영체 육성 및 지원에 관한 법률」 제16조 및 제19조에 따른 영농조합법인과 농업회사법인으로서 그 주된 사무소를 지역농협의 구역에 두고 농업을 경영하는 법인은 지역농협의 조합원이 될 수 있다.

③ 특별시 또는 광역시의 자치구를 구역의 전부 또는 일부로 하는 품목조합은 해당 자치구를 구역으로 하는 지역농협의 조합원이 될 수 있다.

④ 제1항에 따른 농업인의 범위는 대통령령으로 정한다.

⑤ 지역농협이 정관으로 구역을 변경하는 경우 기존의 조합원은 변경된 구역에 주소, 거소나 사업장, 주된 사무소가 없더라도 조합원의 자격을 계속하여 유지한다. 다만, 정관으로 구역을 변경하기 이전의 구역 외로 주소, 거소나 사업장, 주된 사무소가 이전된 경우에는 그러하지 아니하다.

제21조(출자) ① 조합원은 정관으로 정하는 좌수 이상을 출자하여야 한다.

② 출자 1좌의 금액은 균일하게 정하여야 한다.

③ 출자 1좌의 금액은 정관으로 정한다.

④ 조합원의 출자액은 질권(質權)의 목적이 될 수 없다.

⑤ 조합원은 출자의 납입 시 지역농협에 대한 채권과 상계(相計)할 수 없다.

제26조(의결권 및 선거권) 조합원은 출자액의 많고 적음에 관계없이 평등한 의결권 및 선거권을 가진다. 이 경우 선거권은 임원 또는 대의원의 임기만료일(보궐선거 등의 경우 그 선거의 실시사유가 확정된 날) 전 180일까지 해당 조합의 조합원으로 가입한 자만 행사할 수 있다.

제28조(가입) ① 지역농협은 정당한 사유 없이 조합원 자격을 갖추고 있는 자의 가입을 거절하거나 다른 조합원보다 불리한 가입 조건을 달 수 없다. 다만, 제30조제1항 각 호의 어느 하나에 해당되어 제명된 후 2년이 지나지 아니한 자에 대하여는 가입을 거절할 수 있다.

② 제19조제1항에 따른 조합원은 해당 지역농협에 가입한 지 1년 6개

월 이내에는 같은 구역에 설립된 다른 지역농협에 가입할 수 없다.

③ 새로 조합원이 되려는 자는 정관으로 정하는 바에 따라 출자하여야 한다.

④ 지역농협은 조합원 수(數)를 제한할 수 없다.

⑤ 사망으로 인하여 탈퇴하게 된 조합원의 상속인(공동상속인 경우에는 공동상속인이 선정한 1명의 상속인을 말한다)이 제19조제1항에 따른 조합원 자격이 있는 경우에는 피상속인의 출자를 승계하여 조합원이 될 수 있다.

⑥ 제5항에 따라 출자를 승계한 상속인에 관하여는 제1항을 준용한다.

제29조(탈퇴) ① 조합원은 지역농협에 탈퇴 의사를 알리고 탈퇴할 수 있다.

② 조합원이 다음 각 호의 어느 하나에 해당하면 당연히 탈퇴된다.

 1. 조합원의 자격이 없는 경우

 2. 사망한 경우

 3. 파산한 경우

 4. 성년후견개시의 심판을 받은 경우

 5. 조합원인 법인이 해산한 경우

③ 제43조에 따른 이사회는 조합원의 전부 또는 일부를 대상으로 제2항 각 호의 어느 하나에 해당하는지를 확인하여야 한다.

제30조(제명) ① 지역농협은 조합원이 다음 각 호의 어느 하나에 해당하면 총회의 의결을 거쳐 제명할 수 있다.

 1. 1년 이상 지역농협의 사업을 이용하지 아니한 경우

 1의2. 2년 이상 제57조제1항제2호의 경제사업을 이용하지 아니한 경우. 다만, 정관에서 정하는 정당한 사유가 있는 경우는 제외한다.

 2. 출자 및 경비의 납입, 그 밖의 지역농협에 대한 의무를 이행하지 아니한 경우

 3. 정관으로 금지한 행위를 한 경우

② 지역농협은 조합원이 제1항 각 호의 어느 하나에 해당하면 총회 개회 10일 전까지 그 조합원에게 제명의 사유를 알리고 총회에서 의견을 진술할 기회를 주어야 한다.

제33조(의결 취소의 청구 등) ① 조합원은 총회(창립총회를 포함한다)의 소집 절차, 의결 방법, 의결 내용 또는 임원의 선거가 법령, 법령에 따

른 행정처분 또는 정관을 위반한 것을 사유로 하여 그 의결이나 선거에 따른 당선의 취소 또는 무효 확인을 농림축산식품부장관에게 청구하거나 이를 청구하는 소(訴)를 제기할 수 있다. 다만, 농림축산식품부장관은 조합원의 청구와 같은 내용의 소가 법원에 제기된 사실을 알았을 때에는 제2항 후단에 따른 조치를 하지 아니한다.

② 제1항에 따라 농림축산식품부장관에게 청구하는 경우에는 의결일이나 선거일부터 1개월 이내에 조합원 300인 또는 100분의 5 이상의 동의를 받아 청구하여야 한다. 이 경우 농림축산식품부장관은 그 청구서를 받은 날부터 3개월 이내에 이에 대한 조치 결과를 청구인에게 알려야 한다.

③ 제1항에 따른 소에 관하여는 「상법」 제376조부터 제381조까지의 규정을 준용한다.

④ 제1항에 따른 의결 취소의 청구 등에 필요한 사항은 농림축산식품부령으로 정한다.

제45조(임원의 정수 및 선출) ① 지역농협에 임원으로서 조합장 1명을 포함한 7명 이상 25명 이하의 이사와 2명의 감사를 두되, 그 정수는 정관으로 정한다. 이 경우 이사의 3분의 2 이상은 조합원이어야 하며, 자산 등 지역농협의 사업규모가 대통령령으로 정하는 기준 이상에 해당하는 경우에는 조합원이 아닌 이사를 1명 이상 두어야 한다.

② 지역농협은 정관으로 정하는 바에 따라 제1항에 따른 조합장을 포함한 이사 중 2명 이내를 상임(常任)으로 할 수 있다. 다만, 조합장을 비상임으로 운영하는 지역농협과 자산 등 사업규모가 대통령령으로 정하는 기준 이상에 해당하는 지역농협에는 조합원이 아닌 이사 중 1명 이상을 상임이사로 두어야 한다.

③ 지역농협은 정관으로 정하는 바에 따라 감사 중 1명을 상임으로 할 수 있다. 다만, 자산 등 사업규모가 대통령령으로 정하는 기준 이상에 해당하는 지역농협에는 조합원이 아닌 상임감사 1명을 두어야 한다.

④ 제2항 본문에도 불구하고 자산 등 지역농협의 사업규모가 대통령령으로 정하는 기준 이상에 해당하는 경우에는 조합장을 비상임으로 한다.

⑤ 조합장은 조합원 중에서 정관으로 정하는 바에 따라 다음 각 호의 어느 하나의 방법으로 선출한다.

1. 조합원이 총회 또는 총회 외에서 투표로 직접 선출
2. 대의원회가 선출
3. 이사회가 이사 중에서 선출

⑥∼⑩ (생 략)

제49조(임원의 결격사유) ① 다음 각 호의 어느 하나에 해당하는 사람은 지역농협의 임원이 될 수 없다. 다만, 제10호와 제12호는 조합원인 임원에게만 적용한다.

1. 대한민국 국민이 아닌 사람
2. 미성년자·피성년후견인 또는 피한정후견인
3. 파산선고를 받고 복권되지 아니한 사람
4. 법원의 판결이나 다른 법률에 따라 자격이 상실되거나 정지된 사람
5. 금고 이상의 실형을 선고받고 그 집행이 끝나거나(집행이 끝난 것으로 보는 경우를 포함한다) 집행이 면제된 날부터 3년이 지나지 아니한 사람
6. 제164조제1항이나 「신용협동조합법」 제84조에 규정된 개선(改選) 또는 징계면직의 처분을 받은 날부터 5년이 지나지 아니한 사람」
7. 형의 집행유예선고를 받고 그 유예기간 중에 있는 사람
8. 제172조 또는 「공공단체등 위탁선거에 관한 법률」 제58조(매수 및 이해유도죄)·제59조(기부행위의 금지·제한 등 위반죄)·제61조(허위사실 공표죄)부터 제66조(각종 제한규정 위반죄)까지에 규정된 죄를 범하여 벌금 100만원 이상의 형을 선고받고 4년이 지나지 아니한 사람
9. 이 법에 따른 임원 선거에서 당선되었으나 제173조제1항제1호 또는 「공공단체등 위탁선거에 관한 법률」 제70조(위탁선거범죄로 인한 당선무효)제1호에 따라 당선이 무효로 된 사람으로서 그 무효가 확정된 날부터 5년이 지나지 아니한 사람
10. 선거일 공고일 현재 해당 지역농협의 정관으로 정하는 출자좌수(出資座數) 이상의 납입 출자분을 2년 이상 계속 보유하고 있지 아니한 사람. 다만, 설립이나 합병 후 2년이 지나지 아니한 지역

농협의 경우에는 그러하지 아니하다.

11. 선거일 공고일 현재 해당 지역농협, 중앙회 또는 다음 각 목의 어느 하나에 해당하는 금융기관에 대하여 정관으로 정하는 금액과 기간을 초과하여 채무 상환을 연체하고 있는 사람

가. 「은행법」에 따라 설립된 은행

나. 「한국산업은행법」에 따른 한국산업은행

다. 「중소기업은행법」에 따른 중소기업은행

라. 그 밖에 대통령령으로 정하는 금융기관

12. 선거일 공고일 현재 제57조제1항의 사업 중 대통령령으로 정하는 사업에 대하여 해당 지역농협의 정관으로 정하는 일정 규모 이상의 사업 이용실적이 없는 사람

② 제1항의 사유가 발생하면 해당 임원은 당연히 퇴직된다.

③ 제2항에 따라 퇴직한 임원이 퇴직 전에 관여한 행위는 그 효력을 상실하지 아니한다.

제49조의2(형의 분리 선고) ① 「형법」 제38조에도 불구하고 제49조제1항 제8호에 규정된 죄와 다른 죄의 경합범에 대해서는 이를 분리 선고하여야 한다.

② 임원 선거 후보자의 직계 존속·비속이나 배우자가 범한 제172조제1항제2호(제50조제11항을 위반한 경우는 제외한다)·제3호 또는 「공공단체등 위탁선거에 관한 법률」 제58조·제59조에 규정된 죄와 다른 죄의 경합범으로 징역형 또는 300만원 이상의 벌금형을 선고하는 경우에는 이를 분리 선고하여야 한다.

제50조(선거운동의 제한) ① 누구든지 자기 또는 특정인을 지역농협의 임원이나 대의원으로 당선되게 하거나 당선되지 못하게 할 목적으로 다음 각 호의 어느 하나에 해당하는 행위를 할 수 없다.

1. 조합원(조합에 가입신청을 한 자를 포함한다. 이하 이 조에서 같다)이나 그 가족(조합원의 배우자, 조합원 또는 그 배우자의 직계 존속·비속과 형제자매, 조합원의 직계 존속·비속 및 형제자매의 배우자를 말한다. 이하 같다) 또는 조합원이나 그 가족이 설립·운영하고 있는 기관·단체·시설에 대한 다음 각 목의 어느 하나에 해당하는 행위

　가. 금전·물품·향응이나 그 밖의 재산상의 이익을 제공하는 행위

　나. 공사(公私)의 직(職)을 제공하는 행위

　다. 금전·물품·향응, 그 밖의 재산상의 이익이나 공사의 직을 제공
　　　하겠다는 의사표시 또는 그 제공을 약속하는 행위

　2. 후보자가 되지 못하도록 하거나 후보자를 사퇴하게 할 목적으로
　　　후보자가 되려는 사람이나 후보자에게 제1호 각 목에 규정된 행위
　　　를 하는 행위

　3. 제1호나 제2호에 규정된 이익이나 직을 제공받거나 그 제공의 의사
　　　표시를 승낙하는 행위 또는 그 제공을 요구하거나 알선하는 행위

② 임원이 되려는 사람은 임기만료일 전 90일(보궐선거 등에 있어서는
그 선거의 실시사유가 확정된 날)부터 선거일까지 선거운동을 위하여
조합원을 호별(戶別)로 방문하거나 특정 장소에 모이게 할 수 없다.

③ 누구든지 지역농협의 임원 또는 대의원선거와 관련하여 연설·벽
보, 그 밖의 방법으로 거짓의 사실을 공표하거나 공연히 사실을 적시
(摘示)하여 후보자(후보자가 되려는 사람을 포함한다. 이하 같다)를 비
방할 수 없다.

④ 누구든지 임원 선거와 관련하여 다음 각 호의 방법(이사 및 감사
선거의 경우에는 제2호 또는 제4호에 한정한다) 외의 선거운동을 할
수 없다.

　1. 선전 벽보의 부착

　2. 선거 공보의 배부

　3. 합동 연설회 또는 공개 토론회의 개최

　4. 전화(문자메시지를 포함한다)·컴퓨터통신(전자우편을 포함한다)을
　　　이용한 지지 호소

　5. 도로·시장 등 농림축산식품부령으로 정하는 다수인이 왕래하거나
　　　집합하는 공개된 장소에서의 지지 호소 및 명함 배부

⑤ 제4항에 따른 선거운동방법에 관한 세부적인 사항은 농림축산식품
부령으로 정한다.

⑥ 제4항에도 불구하고 다음 각 호의 어느 하나에 해당하는 경우에는
선거운동을 할 수 없다.

　1. 조합장을 이사회가 이사 중에서 선출하는 경우

2. 상임이사 및 상임감사 선출의 경우

3. 조합원이 아닌 이사 선출의 경우

⑦ 제4항에 따른 선거운동은 후보자등록마감일의 다음 날부터 선거일 전일까지만 할 수 있다.

⑧ 누구든지 특정 임원의 선거에 투표하거나 하게 할 목적으로 거짓이나 그 밖의 부정한 방법으로 선거인명부에 오르게 할 수 없다.

⑨ 누구든지 임원 또는 대의원 선거와 관련하여 자기 또는 특정인을 당선되게 하거나 당선되지 못하게 할 목적으로 후보자등록시작일부터 선거일까지 다수의 조합원(조합원의 가족 또는 조합원이나 그 가족이 설립·운영하고 있는 기관·단체·시설을 포함한다)에게 배부하도록 구분된 형태로 되어 있는 포장된 선물 또는 돈봉투 등 금품을 운반하지 못한다.

⑩ 누구든지 제51조제1항에 따른 조합선거관리위원회의 위원·직원, 그 밖에 선거사무에 종사하는 자를 폭행·협박·유인 또는 체포·감금하거나 폭행이나 협박을 가하여 투표소·개표소 또는 선거관리위원회 사무소를 소요·교란하거나, 투표용지·투표지·투표보조용구·전산조직 등 선거관리 및 단속사무와 관련한 시설·설비·장비·서류·인장 또는 선거인명부를 은닉·손괴·훼손 또는 탈취하지 못한다.

⑪ 지역농협의 임직원은 다음 각 호의 어느 하나에 해당하는 행위를 할 수 없다.

1. 그 지위를 이용하여 선거운동을 하는 행위

2. 선거운동의 기획에 참여하거나 그 기획의 실시에 관여하는 행위

3. 후보자에 대한 조합원의 지지도를 조사하거나 발표하는 행위

제50조의2(기부행위의 제한) ① 지역농협의 임원 선거 후보자, 그 배우자 및 후보자가 속한 기관·단체·시설은 임원의 임기만료일 전 180일(보궐선거 등의 경우에는 그 선거의 실시 사유가 확정된 날)부터 그 선거일까지 조합원(조합에 가입 신청을 한 사람을 포함한다. 이하 이 조에서 같다)이나 그 가족 또는 조합원이나 그 가족이 설립·운영하고 있는 기관·단체·시설에 대하여 금전·물품이나 그 밖의 재산상 이익의 제공, 이익 제공의 의사 표시 또는 그 제공을 약속하는 행위(이하 "기부행위"라 한다)를 할 수 없다.

② 제1항에도 불구하고 다음 각 호의 어느 하나에 해당하는 행위는 기부행위로 보지 아니한다.

1. 직무상의 행위

가. 후보자가 소속된 기관·단체·시설(나목에 따른 조합은 제외한다)의 자체 사업 계획과 예산으로 하는 의례적인 금전·물품을 그 기관·단체·시설의 명의로 제공하는 행위(포상 및 화환·화분 제공 행위를 포함한다)

나. 법령과 정관에 따른 조합의 사업 계획 및 수지예산에 따라 집행하는 금전·물품을 그 기관·단체·시설의 명의로 제공하는 행위(포상 및 화환·화분 제공 행위를 포함한다)

다. 물품 구매, 공사, 역무(役務)의 제공 등에 대한 대가의 제공 또는 부담금의 납부 등 채무를 이행하는 행위

라. 가목부터 다목까지의 규정에 해당하는 행위 외에 법령의 규정에 따라 물품 등을 찬조·출연 또는 제공하는 행위

2. 의례적 행위

가. 「민법」 제777조에 따른 친족의 관혼상제 의식이나 그 밖의 경조사에 축의·부의금품을 제공하는 행위

나. 후보자가 「민법」 제777조에 따른 친족 외의 자의 관혼상제 의식에 통상적인 범위에서 축의·부의금품(화환·화분을 포함한다)을 제공하거나 주례를 서는 행위

다. 후보자의 관혼상제 의식이나 그 밖의 경조사에 참석한 하객이나 조객(弔客) 등에게 통상적인 범위에서 음식물이나 답례품을 제공하는 행위

라. 후보자가 그 소속 기관·단체·시설(후보자가 임원이 되려는 해당 조합은 제외한다)의 유급(有給) 사무직원 또는 「민법」 제777조에 따른 친족에게 연말·설 또는 추석에 의례적인 선물을 제공하는 행위

마. 친목회·향우회·종친회·동창회 등 각종 사교·친목단체 및 사회단체의 구성원으로서 해당 단체의 정관·규약 또는 운영관례상의 의무에 기초하여 종전의 범위에서 회비를 내는 행위

바. 후보자가 평소 자신이 다니는 교회·성당·사찰 등에 통상적으로

헌금(물품의 제공을 포함한다)하는 행위

3. 「공직선거법」 제112조제2항제3호에 따른 구호적·자선적 행위에 준하는 행위

4. 제1호부터 제3호까지의 규정에 준하는 행위로서 농림축산식품부령으로 정하는 행위

③ 제2항에 따라 통상적인 범위에서 1명에게 제공할 수 있는 축의·부의금품, 음식물, 답례품 및 의례적인 선물의 금액 범위는 별표와 같다.

④ 누구든지 제1항의 행위를 약속·지시·권유·알선 또는 요구할 수 없다.

⑤ 누구든지 해당 선거에 관하여 후보자를 위하여 제1항의 행위를 하거나 하게 할 수 없다. 이 경우 후보자의 명의를 밝혀 기부행위를 하거나 후보자가 기부하는 것으로 추정할 수 있는 방법으로 기부행위를 하는 것은 해당 선거에 관하여 후보자를 위한 기부행위로 본다.

⑥ 조합장은 재임 중 제1항에 따른 기부행위를 할 수 없다. 다만, 제2항에 따라 기부행위로 보지 아니하는 행위는 그러하지 아니하다.

제50조의3(조합장의 축의·부의금품 제공 제한) ① 지역농협의 경비로 관혼상제 의식이나 그 밖의 경조사에 축의·부의금품을 제공할 때에는 지역농협의 명의로 하여야 하며, 해당 지역농협의 경비임을 명확하게 기록하여야 한다.

② 제1항에 따라 축의·부의금품을 제공할 경우 해당 지역농협의 조합장의 직명 또는 성명을 밝히거나 그가 하는 것으로 추정할 수 있는 방법으로 하는 행위는 제50조의2제6항 단서에도 불구하고 기부행위로 본다.

제51조(조합선거관리위원회의 구성·운영 등) ① 지역농협은 임원 선거를 공정하게 관리하기 위하여 조합선거관리위원회를 구성·운영한다.

② 조합선거관리위원회는 이사회가 조합원(임직원은 제외한다)과 선거의 경험이 풍부한 자 중에서 위촉하는 7명 이상의 위원으로 구성한다.

③ 조합선거관리위원회의 기능과 운영에 필요한 사항은 정관으로 정한다.

④ 지역농협은 제45조제5항제1호 및 제2호에 따라 선출하는 조합장 선거의 관리에 대하여는 정관으로 정하는 바에 따라 그 주된 사무소의 소재지를 관할하는 「선거관리위원회법」에 따른 구·시·군선거관리

위원회(이하 "구·시·군선거관리위원회"라 한다)에 위탁하여야 한다.

⑤ 삭제

⑥ 삭제

⑦ 제4항에 따라 지역농협의 조합장 선거를 수탁·관리하는 구·시·군선거관리위원회는 해당 지역농협의 주된 사무소의 소재지를 관할하는 검찰청의 장에게 조합장 선거 후보자의 벌금 100만원 이상의 형의 범죄경력(실효된 형을 포함하며, 이하 이 조에서 "전과기록"이라 한다)을 조회할 수 있으며, 해당 검찰청의 장은 지체 없이 그 전과기록을 회보하여야 한다.

⑧ 제7항에 따른 조합장 선거를 제외한 임원 선거의 후보자가 되고자 하는 자는 전과기록을 본인의 주소지를 관할하는 국가경찰관서의 장에게 조회할 수 있으며, 해당 국가경찰관서의 장은 지체 없이 그 전과기록을 회보하여야 한다. 이 경우 회보받은 전과기록은 후보자등록 시 함께 제출하여야 한다.

제52조(임직원의 겸직 금지 등) ① 조합장과 이사는 그 지역농협의 감사를 겸직할 수 없다.

② 지역농협의 임원은 그 지역농협의 직원을 겸직할 수 없다.

③ 지역농협의 임원은 다른 조합의 임원이나 직원을 겸직할 수 없다.

④ 지역농협의 사업과 실질적으로 경쟁관계에 있는 사업을 경영하거나 이에 종사하는 사람은 지역농협의 임직원 및 대의원이 될 수 없다.

⑤ 제4항에 따른 실질적인 경쟁관계에 있는 사업의 범위는 대통령령으로 정한다.

⑥ 조합장과 이사는 이사회의 승인을 받지 아니하고는 자기 또는 제3자의 계산으로 해당 지역농협과 정관으로 정하는 규모 이상의 거래를 할 수 없다.

제3장 지역축산업협동조합

제105조(조합원의 자격) ① 조합원은 지역축협의 구역에 주소나 거소 또는 사업장이 있는 자로서 축산업을 경영하는 농업인이어야 하며, 조합원은 둘 이상의 지역축협에 가입할 수 없다.

② 제1항에 따른 축산업을 경영하는 농업인의 범위는 대통령령으로

정한다.

제107조(준용규정) ① 지역축협에 관하여는 제14조제2항, 제15조부터 제
18조까지, 제19조제2항·제3항, 제20조, 제21조, 제21조의3, 제22조부
터 제24조까지, 제24조의2, 제25조부터 제28조(같은 조 제2항은 제외
한다)까지, 제29조부터 제49조까지, 제49조의2, 제50조, 제50조의2, 제
50조의3, 제51조부터 제56조까지, 제57조제2항부터 제7항까지, 제57조
의2, 제58조부터 제60조까지, 제62조부터 제65조까지, 제65조의2, 제66
조부터 제75조까지, 제75조의2 및 제76조부터 제102조까지의 규정을
준용한다. 이 경우 "지역농협"은 "지역축협"으로, "농산물"은 "축산물"
로 보고, 제24조의2제3항 중 "제57조제1항제2호"는 "제106조제2호"로,
제28조제5항 중 "제19조제1항"은 "제105조제1항"으로, 제30조제1항제1
호의2 중 "제57조제1항제2호"는 "제106조제2호"로, 제49조제1항제12호
중 "제57조제1항"은 "제106조"로, 제57조제2항 중 "제1항"은 "제106
조"로, 제57조제3항 중 "제1항제3호"는 "제106조제3호"로, 제57조제4
항 중 "제1항제7호"는 "제106조제7호"로, 제57조제5항 각 호 외의 부
분 전단 중 "제1항"은 "제106조"로, 제57조제5항제2호 중 "제1항제2
호"는 "제106조제2호"로, 제57조제6항 중 "제1항"은 "제106조"로, 제
58조제1항 단서 중 "제57조제1항제2호가목(농업인이 아닌 자의 판매사
업은 제외한다)·바목·사목·차목, 제3호마목·사목·아목, 제5호가목·
나목, 제7호 및 제10호"는 "제106조제2호가목(농업인이 아닌 자의 판
매사업은 제외한다)·바목·아목, 제3호마목·사목·아목, 제5호(복지시
설의 운영에만 해당한다), 제7호 및 제10호"로, 제59조제2항제1호 중
"계약재배사업"은 "계약출하사업"으로, 제67조제3항 중 "제57조제1항
제1호"는 "제106조제1호"로 본다.

② (생　략)

제4장 품목별·업종별협동조합

제110조(조합원의 자격 등) ① 품목조합의 조합원은 그 구역에 주소나 거
소 또는 사업장이 있는 농업인으로서 정관으로 정하는 자격을 갖춘
자로 한다.

② 조합원은 같은 품목이나 업종을 대상으로 하는 둘 이상의 품목조

합에 가입할 수 없다. 다만, 연작(連作)에 따른 피해로 인하여 사업장을 품목조합의 구역 외로 이전하는 경우에는 그러하지 아니하다.

제112조(준용규정) ① 품목조합에 관하여는 제14조제2항, 제15조부터 제18조까지, 제19조제2항, 제20조, 제21조, 제21조의3, 제22조부터 제24조까지, 제24조의2, 제25조부터 제28조(같은 조 제2항은 제외한다)까지, 제29조부터 제49조까지, 제49조의2, 제50조, 제50조의2, 제50조의3, 제51조부터 제56조까지, 제57조제2항부터 제7항까지, 제57조의2, 제58조부터 제60조까지, 제62조부터 제65조까지, 제65조의2, 제66조부터 제75조까지, 제75조의2, 제76조, 제77조, 제79조부터 제95조까지 및 제97조부터 제102조까지의 규정을 준용한다. 이 경우 "지역농협"은 "품목조합"으로, "농산물"은 "농산물 또는 축산물"로 보고, 제24조의2제3항 중 "제57조제1항제2호"는 "제111조제2호"로, 제28조제5항 중 "제19조제1항"은 "제110조제1항"으로, 제30조제1항제1호의2 중 "제57조제1항제2호"는 "제111조제2호"로, "제49조제1항제12호 중 "제57조제1항"은 "제111조"로, 제57조제2항 중 "제1항"은 "제111조"로, 제57조제3항 중 "제1항제3호"는 "제78조제4항(제107조제1항에서 준용하는 경우를 포함한다)"으로, 제57조제4항 중 "제1항제7호"는 "제111조제6호"로, 제57조제5항 각 호 외의 부분 전단 중 "제1항"은 "제111조"로, 제57조제5항제2호 중 "제1항제2호"는 "제111조제2호"로, 제57조제6항 중 "제1항"은 "제111조"로, 제58조제1항 단서 중 "제57조제1항제2호가목(농업인이 아닌 자의 판매사업은 제외한다)·바목·사목·차목, 제3호마목·사목·아목, 제5호가목·나목, 제7호 및 제10호"는 "제111조제2호가목(농업인이 아닌 자의 판매사업은 제외한다)·마목·사목, 제4호(복지시설의 운영에만 해당한다), 제6호 및 제9호"로, 제59조제2항제1호 중 "계약재배사업"은 "계약재배사업 또는 계약출하사업"으로, 제67조제3항 중 "제57조제1항제1호"는 "제111조제1호"로, 제80조 중 "합병·분할 또는 조직변경"은 "합병 또는 분할"로 본다.

② (생 략)

제5장 농업협동조합중앙회

제115조(회원) ① 중앙회는 지역조합, 품목조합 및 제138조에 따른 품목

조합연합회를 회원으로 한다.

② 중앙회는 농림축산식품부장관의 인가를 받아 설립된 조합 또는 제138조에 따른 품목조합연합회가 회원가입 신청을 하면 그 신청일부터 60일 이내에 가입을 승낙하여야 한다. 다만, 다음 각 호의 어느 하나에 해당할 때에는 승낙을 하지 아니할 수 있다.

1. 「농업협동조합의 구조개선에 관한 법률」제2조제3호에 따른 부실조합 및 같은 조 제4호에 따른 부실우려조합의 기준에 해당하는 조합

2. 조합 또는 제138조에 따른 품목조합연합회가 제123조제2호에 따라 제명된 후 2년이 지나지 아니한 경우

3. 그 밖에 대통령령으로 정하는 기준에 해당되어 중앙회 및 그 회원의 발전을 해칠 만한 현저한 이유가 있는 조합. 이 경우 농림축산식품부장관의 동의를 받아야 한다.

제161조(준용규정) 중앙회에 관하여는 제15조제2항·제3항, 제17조, 제18조, 제20조제2항·제3항, 제21조제4항·제5항, 제21조의3, 제22조, 제23조, 제24조제2항, 제25조, 제28조제1항(같은 항 단서는 제외한다)·제3항·제4항, 제29조제1항, 제30조(제1항제1호의2는 제외한다), 제31조부터 제33조까지, 제36조, 제37조, 제39조, 제40조, 제42조제3항 단서·제4항·제5항, 제43조제5항, 제45조제9항·제10항, 제48조제2항, 제49조(같은 조 제1항 각 호 외의 부분 단서, 같은 항 제10호 및 제12호는 제외한다), 제49조의2, 제50조(제4항부터 제7항까지는 제외한다), 제50조의2(제6항은 제외한다), 제51조제1항부터 제3항까지, 제52조, 제53조, 제54조제1항·제2항제1호·제4항, 제55조, 제57조제4항, 제62조, 제63조제1항·제3항·제4항 전단, 제65조, 제67조제1항·제3항·제4항, 제68조, 제69조, 제70조제1호, 제71조부터 제74조까지, 제90조제1항부터 제4항까지, 제91조부터 제94조까지 및 제100조부터 제102조까지의 규정을 준용한다.이 경우 "지역농협"은 "중앙회"로, "조합장"은 "회장"으로, "조합원"은 "회원"으로 보고, 제15조제3항 중 "제1항"은 "제121조제1항"으로, 제17조제1항 중 "제15조제1항"은 "제121조제1항"으로, 제20조제2항 및 제3항 중 "준조합원"은 "준회원"으로, 제22조 전단 중 "제21조"는 "제117조"로, 제36조제3항 및 제4항 중 "감사"는 "감사위

원회"로, 제37조제2항 중 "7일 전"은 "10일 전"으로, 제39조제1항 단서 중 "제35조제1항제1호부터 제5호까지"는 "제123조제1호부터 제3호까지"로, "조합원 과반수의 출석과 출석조합원 3분의 2 이상의 찬성"은 "의결권 총수의 과반수에 해당하는 회원의 출석과 출석한 회원의 의결권 3분의 2 이상의 찬성"으로, 제45조제9항 중 "이사"는 "이사·사업전담대표이사등"으로, "감사"는 "감사위원"으로, 제48조제2항 중 "제1항"은 "제126조제1항"으로, 제50조제1항 중 "조합"은 "중앙회"로, 제50조제10항 중 "조합선거관리위원회"는 "중앙회선거관리위원회"로, 제50조의2제1항 및 제2항 중 "조합"은 "중앙회"로, 제51조제1항부터 제3항까지 중 "조합선거관리위원회"는 "중앙회선거관리위원회"로, 제52조제3항 중 "임원"은 "임원(회원조합장인 이사·감사위원은 제외한다)"으로, 제52조제1항 및 제6항 중 "조합장"은 "회장·사업전담대표이사등"으로, "감사"는 "감사위원"으로, 제54조제1항전단 중 "조합원 5분의 1 이상의 동의"는 "의결권 총수의 5분의 1 이상에 해당하는 회원의 동의"로, 제54조제1항 후단 중 "조합원 과반수의 출석과 출석조합원 3분의 2 이상의 찬성"은 "의결권 총수의 과반수에 해당하는 회원의 출석과 출석한 회원의 의결권 3분의 2 이상의 찬성"으로, 제54조제2항제1호 및 같은 조 제4항 중 "임원"은 각각 "임원(조합감사위원장을 포함한다)"으로, 제57조제4항 중 "제1항제7호"는 "제134조제1항제5호"로, 제63조제4항 전단 중 "일반회계와 특별회계 간, 신용사업 부문과 신용사업 외의 사업 부문 간"은 "일반회계와 특별회계 간"으로, "조합"은 "중앙회"로, 제65조제1항 중 "조합장"은 "회장 또는 사업전담대표이사등"으로, 제67조제3항 중 "제57조제1항제1호"는 "제134조제1항제1호"로, 제68조제3항제3호 중 "준조합원"은 "준회원"으로, 제71조제1항 및 제3항 중 "감사"는 "감사위원회"로, 제71조제4항에 따라 준용되는 「상법」 제450조 중 "감사"는 "감사위원"으로, 제90조제2항제1호 중 "제16조제1호부터 제4호까지 및 제16호부터 제18호까지"는 "제120조제1항제1호 및 제2호"로 본다.

제7장 벌칙 등

제172조(벌칙) ① 다음 각 호의 어느 하나에 해당하는 자는 2년 이하의

징역 또는 2천만원 이하의 벌금에 처한다.

1. 제7조제2항을 위반하여 공직선거에 관여한 자
2. 제50조제1항 또는 제11항(제107조·제112조 또는 제161조에 따라 준용되는 경우를 포함한다)을 위반하여 선거운동을 한 자
3. 제50조의2(제107조·제112조 또는 제161조에 따라 준용하는 경우를 포함한다)를 위반한 자
4. 제50조의3(제107조 또는 제112조에 따라 준용되는 경우를 포함한다)을 위반하여 축의·부의금품을 제공한 자

② 다음 각 호의 어느 하나에 해당하는 자는 1년 이하의 징역 또는 1천만원 이하의 벌금에 처한다.

1. 제50조제2항(제107조·제112조 또는 제161조에 따라 준용되는 경우를 포함한다)을 위반하여 호별(戶別) 방문을 하거나 특정 장소에 모이게 한 자
2. 제50조제4항·제6항·제7항(제107조·제112조에 따라 준용되는 경우를 포함한다) 또는 제130조제11항을 위반하여 선거운동을 한 자
3. 제50조제8항부터 제10항까지(제107조·제112조 또는 제161조에 따라 준용되는 경우를 포함한다)를 위반한 자
4. 삭제

③ 제50조제3항(제107조·제112조 또는 제161조에 따라 준용되는 경우를 포함한다)을 위반하여 거짓사실을 공표하거나 후보자를 비방한 자는 500만원 이상 3천만원 이하의 벌금에 처한다.

④ 제1항부터 제3항까지의 규정에 따른 죄의 공소시효는 해당 선거일 후 6개월(선거일 후에 이루어진 범죄는 그 행위를 한 날부터 6개월)을 경과함으로써 완성된다. 다만, 범인이 도피하거나 범인이 공범 또는 증명에 필요한 참고인을 도피시킨 경우에는 그 기간을 3년으로 한다.

제173조(선거 범죄로 인한 당선 무효 등) ①조합이나 중앙회의 임원 선거와 관련하여 다음 각 호의 어느 하나에 해당하는 경우에는 해당 선거의 당선을 무효로 한다.

1. 당선인이 해당 선거에서 제172조에 해당하는 죄를 범하여 징역형 또는 100만원 이상의 벌금형을 선고받은 때
2. 당선인의 직계 존속·비속이나 배우자가 해당 선거에서 제50조제1

항이나 제50조의2를 위반하여 징역형 또는 300만원 이상의 벌금형을 선고받은 때. 다만, 다른 사람의 유도 또는 도발에 의하여 해당 당선인의 당선을 무효로 되게 하기 위하여 죄를 범한 때에는 그러하지 아니하다.

② 다음 각 호의 어느 하나에 해당하는 사람은 당선인의 당선 무효로 실시사유가 확정된 재선거(당선인이 그 기소 후 확정판결 전에 사직함으로 인하여 실시사유가 확정된 보궐선거를 포함한다)의 후보자가 될 수 없다.

1. 제1항제2호 또는 「공공단체등 위탁선거에 관한 법률」 제70조(위탁선거범죄로 인한 당선무효)제2호에 따라 당선이 무효로 된 사람(그 기소 후 확정판결 전에 사직한 사람을 포함한다)

2. 당선되지 아니한 사람(후보자가 되려던 사람을 포함한다)으로서 제1항제2호 또는 「공공단체등 위탁선거에 관한 법률」 제70조(위탁선거범죄로 인한 당선무효)제2호에 따른 직계 존속·비속이나 배우자의 죄로 당선 무효에 해당하는 형이 확정된 사람

제175조(선거범죄신고자 등의 보호) 제172조에 따른 죄(제174조제4항의 과태료에 해당하는 죄를 포함한다)의 신고자 등의 보호에 관하여는 「공직선거법」 제262조의2를 준용한다.

제176조(선거범죄신고자에 대한 포상금 지급) ① 조합 또는 중앙회는 제172조에 따른 죄(제174조제4항의 과태료에 해당하는 죄를 포함한다)에 대하여 그 조합·중앙회 또는 조합선거관리위원회가 인지(認知)하기 전에 그 범죄 행위를 신고한 자에게 포상금을 지급할 수 있다.

② 제1항에 따른 포상금의 상한액·지급기준 및 포상 방법은 농림축산식품부령으로 정한다.

제177조(자수자에 대한 특례) ① 제50조(제107조·제112조 또는 제161조에 따라 준용되는 경우를 포함한다) 또는 제50조의2(제107조·제112조 또는 제161조에 따라 준용되는 경우를 포함한다)를 위반하여 금전·물품·향응, 그 밖의 재산상의 이익 또는 공사의 직을 제공받거나 받기로 승낙한 자가 자수한 때에는 그 형 또는 과태료를 감경 또는 면제한다.

② 제1항에 규정된 자가 이 법에 따른 선거관리위원회에 자신의 선거

범죄사실을 신고하여 선거관리위원회가 관계 수사기관에 이를 통보한 때에는 선거관리위원회에 신고한 때를 자수한 때로 본다.

부 칙 〈법률 제10522호, 2011. 3. 31.〉

제1조(시행일) 이 법은 2012년 3월 2일부터 시행한다. 다만, 제45조제8항 (제107조·제112조 또는 제161조에 따라 준용되는 경우를 포함한다), 제51조제4항(제107조 또는 제112조에 따라 준용되는 경우를 포함한다) 의 개정규정과 부칙 제11조는 공포한 날부터 시행하고, 부칙 제19조는 공포 후 6개월이 경과한 날부터 시행한다.

제11조(조합장 임기 및 선출 등에 관한 특례) ① 2009년 3월 22일부터 2013년 3월 21일까지의 기간 동안 조합장의 임기가 개시되었거나 개시되는 경우에는 제48조제1항(제107조 또는 제112조에 따라 준용되는 경우를 포함한다)에도 불구하고 해당 조합장의 임기를 2015년 3월 20일까지로 한다.

② 제1항에 따라 임기가 2015년 3월 20일에 만료되는 조합장 선거는 2015년 3월의 두 번째 수요일에 동시 실시하고, 이후 임기만료에 따른 조합장 선거는 임기가 만료되는 해당 연도 3월의 두 번째 수요일에 동시 실시한다.

③ 2013년 3월 22일부터 재선거 또는 보궐선거로 선출되는 조합장의 임기는 전임자 임기의 남은 기간으로 한다. 다만, 그 실시사유가 발생한 날부터 임기만료일까지의 기간이 1년 미만인 경우에는 재선거 또는 보궐선거를 실시하지 아니한다.

④ 제3항 단서에 따라 재선거 또는 보궐선거를 실시하지 아니하는 경우 및 제7항 후단에 따라 조합장을 선출하지 아니한 경우 조합장의 직무는 제3항 단서의 경우에는 그 재선거 또는 보궐선거 실시사유가 발생한 날부터 전임 조합장 임기만료일까지, 제7항 후단의 경우에는 제2항의 조합장선거를 실시하지 아니하여 선출하지 못한 조합장의 임기만료일까지 제46조제4항(제107조 또는 제112조에서 준용되는 경우를 포함한다)에 따른 직무대행자가 대행한다.

⑤ 제1항에 따라 상임인 조합장의 임기가 단축되는 경우에는 제48조제1항 본문(제107조 또는 제112조에 따라 준용되는 경우를 포함한다)

에 따른 연임제한 횟수에 포함하지 아니한다.

⑥ 제1항 및 제2항에도 불구하고 다음 각 호의 어느 하나에 해당하는 경우에는 해당 조합은 이사회 의결에 따라 제2항에 따른 조합장 동시선거를 실시하지 아니할 수 있다.

1. 이 법 시행 당시 제75조제1항(제107조 또는 제112조에 따라 준용되는 경우를 포함한다)에 따른 합병의결이 완료되었으나 합병등기를 하지 아니한 조합

2. 제75조제1항(제107조 또는 제112조에 따라 준용되는 경우를 포함한다)에 따른 합병의결이 있는 때

3. 다음 각 목의 어느 하나에 해당되어 농림축산식품부장관 또는 중앙회장이 선거를 실시하지 아니하도록 권고한 때

   가. 이 법 또는 「농업협동조합의 구조개선에 관한 법률」에 따라 합병권고·요구 또는 명령을 받은 경우

   나. 거액의 금융사고, 천재지변 등으로 선거를 실시하기 곤란한 경우

⑦ 제6항에 따라 조합장 동시선거를 실시하지 아니하였으나 같은 항 각 호에 해당되지 아니하게 된 때에는 지체 없이 이사회 의결로 선거일을 지정하여 30일 이내에 조합장 선거를 실시하여야 한다. 이 경우 조합장의 임기는 제2항의 조합장선거를 실시하지 아니하여 선출하지 못한 조합장 임기의 남은 기간으로 하며, 그 기간이 1년 미만인 경우에는 해당 조합장 선거를 실시하지 아니하고 제2항에 따라 조합장 선거를 동시에 실시한다.

⑧ 다음 각 호에 해당하는 조합에서 임기만료, 재선거 또는 보궐선거로 선출되는 조합장의 임기는 그 임기개시일부터 최초 도래하는 제1항에 따른 임기만료일(이후 매 4년마다 도래하는 임기만료일을 포함하며, 이하 이 조에서 "동시선거임기만료일"이라 한다)까지의 기간이 2년 이상인 경우 해당 동시선거임기만료일까지로 하고, 그 임기개시일부터 최초 도래하는 동시선거임기만료일까지의 기간이 2년 미만인 경우 차기 동시선거임기만료일까지로 한다. 이 경우 제2항부터 제5항까지를 준용한다.

1. 제15조(제107조 또는 제112조에 따라 준용되는 경우를 포함한다)에 따라 새로 설립하는 조합

2. 제75조의2(제107조 또는 제112조에 따라 준용되는 경우를 포함한다)에 따라 임원 임기에 관한 특례의 적용을 받는 합병조합

3. 그 밖에 조합장의 임기만료일이 동시선거임기만료일과 일치하지 아니한 조합

부   칙 〈제20082호, 2024. 1. 23.〉

제1조(시행일) 이 법은 공포 후 3개월이 경과한 날부터 시행한다.

제2조(합병의결 후 존속하는 지역농협의 정관 변경 의결정족수에 관한 적용례) 제38조제2항(제107조 또는 제112조에서 준용하는 경우를 포함한다)의 개정규정은 이 법 시행 전에 합병의결 후 존속하고 있는 지역농협, 지역축협 또는 품목조합의 경우에도 적용한다.이 법은 공포한 날부터 시행한다.

598

■ 농업협동조합법 [별표]

통상적인 범위에서 제공할 수 있는 축의 · 부의금품 등의 금액 범위(제50조의2제3항 관련)

관련 조항	구분	통상적인 범위	의례적인 선물의 범위
제50조의2제2항 제2호나목	○ 관혼상제의식에 제공하는 축의 · 부의금품	○ 5만원 이내	
제50조의2제2항 제2호다목	○ 관혼상제의식, 그 밖의 경조사 참석 하객 · 조객 등에 대한 음식물 제공	○ 3만원 이내	
	○ 관혼상제의식, 그 밖의 경조사 참석 하객 · 조객 등에 대한 답례품 제공	○ 1만원 이내	
제50조의2제2항 제2호라목	○ 연말 · 설 또는 추석에 제공하는 의례적인 선물		○ 3만원 이내

부록

농업협동조합법 시행령

[시행 2023. 12. 21.]

농림축산식품부(농업금융정책과), 044) 201-1757

제1조(목적) 이 영은 「농업협동조합법」에서 위임된 사항과 그 시행에 필요한 사항을 규정함을 목적으로 한다.

제4조(지역농업협동조합의 조합원의 자격) ① 법 제19조제1항에 따른 지역농업협동조합(이하 "지역농협"이라 한다)의 조합원의 자격요건인 농업인의 범위는 다음 각 호와 같다.

  1. 1천제곱미터 이상의 농지를 경영하거나 경작하는 자
  2. 1년 중 90일 이상 농업에 종사하는 자
  3. 누에씨 0.5상자[2만립(粒) 기준상자]분 이상의 누에를 사육하는 자
  4. 별표 1에 따른 기준 이상의 가축을 사육하는 자와 그 밖에 「축산법」 제2조제1호에 따른 가축으로서 농림축산식품부장관이 정하여 고시하는 기준 이상을 사육하는 자
  5. 농지에서 330제곱미터 이상의 시설을 설치하고 원예작물을 재배하는 자
  6. 660제곱미터 이상의 농지에서 채소·과수 또는 화훼를 재배하는 자

② 지역농협의 이사회는 제1항에도 불구하고 제1항 각 호의 자가 다음 각 호의 어느 하나에 해당하는 경우 조합원의 자격요건인 농업인으로 인정할 수 있다. 이 경우 그 인정 기간은 다음 각 호의 사유가 발생한 날부터 1년을 초과할 수 없다.

  1. 제1항제1호 또는 제3호부터 제6호까지의 규정에 따른 농지 또는

농업·축산업 경영에 사용되는 토지·건물 등의 수용이나 일시적인 매매로 제1항제1호 또는 제3호부터 제6호까지의 요건을 갖추지 못하게 된 경우

2. 제1항제3호 또는 제4호에 따른 누에나 가축의 일시적인 매매 또는 「가축전염병 예방법」 제20조에 따른 가축의 살처분으로 제1항제3호 또는 제4호의 요건을 갖추지 못하게 된 경우

3. 그 밖에 천재지변 등 불가피한 사유로 제1항 각 호의 요건을 일시적으로 충족하지 못하게 된 경우

③ 제1항 및 제2항에 해당하는지를 확인하는 방법·기준 등에 관하여 필요한 사항은 농림축산식품부장관이 정하여 고시한다.

제4조의3(조합원명부의 기재사항) 법 제37조제1항(법 제107조, 제112조, 제112조의11 및 제161조에서 준용하는 경우를 포함한다)에 따른 조합원명부에는 다음 각 호의 사항을 적어야 한다.

1. 조합원의 성명과 주소 또는 거소(居所)
2. 조합원의 가입 연월일

제5조의2(연체 여부 확인대상 금융기관의 범위) 법 제49조제1항제11호라목(법 제107조, 제112조 및 제161조에서 준용하는 경우를 포함한다)에서 "대통령령으로 정하는 금융기관"이란 다음 각 호의 어느 하나에 해당하는 금융기관을 말한다.

1. 조합, 농협은행, 농협생명보험 및 농협손해보험
2. 「기술보증기금법」에 따른 기술보증기금
3. 「농림수산업자 신용보증법」에 따른 농림수산업자 신용보증기금
4. 「보험업법」에 따른 보험회사
5. 「산림조합법」에 따른 조합과 그 중앙회
6. 「상호저축은행법」에 따른 상호저축은행과 그 중앙회
7. 「새마을금고법」에 따른 새마을금고와 그 중앙회
8. 「수산업협동조합법」에 따른 조합과 그 중앙회 및 수협은행
9. 「신용보증기금법」에 따른 신용보증기금
10. 「신용협동조합법」에 따른 신용협동조합과 그 중앙회
11. 「여신전문금융업법」에 따른 여신전문금융회사
12. 「벤처투자 촉진에 관한 법률」 제2조제10호 및 제11호에 따른 벤

처투자회사 및 벤처투자조합

13. 「중소기업협동조합법」에 따른 중소기업협동조합

14. 「지역신용보증재단법」에 따른 신용보증재단과 그 중앙회

15. 「한국수출입은행법」에 따른 한국수출입은행

16. 「한국주택금융공사법」에 따른 한국주택금융공사

제5조의3(임원이 이용하여야 하는 사업) ① 법 제49조제1항제12호(법 제
107조제1항 및 제112조제1항에서 준용하는 경우를 포함한다)에서 "대
통령령으로 정하는 사업"이란 다음 각 호의 사업을 말한다.

1. 법 제57조제1항제2호가목(법 제107조제1항에서 준용하는 경우 법
제106조제2호가목을 말하며, 법 제112조제1항에서 준용하는 경우
법 제111조제2호가목을 말한다. 이하 이 조에서 같다)의 사업. 이
경우 해당 조합이 출자한 법 제112조의2에 따른 조합공동사업법인
의 사업 중 법 제112조의8제1호에 따른 상품의 공동판매 사업을
포함할 수 있다.

2. 그 밖에 조합의 정관으로 정하는 사업

② 조합 중 법 제57조제1항제2호가목의 경제사업을 이용하는 조합원
이 전체 조합원의 100분의 50 이상인 조합의 경우에는 제1항제1호의
사업을 반드시 포함하여야 한다.

제5조의4(실질적인 경쟁관계에 있는 사업의 범위) ① 법 제52조제5항(법
제107조, 제112조, 제112조의11 및 제161조에서 준용하는 경우를 포함
한다)에 따른 실질적인 경쟁관계에 있는 사업의 범위는 별표 2의 사업
으로 하되, 해당 조합, 법 제112조의3에 따른 조합공동사업법인 및 중
앙회가 수행하고 있는 사업에 해당하는 경우로 한정한다.

② 제1항에도 불구하고 조합·조합공동사업법인 및 중앙회가 사업을
위하여 출자한 법인이 수행하고 있는 사업은 실질적인 경쟁관계에 있
는 사업으로 보지 아니한다.

제10조(지역축산업협동조합의 조합원의 자격) ① 법 제105조제2항에 따른
지역축산업협동조합의 조합원의 자격요건인 축산업을 경영하는 농업인
의 범위는 다음 각 호와 같다.

1. 별표 3에 따른 기준 이상의 가축을 사육하는 사람

2. 그 밖에 「축산법」 제2조제1호에 따른 가축으로서 농림축산식품부

장관이 정하여 고시하는 기준 이상을 사육하는 사람

② 지역축산업협동조합의 이사회는 제1항에도 불구하고 제1항 각 호의 사람이 다음 각 호의 어느 하나에 해당하는 경우 조합원의 자격요건인 축산업을 경영하는 농업인으로 인정할 수 있다. 이 경우 그 인정기간은 다음 각 호의 사유가 발생한 날부터 1년을 초과할 수 없다.

1. 제1항제1호 또는 제2호에 따른 축산업 경영에 사용되는 토지·건물 등의 수용이나 일시적인 매매로 제1항제1호 또는 제2호의 요건을 갖추지 못하게 된 경우

2. 제1항제1호 또는 제2호에 따른 가축의 일시적인 매매 또는 「가축전염병 예방법」 제20조에 따른 가축의 살처분으로 제1항제1호 또는 제2호의 요건을 갖추지 못하게 된 경우

3. 그 밖에 천재지변 등 불가피한 사유로 제1항제1호 또는 제2호의 요건을 일시적으로 충족하지 못하게 된 경우

③ 제1항 및 제2항에 해당하는지를 확인하는 방법·기준 등에 관한 사항은 농림축산식품부장관이 정하여 고시한다.

제11조(품목조합의 가축사육업의 범위) 법 제108조에서 "대통령령으로 정하는 가축사육업"이란 다음 각 호와 같다.

1. 양봉업
2. 토끼사육업
3. 사슴사육업
4. 염소사육업
5. 개사육업
6. 모피가축사육업
7. 말사육업
8. 오리사육업

제11조의2(조합공동사업법인의 설립인가 기준 및 절차) ① 법 제112조의5 제2항에 따른 조합공동사업법인의 설립인가에 필요한 기준은 다음 각 호와 같다.

1. 회원의 자격이 있는 설립동의자(조합에 한정한다. 이하 제2호에서 같다)가 둘 이상일 것

2. 회원의 자격이 있는 설립동의자의 출자금납입확약총액이 3억원 이

상일 것

② 조합공동사업법인의 설립인가 절차에 관하여는 제3조를 준용한다. 이 경우 "법 제15조제1항(법 제107조 및 제112조에서 준용하는 경우를 포함한다)"은 "법 제112조의5제1항"으로, "조합"은 각각 "조합공동사업법인"으로, "조합원"은 각각 "회원"으로 본다.

제11조의8(중앙회 회장 선출 시 투표권 행사기준) ① 법 제130조제1항 후단에서 "조합원 수 등 대통령령으로 정하는 기준"이란 다음 각 호의 기준을 말한다.

1. 조합원 수가 3천명 미만인 조합 또는 연합회는 1표
2. 조합원 수가 3천명 이상인 조합은 2표

② 제1항 각 호에 따른 조합원 수의 산정에 관하여는 제11조의4제2항 및 제3항을 준용한다.

부 칙 〈제34011호, 2023. 12. 19.〉

제1조 제1조(시행일) 이 영은 2023년 12월 21일부터 시행한다.

제2조 제2조(다른 법령의 개정) ①부터 ④까지 생략

⑤ 농업협동조합법 시행령 일부를 다음과 같이 개정한다.

제5조의2제12호 중 "중소기업창업투자회사"를 "벤처투자회사"로 한다.

⑥부터 ㉑까지 생략

제3조 제3조 생략

농업협동조합법 시행규칙

[시행 2017. 12. 28.]
농림축산식품부(농업금융정책과), 044) 201-1757

제1조(목적) 이 규칙은 「농업협동조합법」 및 같은 법 시행령에서 위임된 사항과 그 시행에 필요한 사항을 규정함을 목적으로 한다.

제5조(가입신청) ① 조합원·준조합원 또는 회원의 자격을 가진 자가 조합등 또는 중앙회에 가입하려는 경우에는 가입신청서를 해당 조합장, 대표이사, 품목조합연합회장 또는 중앙회의 회장(이하 "중앙회장"이라 한다)에게 제출하여야 한다.

② 조합원으로 조합에 가입하려는 경우에는 조합 가입신청서에 다음 각 호의 사항을 적어야 하며, 준조합원으로 조합에 가입하려는 경우에는 조합 가입신청서에 제1호, 제2호 및 제6호의 사항을 적어야 한다.

 1. 성명, 주민등록번호 및 주소(법인인 경우에는 명칭, 법인등록번호, 소재지와 대표자의 성명, 생년월일 및 주소를 말한다)
 2. 가구원(家口員) 수(법인인 경우에는 구성원 수를 말한다)
 3. 인수하려는 출자좌수(出資座數)
 4. 경작면적 및 주(主) 작물명 또는 사육하는 가축의 종류와 수(품목조합이 조합원으로 가입하는 경우에는 품목 또는 업종을 말한다)
 5. 농업종사일수(품목조합이 조합원으로 가입하는 경우는 제외한다)
 6. 다른 조합에의 가입 여부와 그 조합과의 관계
 7. 법 제24조제2항에 따른 사업 성실 이용 준수서약

③ 조합공동사업법인, 품목조합연합회 또는 중앙회에의 가입신청서에

는 다음 각 호의 서류를 첨부하여야 한다.

1. 회원의 자격을 가진 자(이하 이 항에서 "법인"이라 한다)의 등기부 등본
2. 정관
3. 인수하려는 출자좌수를 적은 서면
4. 가입을 의결한 해당 법인의 총회의사록(이사회의 의결이 필요한 경우에는 이사회의사록을 말한다)
5. 대차대조표

제6조(의결의 취소 청구 등) 법 제33조(법 제107조·제112조·제112조의11 및 제161조에서 준용하는 경우를 포함한다)에 따라 총회(창립총회를 포함한다)의 의결이나 선거에 따른 당선의 취소 또는 무효확인을 청구 하려는 자는 청구의 취지·이유 및 위반되었다고 주장하는 규정을 명 기(明記)한 취소청구서 또는 무효확인청구서에 총회의사록 또는 선거 록 사본 및 사실관계를 증명할 수 있는 서류를 첨부하여 농림축산식 품부장관에게 제출하여야 한다.

제8조의2(선거운동방법에 관한 세부사항 등) ① 법 제50조제4항 각 호(법 제107조 및 법 제112조에서 준용하는 경우를 포함한다)에 따른 선거 운동방법에 관한 세부사항은 별표와 같다.

② 법 제50조제4항제5호(법 제107조 및 제112조에서 준용하는 경우를 포함한다)에서 "농림축산식품부령으로 정하는 다수인이 왕래하거나 집 합하는 공개된 장소"란 도로·도로변·광장·공터·주민회관·시장·점 포·공원·운동장·주차장·경로당 등 누구나 오고갈 수 있는 공개된 장소를 말한다. 다만, 다음 각 호의 어느 하나에 해당하는 장소를 제 외한다.

1. 선박·여객자동차·열차·전동차·항공기의 안과 그 터미널 구내 및 지하철역구내
2. 병원·종교시설·극장·조합 사무소 및 사업장의 안(담장이 있는 경 우에는 담장의 안을 포함한다)

제11조(신고포상금의 상한액·지급기준 및 포상방법) ① 법 제176조에 따 른 선거범죄신고자에 대한 포상금의 상한액은 다음 각 호의 구분에 따른다. 이 경우 포상금 비용은 해당 조합 및 중앙회가 각각 부담하

되, 중앙회는 조합이 부담해야 하는 포상금 비용의 일부를 지원할 수 있다.

1. 조합장 선거의 경우: 해당 선거와 관련하여 지급할 수 있는 포상금의 총액은 3천만원으로 하되, 1건당 지급할 수 있는 포상금의 상한액은 1천만원으로 한다.

2. 중앙회장 선거의 경우: 해당 선거와 관련하여 지급할 수 있는 포상금의 총액은 5천만원으로 하되, 1건당 지급할 수 있는 포상금의 상한액은 1천만원으로 한다.

② 포상금의 지급기준, 포상방법, 포상금심사위원회의 설치·운영, 포상금의 반환 등에 관하여는 해당 선거의 성질에 반하지 아니하는 범위에서 「공직선거관리규칙」 제143조의4부터 제143조의9까지의 규정을 준용한다.

부 칙 〈제303호, 2017. 12. 28.〉

이 규칙은 공포한 날부터 시행한다.

[별표]
선거운동방법에 관한 세부사항(제8조의2제1항 관련)

1. 선전벽보의 부착
가. 선전벽보의 작성 및 제출
　　법 제50조제4항제1호(법 제107조 및 제112조에서 준용하는 경우를 포함한다)에 따라 선전벽보의 부착을 통하여 선거운동을 하려는 조합장선거 후보자(이하 이 호에서 "후보자"라 한다)는 아래의 기준에 따른 선전벽보 1종을 작성하여 법 제51조제4항(제107조 및 제112조에서 준용하는 경우를 포함한다)에 따라 조합장선거를 위탁 관리하는 구·시·군선거관리위원회(이하 "구·시·군위원회"라 한다)에 후보자등록 마감일 후 3일까지 제출하여야 한다. 이 경우 구·시·군위원회는 투표구별로 제출할 매수와 장소를 정하여 그 지정장소에 제출하게 할 수 있다.
1) 선전벽보의 규격
아래 규격에 따라 작성하되, 길이를 상하로 하여 작성하여야 한다.
　가) 크기 : 길이 53cm×너비 38cm
　나) 지질 : 100g/㎡ 이내
　다) 색도 : 제한 없음
2) 선전벽보 게재사항
선전벽보에는 후보자의 기호·사진·성명·주소·생년월일·학력·주요경력 및 선거공약만 게재하여야 한다. 이 경우 학력게재에 관하여는 「공직선거법」제64조제1항을 준용한다.
나. 제출된 선전벽보의 부착
구·시·군위원회는 제출된 선전벽보를 확인하여 제출마감일 후 2일까지 선거인의 통행이 많은 곳의 통행인이 보기 쉬운 건물 또는 게시판 등에 부착하되, 아래의 경우에는 부착하지 아니한다.
1) 후보자가 가목 본문 전단에 따른 제출마감일까지 선전벽보를 제출하지 아니하는 경우
2) 후보자가 가목 1)에 따른 규격을 넘거나 미달하는 선전벽보를 제출

한 경우

다. 그 밖의 사항

1) 제출된 선전벽보는 정정 또는 철회할 수 없다. 다만, 해당 후보자는 법령 및 정관에 위반되는 내용이 게재되었음을 이유로 제출마감일까지 정정 또는 철회할 수 있다.

2) 구·시·군위원회는 후보자가 되려는 자 또는 후보자에게 선전벽보의 원고를 사전에 검토 받도록 안내하고 검토결과 법령 및 정관에 위반되는 사항을 발견한 때에는 관련규정 등 이유를 제시하여 이를 수정하여 작성·제출하게 할 수 있다.

3) 구·시·군위원회는 후보자가 제출할 선전벽보의 수량 및 제출시간을 선거일을 공고하는 때에 공고하여야 한다.

4) 선전벽보의 작성비용은 후보자의 부담으로 한다.

2. 선거공보의 배부

가. 선거공보의 작성 및 제출

법 제50조제4항제2호(법 제107조 및 제112조에서 준용하는 경우를 포함한다) 또는 법 제130조제11항에 따라 선거공보의 배부를 통하여 선거운동을 하려는 후보자는 아래의 기준에 따라 선거공보 1종을 작성하여 제출하여야 한다.

1) 선거공보 제출마감일 및 제출처

가) 조합장을 조합원이 직접 선출하는 경우 : 후보자등록마감일 후 3일까지 구·시·군위원회에 제출. 이 경우 구·시·군위원회는 투표구별로 제출할 매수와 장소를 정하여 그 지정장소에 제출하게 할 수 있다.

나) 조합장을 대의원회에서 선출하는 경우: 후보자등록마감일 후 2일까지 구·시·군위원회에 제출

다) 조합 이사 및 감사 선거의 경우 : 후보자등록마감일 후 2일까지 법 제51조제1항(제107조 및 제112조에서 준용하는 경우를 포함한다)에 따라 선거를 관리하는 조합선거관리위원회(이하 "조합위원회"라 한다)에 제출

라) 중앙회장 선거의 경우 : 후보자등록마감일 후 2일까지 법 제130

조제8항에 따라 선거를 관리하는 중앙선거관리위원회(이하 "중앙
위원회"라 한다)에 제출

2) 선거공보의 규격 및 매수

가) 크기: 길이 29.7cm×너비 21cm 이내

나) 매수: 1매(양면인쇄 가능, 중앙회장 선거의 경우 3면 이내)

다) 지질: 100g/㎡ 이내

라) 색도 : 제한 없음

3) 선거공보 게재사항

선거공보의 게재사항에 관하여는 제1호가목2)를 준용한다. 이 경우
"선전벽보"는 "선거공보"로 본다.

나. 제출된 선거공보의 발송

조합위원회, 구·시·군위원회 및 중앙위원회는 각각 해당 선거와 관련
하여 제출된 선거공보를 확인하여 아래 기간까지 선거인에게 발송하
되, 투표안내문과 동봉하여 발송할 수 있다. 다만, 후보자가 제출마감
일까지 선거공보를 제출하지 아니하는 경우와 규격을 넘는 선거공보
를 제출한 경우에는 그 선거공보는 발송하지 아니한다.

1) 조합장을 조합원이 직접 선출하는 경우 : 제출마감일 후 3일까지

2) 조합장을 대의원회에서 선출하는 경우 : 제출마감일 후 2일까지

3) 조합 이사 및 감사 선거의 경우 : 제출마감일 후 2일까지

4) 중앙회장 선거의 경우 : 제출마감일 후 3일까지

다. 그 밖의 사항

선거공보의 그 밖의 사항에 관하여는 제1호다목을 준용한다. 이 경우
"선전벽보"는 "선거공보"로, "구·시·군위원회"는 "해당 선거를 관리
하는 조합위원회, 구·시·군위원회 또는 중앙위원회"로 본다.

라. 조합의 이사 및 감사 선거에 관한 특례

가목부터 다목까지의 규정에도 불구하고 조합의 이사 및 감사 선거의
경우 조합위원회는 후보자로 하여금 사진 및 선거공보 전산원고를 후
보자등록마감일 후 2일까지 제출하게 한 후 각 후보자의 기호 순으로
선거공보를 작성하여 제출마감일 후 2일까지 투표안내문과 동봉하여
선거인에게 발송할 수 있다. 이 경우 선거공보 전산원고의 제출시간은
선거일을 공고하는 때에 공고하며, 선거공보의 작성비용은 조합이 부

담한다.

3. 합동연설회 또는 공개토론회의 개최
 가. 개최 일시·장소의 지정 및 공고
  1) 구·시·군위원회는 후보자등록마감 후 후보자와 협의하여 적당한
     일시와 장소를 정하여 법 제50조제4항제3호(법 제107조 및 제112
     조에서 준용하는 경우를 포함한다)에 따른 합동연설회 또는 공개토
     론회를 1회 개최한다. 다만, 후보자가 1명이거나 후보자 전원이 합
     의하는 경우에는 개최하지 아니할 수 있다.
  2) 구·시·군위원회는 합동연설회 또는 공개토론회의 일시·장소 등을
     개최일전 2일까지 공고하고, 후보자에게 통지한다.
 나. 합동연설회 또는 공개토론회의 진행 방법
  1) 합동연설회에서의 연설 순서는 연설당일 추첨에 따라 결정하고, 연
     설시간은 후보자마다 30분의 범위에서 균등하게 배정하여야 한다.
     이 경우 구·시·군위원회의 위원장은 연설순서 추첨 시각까지 후보
     자가 참석하지 아니한 때에는 그 후보자를 대리하여 연설 순서를
     추첨할 수 있다.
  2) 공개토론회는 후보자가 사회자의 주관하에 조합운영에 관한 소견을
     발표하거나 사회자를 통하여 참석자의 질문에 답변하는 방식으로
     행한다. 이 경우 사회자는 질문과 답변의 횟수와 시간을 모든 후보
     자에게 공정하게 하여야 한다.
 다. 합동연설회 또는 공개토론회의 관리
  1) 후보자가 합동연설회의 본인 연설순서 시각까지 또는 공개토론회의
     개시시각까지 참석하지 아니한 때에는 연설 또는 토론을 포기한 것
     으로 본다.
  2) 구·시·군위원회의 위원장이나 그가 미리 지명한 위원 또는 구·시
     ·군위원회가 미리 지명한 관리자는 합동연설회 또는 공개토론회에
     서 후보자가 법령 및 정관에 위반되는 연설 또는 발언을 하는 때에
     는 이를 제지할 수 있으며, 그 명령에 불응하는 때에는 연설 또는
     발언의 중지 그 밖의 필요한 조치를 취할 수 있다.
  3) 구·시·군위원회의 위원장이나 그가 미리 지명한 위원 또는 관리자

는 합동연설회장 또는 공개토론회장에서 연설 또는 발언을 방해하거나 질서를 문란하게 하는 자가 있는 때에는 이를 제지하고, 그 명령에 불응하는 때에는 합동연설회장 또는 공개토론회장 밖으로 퇴장시킬 수 있다.

4. 전화·컴퓨터통신을 이용한 지지호소
 가. 전화·컴퓨터통신을 이용한 지지호소 방법
    법 제50조제4항제4호(법 제107조 및 제112조에서 준용하는 경우를 포함한다) 또는 제130조제11항에 따라 전화·컴퓨터통신을 이용하여 선거운동을 하고자 하는 후보자는 후보자등록마감일의 다음 날부터 선거일 전일까지 아래의 어느 하나에 해당하는 방법으로 선거운동을 할 수 있다.
  1) 전화를 이용하여 송·수화자간 직접 통화하는 방식으로 선거운동을 하는 방법
  2) 문자(문자 외의 음성·화상·동영상 등은 제외한다)메시지를 이용하여 선거운동정보를 전송하는 방법
  3) 조합(중앙회장 선거의 경우에는 중앙회를 말한다. 이하 이 호에서 같다)이 개설·운영하는 인터넷 홈페이지의 게시판·대화방 등에 선거운동정보를 게시하는 방법
  4) 컴퓨터통신을 이용하여 선거운동정보를 전자우편으로 전송하는 방법
  5) 1) 및 2)에 따른 전화 또는 문자메시지를 이용한 선거운동은 야간(오후 10시부터 다음 날 오전 7시까지를 말한다)에는 할 수 없다.
 나. 전화·컴퓨터통신을 이용한 선거운동에 대한 관리
  1) 구·시·군위원회(중앙회장 선거의 경우에는 중앙위원회를 말한다. 이하 이 목에서 같다)는 법령 및 정관에서 규정한 제한행위에 위반되는 정보가 조합의 인터넷 홈페이지의 게시판·대화방 등에 게시된 경우 그 인터넷 홈페이지를 관리·운영하는 자에게 해당 정보의 삭제를 요청할 수 있으며, 그 요청을 받은 인터넷 홈페이지 관리·운영자는 지체없이 이에 따라야 한다.
  2) 1)에 따라 정보가 삭제된 경우 해당 정보를 게시한 자는 그 정보가 삭제된 날부터 3일 이내에 구·시·군위원회에 서면으로 이의신청을

612

할 수 있다.

3) 구·시·군위원회는 2)에 따른 이의신청을 받은 때에는 지체없이 심의하여야 하며, 이의신청기간을 경과한 이의신청은 각하하고, 이의신청이 이유있다고 인정되는 때에는 해당 인터넷홈페이지 관리·운영자에게 1)의 요청을 철회하고 이의신청인에게 그 처리결과를 통지하고, 이유없다고 인정되는 때에는 이를 기각하고 이의신청인에게 그 뜻을 통지한다.

4) 가목2)에 따른 문자메시지 및 같은 목 4)에 따른 전자우편의 발송에 관하여는 「공직선거법」 제82조의5(제3항을 제외한다)와 「공직선거관리규칙」 제45조의4를 준용한다.

5. 공개된 장소에서의 지지 호소 및 명함 배부

가. 공개된 장소에서의 지지 호소 및 명함 배부의 장소 및 기간

법 제50조제4항제5호(법 제107조 및 제112조에서 준용하는 경우를 포함한다)에 따라 다수인이 왕래하거나 집합하는 장소에서의 지지 호소 및 명함 배부를 통하여 선거운동을 하려는 후보자는 제8조의2제2항에 따른 장소에서 후보자등록마감일의 다음 날부터 선거일전일까지 선거운동을 할 수 있다.

나. 명함 기재사항 및 규격 등

1) 명함에는 후보자의 성명·사진·전화번호·학력·경력 그 밖에 홍보에 필요한 사항을 기재한다. 이 경우 학력 기재에 관하여는 「공직선거법」 제64조제1항을 준용한다.

2) 명함의 규격은 길이 9센티미터 너비 5센티미터 이내로 한다.

3) 명함의 작성비용은 후보자가 부담한다.

부록

지역농업협동조합정관례

[개정 2018. 6. 11. 농림축산식품부고시 제2018- 44호]
소관부서 : 기획실(T:5137)

제1조(명칭) 우리 조합은 ○○(지역명이나 지역의 특성을 나타내는 명칭) 농업협동조합이라 한다.

제2조(목적) 우리 조합은 조합원의 농업생산성을 높이고 조합원이 생산한 농산물의 판로확대 및 유통원활화를 도모하며, 조합원이 필요로 하는 기술자금자재 및 정보 등을 제공함으로써 조합원의 경제적사회적문화적 지위를 향상시킴을 목적으로 한다.

제9조(조합원) ① 우리 조합의 조합원은 다음 각 호의 어느 하나에 해당하는 자로 한다.

1. 조합의 구역에 주소, 거소나 사업장이 있는 자로서 농업협동조합법(이하 "법"이라 한다) 제19조제4항에 따른 농업인의 범위에 해당하는 자

2. 「농어업경영체 육성 및 지원에 관한 법률」 제16조와 제19조에 따른 영농조합법인 및 농업회사법인으로서 그 주된 사무소를 조합의 구역에 두고 농업을 경영하는 법인

3. 조합의 구역의 전부 또는 일부를 당해 조합의 구역에 포함하고 있는 품목조합

② 조합원은 다른 지역농협의 조합원으로 가입할 수 없다.

제11조(탈퇴) ① 조합원은 조합에 탈퇴의사를 알리고 탈퇴할 수 있다.

② 조합원이 다음 각 호의 어느 하나에 해당하면 당연히 탈퇴된다.

1. 조합원의 자격이 없는 경우
2. 사망한 경우
3. 파산한 경우
4. 성년후견개시의 심판을 받은 경우
5. 조합원인 법인이 해산한 경우

③ 조합원이 다음 각 호의 어느 하나에 해당할 경우에는 「농업협동조합법 시행령」(이하 "영"이라 한다) 제4조제1항에서 정하는 조합원의 자격요건인 농업인의 범위를 충족하는 것으로 인정할 수 있다. 이 경우 제5항에 따라 조합원의 전부 또는 일부를 대상으로 제2항제1호를 확인할 경우에 적용하며 그 기간은 다음 각 호의 사유가 발생한 날로부터 1년을 초과하지 아니한다.

1. 영 제4조제1항제1호 및 제3호부터 제6호까지에 따른 농지 또는 농업축산업 경영에 사용되는 토지건물 등 시설물의 수용 및 일시적인 매매
2. 영 제4조제1항제3호제4호에 따른 가축의 일시적인 매매 및 「가축전염병 예방법」 제20조에 따른 가축의 살처분
3. 그 밖에 천재지변 등 불가피한 사유로 영 제4조제1항의 조합원의 자격요건인 농업인의 범위를 충족하지 못하는 경우

④ 법인인 조합원이 탈퇴하고자 하는 때에는 탈퇴를 의결한 총회의사록을 첨부하여 조합에 탈퇴의사를 알린다.

⑤ 조합의 이사회는 조합원의 전부 또는 일부를 대상으로 제2항 각 호의 어느 하나에 해당하는지를 확인한다. 이 경우 조합원 전부를 대상으로 하는 확인은 매년 1회이상 실시하여야 한다.

제12조(제명) ① 조합은 조합원이 다음 각 호의 어느 하나에 해당하면 총회의 의결을 거쳐 제명할 수 있다.

1. 1년이상 조합의 사업을 이용하지 아니한 경우
2. 2년 이상 제5조제1항제2호의 경제사업을 이용하지 아니한 경우. 다만, 다음 각 목의 어느 하나에 해당하는 사유로 경제사업을 이용하지 아니한 경우에는 그러하지 아니하다.
   가. 영 제4조제1항제2호의 자격기준(1년 중 90일 이상 농업에 종사하는 자)으로 가입한 조합원인 경우. 다만 가족원인 농업종사자

는 농업경영주가 본 호의 제명사유에 해당하지 않는 경우에 한
한다.

나. 조합이 취급하지 않는 농산물 또는 축산물을 생산하는 경우

다. 다른 조합 또는 조합공동사업법인의 경제사업을 이용하는 경우

3. 출자 및 경비의 납입, 그 밖의 조합에 대한 의무를 이행하지 아니
한 경우

4. 고의 또는 중대한 과실로 조합에 손실을 끼치거나 조합의 신용을
잃게 한 경우

② 조합은 조합원이 제1항 각 호의 어느 하나에 해당하여 제명하려는
경우에는 총회 개회 10일 전까지 그 조합원에게 제명의 사유를 알리
고 총회에서 의견을 진술할 기회를 주어야 한다.

제18조(출자) ① 출자 1좌의 금액은 5천원으로 한다.

② 조합원은 20좌이상의 출자를 한다. 다만, 제9조제1항제2호의 법인
조합원은 100좌이상을 출자 한다.

③ 조합원 1인의 출자는 1만좌를 초과하지 못한다. 다만, 조합 총출자
좌수의 100분의 10이내 에서는 그러하지 아니하다

제42조(의결취소의 청구 등) ① 조합원은 총회(창립총회를 포함한다)나
대의원회의 소집절차, 의결 방법, 의결내용 또는 임원의 선거가 법령,
법령에 따른 행정처분 또는 정관을 위반한 것을 사유로 하여 그 의결
이나 선거에 따른 당선의 취소 또는 무효확인을 농림축산식품부장관
에게 청구하거나 이를 청구하는 소를 법원에 제기할 수 있다. 다만,
농림축산식품부장관은 조합원의 청구와 같은 내용의 소가 법원에 제
기된 사실을 알았을 때에는 청구에 따른 조치를 하지 아니한다.

② 제1항에 따라 농림축산식품부장관에게 청구하는 때에는 의결일이나
선거일부터 1개월 이내에 조합원 300인 또는 100분의 5이상의 동의를
받아 청구하여야 한다.

제43조(위법 또는 부당의결사항의 취소 또는 집행정지) 조합장은 농림축산
식품부장관이 총회의 의결사항에 대한 전부 또는 일부의 취소나 집행
정지의 조치를 하였을 때에는 지체없이 총회를 소집하여 이를 보고하
거나 조합원에게 통지하여야 한다.

제56조(임원의 결격사유) ① 다음 각호의 어느 하나에 해당하는 사람은

조합의 임원이 될 수 없다. 다만, 제10호와 제12호는 조합원인 임원에게만 적용한다.

1. ～ 11. (농협법 제49조제1항 제1호부터 제11호까지와 같음)

12.

〈제1례〉

선거일공고일 현재 우리 조합의 사업이용실적(선거일공고일 현재의 1년 전부터 선거일 공고일 현재의 전일까지의 기간동안 이용한 금액)이 다음 각 목의 기준금액 중 어느 하나에 해당하지 아니한 사람

　가. 제5조제1항제2호가목 및 나목의 경제사업(우리 조합이 출자한 법 제112조의2에 따른 조합공동사업법인의 사업 중 법 제112조의8제1호에 따른 상품의 공동판매 사업을 포함한다)을 이용한 금액 : (　　)만원 이상

　나. 제5조제1항제3호가목의 신용사업 이용에 따른 예금적금의 평균잔액 : (　　)만원 이상

　다. 제5조제1항제3호나목의 신용사업 이용에 따른 대출금의 평균잔액 : (　　)만원 이상

　라. 제5조제1항제4호의 금융기관보험대리점사업 이용에 따른 수입수수료 : (　　)만원 이상

〈제2례〉

선거일공고일 현재 우리 조합의 사업이용실적(선거일공고일 현재의 1년 전부터 선거일공고일 현재의 전일까지의 기간 동안 이용한 금액)이 다음 각 목의 기준금액 중 어느 하나에 해당하지 아니한 사람

　가. 제5조제1항제2호가목의 경제사업(우리 조합이 출자한 법 제112조의2에 따른 조합공동사업법인의 사업 중 법 제112조의8제1호에 따른 상품의 공동판매 사업을 포함한다)을 이용한 금액 : (　　) 만원 이상

　나. 제5조제1항제2호나목의 경제사업을 이용한 금액 : (　　)만원 이상

　다. 제5조제1항제3호가목의 신용사업 이용에 따른 예금적금의 평균잔액 : (　　)만원 이상

　라. 제5조제1항제3호나목의 신용사업 이용에 따른 대출금의 평균 잔액 : (　　)만원 이상

마. 제5조제1항제4호의 금융기관보험대리점사업 이용에 따른 수입수
수료 : (　)만원 이상

(비고) 제1항에 규정된 사유 외에는 조합에서 추가로 결격사유를 규
정할 수 없음

② 제1항 각호 사유가 발생하면 해당 임원은 당연히 퇴직된다. 이 경
우 제1항제10호부터 제12호 까지를 적용함에 있어서는 "선거일공고일
현재"를 "현재"로 한다.

③ 제2항에 따라 퇴직한 임원이 퇴직전에 관여한 행위는 그 효력을
상실하지 아니한다

제62조(선거인) ① 선거인이란 선거권이 있는 자로서 선거인명부에 올라
있는 자를 말한다.

② 조합은 선거일공고일 다음날부터 5일이내에 선거일공고일 현재 조
합원명부를 기준으로 선거인 명부를 작성하여야 한다. 다만, 임원의
임기만료일(보궐선거 등의 경우 그 선거의 실시사유가 확정된 날)전
180일 후 조합원으로 가입한 자는 제외한다.

③ 선거인명부는 선거인명부작성기간만료일의 다음날부터 선거일전일
까지 열람할 수 있다.

④ 선거인은 선거인명부에 누락 또는 오기가 있거나 자격이 없는 선
거인이 올라 있다고 인정되면 선거인명부 열람기간 내에 구술 또는
서면으로 선거관리위원회(조합원이 직접 선출하거나 대의원회에서 선
출하는 조합장선거의 경우에는 조합장)에 이의를 신청할 수 있다.

⑤ 제4항의 이의신청이 있는 때에는 선거관리위원회(조합원이 직접 선
출하거나 대의원회에서 선출 하는 조합장선거의 경우에는 조합장)는
지체없이(조합원이 직접 선출하거나 대의원회에서 선출 하는 조합장선
거의 경우에는 이의신청을 받은 날의 다음 날까지) 심사결정하되, 그
신청에 이유가 있다고 결정한 때에는 즉시 선거인명부를 정정하고 신
청인(조합원이 직접 선출하거나 대의원회에서 선출하는 조합장선거의
경우에는 제65조제5항에 따른 관할위원회신청인관계인)에게 통지 하여
야 하며, 이유가 없다고 결정한 때에는 그 뜻을 신청인에게 통지하여
야 한다.

제63조(선거권) ① 선거권은 임원의 임기만료일(보궐선거 등의 경우 그

선거의 실시사유가 확정된 날)전 180일까지 조합원으로 가입한 자만 행사할 수 있다.

② 선거인은 다른 사람으로 하여금 선거권을 대리하여 행사하게 할 수 없다.

제64조(대의원회에서 선출하는 경우의 선거인등) ① 선거인은 대의원명부에 등재된 자로 하며, 대의원회에서 선출하는 조합장선거의 경우 조합은 선거일공고일 다음날부터 5일이내에 대의원명부를 작성 하여야 한다.

② 선거인은 선거일전일까지 대의원명부를 열람할 수 있다.

③ 선거일전일까지 대의원명부에 변동이 있는 경우에는 이를 수정하여야 한다.

④ 선거인은 선거권을 대리하여 행사하게 할 수 없다. 다만, 조합장이 제52조제2항 및 제3항에 따라 직무를 수행할 수 없는 때에는 그 직무대행자가 선거권을 가진다.

⑤ 선거에 입후보하는 대의원(조합장을 포함한다)은 당해 선거에서 선거권을 행사할 수 없다.

제69조(피선거권) ① 다음 각 호의 어느 하나에 해당하는 사람은 피선거권이 없다.

1. 제56조제1항의 결격사유에 해당하는 사람. 다만, 제56조제1항제10호부터 제12호까지를 제외한 결격사유의 기준일은 임기개시일로 한다.

2. 조합장임기만료일 현재 우리조합다른조합품목조합연합회(이하 "연합회"라 한다)중앙회농협경제지주회사농협금융지주회사농협은행농협생명보험농협손해보험의 직원상임이사상임감사(중앙회의 경우 상임감사위원장을 말한다), 우리조합 자회사(공동사업법인을 포함한다. 이하 이 편에서 같다)의 상근임직원, 다른조합의 조합장, 연합회의 회장, 중앙회의 회장 또는 공무원(선거에 따라 취임하는 공무원을 제외한다)의 직을 사직한 지 90일을 경과하지 아니한 자. 다만, 조합장이 임기만료외의 사유로 궐위된 때와 제65조제4항 단서에 따라 선거를 실시하는 때에는 후보자등록일전일까지 사직하지 아니한 사람

3. 후보자등록일전일까지 우리조합의 비상임이사비상임감사 또는 자

회사의 비상근임원의 직을 사직하지 아니한 사람

4. 후보자등록일전일까지 법 제52조제4항에서 정한 경업관계를 해소하지 아니한 사람

② 제1항제2호 및 제3호의 적용에 있어서는 조합 또는 그 소속기관의 장에게 사직원이 접수된 때에 사직한 것으로 본다

제76조의2(기탁금) ① 후보자등록을 신청하는 자는 등록신청시 (   )만원의 기탁금을 관할위원회에 납부하여야 한다.

(비고) 기탁금은 500만원 이상 1천만원 이내에서 조합의 실정에 따라 정함

② 관할위원회는 다음 각 호 금액을 선거일 후 30일 이내에 기탁자에게 반환하고, 반환하지 아니하는 기탁금은 우리조합에 귀속한다. 이 경우 기탁금 반환은 1차 투표 결과에 따른다.

1. 후보자가 당선되거나 사망한 경우와 유효투표총수의 100분의 15 이상을 득표한 경우에는 기탁금 전액

2. 후보자가 유효투표총수의 100분의 10 이상 100분의 15 미만을 득표한 경우에는 기탁금의 100분의 50에 해당하는 금액

③ 관할위원회는 제2항에 따라 반환하지 아니하는 기탁금을 선거일 후 30일 이내에 우리조합에 반환한다.

제86조(당선인 결정) ① 후보자 중 유효투표의 최다득표자를 당선인으로 결정한다. 다만, 최다득표자가 2인 이상인 경우에는 연장자를 당선인으로 결정한다.

② 후보자등록마감시각에 등록된 후보자가 1인이거나 후보자등록마감 후 선거일의 투표마감시각까지 후보자가 사퇴사망하거나 등록이 무효로 되어 후보자수가 1인이 된 때에는 투표를 실시하지 아니하고 선거일에 그 후보자를 당선인으로 결정한다.

③ 선거일의 투표마감시각 후 당선인결정 전까지 후보자가 사퇴사망하거나 등록이 무효로 된 경우에는 개표결과 나머지 후보자 중에서 제1항에 따라 당선인을 결정한다.

④ 당선인의 결정에 명백한 착오가 있는 때에는 당선인의 결정을 시정한다.

제87조(재선거 및 보궐선거) ① 다음 각 호의 어느 하나에 해당하는 경우

에는 재선거를 실시한다.

1. 선거결과 당선인이 없는 때
2. 법 제33조의 규정에 따라 선거에 따른 당선이 취소 또는 무효로 된 때
3. 법 제173조 또는 「공공단체등 위탁선거에 관한 법률」제70조(위탁 선거범죄로 인한 당선무효)의 규정에 따라 당선이 무효로 된 때
4. 선거의 전부무효판결이 있는 때
5. 당선인이 임기개시 전에 사퇴·사망하거나 피선거권이 없게 된 때

② 제1항에 따른 경우 외에 조합장이 임기 중 궐위된 때에는 보궐선 거를 실시한다.

③ 제1항 및 제2항에도 불구하고 그 실시사유가 발생한 날부터 임기 만료일까지의 기간이 1년 미만인 경우에는 재선거 또는 보궐선거를 실시하지 아니한다.

④ 제3항에 따라 재선거 또는 보궐선거를 실시하지 아니하는 경우 조합 장의 직무는 그 재선거 또는 보궐선거 실시사유가 발생한 날부터 전임 조합장 임기만료일까지 제52조제2항에 따른 직무대행자가 대행한다.

제88조(선거의 일부무효로 인한 재선거) ① 선거의 일부무효의 판결이 확 정된 때에는 관할위원회는 선거가 무효로 된 당해 투표소의 재선거를 실시한 후 다시 당선인을 결정하여야 한다.

② 제1항의 재선거를 실시함에 있어서 판결에 특정한 명시가 없는 한 제62조 및 제72조의 규정에 불구하고 당초 선거에 사용된 선거인명부 를 사용한다.

③ 조합장의 임기개시 후 제1항에 따른 재선거를 실시한 결과 당선인 의 변경이 없는 경우에는 조합장의 임기를 새로이 기산하지 아니한다.

제121조(준칙의 제정 등) 임원선거에 관하여 이 정관의 시행에 필요한 기 타 세부사항은 중앙회장이 따로 정하는 바에 의한다. 이 경우 조합원 이 직접 선출하거나 대의원회에서 선출하는 조합장선거와 관련된 사 항에 대하여는 중앙선거관리위원회와 협의하여 정한다.

부칙 〈2018. 6. 11. 개정〉

이 고시는 발령한 날부터 시행한다.

찾아보기

저자 약력

신우용(申禹容)

충청남도 서천군 비인중학교 졸업
국립구미전자공고 통신과 졸업
건국대학교 정치외교학과 학사
연세대학교 법무대학원 석사

중앙선거관리위원회 정당과장
　　　　　　　　　　홍보과장
　　　　　　　　　　법제과장
　　　　　　　　　　법제국장
　　　　　　　　　　선거정책실장
　　　　　　　　　　기획조정실장
서울시선거관리위원회 상임위원
경기도선거관리위원회 상임위원
제주도선거관리위원회 상임위원
인터넷선거보도심의위원회 상임위원
한국선거협회 법률고문
법무법인 대륙아주 고문

선거관리유공 근정포장
중앙선거관리위원회위원장 표창

주요저서
『MG새마을금고 선거론(제2판)』
『신용협동조합 선거론』

농협 · 수협 · 산림
조합장 선거론 – 위탁선거법 · 조합법 해설

초판발행   2024년 10월 4일

지은이   신우용
펴낸이   안종만 · 안상준

편 집   윤혜경
기획/마케팅   박부하
표지디자인   BEN STORY
제 작   고철민 · 김원표

펴낸곳   (주) 박영사
             서울특별시 금천구 가산디지털2로 53, 210호(가산동, 한라시그마밸리)
             등록 1959. 3. 11. 제300-1959-1호(倫)
전 화   02)733-6771
f a x   02)736-4818
e-mail   pys@pybook.co.kr
homepage   www.pybook.co.kr
ISBN   979-11-303-3797-5   93360

정 가   35,000원